Die europäische Harmonisierung
des Rechts der Verschmelzung

Europäische Hochschulschriften
Publications Universitaires Européennes
European University Studies

Reihe II
Rechtswissenschaft

Série II Series II
Droit
Law

Bd./Vol. 4016

PETER LANG
Frankfurt am Main · Berlin · Bern · Bruxelles · New York · Oxford · Wien

Torsten Koller

Die europäische Harmonisierung des Rechts der Verschmelzung

Eine vergleichende Betrachtung der Verschmelzung von Aktiengesellschaften in Deutschland sowie der Verschmelzung von *Public Companies* in England und Wales nach Umsetzung der Dritten Richtlinie 78/855/EWG

PETER LANG
Europäischer Verlag der Wissenschaften

Bibliografische Information Der Deutschen Bibliothek
Die Deutsche Bibliothek verzeichnet diese Publikation in der Deutschen Nationalbibliografie; detaillierte bibliografische Daten sind im Internet über <http://dnb.ddb.de> abrufbar.

Zugl.: Bochum, Univ., Diss., 2004

D 294
ISSN 0531-7312
ISBN 3-631-52805-1

www.peterlang.de

Meinen Eltern

Vorwort

Diese Arbeit wurde im Wintersemester 2003/04 von der Juristischen Fakultät der Ruhr-Universität Bochum als Dissertation angenommen. Das Manuskript habe ich im November 2002 abgeschlossen und im März 2004 aktualisiert.

Mein Dank gilt an erster Stelle meinem Doktorvater, Herrn Prof. Dr. Peter Kindler, für seine wertvollen Anregungen sowie die jederzeit wohlwollende und tatkräftige Unterstützung des von mir gewählten Themas. Herrn Prof. Dr. Uwe Hüffer danke ich für die zügige Erstellung des Zweitgutachtens. Dank schulde ich zudem Herrn Roddy McKean, der mir die Möglichkeit einräumte, die Londoner Bibliothek der Kanzlei Lovells sowie die dort vorhandenen Rechercheeinrichtungen zu nutzen.

Meiner Freundin Stephanie Hufer danke ich für zahllose Gespräche, ihre klugen Anregungen und nicht zuletzt für das Korrekturlesen des Manuskripts.

Frankfurt am Main, Juni 2004

Torsten Koller

Inhaltsübersicht

Inhaltsverzeichnis

Abkürzungen

Die deutschsprachigen Abkürzungen sind dem „Abkürzungsverzeichnis der Rechtssprache“ von *Hildebert Kirchner*, 4. Auflage, 1993, entnommen. Zudem enthält das nachstehende Verzeichnis die im Text verwendeten englischsprachigen Abkürzungen.

AC	Law Reports: Appeal Cases
All ER	All England Law Reports
BCC	British Company Law Cases
BCLC	Butterworths Company Law Cases
CA	Court of Appeal
CA 1985	Companies Act 1985
Ch	Law Reports Chancery Division, ab 1991
ChD	Law Reports Chancery Division, 1875 bis1990
CLJ	Cambridge Law Journal
HL	House of Lords
LQR	Law Quarterly Review
MLR	Modern Law Review
MR	Master of the Rolls
PLC	Practical Law for Companies
TLR	Times Law Reports
WLR	Weekly Law Reports

A. Einleitung

I. Einführung in das Thema

Das Gesellschaftsrecht gehört zu den Gebieten, auf denen der europäische Gesetzgeber besonders zahlreiche Maßnahmen zur Rechtsangleichung getroffen hat. Hierdurch sollen zum einen die Rechtsunterschiede zwischen den Mitgliedstaaten, die den Rechtsverkehr (etwa zulasten von Unternehmen, Gesellschaftern und Gläubigern) behindern, abgeschwächt werden. Zum anderen soll dies Wettbewerbsverzerrungen, die aus der unterschiedlichen Strenge der jeweiligen nationalen Rechtsnormen resultieren, mildern[1].

Neben Verordnungen und Empfehlungen kommt bei der Harmonisierung des Gesellschaftsrechts vor allem dem Erlass von Richtlinien[2] überragende Bedeutung zu[3]. Hierzu zählen insbesondere die Erste Publizitätsrichtlinie aus 1968[4], die Vierte[5], Siebte[6] und Achte[7] Richtlinie zum Bilanzrecht aus den Jahren 1978 bis 1984, die Einpersonen-GmbH-Richtlinie[8] aus 1989 sowie die Mittelstands- und GmbH & Co.-Richtlinien[9] aus 1990. Die Angleichung der nationalen Vorschriften auf dem Gebiet des Verschmelzungsrechts basiert auf der Dritten Richtlinie

---

1 Nagel, S. 339.

2 Die Richtlinie ist gemäß Art. 249 Abs. 3 EGV der Rechtsakt der Gemeinschaft, der für jeden Mitgliedstaat, an den er gerichtet ist, hinsichtlich des zu erreichenden Ziels verbindlich ist, den innerstaatlichen Stellen jedoch die Wahl der Form und Mittel überlässt. Damit etabliert die Richtlinie ein zweistufiges Gesetzgebungsverfahren (vgl. Bleckmann in Bleckmann, RN 416): Zunächst ergehen Richtlinien, die nur die Mitgliedstaaten verpflichten. In Erfüllung dieser Pflicht erlassen dann die Mitgliedstaaten nach den Regeln ihrer Verfassung Gesetze oder Verordnungen, die den Richtlinieninhalt konkretisieren und auf den Bürger anwendbar machen.

3 Vgl. etwa die Übersichten bei Lutter, Europäisches Gesellschaftsrecht, S. 27 ff. sowie bei Hommelhoff in Müller-Graff, S. 363.

4 ABlEG 1968 L 65 S. 8.

5 ABlEG 1978 L 222 S. 11.

6 ABlEG 1983 L 193 S. 1.

7 ABlEG 1984 L 126 S. 20.

8 ABlEG 1989 L 395 S. 40.

9 ABlEG 1990 L 57; L 317 S. 60.

78/855/EWG[10] betreffend die Verschmelzung von Aktiengesellschaften aus 1978[11], deren Auswirkungen auf das Verschmelzungsrecht in Deutschland sowie in England und Wales Gegenstand dieser Untersuchung sein sollen.

Die Untersuchung der europäischen Harmonisierung des Verschmelzungsrechts erscheint am Beispiel der Staaten Deutschland sowie England[12] und Wales[13] besonders zielführend, da sich mit dem in der kontinentaleuropäischen Rechtsgeschichte verwurzelten deutschen Recht und dem englischen *common law* zwei verschiedene, ja gegensätzliche Rechtstraditionen gegenüberstehen[14]. Diese Unterschiede zwischen den Rechtstraditionen folgen nicht zuletzt daraus, dass in Deutschland kodifiziertem Recht, in England hingegen dem von Richtern entschiedenen Fallrecht eine überragende Bedeutung zukommt[15]. Die Andersartigkeit beider Rechtsordnungen findet auch im Bereich des Gesellschaftsrechts und dort insbesondere beim Recht der Verschmelzung ihren Niederschlag: Während das deutsche Recht traditionell die Verschmelzung einschließlich des dabei zu beachtenden Verfahrens in allen wesentlichen Einzelheiten im Wege gesetzlicher Kodifikation regelt, wird die Bestimmung solcher Einzelheiten in England überwiegend einem über die Verschmelzung entscheidenden Richter überlassen.

---

10 ABlEG 1978 L 295 S. 36 – 43.

11 Im folgenden "Dritte Richtlinie" oder "Verschmelzungsrichtlinie" genannt.

12 Der Begriff „England“ umfasst im Folgenden stets zusammen England und Wales (vgl. hierzu die nachfolgende FN 13).

13 Adressat der Dritten Richtlinie sind nicht England oder Wales, sondern das Vereinigte Königreich. Das Vereinigte Königreich hat eine unitarische Verfassung, die auf einer seit dem 13. Jahrhundert durch England betriebenen Union mit Wales, Schottland und Nordirland basiert (vgl. Brazier, CLJ 1999, S. 97 ff.). Damit umfasst das Vereinigte Königreich drei verschiedene Rechtskreise (vgl. Wölk, S. 199) mit voneinander getrennten Gerichtssystemen: England, Schottland und Nordirland. Einen gemeinsamen Rechtskreis bilden dagegen England und Wales (vgl. Schmidt-Steinhauser, S. 27), auf die diese Untersuchung beschränkt bleiben soll.

14 Vgl. Zimmermann in Müller-Graff, S. 103.

15 Vgl. Zweigert/Kötz, S. 251 ff.

II. Eingrenzung des Untersuchungsgegenstandes

Der Umfang dieser Untersuchung wird durch die Vorgaben der Dritten Richtlinie bestimmt, welche zum einen konkrete Harmonisierungsziele benennen[16], zum anderen über die Definition des Anwendungsbereichs der Dritten Richtlinie die Harmonisierung auf bestimmte Gesellschaftstypen begrenzen[17]. So gelten gemäß Art. 1 Abs. 1 der Dritten Richtlinie die in der Dritten Richtlinie vorgesehenen Koordinierungsmaßnahmen in Deutschland für die Aktiengesellschaft sowie in England für *public companies limited by shares* (oder – in der Praxis wenig relevant – *public companies limited by guarantee having a share capital*). Die Untersuchung soll daher auf diese beiden Gesellschaftstypen[18] beschränkt bleiben.

III. Untersuchungsziel

Bisher wurden keine Untersuchungen dazu durchgeführt, inwieweit die Umsetzung der Dritten Richlinie tatsächlich zu einer Harmonisierung des Rechts innerhalb der Europäischen Union geführt hat[19]. Ziel dieser Untersuchung ist es, herauszuarbeiten, ob nach Umsetzung der Richtlinie in Deutschland und in England noch wesentliche Unterschiede zwischen den Verschmelzungsrechten beider Staaten bestehen. Dabei

---

16 So die Präambel zur Dritten Richtlinie.

17 So Art. 1 der Dritten Richtlinie. Art. 1 Abs. 3 der Dritten Richtlinie sieht zudem vor, dass die Mitgliedstaaten die Dritte Richtlinie nicht anzuwenden brauchen, wenn eine oder mehrere der übertragenden oder untergehenden Gesellschaften Gegenstand eines Konkurs-, Vergleichs- oder ähnlichen Verfahrens ist bzw. sind.

18 Im Hinblick auf das englische Recht wird die Untersuchung allein für die in der Praxis übliche *public company limited by shares* vorgenommen.

19 Anders stellt sich das etwa für die Vierte Richtlinie 78/660/EWG, ABlEG L 65 S. 11, aus 1978 (Jahresabschluss-Richtlinie) und die Siebte Richtlinie 83/349/EWG, ABlEG L 193 S. 1, aus 1983 (Richtlinie über den konsolidierten Abschluss) dar, zu denen verschiedene Untersuchungen vorliegen. Vgl. hierzu auch: Hommelhoff, RabelsZ 62 (1998), 381, 394 ff.; van Hulle, ZGR 2000, 537, 539 f.; Schön, ZGR 2000, 706, 715 ff.

soll besonderes Augenmerk auf die Frage gerichtet werden, ob die Vorgaben der Dritten Richtlinie jeweils ordnungsgemäß umgesetzt wurden. Sodann wird zu untersuchen sein, inwieweit durch die Umsetzung die in der Dritten Richtlinie formulierten Harmonisierungsziele erreicht worden sind.

Gerade Rechtsunterschiede im Bereich des Verschmelzungsrechts haben Auswirkungen auf die Beweglichkeit, mit der Unternehmensstrukturen geändert werden können, und insoweit das Potential, zu Wettbewerbsverzerrungen zu führen[20]. Zudem lässt die Tatsache der Umsetzung der Dritten Richtlinie Aktionäre und Gläubiger von Aktiengesellschaften darauf vertrauen, dass ihnen innerhalb der EU ein gleichwertiger Schutzstandard gewährt wird. Ziel dieser Arbeit ist es zu ergründen, ob ein solches Vertrauen im Hinblick auf Deutschland und England berechtigt ist. Schließlich kommt der Frage nach der Harmonisierung des Verschmelzungsrechts aktuelle Bedeutung zu im Hinblick auf die Verordnung (EG) Nr. 2157/2001 des Rates vom 8. Oktober 2001 über das Statut der Europäischen Gesellschaft (SE)[21]: So sieht die SE-Verordnung die Gründung einer SE im Wege der Verschmelzung zweier Aktiengesellschaften unterschiedlichen nationalen Rechts vor (Art. 2 Abs. 1 der SE-Verordnung). Eine solche Verschmelzung folgt in ihren Voraussetzungen und in ihrem Verfahren grundsätzlich den in der

20 Die Milderung von Wettbewerbsverzerrungen ist aber gerade das Ziel von Harmonisierungsbestrebungen des europäischen Gesetzgebers.

21 ABlEG L 294 aus 2001, S. 1. Die Verordnung wurde am 8. Oktober 2001 im Ministerrat verabschiedet und am 10. November 2001 im Amtsblatt der EU veröffentlicht. Sie tritt gemäß ihrem Art. 70 am 8. Oktober 2004 in Kraft. Zwischenzeitlich erscheint es jedoch möglich, dass das Europäische Parlament klageweise gegen die Verordnung vor dem Europäischen Gerichtshof vorgeht, da die Verordnung nicht Art. 95 EGV (= Art. 100a EGV a.F.) als Rechtsgrundlage vorsieht, sondern Art. 308 EGV n.F. (= Art. 235 EGV a.F.), der dem Europäischen Parlament im Unterschied zu Art. 95 EGV nur ein Anhörungs-, nicht aber ein Mitentscheidungsrecht gewährt (vgl. Europäisches Parlament, Pressebericht vom 4. September 2001, im Internet abrufbar unter http://europarl.eu.int/press/index.de.html). Der derzeitige Präsident des Europäischen Parlaments Cox hat jedoch im Gegensatz zu der Empfehlung des Juristischen Dienstes des Parlaments angekündigt, keine Klage gegen die Verordnung einzureichen (vgl. Pressebericht in NvWR 2002, 22).

Dritten Richtlinie vorgesehenen Regelungen (vgl. Art. 17 Abs. 2 der SE-Verordnung) und richtet sich an zahlreichen Stellen nach dem (harmonisierten) nationalen Verschmelzungsrecht[22]. Soweit die SE-Verordnung das (harmonisierte) nationale Verschmelzungsrecht des Sitzstaates der künftigen SE für anwendbar erklärt[23], besteht die Gefahr, dass die verschiedenen Mitgliedstaaten miteinander in Wettbewerb treten. So werden die an der Verschmelzung beteiligten Parteien für die SE regelmäßig einen Sitz wählen, der den sich verschmelzenden Gesellschaften die geringsten Belastungen auferlegt. Der Sitz der SE wird damit auch von der Frage abhängen, in welchem Mitgliedstaat das Verschmelzungsverfahren die geringsten Anforderungen an die beteiligten Gesellschaften stellt[24].

IV. Gang der Untersuchung

Um das Verständnis für die in den verschiedenen Rechtstraditionen beider Staaten begründeten unterschiedlichen Ausprägungen des Verschmelzungsrechts zu erleichtern, werden zunächst die Grundlagen der Verschmelzung erläutert. Hierzu wird die historische Entwicklung der Verschmelzungsrechte in Deutschland und in England dargestellt. Sodann werden der Anwendungsbereich und der Regelungsgehalt der Dritten Richtlinie erläutert. Es folgt eine Klärung der im deutschen und englischen Verschmelzungsrecht verwendeten Grundbegriffe. Schließlich werden die Anwendungsbereiche der Dritten Richtlinie sowie die der untersuchten nationalen Verschmelzungsregelungen verglichen.

---

22 So etwa in Art. 21, Art. 24 Abs. 1 und Abs. 2, Art. 25 Abs. 1, Art. 28, Art. 29 Abs. 3 und Art. 31 Abs. 1 S. 2 SE-Verordnung.

23 So in Art. 26 Abs. 1 der SE-Verordnung.

24 Im Übrigen wird sich der Wettbewerb zwischen den nationalen Rechtsordnungen etwa auf die Bereiche der Hauptversammlung, ihrer Durchführung und Anfechtung, der Satzungsänderungen, der Aktien und ihrer Übertragung, der Mitbestimmung durch Arbeitnehmer, aber auch auf die Rechnungslegung beziehen (vgl. Lutter, BB 2002, 1, 3).

Es folgt eine Untersuchung des Verschmelzungsverfahrens und der Rechtsfolgen der Verschmelzung. Dargestellt werden sowohl die insoweit relevanten Vorgaben der Dritten Richtlinie als auch die einzelnen Verfahrensbestandteile des deutschen und englischen Rechts im chronologischen Ablauf. Dies erleichtert zum einen die Einordnung von im Folgenden problematisierten Punkten. Zum anderen ermöglicht die Gegenüberstellung des chronologischen Verschmelzungsablaufs aber auch den direkten Vergleich des deutschen und des englischen Verschmelzungsverfahrens in den für die Praxis bedeutenden Bereichen.

Daraufhin wird das von der Dritten Richtlinie verfolgte Ziel des Aktionärsschutzes im Einzelnen untersucht. Die Untersuchung orientiert sich an den Regelungsbereichen der Dritten Richtlinie und behandelt die Pflichten von Organwaltern und Prüfern, die Informations- und Beteiligungsrechte der Aktionäre, den Schutz der Aktionäre durch Verfahrensregelungen sowie den nachträglichen Rechtsschutz. Vorangestellt werden für jeden dieser Bereiche zunächst die Vorgaben der Dritten Richtlinie. Sodann erfolgen Darstellung sowie Vergleich des deutschen und englischen Verschmelzungsrechts, insbesondere im Hinblick auf die Umsetzung dieser Vorgaben. Schließlich werden die Möglichkeiten, die im deutschen sowie im englischen Recht zur Umgehung der Aktionärsschutzbestimmungen bestehen, untersucht und verglichen.

Im Anschluss hieran erfolgt eine Untersuchung des von der Dritten Richtlinie bezweckten Schutzes der Gläubiger sowie der Inhaber von Sonderrechten. Nach Darstellung der Vorgaben der Dritten Richtlinie werden die deutschen und englischen Regelungen zum Schutz der Gläubiger und Sonderrechtsinhaber geprüft und verglichen. Abschließend werden die Umgehungsmöglichkeiten behandelt und verglichen, die das deutsche und das englische Recht im Hinblick auf den Schutz von Gläubigern und Sonderrechtsinhabern jeweils zulassen.

B. Grundlagen

I. Historische Entwicklung

1. Entwicklung der Verschmelzung in Deutschland

a) Der Weg zum ADHGB von 1861

Bereits Mitte des neunzehnten Jahrhunderts wurden Verschmelzungen von Aktiengesellschaften auf vertraglicher Grundlage durchgeführt[25]. Solchen Vorgängen wurde zum ersten Mal im Allgemeinen Deutschen Handelsgesetzbuch von 1861 („ADHGB") eine gesetzliche Grundlage gegeben[26]. Dessen Art. 215 Abs. 2, 247 sahen die Verschmelzung als Verfahren zur vereinfachten Liquidation der übertragenden Gesellschaft vor, wobei das übertragene Vermögen gemäß Art. 247 Abs. 2 Nr. 1 ADHGB vorübergehend getrennt von der aufnehmenden Gesellschaft verwaltet werden musste.

b) Die Entstehung eines modernen Verschmelzungsrechts

Die getrennte Vermögensverwaltung erwies sich in der Praxis als äußerst umständlich[27]. Sie wurde daher in § 241 Aktiengesetz 1937 durch eine Regelung ersetzt, wonach Gläubigern der übertragenden Gesellschaft ein Recht auf Sicherheitsleistung eingeräumt wurde. Zudem regelte das Aktiengesetz 1937 in den §§ 233 S. 2 Nr. 2, 247 erstmalig die Verschmelzung durch Neubildung und verbesserte u.a. durch die in den §§ 243, 244 AktG 1937 vorgesehene Möglichkeit, Schadenersatzansprüche gegenüber den Organen der übertragenden Gesellschaft geltend zu machen, den Schutz der Aktionäre der übertragenden Gesellschaft. Damit wurden durch das Aktiengesetz 1937 auch heute noch geltende wesentliche Prinzipien des Verschmelzungsrechts eingeführt.

---

[25] Vgl. Renaud, S. 723.

[26] Vgl. K. Schmidt, Gesellschaftsrecht, § 12 II 2., S. 342.

[27] Vgl. Begründung der §§ 233 ff. des AktG 1937 in: Klausing; vgl. Godin/Wilhelmi zu § 241, Abs. 1 AktG 1937.

Mit dem Aktiengesetz 1965 wurde der Aktionärsschutz weiter verbessert. So sah u.a. dessen § 340 Abs. 4 ein erweitertes Auskunftsrecht der Anteilsinhaber im Rahmen der Hauptversammlung vor. Die im Aktiengesetz 1937 noch vorhandene Regelung, wonach bei der Verschmelzung die Zustimmung der Hauptversammlung der übernehmenden Gesellschaft unterhalb einer bestimmten Geringfügigkeitsgrenze[28] entbehrlich war, entfiel. Zudem wurde zur verbesserten Unterrichtung der Aktionäre in § 340 Abs. 3 AktG 1965 eine Regelung eingeführt, wonach der Verschmelzungsvertrag vom Tage der Einberufung der Hauptversammlung an zur Einsicht auszulegen war.

c) Die Umsetzung der Dritten Richtlinie

Mit dem Verschmelzungsrichtlinie-Gesetz vom 25. Oktober 1982[29] wurde schließlich die Dritte Richtlinie in deutsches Recht umgesetzt. Das Verschmelzungsrichtlinie-Gesetz bezog sich ebenso wie die Dritte Richtlinie ausschließlich auf die Aktiengesellschaft.

Damit führte das Verschmelzungsrichtlinie-Gesetz zu starken Abweichungen zwischen den für die Aktiengesellschaft geltenden Verschmelzungsregelungen und den die GmbH betreffenden Bestimmungen[30], die vom Verschmelzungsrichtlinie-Gesetz nicht berührt wurden. Auch hinsichtlich der anderen Bereiche des Umwandlungsrechts, insbesondere hinsichtlich der Regelungen zur formwechselnden Umwandlung, war eine starke Rechtszersplitterung eingetreten. So waren die Regelungen des Umwandlungsrechts auf insgesamt fünf Gesetze verteilt[31]: das Umwandlungsgesetz[32], das Aktiengesetz[33], das Gesetz über

---

28 Soweit der Gesamtnennbetrag der den aufzunehmenden Gesellschaftern zu gewährenden Aktien 1/10 des Grundkapitals der übernehmenden Gesellschaft nicht überstieg, § 234 Abs. 1 S. 2 AktG 1937.

29 Gesetz zur Durchführung der Dritten Richtlinie des Rates der Europäischen Gemeinschaften zur Koordinierung des Gesellschaftsrechts, BGBl. I S. 1425.

30 Vgl. Bermel in Goutier/Knopf/Tulloch, Einführung, RN 20.

31 Vgl. Ganske, WM 1993, 1117 ff.

die Kapitalerhöhung aus Gesellschaftsmitteln und über die Gewinn- und Verlustrechnung[34], das Genossenschaftsgesetz[35] und das Versicherungsaufsichtsgesetz[36].

d) Das Umwandlungsgesetz von 1994

Die Rechtszersplitterung im Bereich des Umwandlungsrechts wurde erst durch das Umwandlungsgesetz von 1994 überwunden, das am 1. Januar 1995 in Kraft trat und nunmehr die gesamten Regelungen zur Verschmelzung und Umwandlung aller Rechtsformen in sich vereinigt.

Die Initiative zur Neuregelung des gesamten Umwandlungsrechts war vom Rechtsausschuss des Deutschen Bundestages ausgegangen, der schon anlässlich der GmbH-Novelle von 1980 forderte, Verschmelzung und Umwandlung aller Unternehmensformen in einem Gesetz zusammenzufassen und bei dieser Gelegenheit die bestehenden Regelungen inhaltlich und formal zu überprüfen[37]. Im Bundesjustizministerium wurde daraufhin ein Diskussionsentwurf eines Gesetzes zur Bereinigung des Umwandlungsrechts vorbereitet, der 1988 veröffentlicht wurde[38]. Nach umfassender kritischer Auseinandersetzung mit den Regelungen des

---

32 In der Fassung der Bekanntmachung vom 6. November 1969, BGBl. I S. 2081, zuletzt geändert durch Art. 5 des Gesetzes vom 4. Juli 1980, BGBl. I S. 836.

33 Vom 6. September 1965, BGBl. I S. 1089, zuletzt geändert durch Art. 3 des Gesetzes vom 4. Juli 1980, BGBl. I S. 836.

34 In der im BGBl. III, Gliederungsnummer 4120-2, veröffentlichten bereinigten Fassung, zuletzt geändert durch Art. 7 des Gesetzes vom 4. Juli 1980, BGBl. I S. 836.

35 Gesetz betreffend die Erwerbs- und Wirtschaftsgenossenschaften in der im BGBl. III, Gliederungsnummer 4125-1, veröffentlichten bereinigten Fassung, zuletzt geändert durch Art. 6 des Gesetzes vom 1. September 1976, BGBl. I S. 2034.

36 Gesetz über die Beaufsichtigung der privaten Versicherungsunternehmungen in der im BGBl. III, Gliederungsnummer 7631-1, veröffentlichten bereinigten Fassung, zuletzt geändert durch Art. 1 des Gesetzes vom 18. Dezember 1975, BGBl. I S. 3139.

37 BT-Drucks. 8/3908 zu Art. 1 Nr. 27, S. 77; vgl. Ganske, WM 1993, 1117, 1118.

38 Beilage Nr. 214a zum Bundesanzeiger vom 15.11.1988.

Entwurfs unter Einbeziehung des wissenschaftlichen Schrifttums[39] folgte im Jahr 1992 ein Referentenentwurf[40]. Auf dessen Grundlage beschloss das Bundeskabinett am 26.1.1994 die Einbringung eines Gesetzesentwurfs[41]. Der Bundestag nahm den Entwurf am 16.6.1994 an[42]. Die Zustimmung des Bundesrates am 23.9.1994[43] erfolgte jedoch erst, nachdem auf Vorschlag des Vermittlungsausschusses der Gesetzestext mit § 325 um eine mitbestimmungsrechtliche Regelung ergänzt worden war[44]. Die Verkündung des Gesetzes erfolgte am 8.11.1994[45] und setzte den Schlussstrich unter ein vierzehnjähriges Gesetzgebungsverfahren.

---

39 Vgl. Ganske, WM 1993, 1117, 1118.

40 Beilage Nr. 112 a zum Bundesanzeiger vom 20. Juni 1992.

41 BT-Drucks. 12/6699.

42 Vgl. BR-Drucks. 599/94.

43 BR-Drucks. 843/94.

44 So hatte der Bundesrat noch am 8.7.1994 die Zustimmung verweigert.

45 BGBl. 1994 I, S. 3210.

2. Entwicklung der Verschmelzung in England

a) Der *Companies Act 1862*

Bereits der *Companies Act 1862* sah in Section 161 die Möglichkeit einer Verschmelzung zweier Gesellschaften im Rahmen der Liquidation der übertragenden Gesellschaft vor. Die von der übernehmenden Gesellschaft für das übertragene Vermögen zu gewährende Gegenleistung konnte in Anteilen an der übernehmenden Gesellschaft bestehen und war zunächst an den die Liquidation betreibenden *liquidator* zu übergeben, dem die Verteilung dieser Gegenleistung an die Gesellschafter der übertragenden Gesellschaft oblag.

b) Der *Companies (Consolidation) Act 1908*

Anfang des Zwanzigsten Jahrhunderts gewährte dann der *Companies (Consolidation) Act 1908* die Möglichkeit, Verschmelzungen im Rahmen von so genannten *compromises* oder *arrangements* zwischen den jeweils betroffenen Gesellschaften und ihren Gläubigern oder Gesellschaftern durchzuführen. Solche *compromises and arrangements* waren in Section 120 *Companies (Consolidation) Act 1908* als Maßnahmen vorgesehen, die von dem Gericht, dem die Zuständigkeit für die Liquidation der betroffenen Gesellschaft zukam (Section 285 *Companies (Consolidation) Act 1908*), anzuordnen waren. Die *compromises and arrangements* waren sowohl hinsichtlich der durch sie erfassten Sachverhalte als auch in der Rechtsfolge äußerst flexibel und räumten dem die Maßnahme anordnenden Gericht ein weitgehendes Ermessen ein.

c) Die Entwicklung bis zum *Companies Act 1985*

Der *Companies Act 1929* übernahm in Section 153 Sub-Section 1 und Sub-Section 2 im wesentlichen die in Section 120 des *Companies (Consolidation) Act 1908* enthaltenen Formulierungen hinsichtlich der *compromises and arrangements* und ergänzte diese durch verschiedene Regelungen, die zum einen ausdrücklich vorsahen, dass Verschmelzungen durch das zuständige Gericht angeordnet werden konnten, wenn ein *compromise* oder *arrangement* im Rahmen eines so genannten *scheme for reconstruction*[46] bzw. zum Zweck der Erstellung eines solchen beantragt wurde, und zum anderen die möglichen Rechtsfolgen einer solchen Verschmelzung bestimmten (Section 154 *Companies Act 1929*).

Der den *Companies Act 1929* ersetzende *Companies Act 1948* behielt in seinen Sections 206 ff. die Formulierungen des *Companies Act 1929* weitgehend bei, ergänzte sie aber insbesondere um verschiedene Schutzvorschriften zugunsten von Gesellschaftsgläubigern und sonstigen Rechtsinhabern (Section 207 *Companies Act 1929*). Damit entsprachen die Regelungen im wesentlichen der Fassung, die später nahezu wortgleich durch den *Companies Act 1985*[47] in dessen Sections 425 bis 427 übernommen wurde und auch heute noch in Kraft und anwendbar ist.

d) Die Umsetzung der Dritten Richtlinie

Die Dritte Richtlinie wurde schließlich am 23. November 1987 durch die *Companies (Mergers and Divisions) Regulations 1987*, die am 1. Januar 1988 in Kraft traten, in englisches Recht umgesetzt. Damit wurde die in der Dritten Richtlinie vorgegebene Umsetzungsfrist[48] um über sechs Jahre überzogen. Die Verzögerung war insbesondere darauf zurückzuführen, dass mit den *Companies (Mergers and Divisions) Regulations 1987* neben der Dritten Richtlinie zugleich die Sechste Richtlinie

46 Bei dem *scheme for reconstruction* handelt es sich um ein gesetzliches Verfahren, das die Reorganisation einer Gesellschaft zum Ziel hat (vgl. Scott/Lewis, PLC 1992, Vol. III, S. 17).

47 Im folgenden auch "CA 1985" genannt.

48 Die Umsetzungsfrist endete nach Art. 32 Abs. 1 der Dritten Richtlinie drei Jahre nach Bekanntgabe der Richtlinie, d.h. im Oktober 1981 (vgl. unten B.II.).

82/891/EWG vom 17. Dezember 1982 betreffend die Spaltung von Aktiengesellschaften umgesetzt wurde[49].

Die *Companies (Mergers and Divisions) Regulations 1987* lassen die Sections 425 bis 427 CA 1985 grundsätzlich unberührt, fügen allerdings eine zusätzliche Section 427A in den CA 1985 ein und sehen einen zusätzlichen *Schedule 15A* hierzu vor. Hierdurch soll im Ergebnis sichergestellt werden, dass die in den Sections 425 bis 427 CA 1985 enthaltenen Regelungen weiterhin uneingeschränkt Geltung behalten und allein für die in der Dritten Richtlinie vorgesehenen Fälle zusätzlichen Bestimmungen und Beschränkungen, die in Section 427A und in *Schedule 15A* zusammengefasst sind, unterliegen[50]. Die durch die Umsetzung der Dritten Richtlinie gebotenen Rechtsänderungen sollten auf ein Minimum beschränkt werden[51].

Durch Section 114 Sub-Section 2 *Companies Act 1989* wurde *Schedule 15A* des CA 1985 umbenannt in "Schedule 15B"[52].

Zwischenzeitlich untersucht das *Department of Trade & Industry* die Notwendigkeiten und Möglichkeiten einer Reform des englischen Gesellschaftsrechts[53]. Die hierzu eingesetzte *Steering Group* gelangt in ihrem Abschlussbericht vom 26. Juli 2001 zu dem Ergebnis, dass im Interesse der Gesetzeskontinuität die Sections 425 bis 427 CA 1985 weiterhin unverändert fortbestehen sollten[54]. Eine einheitliche Regelung für alle Fälle der Zusammenführung von Gesellschaften unter Einschluss der in Section 427A CA 1985 enthaltenen Bestimmungen wird dagegen ab-

---

49 So: Lord Beaverbrook, The Parliamentary Debates (Hansard), House of Lords, Official Report, Session 1987-88, Vol. 489, Spalte 711.

50 Vgl. Lord Beaverbrook, The Parliamentary Debates (Hansard), House of Lords, Official Report, Session 1987-88, Vol. 489, Spalte 712.

51 Vgl. Lord Beaverbrook, The Parliamentary Debates (Hansard), House of Lords, Official Report, Session 1987-88, Vol. 489, Spalte 712.

52 Nachfolgend als "Schedule 15B" bezeichnet.

53 Dazu auch unten D.V.2. und F.

54 Abschlussbericht der *Steering Group* des *Department of Trade & Industry* zur *Company Law Review* vom 26. Juli 2001, Ziffer 13.4, S. 275.

gelehnt[55]. Darüber hinaus werden Modelle angedacht, die bezwecken, eine Umgehung der durch die Umsetzung der Dritten Richtlinie in das englische Recht eingeführten Regelungen zu ermöglichen[56].

---

55 Abschlussbericht der *Steering Group* des *Department of Trade & Industry* zur *Company Law Review* vom 26. Juli 2001, Ziffer 13.4, S. 275.

56 Vgl. Abschlussbericht der *Steering Group* des *Department of Trade & Industry* zur *Company Law Review* vom 26. Juli 2001, Ziffer 13.14 i), S. 280. Vgl. hierzu auch unten F.

II. Anwendungsbereich und Regelungsgehalt der Verschmelzungsrichtlinie

Am 9. Oktober 1978 hat der Europäische Rat gestützt auf Art. 54 Abs. 3 g) EGV a.F. (= Art. 44 Abs. 2 g) EGV n.F.[57]) die Dritte Richtlinie beschlossen.

1. Anwendungsbereich

Die durch die Dritte Richtlinie vorgeschriebenen Maßnahmen sollen gemäß Art. 1 der Dritten Richtlinie in Deutschland auf die Rechtsform der Aktiengesellschaft und in England auf die Rechtsform der *public company limited by shares* und der *public company limited by guarantee having a share capital* Anwendung finden.

Gemäß Art. 3 Abs. 2 sowie Art. 4 Abs. 2 der Dritten Richtlinie können die Rechtsvorschriften eines Mitgliedstaates vorsehen, dass auch übertragende Gesellschaften, die sich in Abwicklung befinden, an einer Verschmelzung beteiligt sein dürfen, sofern solche Gesellschaften noch nicht mit der Verteilung ihres Vermögens an die Aktionäre begonnen haben. Die Regelung bezweckt eine Erleichterung von Umstrukturierungen im Rahmen von Unternehmenssanierungen[58].

Soweit die Rechtsvorschriften der Mitgliedstaaten vorsehen, dass die baren Zuzahlungen an die Aktionäre der übertragenden Gesellschaft den Satz von 10 % des Nennbetrages oder des rechnerischen Wertes der gewährten Aktien übersteigen dürfen, sind auch auf solche Vorgänge – obgleich sie nicht mehr den Denfinitionen in Art. 3 Abs. 1 sowie Art. 4 Abs. 1 der Dritten Richtlinie unterfallen – die Verschmelzungsregelungen grundsätzlich anwendbar (Art. 30 der Dritten Richtlinie).

---

57 D.h., in der Fassung nach dem Vertrag von Amsterdam vom 2. Oktober 1997.

58 So auch RegEBegr. zu § 3 Abs. 3 UmwG, bei Ganske, S. 47.

2. Zweck und Regelungsgehalt

Ausweislich ihrer Präambel ist es vorrangiges Ziel der Dritten Richtlinie, eine Koordinierung der Schutzbestimmungen zugunsten von Gesellschaftern sowie zugunsten Dritter herbeizuführen. Zudem erscheint es dem Rat zweckmäßig, das Institut der Verschmelzung in alle nationalen Rechte der Mitgliedstaaten einzuführen. Hierdurch soll insbesondere der Erlass einer Richtlinie zur (in Art. 293, 3. Spiegelstrich EGV n.F.[59] vorgesehenen) grenzüberschreitenden Verschmelzung von Gesellschaften vorbereitet und erleichtert werden[60].

Zur Erreichung ihres Zwecks regelt die Dritte Richtlinie insbesondere die folgenden Bereiche:

a) Einführung der Verschmelzung durch Aufnahme sowie der Verschmelzung durch Gründung

Art. 2 der Dritten Richtlinie sieht zwingend die Einführung zweier Arten der Verschmelzung vor: Die "Verschmelzung durch Aufnahme" sowie die "Verschmelzung durch Gründung".

Verschmelzung durch Aufnahme ist nach Art. 3 Abs. 1 der Dritten Richtlinie der Vorgang, durch den eine oder mehrere Gesellschaften ihr gesamtes Aktiv- und Passivvermögen im Wege der Auflösung ohne Abwicklung auf eine andere Gesellschaft übertragen, und zwar gegen Gewährung von Aktien der übernehmenden Gesellschaft an die Aktionäre der übertragenden Gesellschaft und gegebenenfalls einer baren Zuzahlung von maximal 10 % des Nennbetrages der gewährten Aktien.

Verschmelzung durch Gründung liegt gemäß Art. 4 Abs. 1 der Dritten Richtlinie vor, wenn mehrere Gesellschaften ihr gesamtes Aktiv- und

---

59 Art. 220 EGV a.F.

60 Vgl. Priester, NJW 1983, 1459.

Passivvermögen im Wege der Auflösung ohne Abwicklung auf eine Gesellschaft, die sie gründen, übertragen, und zwar gegen Gewährung von Aktien der neuen Gesellschaft an ihre Aktionäre und gegebenenfalls einer baren Zuzahlung von maximal 10 % des Nennbetrags der gewährten Aktien.

b) Schutz der Aktionäre

Der im vierten Erwägungsgrund der Dritten Richtlinie angeführte Schutz der Aktionäre ist wegen der für sie schwerwiegenden Rechtsfolgen der Verschmelzung von besonderer Bedeutung. Dies gilt zunächst für die Aktionäre der übertragenden Gesellschaft[61]: Da ihnen ein Anteilstausch aufgezwungen wird, ist vor allem die Angemessenheit des Umtauschverhältnisses sicherzustellen. Diesem Ziel dienen insbesondere die in Art. 9 und Art. 10 Abs. 2 der Dritten Richtlinie vorgesehenen Regelungen zur Erläuterung und Überprüfung des Umtauschverhältnisses.

Die Angemessenheit des Umtauschverhältnisses liegt aber auch im Interesse der Aktionäre der übernehmenden Gesellschaft, denn eine überhöhte Abfindung in Aktien der übernehmenden Gesellschaft würde zwangsläufig eine „Quersubventionierung" der neuen Aktionäre durch die Altaktionäre bedeuten[62].

c) Schutz der Gläubiger und Inhaber von Sonderrechten

Die Dritte Richtlinie sieht in Übereinstimmung mit ihrem sechsten sowie ihrem achten Erwägungsgrund Regelungen zum Schutz der Gläubiger der sich verschmelzenden Gesellschaften vor. So schreibt Art. 13 der Dritten Richtlinie den Mitgliedstaaten die Errichtung eines angemessenen Schutzsystems vor, das den Gläubigern zumindest einen An-

---

[61] Vgl. Habersack, Europäisches Gesellschaftsrecht, RN 221.
[62] Habersack, Europäisches Gesellschaftsrecht, RN 221.

spruch auf angemessene Garantien gewährt. Dadurch soll dem besonderen Schutzbedürfnis der Gläubiger Rechnung getragen werden. Dieses Schutzbedürfnis folgt für die Gläubiger einer übertragenden Gesellschaft daraus, dass sie mit der Verschmelzung ihren bisherigen Schuldner verlieren, da die übertragende Gesellschaft gemäß Art. 19 Abs. 1 c) der Dritten Richtlinie mit Wirksamwerden der Verschmelzung erlischt. Zwar erhalten die Gläubiger mit der übernehmenden Gesellschaft einen neuen Schuldner. Dieser ist aber unter Umständen weniger solvent als der bisherige Schuldner. Zudem sind die Gläubiger beim neuen Schuldner unter Umständen mit einer Vielzahl von konkurrierenden Gläubigern konfrontiert.

Gleiches gilt für die Gläubiger der übernehmenden Gesellschaft. Sie behalten zwar ihren bisherigen Schuldner. Dessen Solvenzlage kann aber durch das Hinzutreten einer übertragenden Gesellschaft, das mit einem Übergang von Verbindlichkeiten verbunden ist, gefährdet werden.

Schließlich regelt die Dritte Richtlinie in ihrem Art. 15 den Schutz der Inhaber von Wertpapieren, die keine Aktien sind, aber mit Sonderrechten verbunden sind. Hierbei handelt es sich um Rechte, die zwar über bloße Gläubigerrechte hinausgehen, ihren Inhabern aber kein Stimmrecht gewähren. Denkbar ist, dass Wertpapiere, die mit solchen Sonderrechten verbunden sind, durch die Verschmelzung an Wert verlieren[63]. Damit schafft die Verschmelzung eine Gefährdungslage für Sonderrechtsinhaber, die auch nicht durch Stimmrechtsausübung auf die Verschmelzung Einfluss nehmen können. Art. 15 der Dritten Richtlinie sieht deshalb vor, dass Sonderrechtsinhabern Rechte an der übernehmenden Gesellschaft einzuräumen sind, die mindestens denen gleichwertig sind, die sie an der übertragenden Gesellschaft innehatten.

[63] Vgl. Tauchert-Nosko, S. 184.

III. Grundbegriffe und Anwendungsbereiche der nationalen Regelungen

1. Grundbegriffe des Umwandlungsgesetzes und Anwendungsbereich der Verschmelzungsregelungen in Deutschland

Das Umwandlungsgesetz von 1994 führte eine neue Terminologie in das deutsche Umwandlungsrecht ein. So bezeichnete der Begriff der "Umwandlung" bis zum Inkrafttreten des Umwandlungsgesetzes von 1994 lediglich den Wechsel der Rechtsform[64]. „Verschmelzung“ und „Spaltung“, die durch die Überführung von Vermögen auf neue Rechtsträger gekennzeichnet sind, wurden hingegen terminologisch unter dem Begriff der „Strukturänderung“ zusammengefasst. Dies ist nun anders. Der Begriff der Umwandlung wurde erheblich erweitert und beinhaltet jetzt nach § 1 UmwG die Verschmelzung, die Spaltung, die Vermögensübertragung und den Formwechsel.

Verschmelzung im Sinne von § 2 UmwG ist die Zusammenführung zweier oder mehrerer Rechtsträger zu einem einzigen ohne Liquidationsverfahren, wobei den Anteilsinhabern der übertragenden und erlöschenden Rechtsträger Anteilsrechte an dem übernehmenden Verschmelzungsrechtsträger gewährt werden[65]. § 2 UmwG ist damit rechtsformneutral gefasst und erlaubt allen verschmelzungsfähigen Rechtsträgern[66] die Aufnahme nunmehr auch mehrerer anderer Rechtsträger (sog. Mehrfachverschmelzung[67]). Vor Umsetzung der Dritten Richtlinie war hingegen in einem Akt immer nur die Aufnahme einer einzigen Gesellschaft zulässig.

---

64 K. Mertens, S. 16.

65 Vgl. K. Schmidt, Gesellschaftsrecht, § 13 III 1 a), S. 384 f.

66 Dies sind nach § 3 Abs. 1 UmwG die Personenhandelsgesellschaften (OHG, KG), Kapitalgesellschaften (u.a.: GmbH, AG, KGaA), eingetragene Genossenschaften, eingetragene Vereine, genossenschaftliche Prüfungsverbände sowie Versicherungsvereine auf Gegenseitigkeit. Weiterhin können gemäß § 3 Abs. 2 UmwG wirtschaftliche Vereine als übertragende Rechtsträger und natürliche Personen, die als Alleingesellschafter einer Kapitalgesellschaft deren Vermögen übernehmen, beteiligt sein.

67 Die dem italienischen Vorbild des Art. 2501 Codice Civile nachgebildet wurde (vgl. Priester, NJW 1983, 1459, 1460).

Gemäß § 3 Abs. 1 Nr. 2 UmwG kann in Deutschland die Aktiengesellschaft an einer Verschmelzung als übertragender, übernehmender oder neuer Rechtsträger beteiligt sein. Bei einer Verschmelzung durch Neugründung darf gemäß § 76 Abs. 1 UmwG jedoch kein Verschmelzungsbeschluss ergehen, bevor jede der übertragenden Aktiengesellschaften bereits zwei Jahre im Handelsregister eingetragen ist.

§ 3 Abs. 3 UmwG gestattet zudem aufgelösten Gesellschaften, sich als übertragende Gesellschaften an einer Verschmelzung zu beteiligen, wenn ihre Fortsetzung beschlossen werden könnte. Obwohl § 3 Abs. 3 UmwG die aufgelöste Gesellschaft bei der Verschmelzung nur als übertragenden Rechtsträger vorsieht, wird teilweise vertreten, eine aufgelöste Gesellschaft solle auch als übernehmender Rechtsträger fungieren können[68]. Insoweit wird hier ein Meinungsstreit fortgesetzt, der bereits vor Umsetzung der Dritten Richtlinie in deutsches Recht bestand[69]. Allerdings widerspricht es dem klaren Wortlaut des § 3 Abs. 3 UmwG, die Übertragung auf eine aufgelöste Gesellschaft zuzulassen. Da der Gesetzgeber in Kenntnis des Meinungsstreits die Beteiligungsfähigkeit nur der übertragenden Gesellschaft geregelt hat, ist die Regelung des § 3 Abs. 3 UmwG als Klarstellung zu verstehen: Eine aufgelöste Gesellschaft kann nicht übernehmender Rechtsträger sein[70]. § 3 Abs. 3 UmwG stellt damit eine nicht analogiefähige Ausnahmevorschrift dar[71]. Soll eine aufgelöste Gesellschaft als übernehmender Rechtsträger fungieren, so ist zuvor ein separater Fortsetzungsbeschluss herbeizuführen[72].

---

68 So: Stratz in Schmitt/Hörtnagl/Stratz zu § 3, RN 34; Heckschen, DB 1998, 1385, 1387; Kraft in Kölner Kommentar zu § 339, RN 34; Bermel in Goutier/Knopf/Tulloch zu § 3, RN 20.

69 Vgl. Lutter in Lutter zu § 3, RN 16.

70 Lutter in Lutter zu § 3, RN 16.

71 AG Erfurt, Rpfleger 1996, 163.

72 Vgl. Schwarz in Widmann/Mayer zu § 3, RN 4.1; Grunewald in G/H/E/K zu § 339, RN 5. Hier liegt auch die Schnittstelle zu der die aufgelöste Gesellschaft als übernehmenden Rechtsträger zulassenden Ansicht: So findet sich bei deren Vertretern die Auffassung, die Fortsetzung der aufgelösten Gesellschaft brauche nicht gesondert beschlossen werden, da diese im Verschmelzungs-

Nach § 68 Abs. 3 UmwG dürfen bare Zuzahlungen, die den Aktionären der übertragenden Gesellschaften gewährt werden, nicht den zehnten Teil des auf die gewährten Aktien der übernehmenden Gesellschaft entfallenden anteiligen Betrages ihres Grundkapitals übersteigen.

---

beschluss bereits mit enthalten sei (Bermel in Goutier/Knopf/Tulloch zu § 3, RN 17; Stratz in Schmitt/Hörtnagl/Stratz zu § 3, RN 38; insoweit nicht ganz konsequent: Lutter in Lutter zu § 3, RN 12).

2. Grundbegriffe des Verschmelzungsrechts und Anwendungsbereich der Verschmelzungsregelungen in England

Der Begriff der Verschmelzung ist für das englische Recht nicht legaldefiniert. Regelmäßig werden Verschmelzungen aber im Gesetz als *amalgamations* bezeichnet[73]. Nach einer gebräuchlichen Definition wird eine *amalgamation* als Vereinigung zweier oder mehr Gesellschaften unter einer gemeinsamen Führung verstanden[74].

Die Verschmelzung ist eine strukturändernde Maßnahme, die in den Kern des gesellschaftsrechtlichen Mitgliedschaftsrechts eingreift und daher nach englischem Recht grundsätzlich der Zustimmung aller betroffenen Gesellschafter bedarf. Dieses Erfordernis der Zustimmung aller Gesellschafter ist nur durch so genannte *compromises* oder *arrangements* überwindbar. Hierbei handelt es sich um besondere Vereinbarungen zwischen den jeweils betroffenen Gesellschaften und ihren Gesellschaftern und/oder Gläubigern, die einer gerichtlichen Genehmigung bedürfen. Solche *compromises and arrangements* ermöglichen es, kraft gerichtlicher Entscheidung eine Bindungswirkung der in einem *compromise* oder *arrangement* vorgesehenen Regelungen herbeizuführen, ohne dass alle von einer solchen Regelung betroffenen Gesellschafter und Gläubiger zuzustimmen brauchen[75].

Die Begriffe "*compromise*" und "*arrangement*" sind weit auszulegen, so dass nahezu jede Vereinbarung zwischen einer Gesellschaft und ihren Gesellschaftern bzw. Gläubigern Gegenstand eines solchen *compromise* oder *arrangement* sein kann[76]. Voraussetzung ist allein, dass ein *compromise* oder *arrangement* für alle beteiligten Parteien ein gewisses Entgegenkommen beinhaltet[77]. Dies bedeutet, dass *compromises and arrangements* beispielsweise dann nicht in Betracht kommen, wenn

---

73 So etwa in Section 427A Sub-Section 1 lit. (a) CA 1985.

74 Goldenberg, 80-000, S. 269. Vgl. zur Terminologie auch: Hicks/Goo, Company Law, S. 603 sowie Luder, The Tax Journal, 25. Januar 1999, 18, 19 f.

75 Boyle/Marshall, S. 55.

76 Vgl. Boyle/Marshall, S. 55.

77 Barc in Tolley's Company Law, R 2012.

beabsichtigt ist, den Gesellschaftern ohne jede Art von Gegenleistung Rechte zu entziehen[78].

Jeder *compromise* oder *arrangement* erfordert einen Plan, den so genannten *scheme*[79]. Dementsprechend werden Verschmelzungen in der englischen Literatur zumeist unter der Überschrift *schemes of arrangements* behandelt.

Eine gesetzliche Regelung der Verschmelzung im Wege des *scheme of arrangements* findet sich in den Sections 425 ff. CA 1985. Danach kann sich in England grundsätzlich jede Gesellschaft einem *scheme of arrangements* unterstellen und sich damit an einer Verschmelzung beteiligen. Soweit aber

- mindestens eine übertragende *public company* zum Zweck einer *amalgamation* beteiligt ist (Section 427A Sub-Section 1 (a), Sub-Section 2 Cases 1 und 2 CA 1985),
- der Geschäftsbetrieb einschließlich der Vermögenswerte und Verbindlichkeiten der *public company*, für die der *compromise* oder *arrangement* abgeschlossen wird, entweder auf eine andere schon bestehende *public company* oder auf eine andere noch zu gründende Gesellschaft (unabhängig davon, ob es sich bei dieser um eine *public company* handelt) übertragen werden soll (Section 427A Sub-Section 1 (b), Sub-Section 2 Cases 1 und 2 CA 1985) und
- die den Gesellschaftern der übertragenden Gesellschaft(-en) zu gewährende Gegenleistung für die Übertragung der Vermögenswerte und Verbindlichkeiten in Geschäftsanteilen an der aufnehmenden Gesellschaft bestehen soll, gleichgültig ob mit oder ohne bare Zuzahlung (Section 427A Sub-Section 1 (c) CA 1985),

---

78 So Brightmann, J. in *Re: NFU Development Trust Ltd. [1972] 1 WLR 1548, 1549.*

79 Mark, Practical Company Law, Band I, S. 94.

ist eine solche Verschmelzung nur unter den engen Voraussetzungen der Section 427A CA 1985 sowie des Schedule 15B zum CA 1985 zulässig (Section 427A Sub-Section 1 CA 1985). Nicht anwendbar sind Section 427A CA 1985 und Schedule 15B jedoch, soweit sich der betreffende *compromise* oder das betreffende *arrangement* auf eine Gesellschaft bezieht, die aufgelöst wird (Section 427A Sub-Section 4 CA 1985).

Gemäß der *ultra vires*-Regel war eine Gesellschaft nur dann im Hinblick auf eine Verschmelzung beteiligungsfähig, wenn sie in ihrem *memorandum of association*[80] hierzu ausdrücklich ermächtigt wurde[81]. Nunmehr kann aber auch eine unter Nichtbeachtung des *memorandum of association* zustande gekommene Verschmelzung Wirksamkeit erlangen[82].

Eine besondere Regelung für Fälle, in denen die baren Zuzahlungen 10 % des Nennbetrages bzw. des Wertes der gewährten Aktien übersteigen, sieht das englische Recht nicht vor. Damit sind in England auch auf solche Vorgänge die Verschmelzungsregelungen anwendbar.

---

[80] Dies ist die Gründungsurkunde der Gesellschaft.

[81] *Re Oceanic Steam Navigation Company Limited [1939] Ch 41.*

[82] Vgl. unten C.III.3.d) sowie Esher MR in *Nicholl v The Eberhardt Company [1889] 61 LT 489, 491, CA.*

IV. Vergleich der Anwendungsbereiche der Verschmelzungsrichtlinie und der nationalen Rechte

Bereits vor Umsetzung der Dritten Richtlinie durften in Deutschland die Aktiengesellschaft sowie in England die *public company* an einer Verschmelzung beteiligt sein. Die Umsetzung der Dritten Richtlinie erforderte insofern in beiden Rechtsordnungen keine Änderungen.

Im Unterschied zum englischen Recht, das die Anwendung der mit Umsetzung der Dritten Richtlinie eingeführten strengen Verschmelzungsregeln auf eine aufgelöste Gesellschaft verbietet, darf eine aufgelöste Gesellschaft in Deutschland als übertragende Gesellschaft an einer Verschmelzung beteiligt sein. Damit wurde in Deutschland die in Art. 3 Abs. 2 und Art. 4 Abs. 2 der Dritten Richtlinie enthaltene fakultative Vorgabe umgesetzt. Zu beachten ist aber, dass Art. 3 Abs. 2 und Art. 4 Abs. 2 der Dritten Richtlinie eine einschränkende Auslegung der in Deutschland geltenden Regelung erfordern: So ist eine aufgelöste Gesellschaft nur dann beteiligungsfähig, wenn noch nicht mit der Verteilung ihres Vermögens begonnen wurde[83].

Von der in Art. 30 der Dritten Richtlinie vorgesehenen Möglichkeit, für bare Zuzahlungen an die Aktionäre der übertragenden Gesellschaften einen Satz von über 10 % des Nennbetrages bzw. des rechnerischen Wertes der gewährten Aktien zuzulassen, hat nur der englische Gesetz-

[83] Dies entspricht auch der Regelung des § 274 Abs. 1 S. 1, Abs. 3 S. 2 AktG. Sinn und Zweck der Regelung ist es, eine Umgehung des Verbots der Einlagenrückgewähr (§ 57 AktG) zu verhindern (Lutter in Lutter zu § 3, RN 12). Ist Vermögen schon an die Anteilsinhaber verteilt worden, so kann die Verschmelzungsfähigkeit auch nicht durch Rückgewähr der betreffenden Leistung wiederhergestellt werden (Stratz in Schmitt/Hörtnagel/Stratz zu § 3, RN 37). Hierdurch soll ausgeschlossen werden, dass die aufgelöste Gesellschaft wieder zur werbenden wird, ohne den registergerichtlich kontrollierten Gründungsanforderungen genügen zu müssen (Tauchert-Nosko S. 23). Liegt ein besonderer Auflösungsgrund vor, der allein durch einen Fortsetzungsbeschluss nicht beseitigt werden könnte, tritt die Verschmelzungsfähigkeit der Gesellschaft erst mit Beseitigung dieses besonderen Auflösungsgrundes wieder ein (Lutter in Lutter zu § 3, RN 12), so gemäß § 274 Abs. 2 Nr. 1 AktG insbesondere bei Auflösung durch Eröffnung des Insolvenzverfahrens.

geber Gebrauch gemacht. Auch auf solche Vorgänge sind in England die Verschmelzungsregelungen anwendbar.

C. Verschmelzungsverfahren und Rechtsfolgen der Verschmelzung

Das Verschmelzungsverfahren weist in Deutschland und England jeweils voneinander abweichende Elemente auf und ist damit insgesamt unterschiedlich ausgestaltet. Eine Untersuchung der einzelnen nationalen Schutzvorschriften zugunsten der Aktionäre[84] und Gläubiger[85] sowie der Vergleich mit den entsprechenden Vorgaben der Dritten Richtlinie ist daher nur verständlich vor dem Hintergrund der Kenntnis des gesamten Ablaufs der nationalen Verschmelzungsverfahren.

Deshalb ist es angezeigt, in einem überwiegend darstellenden Teil zunächst einen Überblick über das deutsche und das englische Verschmelzungsverfahren und die Rechtsfolgen einer Verschmelzung zu geben. Diesem wiederum soll ein Abriss über die Vorgaben der Dritten Richtlinie zum Verfahren vorangestellt werden, welcher der ersten Übersicht dient und den Regelungsbereich der Dritten Richtlinie losgelöst vom nationalen Recht deutlich macht. Am Ende soll ein Vergleich des Verfahrensablaufs unter Berücksichtigung der Richtlinienvorgaben erfolgen. Eine eingehende Auseinandersetzung mit den problematischen Aspekten erfolgt sodann im Rahmen der Untersuchung der einzelnen Schutzvorschriften[86].

I. Vorgaben der Verschmelzungsrichtlinie

Die Dritte Richtlinie legt Mindestanforderungen für das bei der Verschmelzung zu beobachtende Verfahren fest.

---

84 Vgl. unten D.
85 Vgl. unten E.
86 Vgl. unten D und E.

1. Verfahren bei der Verschmelzung durch Aufnahme

Bei der Verschmelzung durch Aufnahme muss das Verschmelzungsverfahren grundsätzlich die im Folgenden dargestellten Elemente aufweisen:

a) Erstellung von Zwischenbilanzen

Für eine beteiligte Gesellschaft wird nach Art. 11 Abs. 1 c) der Dritten Richtlinie eine Zwischenbilanz benötigt, wenn der letzte Jahresabschluss der betreffenden Gesellschaft sich auf ein Geschäftsjahr bezieht, das mehr als sechs Monate vor der Aufstellung des Verschmelzungsplans abgelaufen ist. Die Zwischenbilanz ist dann für einen Zeitpunkt zu erstellen, der nicht vor dem ersten Tag des dritten der Aufstellung des Verschmelzungsplans vorausgehenden Monats liegen darf (Art. 11 Abs. 1 c) der Dritten Richtlinie). Die Zwischenbilanz ist nach denselben Methoden und in derselben Gliederung zu erstellen wie die letzte Jahresbilanz (Art. 11 Abs. 2 S. 1 der Dritten Richtlinie).

b) Verschmelzungsplan

Die Verwaltungs- und Leitungsorgane der sich verschmelzenden Gesellschaften haben sich gemäß Art. 5 Abs. 1 der Dritten Richtlinie auf einen schriftlichen Verschmelzungsplan zu einigen. Begrifflich handelt es sich beim „Verschmelzungsplan" um den Entwurf des „Verschmelzungsvertrages"[87]. Sein Mindestinhalt ist im einzelnen in Art. 5 Abs. 2 der Dritten Richtlinie festgelegt[88]. Weniger ausführlich als in Art. 5 Abs. 2 der Dritten Richtlinie vorgeschrieben darf der Verschmelzungsplan lediglich beim Up Stream Merger (Verschmelzung einer hundertprozentigen Tochtergesell-

---

[87] A.A. offenbar Hommelhoff, ZGR 1993, 452, 465 f., der jedoch die von der Dritten Richtlinie verwandte Terminologie verkennt (vgl. unten D.I.4.c)aa)).

[88] Im Einzelnen hierzu unten D.I.1.a)aa)aaa).

schaft auf ihre Muttergesellschaft) ausfallen (Art. 24 S. 2 der Dritten Richtlininie), da Minderheitsgesellschafter hier keines Schutzes bedürfen[89].

Sofern die Rechtsvorschriften eines Mitgliedstaates für die Verschmelzung keine umfassende und vorbeugende Kontrolle der Rechtmäßigkeit durch Gerichte oder die Verwaltung vorsehen, ist der Verschmelzungsvertrag[90] öffentlich zu beurkunden (Art. 16 Abs. 1 S. 1 der Dritten Richtlinie). Falls die Verschmelzung nicht durch die Hauptversammlungen aller beteiligten Gesellschaften gebilligt zu werden braucht[91], ist Beurkundung bereits des Verschmelzungsplans erforderlich (Art. 16 Abs. 1 S. 2 der Dritten Richtlinie).

c) Verschmelzungsbericht

In einem ausführlichen schriftlichen Verschmelzungsbericht haben gemäß Art. 9 S. 1 der Dritten Richtlinie die Verwaltungs- und Leitungsorgane aller sich verschmelzenden Gesellschaften den Verschmelzungsplan rechtlich und wirtschaftlich zu erläutern und zu begründen[92].

Entbehrlich ist der Verschmelzungsbericht beim Up Stream Merger (Art. 24 i.V.m. Art. 9 und 11 Abs. 1 d) der Dritten Richtlinie)[93]. Auch braucht ein Verschmelzungsbericht nicht erstellt werden, wenn die übernehmende Gesellschaft mindestens 90 % aller Anteile an der übertragenden Gesellschaft hält und die Minderheitsaktionäre der übertragenden Gesellschaft ihre Anteile zu einem angemessenen Preis von

89 Im Einzelnen hierzu unten D.I.1.a)aa)bbb).

90 Beim Verschmelzungsvertrag handelt es sich um die auf dem Verschmelzungsplan beruhende und zwischen den an der Verschmelzung beteiligten Gesellschaften abgeschlossene Vereinbarung.

91 Vgl. unten C.I.1.h).

92 Im Einzelnen hierzu s.u. D.I.1.b)aa).

93 Vgl. unten D.I.1.b)bb).

der übernehmenden Gesellschaft aufkaufen lassen können (Art. 28 a) und b) der Dritten Richtlinie)[94].

d) Prüfung des Verschmelzungsplans

Nach Art. 10 Abs. 1 und Abs. 2 der Dritten Richtlinie hat für jede der beteiligten Gesellschaften eine Prüfung des Verschmelzungsplans durch unabhängige Sachverständige, die für die Aktionäre einen schriftlichen Prüfungsbericht verfassen, zu erfolgen[95]. Soweit die Bestellung der Sachverständigen durch ein Gericht oder eine Verwaltungsbehörde erfolgt, dürfen die Rechtsvorschriften eines Mitgliedsstaates eine solche Bestellung auch für alle beteiligten Gesellschaften gemeinsam vorsehen (Art. 10 Abs. 1 S. 2 der Dritten Richtlinie).

Entbehrlich sind die Prüfung des Verschmelzungsplans sowie die Erstattung des Prüfungsberichtes im Fall des Up Stream Merger (Art. 24 i.V.m. Art. 10 und 11 Abs. 1 e) der Dritten Richtlinie)[96]. Gleiches gilt – wie auch schon beim Verschmelzungsbericht – für den Fall, dass die übernehmende Gesellschaft mindestens 90 % aller Anteile an der übertragenden Gesellschaft hält und die Minderheitsaktionäre der übertragenden Gesellschaft ihre Anteile zu einem angemessenen Preis von der übernehmenden Gesellschaft aufkaufen lassen können (Art. 28 a) und b) der Dritten Richtlinie)[97].

---

94 Vgl. unten D.I.1.b)bb).
95 Im Einzelnen hierzu s.u. D.I.1.c).
96 Vgl. unten D.I.1.c)bb).
97 Vgl. unten D.I.1.c)bb).

e) Arbeitnehmerbeteiligung

Die Ansprüche der Arbeitnehmer sind zu wahren gemäß Art. 12 der Dritten Richtlinie i.V.m. der Richtlinie 2001/23/EG[98]. Insbesondere sind die Vertreter der von einem Unternehmensübergang betroffenen Arbeitnehmer nach Art. 7 Abs. 1 S. 1 der Richtlinie 2001/23/EG zu informieren über den (geplanten) Zeitpunkt des Übergangs, den Grund für den Übergang, die rechtlichen, wirtschaftlichen und sozialen Folgen des Übergangs für die Arbeitnehmer sowie die hinsichtlich der Arbeitnehmer in Aussicht genommenen Maßnahmen.

f) Offenlegung des Verschmelzungsplans

Der Verschmelzungsplan ist für jede der beteiligten Gesellschaften nach Art. 6 der Dritten Richtlinie mindestens einen Monat vor dem Tag der Hauptversammlung, die über die Verschmelzung beschließt, in dem gemäß Art. 3 der Ersten Richtlinie 68/151/EWG[99] errichteten Handels- oder Gesellschaftsregister offen zu legen und in dem betreffenden Amtsblatt zu veröffentlichen.

g) Vorbereitung der Hauptversammlungen

Jeder Aktionär hat gemäß Art. 11 Abs. 1 der Dritten Richtlinie das Recht, mindestens einen Monat vor dem Tag der Hauptversammlung, die über den Verschmelzungsplan zu beschließen hat, am Sitz der Gesellschaft

---

98 Richtlinie des Rates vom 12. März 2001 zur Angleichung der Rechtsvorschriften der Mitgliedstaaten über die Wahrung von Ansprüchen der Arbeitnehmer beim Übergang von Unternehmen, Betrieben oder Unternehmens- oder Betriebsteilen (ABlEG 2001 L 82, S. 16 ff.).

99 Erste Richtlinie des Rates vom 9. März 1968 zur Koordinierung der Schutzbestimmungen, die in den Mitgliedstaaten den Gesellschaften im Sinne des Artikels 58 Absatz 2 des Vertrages im Interesse der Gesellschafter sowie Dritter vorgeschrieben sind, um diese Bestimmungen gleichwertig zu gestalten (ABlEG 1968 L 65, S. 8 ff.), im Folgenden „Erste Richtlinie“ genannt.

von dem Verschmelzungsplan, den Jahresabschlüssen und Geschäftsberichten der sich verschmelzenden Gesellschaften für die letzten drei Geschäftsjahre und gegebenenfalls den zu erstellenden Zwischenbilanzen sowie allen Verschmelzungs- und Verschmelzungsprüfungsberichten Kenntnis zu nehmen[100].

Erleichterungen hierzu sind für den Fall des Up Stream Merger vorgesehen (Art. 24 S. 2 i.V.m. Art. 11 Abs. 1 d) und e) der Dritten Richtlinie)[101]. Vollständig unterbleiben darf die Auslegung nach Art. 28 i.V.m. Art. 27 und Art. 11 der Dritten Richtlinie, soweit die übernehmende Gesellschaft mindestens 90 % – nicht jedoch alle – Anteile an den übertragenden Gesellschaften hält und die Minderheitsaktionäre der übertragenden Gesellschaften ihre Aktien zu einem angemessenen Preis von der übernehmenden Gesellschaft aufkaufen lassen können[102].

h) Hauptversammlungen

Dem Verschmelzungsplan haben die Hauptversammlungen jeder der beteiligten Gesellschaften mit einer Mehrheit von mindestens zwei Dritteln der Stimmen der vertretenen Wertpapiere oder des vertretenen gezeichneten Kapitals zuzustimmen (Art. 7 Abs. 1 S. 1 der Dritten Richtlinie). Sind mehrere Gattungen von Aktien vorhanden, so ist der Beschluss über die Verschmelzung von einer gesonderten Abstimmung zumindest jeder Gattung derjenigen Aktionäre abhängig, deren Rechte durch die Maßnahme beeinträchtigt werden (Art. 7 Abs. 2 der Dritten Richtlinie). Der Zustimmungsbeschluss hat die Genehmigung des Verschmelzungsplans sowie gegebenenfalls die zur Durchführung der Ver-

---

100 Vgl. unten D.II.1.a)aa).

101 Vgl. unten D.II.1.a)bb).

102 Vgl. unten D.II.1.a)bb). Unklar erscheint, warum die Dritte Richtlinie für den Fall, dass 90 % der Anteile an einer übertragenden Gesellschaft der übernehmenden Gesellschaft gehören, größere Erleichterungen vorsieht, als für den Fall, dass die übernehmende Gesellschaft 100 % dieser Anteile hält.

schmelzung erforderlichen Satzungsänderungen zu umfassen (Art. 7 Abs. 3 der Dritten Richtlinie).

Sofern die Rechtsvorschriften eines Mitgliedstaates für die Verschmelzung keine umfassende und vorbeugende Kontrolle der Rechtmäßigkeit durch Gerichte oder die Verwaltung vorsehen, sind die Niederschriften der Hauptversammlungen öffentlich zu beurkunden (Art. 16 Abs. 1 S. 1 der Dritten Richtlinie).

Unter bestimmten Voraussetzungen sind Zustimmungsbeschlüsse der Aktionäre jedoch in den nachfolgend aufgeführten Fällen entbehrlich, soweit ein oder mehrere Aktionäre der übernehmenden Gesellschaft, die über Aktien in einem Mindestprozentsatz von maximal 5 % des gezeichneten Kapitals verfügen, das Recht haben, die Einberufung einer Hauptversammlung der übernehmenden Gesellschaft zu verlangen, in der über die Zustimmung zu der Verschmelzung beschlossen wird: So ist der Zustimmungsbeschluss der übernehmenden Gesellschaft unter Umständen dann entbehrlich, wenn zugunsten der Aktionäre der übernehmenden Gesellschaft bestimmte Informationspflichten beachtet wurden (Art. 8 der Dritten Richtlinie)[103] oder mindestens 90 % der Aktien an der übertragenden Gesellschaft der übernehmenden Gesellschaft gehören (Art. 27 b) i.V.m. Art. 11 Abs. 1, Abs. 3 der Dritten Richtlinie)[104]. Zudem ist beim Up Stream Merger unter bestimmten Voraussetzungen für keine der beteiligten Gesellschaften eine Zustimmung ihrer jeweiligen Hauptversammlung erforderlich (Art. 25 i.V.m. Art. 24, 7 der Dritten Richtlinie)[105].

i) Offenlegung der Verschmelzung

Schließlich ist die Verschmelzung gemäß Art. 18 Abs. 1 der Dritten Richtlinie i.V.m. Art. 3 der Ersten Richtlinie bei einem zentralen Register

[103] Zu den Einzelheiten vgl. unten D.II.2.b)bb).
[104] Zu den Einzelheiten vgl. unten D.II.2.b)bb).
[105] Zu den Einzelheiten vgl. unten D.I.2.b)bb).

oder Handels- bzw. Gesellschaftsregister offen zu legen. Nach Art. 18 Abs. 2 der Dritten Richtlinie kann die übernehmende Gesellschaft die für die übertragenden Gesellschaften vorzunehmenden Förmlichkeiten der Offenlegung auch selbst veranlassen.

2. Verfahren bei der Verschmelzung durch Gründung

Die oben aufgeführten Regelungen zur Verschmelzung durch Aufnahme gelten nach Art. 23 Abs. 1 und Abs. 2 der Dritten Richtlinie grundsätzlich auch für die Verschmelzung durch Gründung. Allerdings bedürfen gemäß Art. 23 Abs. 3 der Dritten Richtlinie der Verschmelzungsplan sowie gegebenenfalls Errichtungsakt und Satzung[106] der neuen Gesellschaft der Zustimmung der Hauptversammlung jeder der untergehenden Gesellschaften. Zudem brauchen die Rechtsvorschriften eines Mitgliedstaates die Zustimmung der Hauptversammlung der neuen Gesellschaft nicht vorzuschreiben, selbst wenn die Voraussetzungen des Art. 8 der Dritten Richtlinie nicht erfüllt sind (vgl. Art. 23 Abs. 1 S. 1 der Dritten Richtlinie).

3. Rechtsfolgen der Verschmelzung

a) Wirkungen der Verschmelzung

Die ipso jure eintretenden Rechtsfolgen der Verschmelzung sind in Art. 19 Abs. 1 a) – c) der Dritten Richtlinie geregelt.

So bewirkt die Verschmelzung gemäß Art. 19 Abs. 1 a) der Dritten Richtlinie, dass das gesamte Aktiv- und Passivvermögen der übertragenden Gesellschaft im Wege der Gesamtrechtsnachfolge auf die übernehmende Gesellschaft übergeht. Der Verschmelzungsplan kann

---

[106] Errichtungsakt und Satzung können auch zusammen mit dem Verschmelzungsplan in einer Urkunde zusammengefasst werden (vgl. Art. 23 Abs. 3 der Dritten Richtlinie).

also nicht einzelne Vermögensgegenstände von dem Übergang ausnehmen[107]. Jedoch bleiben nach Art. 19 Abs. 3 der Dritten Richtlinie die Rechtsvorschriften der Mitgliedstaaten, die die Übertragung von Vermögensgegenständen, Rechten und Pflichten an die Einhaltung besonderer Förmlichkeiten knüpfen, von der Verschmelzung unberührt und somit weiterhin anwendbar.

Art. 19 Abs. 1 b) der Dritten Richtlinie sieht vor, dass die Aktionäre der übertragenden Gesellschaft Aktionäre der übernehmenden Gesellschaft werden. Eine Ausnahme besteht nach Art. 19 Abs. 2 der Dritten Richtlinie nur für den Fall, dass sich Aktien der übertragenden Gesellschaft im Besitz der übernehmenden Gesellschaft, der übertragenden Gesellschaft oder eines für Rechnung einer dieser Gesellschaften handelnden Dritten befinden. Um einen Erwerb eigener Anteile durch die übernehmende Gesellschaft zu verhindern[108], werden hier gar keine Aktien der übernehmenden Gesellschaft gewährt. Zudem bestimmt Art. 15 der Dritten Richtlinie, dass die Inhaber anderer Wertpapiere, die mit Sonderrechten verbunden, jedoch keine Aktien sind[109], in der übernehmenden Gesellschaft Rechte erhalten müssen, die mindestens denen gleichwertig sind, die sie in der übertragenden Gesellschaft hatten.

Schließlich ordnet Art. 19 Abs. 1 c) der Dritten Richtlinie an, dass die übertragende Gesellschaft durch die Verschmelzung erlischt.

b) Nichtigkeit der Verschmelzung

Die Nichtigkeit der Verschmelzung darf durch die Rechtsvorschriften der Mitgliedstaaten nur unter Beachtung der Einschränkungen des Art. 22 Abs. 1 der Dritten Richtlinie geregelt werden. Danach gilt folgendes:

---

107 Habersack, Europäisches Gesellschaftsrecht, RN 219.

108 Dies würde den Wertungen der Art. 19 ff. der Zweiten Europäischen Gesellschaftsrechtsrichtlinie zum Kapitalerhalt widersprechen.

109 Dies betrifft insbesondere die Inhaber von Wandel- oder Optionsanleihen, Gewinnschuldverschreibungen und Genussrechten.

Die Nichtigkeit kann nur durch Entscheidung eines Gerichts (Art. 22 Abs. 1 a) der Dritten Richtlinie) oder einer Verwaltungsbehörde (Art. 22 Abs. 2 S. 1 der Dritten Richtlinie) ausgesprochen werden.

Sobald die Verschmelzung im Sinne von Art. 17 der Dritten Richtlinie wirksam geworden ist, darf die Verschmelzung nur noch dann für nichtig erklärt werden, wenn entweder keine staatliche bzw. notarielle Kontrolle stattgefunden hat oder wenn der Verschmelzungsbeschluss der Hauptversammlung nach nationalem Recht nichtig oder anfechtbar ist (Art. 22 Abs. 1 lit. b) und Abs. 2 S. 2 der Dritten Richtlinie).

Nichtigkeitsklagen oder -verfahren dürfen nur innerhalb einer Frist von 6 Monaten nach Eintritt der Wirksamkeit der Verschmelzung eingeleitet werden und sind zudem nur zulässig, soweit der angegangene Mangel nicht behoben worden ist (Art. 22 Abs. 1 lit. c) und Abs. 2 S. 2, S. 3 der Dritten Richtlinie).

Ist ein Mangel behebbar, so ist den beteiligten Gesellschaften vor Erklärung der Nichtigkeit der Verschmelzung eine Frist dazu einzuräumen (Art. 22 Abs. 1 lit. d) und Abs. 2 S. 2 der Dritten Richtlinie).

Die Entscheidung, durch die die Nichtigkeit der Verschmelzung ausgesprochen wird, ist gemäß Art. 3 der Ersten Richtlinie durch Eintragung in das in den jeweiligen Staaten errichtete Handels- oder Gesellschaftsregister offen zu legen[110] und in dem betreffenden Amtsblatt zu veröffentlichen[111] (Art. 22 Abs. 1 lit. e) und Abs. 2 S. 2 der Dritten Richtlinie).

Ein gegebenenfalls zulässiger Einspruch Dritter gegen die Entscheidung darf nur innerhalb einer Frist von 6 Monaten nach Offenlegung der Entscheidung erhoben werden (Art. 22 Abs. 1 lit. f) und Abs. 2 S. 2 der Dritten Richtlinie).

Die Wirksamkeit von Verpflichtungen zugunsten oder zulasten der übernehmenden Gesellschaft, welche vor Offenlegung der Entscheidung, die

110 Art. 3 Abs. 2 der Ersten Richtlinie.
111 Art. 3 Abs. 4 der Ersten Richtlinie.

die Nichtigkeit der Verschmelzung ausspricht, entstanden sind, wird durch eine solche Entscheidung nicht berührt (Art. 22 Abs. 1 lit. g) und Abs. 2 S. 2 der Dritten Richtlinie). Die an der Verschmelzung beteiligten Gesellschaften haften für derartige Verpflichtungen der übernehmenden Gesellschaft als Gesamtschuldner (Art. 22 Abs. 1 lit. h) und Abs. 2 S. 2 der Dritten Richtlinie).

II. Das Verschmelzungsverfahren sowie die Rechtsfolgen der Verschmelzung nach deutschem Recht

Das Verschmelzungsverfahren ist in Deutschland in den §§ 4 ff. UmwG geregelt. An den dort festgelegten Vorgaben hat sich das Vorgehen zur Durchführung einer Verschmelzung auszurichten.

Der zeitliche Ablauf einer Verschmelzung lässt sich grob in drei Hauptphasen einteilen[112]: Die Vorbereitung der Verschmelzung, die Beschlussfassung der Anteilseigner über die Verschmelzung und Anmeldung sowie die Eintragung der Verschmelzung (registerrechtlicher Vollzug).

Die gesetzlichen Vorgaben stellen die Eckpunkte dar, in deren Rahmen den Akteuren bezüglich der zeitsparenden Koordination des Verfahrens viel abverlangt wird. Wesentlich für den Zeitplan ist dabei insbesondere die Acht-Monats-Frist der Schlussbilanz gemäß § 17 Abs. 2 S. 4 UmwG[113].

Innerhalb der drei Phasen der Verschmelzung sollten die erforderlichen Schirtte idealerweise in einer bestimmten zeitlichen Reihenfolge vorgenommen werden[114]. An dieser Abfolge orientiert sich die nachfolgende Darstellung.

1. Vorbereitungsphase

a) Bilanzen

aa) Schlussbilanzen

Zunächst sind Schlussbilanzen aller übertragenden Gesellschaften erforderlich. Diese sind gemäß § 17 Abs. 2 S. 1 UmwG im Rahmen der Anmeldungen dieser Gesellschaften beim Handelsregister vorzulegen.

---

112 Bermel in Goutier/Knopf/Tulloch zu § 2, Rn 27.
113 Lutter in Lutter zu § 2, RN 24.
114 Vgl. Lutter in Lutter zu § 2, RN 26-28.

Der Sinn und Zweck der Schlussbilanzen besteht zum einen darin, den Gläubigern aller an der Verschmelzung beteiligten Gesellschaften die Prüfung zu ermöglichen, ob sie gemäß § 22 UmwG Sicherheit verlangen wollen[115]. Zum anderen können nach Wahl der übernehmenden Gesellschaft die in der Schlussbilanz angesetzten Werte gemäß § 24 UmwG in der Jahresbilanz der übernehmenden Gesellschaft als Anschaffungskosten angesetzt werden (so genannte *Buchwertverknüpfung*)[116]. Soweit die übernehmende Gesellschaft im Rahmen der Verschmelzung eine Kapitalerhöhung durchführt, kann schließlich aufgrund der Schlussbilanzen eine Überprüfung des Werts der als Sacheinlage behandelten übertragenden Gesellschaft gemäß § 69 Abs. 1 S. 1, 2. HS UmwG entfallen.

Für die Aufstellung der Schlussbilanzen gelten nach § 17 Abs. 2 S. 2 UmwG die Vorschriften über die Jahresbilanz und deren Prüfung, also insbesondere die §§ 242 ff. sowie die §§ 264 ff. HGB, entsprechend. Danach sind die Schlussbilanzen jeweils auf einen bestimmten Stichtag auszustellen. Dieser Stichtag einer Schlussbilanz ist zwingend auf den Tag unmittelbar vor dem Verschmelzungsstichtag zu legen[117], da zum Verschmelzungsstichtag gemäß § 5 Nr. 6 UmwG auch der Wechsel der Rechnungslegung von der übertragenden auf die übernehmende Gesellschaft erfolgt[118].

Die Verschmelzung darf gemäß § 17 Abs. 2 S. 4 UmwG nur dann in das Handelsregister eingetragen werden, wenn die Schlussbilanz auf einen höchstens acht Monate vor der Anmeldung liegenden Stichtag aufgestellt worden ist. Die Frist für das Alter der Schlussbilanzen wurde

115 Vgl. unten E.I.2.a).

116 Entscheidet sich die übernehmende Gesellschaft für die Buchwertverknüpfung, so ist sie an die in der Schlussbilanz enthaltenen Ansätze und Bewertungen gebunden (Müller in Kallmeyer zu § 17, RN 11).

117 A.A. Müller in Kallmeyer zu § 5, RN 33 f., der unter Verweis auf den Wortlaut des § 5 Nr. 6 UmwG die Zulässigkeit eines Auseinanderfallens von Verschmelzungsstichtag und Stichtag der Schlussbilanz bejaht, gleichzeitig aber zugesteht, dass ein einheitlicher Stichtag „zweckmäßig" und zur Vermeidung schwer lösbarer Schwierigkeiten „zu empfehlen" sei.

118 Lutter in Lutter zu § 5, RN 31, unter Verweis auf das europäische Vorbild des § 5 Nr. 6 UmwG, den Art. 5 Abs. 3 lit. e der Dritten Richtlinie.

damit im Vergleich zur Altregelung in § 4 Abs. 2 UmwG a.F.[119] um zwei Monate erhöht. Hierdurch soll die Verwendung der letzten Jahresbilanz als Schlussbilanz erleichtert werden[120]. Wird die Acht-Monatsfrist nicht eingehalten, so wird die Eintragung der Verschmelzung in das Handelsregister nach § 17 Abs. 2 S. 4 UmwG abgelehnt.

Soweit es sich bei den an der Verschmelzung beteiligten Gesellschaften nicht um kleine Kapitalgesellschaften im Sinne von § 267 Abs. 1 HGB handelt, ist gemäß § 316 Abs. 1 HGB eine Prüfung der Schlussbilanz durch Wirtschaftsprüfer oder Wirtschaftsprüfergesellschaften (§ 319 Abs. 1 S. 1 HGB) erforderlich. Die Prüfer werden gemäß § 318 Abs. 1 S. 1, 1. HS HGB von den Aktionären der betroffenen Gesellschaften gewählt; gegebenenfalls erfolgt aber auf Antrag des Vorstands, des Aufsichtsrats oder eines Aktionärs eine gerichtliche Bestellung. Abweichend von § 318 Abs. 4 S. 1 HGB kann ein Beschluss der Aktionäre zur Bestellung der Prüfer – auch als Bestätigung bereits begonnener Prüfungshandlungen – noch nach dem Stichtag der Schlussbilanz[121] herbeigeführt werden[122]. Der Prüfungsbericht ist nach § 321 Abs. 1 S. 1 HGB schriftlich zu erstatten; auf den Bericht kann nicht verzichtet werden[123]. Das Ergebnis der Prüfung ist gemäß § 322 Abs. 1 S. 1 HGB in einem Bestätigungsvermerk zusammenzufassen. Soweit die Prüfung der Schlussbilanz versäumt wurde, wird die Anmeldung der Verschmelzung zum Handelsregister zurückgewiesen. Gleiches gilt für den Fall nicht hinreichender Qualifikation der Prüfer[124].

---

119 In der Fassung der Bekanntmachung vom 6. November 1969, BGBl. I S. 2081, zuletzt geändert durch Art. 5 des Gesetzes vom 4. Juli 1980, BGBl. I S. 836.
120 Müller in Kallmeyer zu § 17, RN 9.
121 Z.B. mit dem Verschmelzungsbeschluss.
122 Müller in Kallmeyer zu § 17, RN 34.
123 Müller in Kallmeyer zu § 17, RN 35.
124 Vgl. Müller in Kallmeyer zu § 17, RN 35.

bb) Zwischenbilanzen

Bezieht sich der letzte Jahresabschluss einer der an der Verschmelzung beteiligten Gesellschaften auf ein Geschäftsjahr, das mehr als sechs Monate vor dem Abschluss des Verschmelzungsvertrags oder der Aufstellung des Entwurfs abgelaufen ist, so ist nach § 63 Abs. 1 Nr. 3 UmwG für diese Gesellschaft eine Zwischenbilanz zu erstellen, deren Stichtag nicht vor dem ersten Tag des dritten Monats liegt, der dem Abschluss oder der Aufstellung vorausgeht. Hinsichtlich des Zeitpunkts der Entwurfsaufstellung ist auf den Tag abzustellen, an dem die Vorstände eine Einigung darüber erzielten, dass der ausgehandelte Entwurf Grundlage der Verschmelzung sein soll[125].

b) Unternehmensbewertung

Auf Grundlage der Schlussbilanzen sind jeweils Unternehmensbewertungen aller an der Verschmelzung beteiligten Gesellschaften durchzuführen, um somit das genaue Umtauschverhältnis für jeden Geschäftsanteil ermitteln zu können[126].

c) Verschmelzungsvertrag

Der in der Dritten Richtlinie vorgesehene „Verschmelzungsplan“ bzw. „Verschmelzungsvertrag“[127] wird im UmwG „Verschmelzungsvertrag“ bzw. „Entwurf des Verschmelzungsvertrags“ genannt. Er wird zwischen den beteiligten Gesellschaften gemäß § 4 Abs. 1 S. 1 UmwG durch die jeweils zur Vertretung befugten Personen – also im Fall der Aktiengesellschaft durch die nach § 78 Abs. 1 AktG vertretungsberechtigten Vorstände – abgeschlossen.

---

125 Stratz in Schmitt/Hörtnagel/Stratz zu § 63, RN 4.
126 Vgl. hierzu im Einzelnen unten D.III.2.e)aa).
127 Dieser Begriff wird in der Dritten Richtlinie nur einmal in ihrem Art. 16 Abs. 1 S. 1 verwandt.

Die Regelungen zur Errichtung des Verschmelzungsvertrags gelten nach § 36 UmwG gleichermaßen für die Verschmelzung durch Aufnahme als auch für die Verschmelzung durch Neugründung.

aa) Form

Gemäß § 6 UmwG bedarf der Verschmelzungsvertrag der Form der notariellen Beurkundung[128]. Zumeist wird zunächst gemäß § 4 Abs. 2 UmwG ein schriftlicher Entwurf des Verschmelzungsvertrages aufgestellt, der dann erst nach Fassung des Verschmelzungsbeschlusses notariell beurkundet wird.

bb) Mindestinhalt

Der Mindestinhalt des Verschmelzungsvertrages bestimmt sich insbesondere nach § 5 Abs. 1 und Abs. 2 UmwG[129].

Im Hinblick auf den Mindestinhalt gewährt § 5 Abs. 2 UmwG einige Erleichterungen für die Verschmelzung durch Aufnahme einer hundertprozentigen Tochtergesellschaft (sog. „Up Stream Merger")[130], die daraus resultieren, dass der Anteilstausch bei einer hundertprozentigen Tochtergesellschaft nach § 20 Abs. 1 Nr. 3 UmwG gesetzlich ausgeschlossen ist. Umstritten ist, zu welchem Zeitpunkt die aufnehmende Gesellschaft alleinige Anteilseignerin sein muss, um die Privilegierung des § 5 Abs. 2 UmwG eingreifen zu lassen. Teilweise wird vertreten, es sei auf den Zeitpunkt der Fassung der Verschmelzungsbeschlüsse abzustellen, da es zu verhindern gelte, dass der Verschmelzungsvertrag im Moment der Beschlussfassung unvollständig und die daraufhin ergan-

---

128 Vgl. unten D.I.2.a)bb).
129 Vgl. unten D.I.2.a)aa).
130 Vgl. unten D.I.2.a)aa).

genen Beschlüsse fehlerhaft seien[131]. Gegen diese Auffassung ist einzuwenden, dass eine Fehlerhaftigkeit der Verschmelzungsbeschlüsse problemlos vermieden werden kann. So kann der Verschmelzungsvertrag unter der aufschiebenden Bedingung abgeschlossen werden, dass die Übernehmerin die erforderlichen Anteile an der übertragenden Gesellschaft noch erwirbt. Folglich reicht es aus, wenn die aufnehmende Gesellschaft im Zeitpunkt der Anmeldung der Verschmelzung zur Eintragung in das Handelsregister alleinige Anteilseignerin der übertragenden Gesellschaft ist[132].

cc) Fakultativer Inhalt

Soweit die an der Verschmelzung beteiligten Gesellschaften weitere Abreden treffen, sind diese ebenfalls in den Verschmelzungsvertrag aufzunehmen[133].

dd) Wirksamwerden des Verschmelzungsvertrags

Der Verschmelzungsvertrag wird nach § 13 Abs. 1 UmwG nur dann wirksam, wenn die Aktionäre der beteiligten Gesellschaften ihm durch Verschmelzungsbeschluss zustimmen. Bis dahin ist der Verschmelzungsvertrag schwebend unwirksam[134]. Nach Wirksamwerden des Ver-

---

131 Lutter in Lutter zu § 5, RN 83.

132 Bermel/Hannappel in Goutier/Knopf/Tulloch zu § 5, RN 117; Marsch-Barner in Kallmeyer zu § 5, RN 70; Henze, AG 1993, 341, 344.

133 Insbesondere bei größeren Verschmelzungen ist es üblich, eine Präambel in die Vertragsurkunde aufzunehmen. In der Regel enthält eine solche Präambel Angaben über die erwarteten Synergieeffekte und sonstigen Ziele der Verschmelzung und kann somit auch als Auslegungshilfe für das Verständnis des Verschmelzungsvertrages herangezogen werden. Üblich ist auch die Aufnahme von Regelungen zur Kostentragung. Dies ist vor allem für den Fall zweckmäßig, dass die Verschmelzung scheitert (Lutter in Lutter zu § 5, RN 75; im übrigen trägt bei einer Verschmelzung durch Aufnahme ohnehin letztlich die übernehmende Gesellschaft die Kosten der Verschmelzung).

134 Mayer in Widmann/Mayer zu § 4, RN 43.

schmelzungsvertrags bestehen für jede vertragschließende Gesellschaft, nicht dagegen für deren Aktionäre[135], klagbare Erfüllungsansprüche gegen die anderen beteiligten Gesellschaften[136].

d) Berücksichtigung von Nachgründungsvorgängen

Für den Fall, dass der Verschmelzungsvertrag in den ersten zwei Jahren seit Eintragung der übernehmenden Gesellschaft in das Handelsregister abgeschlossen wird, sind gegebenenfalls ein Nachgründungsbericht sowie ein Nachgründungsprüfungsbericht zu erstatten:

aa) Anwendbarkeit der Nachgründungsvorschriften

Die im Hinblick auf die Nachgründung anwendbaren Vorschriften des § 52 Abs. 3, Abs. 4, Abs. 7 – Abs. 9 AktG greifen grundsätzlich nach § 67 S. 1 UmwG immer dann ein, wenn eine Aktiengesellschaft überneh-

---

135 Jedoch besteht für die Aktionäre einer Gesellschaft die Möglichkeit, das weitere Vorgehen der Gesellschaft in einem Hauptversammlungsbeschluss festzulegen. Der Vorstand ist dann gemäß § 83 Abs. 2 AktG verpflichtet, die von der Hauptversammlung im Rahmen ihrer Zuständigkeit beschlossenen Maßnahmen auszuführen. Kommt der Vorstand dieser Verpflichtung nicht nach, so macht er sich nicht nur nach § 93 AktG schadenersatzpflichtig und kann gemäß § 84 Abs. 3 AktG aus wichtigem Grund abberufen werden, sondern er kann nach überwiegender Ansicht auch von der durch den Aufsichtsrat vertretenen Gesellschaft auf Erfüllung des Hauptversammlungsbeschlusses verklagt werden (vgl. Hüffer zu § 83, RN 6; Lutter in Lutter zu § 4, RN 24; Bauer, S. 105; Stodolkowitz, ZHR 154 (1990), 1, 9; a.A. Mertens, ZHR 154 (1990), 24, 38, der in diesem Fall eine Gesellschafterklage zulässt).

136 Vgl.: Lutter in Lutter zu § 4, RN 22; Mayer in Widmann/Mayer zu § 4, RN 61.

mender Rechtsträger ist[137]. Dies soll der Sicherung der Kapitalaufbringung der sich verschmelzenden Gesellschaften dienen[138].

Eine Ausnahme hierzu ist in § 67 S. 2 UmwG vorgesehen, wonach die Nachgründungsvorschriften unbeachtlich sind, wenn auf die den Aktionären der übertragenden Gesellschaft zu gewährenden Aktien nicht mehr als 10 % des Grundkapitals der übernehmenden Gesellschaft entfallen[139]. Maßgeblich für die Berechnung der Zehnprozentquote ist die Höhe des Grundkapitals im Zeitpunkt der Eintragung der Verschmelzung[140]. Wird zur Durchführung der Verschmelzung das Grundkapital erhöht, so ist der Berechnung gemäß § 67 S. 3 UmwG das erhöhte Grundkapital zu Grunde zu legen.

Eine Anwendung der Nachgründungsvorschriften scheidet zudem dann aus, wenn die Aktionäre der übertragenden Gesellschaft ausnahmsweise nicht an der übernehmenden Gesellschaft beteiligt werden sollen, wenn also kein Anteilstausch stattfindet[141].

Schließlich sind die Nachgründungsvorschriften nach § 52 Abs. 9 AktG i.V.m. § 67 Abs. 1 S. 1 UmwG dann nicht zu beachten, wenn der Erwerb von Unternehmen zu den laufenden Geschäften der übernehmenden Gesellschaft zu zählen ist.

---

137 Die teilweise vertretene Auffassung, wonach § 67 UmwG keine Anwendung finde, soweit auch der übertragende Rechtsträger eine Aktiengesellschaft sei (Grunewald in Lutter zu § 67, RN 3 f.), lässt sich mit dem Gesetzeswortlaut, der keine solche Besonderheit vorsieht, nicht vereinbaren.

138 Vgl. hierzu unten E.I.2.b)aa).

139 Werden mehrere Verschmelzungen gleichzeitig durchgeführt, so sind zur Ermittlung der zu gewährenden Aktien alle Aktien, die an die Anteilsinhaber der übertragenden Gesellschaften ausgegeben werden, zusammenzuzählen (Marsch-Barner in Kallmeyer zu § 67, RN 4). Dies folgt daraus, dass die Gefährdung des Grundkapitals der übernehmenden Gesellschaft nicht allein deshalb geringer ist, weil mehrere Akte der Gesamtrechtsnachfolge eintreten (Grunewald in Lutter zu § 67, RN 8).

140 Grunewald in Lutter zu § 67, RN 7.

141 Grunewald in Lutter zu § 67, RN 2.

bb) Nachgründungsbericht

Soweit über die Verweisung des § 67 S. 1 UmwG die Nachgründungsvorschriften zu beachten sind, hat der Aufsichtsrat der übernehmenden Gesellschaft vor der Fassung des Verschmelzungsbeschlusses den Verschmelzungsvertrag gemäß § 52 Abs. 3 S. 1 AktG i.V.m. § 67 S. 1 UmwG zu prüfen und den schriftlichen Nachgründungsbericht zu erstatten. Dabei ist eine Bezugnahme sowohl auf den Verschmelzungsbericht als auch auf den Verschmelzungsprüfungsbericht grundsätzlich zulässig[142].

cc) Nachgründungsprüfung und Prüfungsbericht

Weiterhin hat vor der Beschlussfassung durch die Hauptversammlung gemäß § 52 Abs. 4 S. 1 AktG i.V.m. § 67 S. 1 UmwG eine der Gründungsprüfung entsprechende Prüfung stattzufinden unter sinngemäßer Berücksichtigung der §§ 33 Abs. 3, Abs. 4, Abs. 5, 34, 35 AktG. Dies bedeutet, dass nach § 34 Abs. 1 AktG eine Prüfung der gesamten Umstände der Verschmelzung erfolgen muss, über die nach § 34 Abs. 2 AktG schriftlich im Nachgründungsprüfungsbericht zu berichten ist[143].

---

142 Marsch-Barner in Kallmeyer zu § 67, RN 7; Grunewald in Lutter zu § 67, RN 11.

143 Insbesondere muss der Nachgründungsprüfungsbericht entsprechend § 34 Abs. 1 Nr. 2 AktG darstellen, ob der Wert des Vermögens der übertragenden Gesellschaft dem geringsten Ausgabebetrag der dafür an die Aktionäre der übertragenden Gesellschaft zu gewährenden Aktien entspricht (§ 34 Abs. 1 Nr. 2, 1. Alt. AktG) bzw. den Wert der dafür zu gewährenden Leistungen erreicht (§ 34 Abs. 1 Nr. 2, 2. Alt. AktG). Soweit zum Zweck der Verschmelzung keine Kapitalerhöhung durchgeführt wird, ist § 34 Abs. 1 Nr. 2, 1. Alt. AktG nach dessen Sinn und Zweck bei der Prüfung nicht zu beachten (Grunewald in Lutter zu § 67, FN 23). Falls also an die Aktionäre der übertragenden Gesellschaft Aktien ausgegeben werden sollen, die von der übernehmenden Gesellschaft als eigene Aktien gehalten worden sind, hat eine Prüfung nicht nach § 34 Abs. 1 Nr. 2, 1. Alt. AktG, sondern nach § 34 Abs. 1 Nr. 2, 2. Alt. AktG zu erfolgen, da es um die Abgabe von Vermögens-

Die Nachgründungsprüfer sind gemäß § 33 Abs. 3 AktG nach Anhörung der Industrie- und Handelskammer vom Gericht, das über die Eintragung des Verschmelzungsvertrags ins Handelsregister entscheidet, zu bestellen. Zu Prüfern können auch die Verschmelzungsprüfer, die sich bereits ein Bild von der Vermögenslage der beteiligten Gesellschaften gemacht haben, bestellt werden[144].

Der Prüfungsbericht ist gemäß § 34 Abs. 3 AktG dem Gericht[145], das über die Eintragung des Verschmelzungsvertrages entscheidet[146], sowie dem Vorstand auszuhändigen.

e) Verschmelzungsbericht

Gemäß § 8 Abs. 1 S. 1, 1. HS UmwG haben die Vorstände jeder der an der Verschmelzung beteiligten Gesellschaften einen ausführlichen schriftlichen Verschmelzungsbericht zu erstatten, in dem die Verschmelzung, der Verschmelzungsvertrag oder sein Entwurf im einzelnen rechtlich und wirtschaftlich erläutert und begründet werden[147]. Der Vorstand der übernehmenden Gesellschaft hat im Verschmelzungsbericht zudem gegebenenfalls über den wesentlichen Inhalt des Nachgründungsberichts des Aufsichtsrats sowie des Prüfungsberichts nach § 34 Abs. 2 AktG Auskunft zu geben. Zulässig ist auch die Erstattung eines gemeinsamen Berichts für alle beteiligten Gesellschaften gemäß § 8 Abs. 1 S. 1, 2. HS UmwG. Der Bericht kann nur durch die Vorstände

werten der übernehmenden Gesellschaft geht (Grunewald in Lutter zu § 67, RN 12).

144 Bermel in Goutier/Knopf/Tulloch zu § 67, RN 10; eine Interessenkollision ist nicht zu befürchten, da § 52 Abs. 4 AktG nicht darauf abzielt, die Verschmelzungsprüfer zu überprüfen (Grunewald in Lutter zu § 67, RN 13).

145 Vgl. hierzu unten C.II.3.b)aa).

146 Grunewald in Lutter zu § 67, RN 14.

147 Im Einzelnen hierzu s.u. D.I.2.b).

selbst erstellt werden. Eine Vertretung ist dabei nicht möglich, denn der Bericht stellt keine Willens-, sondern eine Wissenserklärung dar[148].

Der Bericht ist nach § 8 Abs. 3 UmwG nicht erforderlich, wenn alle Aktionäre aller beteiligten Gesellschaften auf seine Erstattung in notariell beurkundeter Form verzichten[149] oder sich alle Aktien der übertragenden Gesellschaft in der Hand der übernehmenden Gesellschaft befinden. Bei einer Verschmelzung auf eine mindestens neunzigprozentige Mutteraktiengesellschaft ist zwar nach § 62 Abs. 1 S. 1 UmwG ein Verschmelzungsbeschluss entbehrlich. Jedoch sieht für diesen Fall § 63 Abs. 1 Nr. 4 i.V.m. § 62 Abs. 3 S. 1 UmwG zur Vorbereitung auf die Hauptversammlung die Auslegung des Verschmelzungsberichts vor. Damit ist klargestellt, dass die Pflicht zur Erstellung eines Verschmelzungsberichts auch die übernehmende Gesellschaft trifft, die bereits zu 90 % an der übertragenden Gesellschaft beteiligt ist[150].

f) Verschmelzungsprüfung und Prüfungsbericht

Gemäß § 9 Abs. 1 i.V.m. § 60 Abs. 1UmwG ist der Verschmelzungsvertrag oder sein Entwurf durch einen oder mehrere sachverständige Verschmelzungsprüfer zu prüfen.

Nach § 10 Abs. 1 S. 1 UmwG sind die Verschmelzungsprüfer durch den jeweiligen Vorstand oder auf dessen Antrag[151] durch das gemäß § 10

---

148 Stratz in Schmitt/Hörtnagel/Stratz zu § 8, RN 5; Lutter in Lutter zu § 8, RN 9; a.A. Mayer in Widmann/Mayer zu § 8, RN 14: "persönliche Willenserklärung".

149 Der Verzicht kann auch in der Versammlung erklärt werden, die über die Verschmelzung beschließt (Lutter in Lutter zu § 8, RN 50. Der Verzicht kann aber erst dann getroffen werden, wenn den Aktionären zumindest der Entwurf des Verschmelzungsvertrages vorliegt (Lutter in Lutter zu § 8, RN 51).

150 Vgl. Sagasser/Ködderitzsch in Sagasser/Bula/Brünger, J, RN 81.

151 Dieser ist schriftlich einzureichen (vgl. Kahl in Keidel/Kuntze/Winkler zu § 11, RN 28) oder gemäß § 11 FGG zum Protokoll der Geschäftsstelle des zuständigen Gerichts zu erklären.

Abs. 2 S. 1 UmwG zuständige Gericht zu bestellen[152]. Bei der gerichtlichen Bestellung liegt die sachliche und örtliche Zuständigkeit gemäß § 10 Abs. 2 S. 1 UmwG bei dem Landgericht, in dessen Bezirk eine übertragende Gesellschaft ihren Sitz hat[153]. Sind an der Verschmelzung mehrere übertragende Gesellschaften beteiligt und soll ein gemeinsamer Bericht erstattet werden, so besteht ein Wahlrecht[154]; das zuerst angegangene Landgericht ist gemäß § 4 FGG örtlich zuständig[155]. Funktionell zuständig ist gemäß § 10 Abs. 2 S. 2 UmwG die Kammer für Handelssachen - soweit eine solche besteht -, wobei die Entscheidung durch den Vorsitzenden allein ergeht.

Jeder Prüfer hat gemäß § 12 Abs. 1 S. 1 UmwG über das Ergebnis der Prüfung einen eigenen schriftlichen Bericht zu erstatten. Der Bericht kann nach § 12 Abs. 1 S. 2 UmwG aber auch gemeinsam abgegeben werden. In jedem Fall ist ein einheitlicher Bericht dann zu erstatten,

---

152 Der Gesetzesentwurf der Bundesregierung über ein Gesetz zur Neuordnung des gesellschaftsrechtlichen Spruchverfahrens (Spruchverfahrensneuordnungsgesetz) vom 6. November 2002 sieht in seinem Art. 4 eine Änderung des § 10 UmwG vor. Danach wären die Verschmelzungsprüfer auf Antrag des Vorstands der betreffenden Gesellschaft zwingend vom Gericht auszuwählen und zu bestellen. Der Grund für diese Neuregelung ist in der von der Bundesregierung beabsichtigten Reform des Spruchverfahrens zu sehen. So wird die durchschnittlich fünfjährige Dauer eines Spruchverfahrens allgemein als zu lang empfunden (vgl. Begründung des Regierungsentwurfes des Spruchverfahrensneuordnungsgesetzes, S. 19). Durch die Neuregelung des Spruchverfahrens soll die Verfahrensdauer spürbar verkürzt werden. Dies soll insbesondere erreicht werden, indem dem Spruchstellengericht ermöglicht wird, zur Ermittlung der jeweiligen Unternehmenswerte auf die Verschmelzungsprüfungsberichte zurückzugreifen. Die damit wachsende Bedeutung des Verschmelzungsprüfungsberichtes erfordert nach Ansicht der Bundesregierung, dass die Verschmelzungsprüfer nicht mehr durch die Vorstände der an der Verschmelzung beteiligten Gesellschaften, sondern gerichtlich zu bestellen sind.

153 Damit hat der Gesetzgeber die Zuständigkeit dem Gericht zugewiesen, das auch in einem sich gegebenenfalls anschließenden Spruchstellenverfahren die Angemessenheit des Umtauschverhältnisses überprüft. Das Gericht wird dann im Spruchstellenverfahren nicht automatisch ein weiteres zeitverzögerndes "Obergutachten" einholen (Müller in Kallmeyer zu § 10, RN 7).

154 Stratz in Schmitt/Hörtnagel/Stratz zu § 10, RN 10; vgl. Müller in Kallmeyer zu § 10, RN 7.

155 Bungert, BB 1995, 1399 ff.

wenn eine gemeinsame Bestellung nach § 10 Abs. 1 S. 2 i.V.m. § 60 Abs. 3 S. 1 UmwG erfolgt ist[156].

Entbehrlich ist die Verschmelzungsprüfung nach § 9 Abs. 3 i.V.m. § 8 Abs. 3 UmwG dann, wenn alle Aktionäre der beteiligten Gesellschaften in notariell beurkundeter Form auf sie verzichten. Auch für den Fall, dass sich alle Aktien einer übertragenden Gesellschaft in der Hand der übernehmenden Gesellschaft befinden, ist für die Aufnahme dieser Gesellschaft eine Verschmelzungsprüfung nicht erforderlich (§ 9 Abs. 2 UmwG).

g) Anmeldung bei den Kartellbehörden

Die Verschmelzung ist gegebenenfalls bei der Europäischen Kommission in Brüssel oder beim Bundeskartellamt in Bonn anzumelden.

So ist nach Art. 4 Abs. 1 der europäischen Fusionskontrollverordnung[157] („FKVO") die Vorab-Anmeldung[158] bei der Europäischen Kommission immer dann erforderlich, wenn die Verschmelzung ein "Zusammenschluss" im Sinne der FKVO ist und wenn zusätzlich bestimmte Umsatzschwellen überschritten sind[159]. Die Europäische Kommission ist in

---

156 Stratz in Schmitt/Hörtnagel/Stratz zu § 12, RN 2.

157 Verordnung (EWG) Nr. 4064/89 des Rates vom 21.12.1989 über die Kontrolle von Unternehmenszusammenschlüssen (ABl. L 395 vom 30.12.1989 S. 1; berichtigte Fassung ABl. L 257 vom 21.9.1990 S. 13) in der ab dem 1.3.1998 geltenden Fassung der Verordnung (EG) Nr. 1310/97 des Rates vom 30.6.1997 (ABl. L 180 vom 9.7.1997 S. 1 ff.).

158 Nach bereits vollzogener Verschmelzung kann gegebenenfalls das Verbot des Art. 82 EGV n.F. (= Art. 86 EGV a.F.) eingreifen, wenn die verschmolzene Gesellschaft, die auf dem gemeinsamen Markt oder einem wesentlichen Teil davon eine beherrschende Stellung innehat, diese Stellung missbräuchlich ausnutzt und dadurch den Handel zwischen den Mitgliedstaaten beeinträchtigen kann (vgl. Lutter in Lutter zu § 2, RN 17).

159 Zudem bedurfte etwa die Verschmelzung von Gesellschaften, die im Bereich Kohle und Stahl tätig sind, gemäß Art. 66 § 1 EGKS-Vertrag grundsätzlich der vorherigen Genehmigung der Europäischen Kommission. Der EGKS-Vertrag lief aber gemäß seinem Art. 97 nach fünfzigjähriger Geltungsdauer zum 23. Juli

diesem Fall gemäß Art. 21 Abs. 2 S. 1 FKVO, § 35 Abs. 3 GWB für die kartellrechtliche Beurteilung der Verschmelzung ausschließlich zuständig.

Unterfällt der Sachverhalt nicht der europäischen Fusionskontrolle, so ist die Verschmelzung vorab beim Bundeskartellamt anzumelden, wenn sie sich als "Zusammenschluss" oder "wesentliche Verstärkung einer bestehenden Unternehmensverbindung" im Sinne des deutschen Kartellrechts darstellt und wenn zudem bestimmte Umsatzschwellen überschritten sind.

aa) Europäische Kommission

Ein Zusammenschluss im Sinne der FKVO liegt nach deren Art. 3 Abs. 1 lit. (a) dann vor, wenn zwei oder mehr bisher voneinander unabhängige Unternehmen fusionieren. Dies trifft grundsätzlich auf die Verschmelzung im Sinne des UmwG zu[160]. Voraussetzung ist jedoch, dass die verschmelzenden Gesellschaften nicht bereits demselben Konzern angehören; in einem solchen Fall werden die Gesellschaften aus dem Anwendungsbereich der FKVO herausgenommen[161].

Die europäische Fusionskontrolle gelangt jedoch gemäß Art. 1 Abs. 1 FKVO nur dann zur Anwendung, wenn es sich um einen Zusammenschluss von "gemeinschaftsweiter Bedeutung" handelt. Die gemeinschaftsweite Bedeutung wird nach Art. 1 Abs. 2 FKVO unwiderleglich vermutet, wenn sich der weltweite Gesamtumsatz aller beteiligten Gesellschaften zusammen auf mehr als EUR 5 Mrd. beläuft, wenn darüber hinaus der Umsatz in der Europäischen Union von mindestens zwei beteiligten Gesellschaften jeweils mehr als EUR 250 Mio. beträgt

2002 aus, nachdem er gemäß Art. 99 Abs. 2 EGKS-Vertrag mit Hinterlegung der Ratifikationsurkunden des Großherzogtums Luxemburg und der Bundesrepublik Deutschland am 23. Juli 1952 in Kraft getreten war.

160 Vgl. Sagasser/Maier in Sagasser/Bula/Brünger, G, RN 68.

161 Miersch zu Art. 3, Anm. I 1, S. 67.

und wenn die an der Verschmelzung beteiligten Gesellschaften jeweils nicht mehr als zwei Drittel ihres gemeinschaftsweiten Umsatzes in ein und demselben Mitgliedstaat erzielen.

Selbst wenn diese Umsatzschwellen nicht erreicht werden, ist die Europäische Kommission nach Art. 1 Abs. 3 FKVO zuständig, wenn die folgenden Voraussetzungen kumulativ erfüllt sind:

- Der weltweite Gesamtumsatz aller beteiligten Gesellschaften beträgt zusammen mehr als EUR 2,5 Mrd.,
- der Gesamtumsatz aller beteiligten Gesellschaften in mindestens drei Mitgliedstaaten der Europäischen Union beträgt jeweils mindestens EUR 100.000.000,
- in jedem von mindestens drei der vorgenannten EU-Mitgliedstaaten beträgt der Gesamtumsatz von mindestens zwei der beteiligten Gesellschaften jeweils mehr als EUR 25.000.000,
- der gemeinschaftsweite Gesamtumsatz von mindestens zwei beteiligten Gesellschaften übersteigt jeweils EUR 100.000.000 und
- die beteiligten Gesellschaften erzielen nicht jeweils mehr als zwei Drittel ihres gemeinschaftsweiten Gesamtumsatzes in ein und demselben Mitgliedstaat.

Wird die Anmeldung nicht innerhalb der in Art. 4 Abs. 1 S. 1 FKVO vorgesehenen einwöchigen Frist ab Abschluss des Verschmelzungsvertrages[162] vorgenommen, so kann die Europäische Kommission gemäß Art. 14 Abs. 1 lit. a) FKVO bei Vorsatz oder Fahrlässigkeit Geldbußen in Höhe von EUR 1.000 bis zu EUR 50.000 festsetzen.

162 Vgl. Miersch zu Art. 4, Anm. II, S. 118.

bb) Bundeskartellamt

Unterliegt die Verschmelzung nicht den Bestimmungen der FKVO und ist sie im Sinne von § 39 Abs. 1 GWB anmeldepflichtig, so darf sie nach § 41 Abs. 1 S. 1 GWB nicht vor der Freigabe durch das Bundeskartellamt vollzogen werden. Zwar bleibt eine unter Verstoß gegen das Vollzugsverbot in das Handelsregister eingetragene Verschmelzung gemäß § 41 Abs. 1 S. 3 GWB wirksam. Der Verstoß stellt jedoch gemäß § 81 Abs. 1 Nr. 1 i.V.m. § 41 Abs. 1 S. 1 GWB eine Ordnungswidrigkeit dar, die nach § 81 Abs. 2 S. 1 GWB mit einer Geldbuße entweder bis zu € 500.000,- oder bis zur dreifachen Höhe des durch die Wirksamkeit der Verschmelzung erlangten Mehrerlöses geahndet werden kann.

Die Vorschriften zur deutschen Fusionskontrolle gelangen zur Anwendung, wenn ein Zusammenschluss im Sinne des § 37 GWB vorliegt. Dies ist für die Verschmelzung grundsätzlich erfüllt[163]. Nur ausnahmsweise ist nach § 37 Abs. 2 GWB kein Zusammenschluss gegeben, wenn die an der Verschmelzung beteiligten Gesellschaften bereits vorher zusammengeschlossen waren und es durch die Verschmelzung nicht zu einer wesentlichen Verstärkung der Unternehmensverbindung kommt[164].

Zusätzlich zum Zusammenschlusstatbestand des § 37 Abs. 1 GWB müssen noch verschiedene Umsatzschwellen überschritten sein, um eine Anmeldepflicht nach § 39 Abs. 1 GWB auszulösen. So sind nur solche Zusammenschlüsse anmeldepflichtig, an denen Gesellschaften

---

163 Entweder nach § 37 Abs. 1 Nr. 1 oder (kumulativ) Nr. 3 GWB (vgl. Sagasser/Maier in Sagasser/Bula/Brünger, G, RN 20 f.).

164 Eine solche Verstärkung der Unternehmensverbindung scheidet aus, wenn die Unternehmensverbindung bereits vor der Verschmelzung uneingeschränkt war (vgl. Sagasser/Maier in Sagasser/Bula/Brünger, G, RN 33). Dies ist dann der Fall, wenn die Verschmelzung einer herrschenden mit einer beherrschten Gesellschaft durchgeführt wird und die herrschende Gesellschaft bereits auf Dauer die Möglichkeit hatte, ihre Auffassung in allen Gremien des beherrschten Unternehmens, gegebenenfalls auf dem Umweg über die entsprechende Besetzung der Gremien, durchzusetzen (Ruppelt in Langen/Bunte zu § 23, RN 57). Davon ist, soweit keine besonderen Regelungen vorhanden sind, im Falle einer Beteiligung von 75 % auszugehen, bei der es regelmäßig an einer Sperrminorität fehlt (Ruppelt in Langen/Bunte zu § 23, RN 57).

beteiligt sind, die im letzten Jahr vor dem Zusammenschluss insgesamt weltweite Umsatzerlöse von mehr als € 500 Mio. erzielt haben (§ 35 Abs. 1 Nr. 1 GWB), vorausgesetzt mindestens eine der beteiligten Gesellschaften hatte in Deutschland Umsatzerlöse von mehr als € 25 Mio. (§ 35 Abs. 1 Nr. 2 GWB).

Nach der Bagatellklausel des § 35 Abs. 2 S. 1 Nr. 1 GWB gelten die Vorschriften der Fusionskontrolle nicht für den Zusammenschluss mit einer Gesellschaft, die nicht im Sinne von § 36 Abs. 2 GWB abhängig ist und im letzten Geschäftsjahr weltweit Umsatzerlöse von weniger als € 10 Mio. erzielt hat. Die Bagatellklausel ist jedoch gemäß § 35 Abs. 2 S. 2 GWB nicht anwendbar, soweit durch den Zusammenschluss der Wettbewerb auf Pressemärkten beschränkt wird.

Die Bagatellmarktklausel des § 35 Abs. 2 S. 1 Nr. 2 GWB befreit die beteiligten Gesellschaften von der Anmeldepflicht, soweit ein Markt betroffen ist, auf dem seit mindestens fünf Jahren Waren oder gewerbliche Leistungen angeboten werden und auf dem im letzten Kalenderjahr weniger als € 15 Mio. umgesetzt wurden. Zu beachten ist hierbei, dass nur die von der Bagatellmarktklausel erfassten Märkte in der materiellen Fusionskontrolle nach § 36 Abs. 1 GWB unberücksichtigt bleiben[165].

Die Nichtvornahme der Anmeldung nach § 39 Abs. 1 GWB stellt gemäß § 81 Abs. 1 Nr. 7 GWB eine Ordnungswidrigkeit dar, die gemäß § 81 Abs. 2 S. 1 GWB mit einer Geldbuße von bis zu € 25.000,-- geahndet werden kann.

Das Bundeskartellamt darf einen Zusammenschluss nur untersagen, wenn es den anmeldenden Unternehmen innerhalb einer Frist von einem Monat seit Eingang der vollständigen Anmeldung mitteilt, dass es in die Prüfung des Zusammenschlusses eingetreten ist (§ 40 Abs. 1 S. 1 GWB). Trifft das Bundeskartellamt daraufhin innerhalb von vier Monaten seit Eingang der vollständigen Anmeldung keine Entscheidung über die

---

165 Vgl. Mestmäcker/Veelken in Immenga/Mestmäcker zu § 35, RN 38.

Untersagung, gilt der Zusammenschluss grundsätzlich als freigegeben (§ 40 Abs. 2 S. 2 GWB).

h) Arbeitnehmerbeteiligung

aa) Information des Betriebsrates

Gemäß § 5 Abs. 3 UmwG ist der Verschmelzungsvertrag bzw. dessen Entwurf spätestens einen Monat vor dem Tag der Versammlung der Aktionäre jeder beteiligten Gesellschaft, die gemäß § 13 Abs. 1 UmwG über die Zustimmung zum Verschmelzungsvertrag beschließen soll, dem zuständigen Betriebsrat dieser Gesellschaft zuzuleiten[166]. Nach § 17 Abs. 1 UmwG ist dem Registergericht ein Nachweis der rechtzeitigen Zuleitung zusammen mit den Unterlagen zur Anmeldung einzureichen. Es empfiehlt sich daher, die Zuleitung durch eine Empfangsbescheinigung des Vorsitzenden des jeweiligen Betriebsrates bestätigen zu lassen[167]. Ohne eine solche Empfangsbescheinigung wird die Verschmelzung nicht in das Handelsregister eingetragen[168].

Abänderungen des Verschmelzungsvertrages lösen nur dann eine Verpflichtung zur erneuten Zuleitung an den Betriebsrat aus, soweit solche Abänderungen den in § 5 Abs. 1 Nr. 9 UmwG geregelten Bereich[169] betreffen[170].

---

166 Bei einer Gesellschaft mit mehreren Betrieben ist zuständiger Betriebsrat nach § 50 Abs. 1 BetrVG zunächst der Gesamtbetriebsrat, soweit ein solcher vorhanden ist; ist kein Gesamtbetriebsrat vorhanden, treten an seine Stelle die Betriebsräte der jeweiligen Betriebe (Bermel/Hannappel in Goutier/Knopf/Tulloch zu § 5, RN 125).

167 Lutter in Lutter zu § 5, RN 88.

168 Sagasser/Ködderitzsch in Sagasser/Bula/Brünger, J, RN 70.

169 D. h. die Folgen der Verschmelzung für die Arbeitnehmer und ihre Vertretungen sowie die insoweit vorgesehenen Maßnahmen.

170 Bermel in Goutier/Knopf/Tulloch zu § 5, RN 131.

bb) Anwendung des § 613a BGB

Auf den Übergang von Arbeitsverhältnissen im Rahmen einer Verschmelzung findet § 613a Abs. 1, Abs. 4, Abs. 5, Abs. 6 BGB Anwendung (§ 324 UmwG)[171]. Danach geht jedes der von einer Verschmelzung betroffenen Arbeitsverhältnisse nach § 613a BGB auf die übernehmende Gesellschaft über, vorausgesetzt der betreffende Arbeitnehmer widerspricht einem solchen Übergang nicht schriftlich gemäß § 613a Abs. 6 S. 1 BGB. Erfolgt nach § 613a Abs. 6 S. 2 BGB gegenüber der übernehmenden oder der übertragenden Gesellschaft ein solcher Widerspruch, so erlischt das Arbeitsverhältnis mit Untergang der übertragenden Gesellschaft, ohne dass es einer gesonderten Kündigung bedürfte[172].

Nach § 613a Abs. 5, Abs. 6 S. 1 BGB besteht das Widerspruchsrecht eines Arbeitnehmers für die Dauer von einem Monat, nachdem er in Textform (§ 126b BGB) von der übernehmenden oder von der übertragenden Gesellschaft unterrichtet wurde. Zu informieren ist er über den Zeitpunkt oder den geplanten Zeitpunkt des Übergangs, den Grund für den Übergang, die rechtlichen, wirtschaftlichen und sozialen Folgen des Übergangs für die Arbeitnehmer sowie die hinsichtlich der Arbeitnehmer in Aussicht genommenen Maßnahmen.

Damit sind die von der Verschmelzung betroffenen Arbeitnehmer idealerweise mindestens einen Monat vor Wirksamkeit der beabsichtigten Verschmelzung über das Vorhaben zu informieren. Anderenfalls kann ein Arbeitnehmer grundsätzlich auch noch nach erfolgtem Betriebsübergang sein Widerspruchsrecht ausüben[173].

---

171 So auch: Boecken, RN 60 ff.; Willemsen, NZA 1996, 791, 798 sowie wohl auch Schaub, Wlotzke-FS, 103, 105. A.A. noch BAG, DB 1985, 2411, 2412, wonach in Fällen einer Universalsukzession die Anwendbarkeit des § 613a BGB ausscheiden müsse.

172 Vgl. Boecken, RN 84.

173 So schon zum alten Recht vor Einführung von § 613a Abs. 5 und Abs. 6 BGB: BAG, NJW 1994, 2245; Schaub in MK zu § 613a, RN 60.

i) Einreichung des Verschmelzungsvertrags zum Handelsregister

Der Verschmelzungsvertrag bzw. sein Entwurf ist für jede der beteiligten Gesellschaften gemäß § 61 S. 1 UmwG jeweils vor der Einberufung der Hauptversammlung, die nach § 13 Abs. 1 UmwG über die Zustimmung zur Verschmelzung beschließen soll, zum Handelsregister einzureichen. Aufgrund der Einberufungsfrist des § 123 Abs. 1 AktG ist nach der Einreichung bis zur Hauptversammlung noch mindestens ein Monat Zeit. Die Einreichung hat jeweils vor der Bekanntmachung der Hauptversammlungseinberufung gemäß § 121 Abs. 3 S. 1 AktG in den Gesellschaftsblättern der betreffenden Aktiengesellschaft zu erfolgen. Hat die Gesellschaft mehrere Blätter, so muss die Einreichung vor dem Erscheinen des jeweils zuerst publizierten Blattes liegen, da auch die Aktionäre, die sich auf dieses Blatt verlassen, die Möglichkeit der sofortigen Einsicht haben sollen[174]. Erfolgt keine Einberufung, so reicht es aus, wenn der Vertrag bzw. der Entwurf zu Beginn der Hauptversammlung eingereicht ist[175].

Um dafür zu sorgen, dass die Einreichung auch bekannt wird[176], hat das Registergericht gemäß § 61 S. 2 UmwG in den für die Bekanntmachung seiner Eintragungen bestimmten Blättern des § 10 HGB[177] darauf hinzuweisen, dass der Vertrag bzw. sein Entwurf beim Handelsregister eingereicht worden ist. Der Vertragstext braucht hingegen nicht wiedergegeben zu werden[178].

---

174 Vgl. Rieger in Widmann/Mayer zu § 61, RN 8.

175 Rieger in Widmann/Mayer zu § 61, RN 7.

176 Grunewald in Lutter zu § 61, RN 1.

177 Damit sind also nicht die Gesellschaftsblätter im Sinne des § 121 Abs. 3 S. 1 AktG gemeint (vgl. Rieger in Widmann/Mayer zu § 61, RN 12).

178 Stratz in Schmitt/Hörtnagel/Stratz zu § 61, RN 3.

j) Entscheidung des Aufsichtsrats

Die Aufsichtsräte der beteiligten Gesellschaften müssen jeweils eine Entscheidung über ihren an die jeweilige Hauptversammlung gerichteten Vorschlag zur Zustimmung zum Verschmelzungsvertrag herbeiführen[179].

k) Vorbereitung einer Kapitalerhöhung

Die Aktionäre der übertragenden Gesellschaft erhalten im Zuge der Verschmelzung Aktien der übernehmenden Gesellschaft. Zur Beschaffung dieser Aktien wird in der Regel bei der übernehmenden Gesellschaft eine Kapitalerhöhung erforderlich.

Falls eine Kapitalerhöhung durchgeführt werden soll, sollte diese frühzeitig vorbereitet werden, da ihre Eintragung nach § 66 UmwG Voraussetzung für die Eintragung der Verschmelzung ist und trotz der Vereinfachungen, die § 69 UmwG im Vergleich zur regulären Kapitalerhöhung vorsieht[180], nach wie vor die §§ 182 ff. AktG beachtet werden müssen. Insbesondere ist gegebenenfalls gemäß § 183 Abs. 3 AktG i.V.m. § 69 Abs. 1 S. 1, 1. HS UmwG ausnahmsweise eine Sacheinlagenprüfung durchzuführen[181].

---

[179] Vgl. K. Schmidt, Gesellschaftsrecht, § 28 III 1 b), S. 822.

[180] Nicht anzuwenden sind nach § 69 Abs. 1 S. 1, 1. HS UmwG die §§ 182 Abs. 4, 184 Abs. 2, 185, 186, 187 Abs. 1, 188 Abs. 2, Abs. 3 Nr. 1 AktG, da diese Vorschriften im Rahmen der Verschmelzung überflüssig sind. Umstritten ist die Anwendung des § 182 Abs. 3 AktG, wonach, sofern die Aktien für einen höheren Betrag als den geringsten Ausgabebetrag ausgegeben werden sollen, der Mindestbetrag, unter dem die Aktien nicht ausgegeben werden sollen, im Beschluss über die Erhöhung des Grundkapitals festzusetzen ist (vgl. Grunewald in Lutter zu § 69, RN 7).

[181] So etwa, wenn Vermögensgegenstände in der Schlussbilanz einer übertragenden Gesellschaft höher bewertet worden sind als in der letzten Jahresbilanz oder wenn die in einer Schlussbilanz der übernehmenden Gesellschaft angesetzten Werte nicht als Anschaffungskosten in der Jahresbilanz der übernehmenden Gesellschaft angesetzt werden.

Nicht notwendig ist die Durchführung einer Kapitalerhöhung nach § 68 Abs. 1 S. 2 UmwG, soweit die übernehmende Gesellschaft eigene Aktien besitzt[182] oder soweit eine übertragende Gesellschaft Aktien der übernehmenden Gesellschaft besitzt, auf die der Nennbetrag oder der höhere Ausgabebetrag bereits voll geleistet ist[183].

Zudem sind mit Umsetzung der Dritten Richtlinie die Grenzen der Zulässigkeit der Kapitalerhöhung zur Verhinderung des Entstehens eigener Anteile klargestellt worden. So sieht § 68 Abs. 1 S. 1, Abs. 2 UmwG[184] eine Durchbrechung des Grundsatzes vor, dass die Aktionäre der übertragenden Gesellschaft mit Wirksamwerden der Verschmelzung Aktionäre der übernehmenden Gesellschaft werden. Das gilt nämlich nicht, soweit die übernehmende Gesellschaft oder ein Dritter für ihre Rechnung Aktien einer übertragenden Gesellschaft[185] oder diese eigene Aktien innehat[186] oder soweit eine übertragende Gesellschaft Aktien der übernehmenden Gesellschaft besitzt, auf die der Ausgabebetrag nicht voll geleistet ist[187]. Eine Kapitalerhöhung ist in diesen Fällen unzulässig.

---

182 Solche Aktien können dann für den Umtausch an die Aktionäre der übertragenden Gesellschaft verwandt werden.

183 Auch solche Aktien können, da sie mit dem Wirksamwerden der Verschmelzung auf die übernehmende Gesellschaft übergehen, von dieser für den Umtausch an die Aktionäre der übertragenden Gesellschaft verwandt werden.

184 Die Regelung war nach Umsetzung der Dritten Richtlinie zunächst in § 344 AktG 1965 in der Fassung vom 25.10.1982 enthalten.

185 Anderenfalls wäre die übernehmende Gesellschaft sich selbst gegenüber umtauschberechtigt. Dies ist aber, wie sich aus § 20 Abs. 1 Nr. 3, 2. HS, 1. Alt UmwG ergibt, unerwünscht.

186 Auch hier wäre anderenfalls die übernehmende Gesellschaft sich selbst gegenüber umtauschberechtigt, da solche eigenen Aktien der übertragenden Gesellschaft mit dem Wirksamwerden der Verschmelzung auf die übernehmende Gesellschaft übergehen.

187 Dies bewirkt, dass der Verschmelzungsvertrag sicherstellen muss, dass die vorhandenen nicht voll eingezahlten Aktien an der übernehmenden Gesellschaft zum Anteilstausch benutzt, d.h. im Zuge der Verschmelzung Aktionären der übertragenden Gesellschaft gewährt werden (Grunewald in Lutter zu § 68, RN 2 sowie M. Winter in Lutter zu § 54, RN 9). Allerdings lassen sich nicht voll eingezahlte Aktien an der übernehmenden Gesellschaft allenfalls in Ausnahmefällen zum Aktientausch verwenden, nämlich dann, wenn Aktionäre einer übertragenden Gesellschaft nicht voll eingezahlte Aktien inne hatten und ihnen

l) Vorbereitung der Hauptversammlungen

aa) Bekanntmachung der Einberufung

Die Hauptversammlungen der beteiligten Gesellschaften sind nach § 123 Abs. 1 AktG mindestens einen Monat vor dem jeweiligen Tag der Versammlung durch die Vorstände einzuberufen. Die Einberufung erfolgt entweder gemäß § 121 Abs. 3 S. 1 AktG durch Bekanntmachung in den Gesellschaftsblättern oder – wo die Aktionäre namentlich bekannt sind – alternativ nach § 121 Abs. 4, 1. HS AktG durch eingeschriebenen Brief. Die Monatsfrist läuft ab der Bekanntmachung[188]. Zusammen mit der Einberufung ist nach § 124 Abs. 1 S. 1 AktG die Tagesordnung der Hauptversammlung bekannt zu machen. Dabei ist zu beachten, dass gemäß § 124 Abs. 2 S. 2 AktG i.V.m. § 13 Abs. 1 S. 1, 2 UmwG auch der wesentliche Inhalt des Verschmelzungsvertrags mitzuteilen ist. Bei einer Verschmelzung durch Neugründung müssen darüber hinaus gemäß § 124 Abs. 2 S. 2, Abs. 3 S. 1 AktG i.V.m. § 76 Abs. 2 S. 3 UmwG der Satzungsentwurf der neu gegründeten Gesellschaft bekannt gemacht sowie nach § 124 Abs. 3 S. 1 und 3 AktG i.V.m. § 76 Abs. 2 S. 3 UmwG Vorschläge zur Wahl der Aufsichtsratsmitglieder der neuen Gesellschaft unterbreitet werden.

bb) Auslegung von Dokumenten

Von der Einberufung der Hauptversammlung an sind nach § 63 Abs. 1 UmwG der Verschmelzungsvertrag bzw. sein Entwurf, die Jahresab-

---

daher nach überwiegender Ansicht im Zuge der Verschmelzung nicht voll eingezahlte Aktien an der übernehmenden Gesellschaft zu gewähren sind (Grunewald in Lutter zu § 68, RN 2 sowie M. Winter in Lutter zu § 54, RN 9).

188 D.h. ab dem Erscheinungsdatum des Gesellschaftsblattes. Hat die Gesellschaft mehrere Gesellschaftsblätter, so kommt es auf das Erscheinungsdatum des letzten Gesellschaftsblattes an (vgl. Hüffer zu § 123, RN 2). Bei der Einberufung durch eingeschriebene Briefe gilt nach § 121 Abs. 4 S. 1, 2. HS AktG der Tag der Absendung als Tag der Bekanntmachung.

schlüsse nebst Lageberichten aller beteiligten Gesellschaften für die letzten drei Jahre, gegebenenfalls die Zwischenbilanzen sowie die Vorstands- und Prüfungsberichte in den Geschäftsräumen der betreffenden Gesellschaft auszulegen. Auf Verlangen ist jedem Aktionär gemäß § 63 Abs. 3 UmwG unverzüglich und kostenlos eine Abschrift der Unterlagen zu erteilen.

Die Unterlagen sind für die übernehmende Gesellschaft grundsätzlich auch dann auszulegen, wenn ihre Hauptversammlung gemäß § 62 Abs. 1 S. 1 UmwG entbehrlich ist[189]. Eine solche Auslegung darf mangels außenstehender Aktionäre ausnahmsweise unterbleiben, wenn die übernehmende Gesellschaft alle Aktien an einer übertragenden Gesellschaft hält[190].

cc) Entbehrlichkeit von Hauptversammlungen

Die Hauptversammlung der übernehmenden Gesellschaft darf unter Umständen unterbleiben, soweit die übernehmende Gesellschaft Aktien im Nennbetrag von mindestens 90 % des Grundkapitals der betreffenden übertragenden Gesellschaft hält[191]. Soweit eine Abhaltung der Hauptversammlung hiernach nicht beabsichtigt ist, sind Minderheitsaktionäre der übernehmenden Gesellschaft, die Aktien im Nennbetrag von mindestens 5 % des Grundkapitals halten, befugt, die Einberufung einer Hauptversammlung zu verlangen. Auf dieses Recht sind die Aktionäre gemäß § 62 Abs. 3 S. 3 UmwG im Wege der Bekanntmachung in den Gesellschaftsblättern der übernehmenden Gesellschaft hinzuweisen[192].

---

[189] Vgl. unten D.II.2.c)ee).
[190] Marsch-Barner in Kallmeyer zu § 62, RN 25.
[191] Vgl. unten D.II.2.c)ee).
[192] Dieser Hinweis darf natürlich dann unterbleiben, wenn die übernehmende Gesellschaft alle Aktien an einer übertragenden Gesellschaft hält.

2. Beschlussphase

In der Beschlussphase werden die für die Durchführung der Verschmelzung verbindlichen Entscheidungen getroffen. Im Einzelnen sind dabei die folgenden Punkte zu beachten:

a) Durchführung der Hauptversammlung

Auch während der Dauer der Hauptversammlung[193] sind nach § 64 Abs. 1 S. 1 UmwG die in § 63 Abs. 1 UmwG bezeichneten Unterlagen weiterhin auszulegen. Der Vorstand hat gemäß § 64 Abs. 1 S. 2 UmwG den Verschmelzungsvertrag bzw. dessen Entwurf zu Beginn der Verhandlung mündlich zu erläutern. Hierdurch sollen insbesondere die im Verschmelzungsvertrag enthaltenen Ausführungen aktualisiert werden[194].

In der Hauptversammlung ist das den einzelnen Aktionären gemäß § 131 Abs. 1 S. 1 AktG zustehende Auskunftsrecht über die Angelegenheiten der Gesellschaft durch § 64 Abs. 2 UmwG um ein Auskunftsrecht über die Angelegenheiten der anderen Gesellschaften ergänzt.

b) Verschmelzungsbeschluss

Die Aktionäre haben einen Beschluss über den Verschmelzungsvertrag zu fassen. Der Beschluss kann entweder als nachträgliche Genehmigung des Verschmelzungsvertrages oder aber auf Grundlage eines Vertragsentwurfs als vorherige Einwilligung gefasst werden. Der Verschmelzungsvertrag wird gemäß § 13 Abs. 1 S. 1 i.V.m. § 65 Abs. 1 S. 1 UmwG nur wirksam, wenn ihm die Aktionäre mit einer Mehrheit von mindestens drei Vierteln des bei der Beschlussfassung vertretenen Grund-

---

193 Bis zur Fassung des Verschmelzungsbeschlusses (Grunewald in Lutter zu § 64, RN 2).

194 Stratz in Schmitt/Hörtnagel/Stratz zu § 64, RN 3.

kapitals zustimmen, falls nicht die Satzung strengere Anforderungen vorsieht (§ 65 Abs. 1 S. 2 UmwG).

Sind mehrere Gattungen von Aktien vorhanden, so bedarf es gemäß § 65 Abs. 2 UmwG jeweils eines Sonderbeschlusses der Aktionäre jeder Gattung.

Bei einer Verschmelzung durch Neugründung muss der Verschmelzungsbeschluss nach § 76 Abs. 2 S. 1 UmwG die Zustimmung zur Satzung der neuen Gesellschaft umfassen. Zudem muss der Verschmelzungsbeschluss hier nach § 76 Abs. 2 S. 2 UmwG die Bestellung des ersten Aufsichtsrats enthalten[195].

Der Verschmelzungsbeschluss bedarf nach § 13 Abs. 3 S. 1 UmwG zu seiner Wirksamkeit der notariellen Beurkundung. Wie beim Verschmelzungsvertrag ist auch hier nach vorzugswürdiger Ansicht grundsätzlich die Vornahme der Beurkundung im Ausland zulässig[196], vorausgesetzt es ist mit der Auslandsbeurkundung keine übermäßige Erschwernis der Teilnahme für die Aktionäre verbunden[197]. Da jedoch die Zulässigkeit der Auslandsbeurkundung des Verschmelzungsbeschlusses heftig umstritten ist[198], wird vielfach zwecks Umgehung des Anfechtungsrisikos zu einer Beurkundung im Inland geraten[199], bei der nach § 47 S. 2 KostO maximal eine Gebühr von € 5.000,-- anfallen kann.

Der Verschmelzungsbeschluss ist unter bestimmten Voraussetzungen gemäß § 62 Abs. 1 S. 1 UmwG entbehrlich, soweit die übernehmende

---

195 Sollte bei der Fassung der Verschmelzungsbeschlüsse über die Person der Aufsichtsratsmitglieder noch nicht entschieden sein, so kann dies aber auch später mit den gleichen Mehrheiten und unter Einhaltung der gleichen Verfahrensvorschriften nachgeholt werden (Grunewald in Lutter zu § 77, RN 8).

196 S.u. D.III.2.a).

197 Vgl. BGH, WM 1985, 567, 568.

198 Dafür z.B. Hüffer zu § 121, RN 15; dagegen z.B. Zöllner in Kölner Kommentar zu § 121, RN 34.

199 So Lutter in Lutter zu § 13, RN 13.

Gesellschaft Aktien im Nennbetrag von mindestens 90 % des Grundkapitals der betreffenden übertragenden Gesellschaft innehat[200].

c) Kapitalerhöhungsbeschluss

Soweit eine Kapitalerhöhung durchgeführt werden soll, hat die Hauptversammlung der übernehmenden Gesellschaft einen Kapitalerhöhungsbeschluss zu fassen, der nach § 182 Abs. 1 S. 1 AktG – vorbehaltlich einer abweichenden Satzungsbestimmung – eine Dreiviertelmehrheit des bei der Beschlussfassung vertretenen Grundkapitals erfordert.

d) Aufsichtsrats- und Vorstandsbestellung bei einer Verschmelzung durch Neugründung

Bei einer Verschmelzung durch Neugründung ist die Bestellung der Verwaltungsorgane der neu gegründeten Gesellschaft erforderlich. Hierfür sieht das UmwG im Vergleich zum Regelfall der Gründung einer Aktiengesellschaft verschiedene abweichende Regelungen vor. So werden bei einer Verschmelzung durch Neugründung die übertragenden Gesellschaften gemäß § 36 Abs. 2 S. 2 UmwG als Gründerinnen der neuen Gesellschaft behandelt[201]. Nach den §§ 30, 31 AktG i.V.m. § 36 Abs. 2 S. 1 UmwG haben die übertragenden Gesellschaften daher den ersten Aufsichtsrat der neuen Gesellschaft sowie den ersten Abschlussprüfer zu bestellen. Die Bestellung ist gemäß § 30 Abs. 1 S. 2 AktG notariell zu beurkunden. Die Bestellung des Aufsichtsrats bedarf nach § 76 Abs. 2 S. 1 und 2 UmwG der Zustimmung der Hauptversammlungen jeder der übertragenden Gesellschaften[202], wobei wegen

200 Zu den Einzelheiten vgl. unten D.II.2.c)ee).

201 Abweichend von § 28 AktG.

202 Gründungsbericht (§ 32 AktG) und Gründungsprüfung (§ 33 Abs. 2 AktG) sind hingegen gemäß § 75 Abs. 2 UmwG nicht erforderlich, da die Kapitalsicherung durch die für die übertragenden Gesellschaften geltenden Regeln gewährleistet wird (Stratz in Schmitt/Hörtnagel/Stratz zu § 75, RN 1).

§§ 76 Abs. 2 S. 1, 65 UmwG eine Mehrheit von mindestens ¾ des auf der Hauptversammlung vertretenen Grundkapitals erforderlich ist. Der auf diese Weise gebildete Aufsichtsrat bestellt gemäß § 30 Abs. 4 AktG i.V.m. § 36 Abs. 2 S. 1 UmwG den ersten Vorstand der neugegründeten aufnehmenden Gesellschaft.

e) Treuhänderbestellung

Nach § 71 Abs. 1 S. 1 UmwG hat jede übertragende Gesellschaft für den Empfang der von der aufnehmenden Gesellschaft zu gewährenden Aktien sowie gegebenenfalls der baren Zuzahlungen einen Treuhänder zu bestellen.

3. Vollzugsphase

Zum Vollzug der Verschmelzung sind die folgenden Schritte nötig:

a) Aushändigung von Aktien und baren Zuzahlungen an den Treuhänder

Die von der übernehmenden Gesellschaft zu gewährenden Aktien und gegebenenfalls baren Zuzahlungen sind dem zu diesem Zweck bestellten Treuhänder[203] auszuhändigen. Der Treuhänder hat dem Registergericht daraufhin anzuzeigen, dass er im Besitz der Aktien und gegebenenfalls der im Verschmelzungsvertrag festgesetzten baren Zuzahlungen ist. Vorher ist eine Eintragung der Verschmelzung in das Handelsregister unzulässig (§ 71 Abs. 1 S. 2 UmwG).

---

203 S.o. C.II.2.e).

b) Handelsregisteranmeldungen

Zunächst sind Verschmelzungsvertrag, Kapitalerhöhung und die Verschmelzung zur Eintragung bei den zuständigen Handelsregistern anzumelden.

Der Verschmelzungsvertrag gewährt, sobald er mit Fassen der Verschmelzungsbeschlüsse wirksam geworden ist, jeder der übertragenden Gesellschaften das Recht, von den anderen Vertragsparteien zu verlangen, dass deren Vertretungsorgane die Anmeldung der Verschmelzung vornehmen, bzw. direkt auf Abgabe der Anmeldung zu klagen[204], wobei das rechtskräftige Urteil gemäß § 894 Abs. 1 ZPO die Anmeldung ersetzt[205].

aa) Anmeldung des Verschmelzungsvertrages

Wird der Verschmelzungsvertrag in den ersten zwei Jahren seit Eintragung der übernehmenden Gesellschaft in das Handelsregister geschlossen, so sind nicht nur die oben aufgeführten Nachgründungsregelungen zu beachten[206], sondern es ist auch (ausnahmsweise) der Verschmelzungsvertrag zur Eintragung in das Handelsregister anzumelden. Dies folgt mittelbar aus der Verweisung des § 67 S. 1 UmwG auf § 52 Abs. 7 AktG, wonach die Eintragung des Verschmelzungsvertrages in das Handelsregister abgelehnt wird, wenn die Voraussetzungen des § 67 UmwG nicht erfüllt sind. Die Verweisung des § 67 S. 1 UmwG auf § 52 Abs. 7 AktG setzt insofern die entsprechende Anwendung des § 52 Abs. 6 AktG voraus[207], der die Anmeldung des Vertrages zum Handels-

---

204 Lutter in Lutter zu § 4, RN 22.

205 Umgekehrt würde hier einer entsprechenden Klage der übernehmenden Gesellschaft auf Eintragung der Verschmelzung das Rechtsschutzbedürfnis fehlen (Bermel in Goutier/Knopf/Tulloch zu § 7, RN 18), da deren Vorstand gemäß § 16 Abs. 1 S. 2 UmwG berechtigt ist, die Verschmelzung auch zur Eintragung in die Register der Sitze der übertragenden Gesellschaften anzumelden (s.u. C.II.3.b)cc)).

206 S.o. C.II.1.d).

207 Vgl. Stratz in Schmitt/Hörtnagel/Stratz zu § 67, RN 14.

register anordnet. Die fehlende Nennung des § 52 Abs. 6 AktG in § 67 S. 1 UmwG stellt lediglich ein Redaktionsversehen dar[208].

Der Verschmelzungsvertrag ist zusammen mit dem Nachgründungsbericht des Aufsichtsrats sowie dem Nachgründungsprüfungsbericht beim Registergericht der übernehmenden Gesellschaft einzureichen.

bb) Anmeldung der Kapitalerhöhung

Soweit eine Erhöhung des Grundkapitals der aufnehmenden Gesellschaft vorgenommen wird, sind sowohl der Erhöhungsbeschluss gemäß § 184 Abs. 1 S. 1 AktG als auch die Durchführung der Kapitalerhöhung nach § 188 Abs. 1 AktG zur Eintragung in das Handelsregister anzumelden.

Die Anmeldung des Erhöhungsbeschlusses ist nach § 184 Abs. 1 S. 1 AktG durch den Vorstand und den Vorsitzenden des Aufsichtsrats gemeinsam vorzunehmen und bedarf nach § 12 Abs. 1 HGB öffentlich beglaubigter Form. Der Anmeldung sind die folgenden Unterlagen beizufügen[209]:

- Die notarielle Niederschrift (§ 130 Abs. 1 S. 1 AktG) des Beschlusses über die Erhöhung des Grundkapitals in Ausfertigung oder öffentlich beglaubigter Abschrift,
- gegebenenfalls eine notarielle Niederschrift etwaiger Sonderbeschlüsse bezüglich verschiedener Aktiengattungen nach § 182 Abs. 2 AktG in Ausfertigung oder öffentlich beglaubigter Abschrift,
- die Schlussbilanzen aller übertragenden Rechtsträger bzw. ein Wertgutachten, um dem Registergericht die Prüfung des Werts der

208 Marsch-Barner in Kallmeyer zu § 67, RN 6.
209 Vgl. Rieger in Widmann/Mayer zu § 69, RN 39.

Sacheinlagen gemäß § 69 Abs. 1 S. 1, 2. HS, 4. Alt. UmwG zu ermöglichen sowie

- gegebenenfalls ein Bericht über die Prüfung der Sacheinlagen gemäß § 184 Abs. 1 S. 2 i.V.m. § 183 Abs. 3 AktG[210].

Im Rahmen der Kapitalerhöhung sind weiterhin die in § 69 Abs. 2 UmwG und § 188 Abs. 3 Nr. 2-4 AktG genannten Unterlagen beim Handelsregister einzureichen. Umstritten ist, ob dies bereits mit der Anmeldung des Verschmelzungsbeschlusses[211] oder erst bei Anmeldung der Durchführung der Kapitalerhöhung[212] erfolgen muss. Um Schwierigkeiten bei der Anmeldung zu vermeiden, sollten alle Unterlagen bereits bei der Anmeldung des Verschmelzungsbeschlusses eingereicht werden. Im Einzelnen handelt es sich dabei um die folgenden Dokumente[213]:

- Gemäß § 69 Abs. 2 UmwG die notarielle Niederschrift des Verschmelzungsvertrags, der Verschmelzungsbeschlüsse und etwaiger Sonderbeschlüsse nach § 65 Abs. 2 UmwG[214] sowie gegebenenfalls Zustimmungserklärungen einzelner Aktionäre im Sinne von § 13 Abs. 3 S. 1 UmwG jeweils in Ausfertigung oder beglaubigter Abschrift,

- nach § 188 Abs. 3 Nr. 2 AktG i.V.m. § 69 Abs. 2 UmwG gegebenenfalls sonstige Nebenvereinbarungen über die Gegenleistung für die Aktien, die durch die übernehmende Gesellschaft auszugeben sind,

---

210 Dies kommt nach § 69 Abs. 1 S. 1, 2. HS UmwG dann in Betracht, wenn Vermögensgegenstände in der Schlussbilanz einer übertragenden Gesellschaft höher bewertet worden sind als in der letzten Jahresbilanz, wenn die in einer Schlussbilanz angesetzten Werte nicht als Anschaffungskosten in den Jahresbilanzen der übernehmenden Gesellschaft angesetzt werden oder wenn das Registergericht Zweifel hat, ob der Wert der Sacheinlage den Nennbetrag der dafür zu gewährenden Aktien erreicht.

211 So Stratz in Schmitt/Hörtnagel/Stratz zu § 69, RN 24.

212 So Zimmermann in Kallmeyer zu § 66, RN 12.

213 Vgl. Zimmermann in Kallmeyer zu § 66, RN 12.

214 Bezüglich verschiedener Aktiengattungen.

- die notarielle Niederschrift des Beschlusses über die Änderung der Satzung bezüglich des Grundkapitals[215],
- der vollständige Wortlaut der Satzung mit notarieller Vollständigkeitsbescheinigung gemäß § 181 Abs. 1 S. 2 AktG,
- die umfassende Zusammenstellung der Kosten der Kapitalerhöhung gemäß § 188 Abs. 3 Nr. 3 AktG i.V.m. § 69 Abs. 2 UmwG[216] und
- gegebenenfalls staatliche Genehmigungsurkunden[217] nach § 188 Abs. 3 Nr. 4 AktG i.V.m. § 69 Abs. 2 UmwG.

Beim Handelsregister anzumelden ist weiterhin die Durchführung der Kapitalerhöhung. Auch dies hat nach § 188 Abs. 1 AktG gemeinsam durch den Vorstand und den Vorsitzenden des Aufsichtsrats zu erfolgen. Durchgeführt ist die Kapitalerhöhung, wenn der Verschmelzungsvertrag wirksam ist, er also beurkundet ist und die zu seiner Wirksamkeit erforderlichen Verschmelzungsbeschlüsse und etwaigen Zustimmungsbeschlüsse vorliegen. Vorher darf die Anmeldung nicht vorgenommen werden[218]. Anzumelden ist, dass und in welcher Höhe die Kapitalerhöhung durchgeführt ist[219], sowie die Änderung der Satzung hinsichtlich

---

215 Soweit nach § 179 Abs. 1 S. 2 AktG anstelle der Hauptversammlung der Aufsichtsrat zur Satzungsänderung befugt ist, ist die Niederschrift über den entsprechenden Aufsichtsratsbeschluss in Urschrift und beglaubigter Abschrift einzureichen.

216 Dies umfasst insbesondere Steuern, die Kosten der Eintragung, die Druckkosten für die Herstellung der Aktienurkunden und die Kosten der Sacheinlageprüfer. Steht die Höhe einer Position noch nicht fest, ist sie zu schätzen (Hüffer zu § 188, RN 15).

217 Eine Genehmigung kann z.B. erforderlich sein bei der Änderung der Satzung einer Versicherungsgesellschaft (§ 13 Abs. 1 S. 1 i.V.m. § 5 Abs. 3 Nr. 1 VAG) oder bei der Ausgabe von Mehrstimmrechtsaktien nach § 12 Abs. 2 S. 2 AktG.

218 Vgl. Grunewald in Lutter zu § 69, RN 22.

219 Zimmermann in Kallmeyer zu § 66, RN 11.

der Grundkapitalziffer unter schlagwortartiger Bezeichnung der entsprechenden Satzungsbestimmung[220].

In der Praxis werden die Anmeldung des Kapitalerhöhungsbeschlusses, die Anmeldung der Durchführung der Kapitalerhöhung[221] und die Anmeldung der Verschmelzung regelmäßig gleichzeitig vorgenommen. Hierzu werden alle anzumeldenden Tatsachen in eine einzige Anmeldungsurkunde aufgenommen[222].

cc) Anmeldung der Verschmelzung

Die Vorstände jeder der beteiligten Gesellschaften haben die Verschmelzung gemäß § 16 Abs. 1 S. 1 UmwG zur Eintragung in das Handelsregister des Sitzes ihrer jeweiligen Gesellschaft anzumelden. Die Anmeldung ist nach § 12 Abs. 1 HGB öffentlich zu beglaubigen. Zusammen mit der Anmeldung müssen die Vorstände nach § 16 Abs. 2 S. 1 UmwG jeweils eine Erklärung einreichen, die bestätigt, dass keine fristgerecht gegen die Wirksamkeit eines Verschmelzungsbeschlusses erhobene Klage anhängig ist. Aus diesem Grund ist die Anmeldung erst nach Ablauf der einmonatigen Klagefrist des § 14 Abs. 1 UmwG vorzunehmen; alternativ kann aber auch nach § 16 Abs. 2 S. 2 UmwG eine notariell beurkundete Verzichtserklärung aller klageberechtigten Aktionäre eingereicht werden. Bei der Anmeldung einer Verschmelzung auf eine Gesellschaft, der mindestens 90 % der Aktien an der übertragenden Gesellschaft gehören, ist gegebenenfalls zu erklären, ob ein Minderheitsaktionär nach § 62 Abs. 3 S. 5, Abs. 2 S. 1 UmwG die Einberufung der ansonsten entbehrlichen Hauptversammlung verlangt hat. Der Anmeldung sind zudem gemäß § 17 Abs. 1 UmwG die folgenden Unterlagen beizufügen:

---

220 Vgl. BGH, NJW 1987, 3191 f.

221 Die Verbindung der Anmeldung der Durchführung der Kapitalerhöhung mit der Anmeldung des Kapitalbeschlusses wird ausdrücklich in § 188 Abs. 4 AktG zugelassen.

222 Zimmermann in Kallmeyer zu § 66, RN 15.

- Der Verschmelzungsvertrag in notarieller Ausfertigung oder öffentlich beglaubigter Abschrift,
- die Verschmelzungsbeschlüsse in notarieller Ausfertigung oder öffentlich beglaubigter Abschrift,
- gegebenenfalls Zustimmungserklärungen einzelner Aktionäre[223] in notarieller Ausfertigung oder öffentlich beglaubigter Abschrift,
- der Verschmelzungsbericht und Verschmelzungsprüfungsbericht in Urschrift oder einfacher Abschrift,
- gegebenenfalls eine Verzichtserklärung nach § 8 Abs. 3 UmwG bezüglich des Verschmelzungsberichts, eine Verzichtserklärung nach § 9 Abs. 3 UmwG bezüglich der Prüfung des Verschmelzungsvertrags sowie eine Verzichtserklärung nach § 12 Abs. 3 UmwG bezüglich des Verschmelzungsprüfungsberichts in notarieller Ausfertigung oder öffentlich beglaubigter Abschrift,
- der Nachweis der rechtzeitigen Zuleitung des Verschmelzungsvertrags an die jeweils zuständigen Betriebsräte aller beteiligten Gesellschaften in Urschrift oder einfacher Abschrift bzw. die Negativerklärung des jeweiligen Vorstands über das Nichtbestehen eines Betriebsrats,
- gegebenenfalls die Urkunden über eine staatliche Genehmigung der Verschmelzung[224] in Urschrift oder einfacher Abschrift und
- der Nachweis der Bekanntmachung der bevorstehenden Verschmelzung in den Gesellschaftsblättern gemäß § 62 Abs. 3 S. 4 UmwG in einfacher Abschrift.

---

223 Etwa nach §§ 13 Abs. 2 UmwG, wenn die Übertragung von Aktien von der Genehmigung einzelner Aktionäre abhängig ist.

224 Eine solche staatliche Genehmigung war etwa nach Art. 66 § 1 des zum 23. Juli 2002 ausgelaufenen EGKS-Vertrags (s.o. FN 159) erforderlich.

Wurde auf der Grundlage, dass sich mindestens 90 % des Grundkapitals der übertragenden Gesellschaft in der Hand der übernehmenden Gesellschaft befinden, auf einen Verschmelzungsbeschluss verzichtet[225], so ist der Verschmelzungsanmeldung gemäß § 62 Abs. 3 S. 4 UmwG ein Nachweis über die Bekanntmachung der Verschmelzung in den Gesellschaftsblättern der übernehmenden Gesellschaft beizufügen.

Zusammen mit der Anmeldung einer übertragenden Gesellschaft ist darüber hinaus gemäß § 17 Abs. 2 S. 1 UmwG ihre Schlussbilanz, deren Stichtag nach § 17 Abs. 2 S. 4 UmwG höchstens acht Monate vor dem Zeitpunkt der Anmeldung liegen darf, zum Handelsregister einzureichen.

Zur Koordinierung und Beschleunigung des registerlichen Vollzugs der Verschmelzung[226] gestattet § 16 Abs. 1 S. 2 UmwG auch dem Vorstand der übernehmenden Gesellschaft, anstelle der Vorstände der übertragenden Gesellschaften die Verschmelzung zur Eintragung bei den verschiedenen Registergerichten anzumelden.

dd) Besonderheiten bei der Anmeldung der Verschmelzung durch Neugründung

Bei der Verschmelzung durch Neugründung gilt nach § 38 Abs. 1 UmwG grundsätzlich nichts anderes als bei der Verschmelzung durch Aufnahme. Die Vorstände der übertragenden Gesellschaften haben die Verschmelzung auch hier zur Eintragung in das Handelsregister des Sitzes ihrer jeweiligen Gesellschaft anzumelden. Für die neugegründete Gesellschaft müssen nach § 38 Abs. 2 UmwG die Vorstände aller übertragenden Gesellschaften gemeinsam eine Anmeldung beim Registergericht, in dessen Bezirk sich der Sitz befinden soll, vornehmen. Dies hat den Zweck, dem Registergericht die Überprüfung der ordnungsgemäßen Errichtung der Gesellschaft gemäß § 38 Abs. 1 S. 1 AktG zu ermög-

225 Vgl. oben C.II.1.l)cc).
226 So: Schwarz in Widmann/Mayer zu § 16, RN 9.5.

lichen. Daher sind der Anmeldung, zusätzlich zu den oben genannten Unterlagen, die folgenden Anlagen beizufügen[227]:

- Die Schlussbilanzen aller übertragenden Gesellschaften als Wertnachweis,
- die Urkunde über die Bestellung der Abschlussprüfer für das erste (Voll- oder Rumpf-) Geschäftsjahr gemäß § 30 Abs. 1 S. 1 AktG in notarieller Ausfertigung oder als beglaubigte Abschrift,
- je einen beglaubigten Handelsregisterauszug jeder übertragenden Gesellschaft als Nachweis, dass sie bereits in Übereinstimmung mit § 76 Abs. 1 UmwG zwei Jahre im Register eingetragen ist,
- die Anzeige der von den übertragenden Gesellschaften bestellten Treuhänder über den Empfang der zu gewährenden Aktien gemäß § 71 Abs. 1 S. 2 UmwG,
- die Berechnung des Gründungsaufwands nach § 37 Abs. 4 Nr. 2 AktG,
- gemäß § 37 Abs. 4 Nr. 3 AktG die Urkunde über die Bestellung des Aufsichtsrats in notarieller Ausfertigung oder als öffentlich beglaubigte Abschrift[228] sowie den Beschluss des Aufsichtsrats über die Bestellung des Vorstands,
- nach § 37 Abs. 4 Nr. 5 AktG die Urkunde über eine gegebenenfalls erforderliche staatliche Genehmigung[229] und
- einen Zeichnungsbogen mit Namensunterschriften der Vorstandsmitglieder zur Aufbewahrung beim Registergericht gemäß § 37

227 Vgl. Zimmermann in Kallmeyer zu § 38, RN 15.

228 Soweit die Bestellung des Aufsichtsrats nicht bereits Bestandteil des Verschmelzungsvertrags ist.

229 Bezüglich des Gegenstands des Unternehmens oder bezüglich einer anderen Satzungsbestimmung.

Abs. 5 AktG und die Versicherung nach § 37 Abs. 2 AktG[230] in öffentlich beglaubigter Form (§ 12 Abs. 1 HGB).

c) Eintragung des Verschmelzungsvertrages

Wurde aufgrund der Anwendbarkeit der Nachgründungsregeln der Verschmelzungsvertrag zur Eintragung in das Handelsregister angemeldet[231], wird – soweit die Voraussetzungen hierzu erfüllt sind – eine entsprechende Eintragung vorgenommen. Eingetragen wird lediglich die Tatsache des Vertragsschlusses, nicht dagegen der Text des Verschmelzungsvertrags[232]. Nach § 52 Abs. 8 AktG genügt dabei die Bezugnahme auf die beim Handelsregister eingereichten Urkunden. Nur wenn der Verschmelzungsvertrag eingetragen wurde, darf auch die Eintragung der Verschmelzung selbst erfolgen[233].

Die Eintragung des Verschmelzungsvertrages wird durch das Registergericht verweigert, wenn die Voraussetzungen des § 67 UmwG nicht vorliegen. In diesem Zusammenhang prüft das Gericht nicht nur die Erfüllung der formellen Voraussetzungen, sondern auch die Angemessenheit der den Aktionären der übertragenden Gesellschaft zu gewährenden Gegenleistung[234]. Entscheidend ist dabei allein die Überzeugung des Registergerichts[235], die nicht zwingend mit den Ergebnissen der Nachgründungsprüfung übereinstimmen muss[236]. Die Eintragung des Verschmelzungsvertrages wird nach § 52 Abs. 7 AktG jedoch immer verweigert, wenn dem Registergericht der Nachgründungsbericht des Auf-

230 Danach haben die Vorstandsmitglieder zu versichern, dass keine Umstände vorliegen, die ihrer Bestellung nach § 76 Abs. 3 S. 3 und S. 4 AktG entgegenstehen, und dass sie über ihre unbeschränkte Auskunftspflicht gegenüber dem Gericht belehrt worden sind.

231 S.o. C.II.3.b)aa).

232 Hüffer zu § 52, RN 17.

233 Kraft in Kölner Kommentar zu § 342, RN 14.

234 Stratz in Schmitt/Hörtnagel/Stratz zu § 67, RN 14.

235 Vgl. Stratz in Schmitt/Hörtnagel/Stratz zu § 67, RN 14.

236 Vgl. Grunewald in Lutter zu § 67, RN 15.

sichtrats oder der Nachgründungsprüfungsbericht gar nicht vorgelegt wurden. Dies gilt auch für den Fall, dass der Verschmelzungsvertrag nicht wirksam ist, etwa weil die Verschmelzungsbeschlüsse noch fehlen[237].

Unterbleibt die Eintragung des Verschmelzungsvertrages, so hat dies keine Auswirkungen auf die Wirksamkeit des Verschmelzungsbeschlusses[238]. Auch die Wirksamkeit des Verschmelzungsvertrages selbst wird durch die fehlende Eintragung nicht berührt, da § 67 S. 1 UmwG nicht auf § 52 Abs. 1 S. 1 AktG verweist.

d) Eintragung der Kapitalerhöhung

Sodann sind Beschluss und Durchführung der Kapitalerhöhung in das Handelsregister der übernehmenden Gesellschaft einzutragen.

Allein diese Eintragung führt im Rahmen der Verschmelzung noch nicht zur Wirksamkeit der Kapitalerhöhung. Zwar bestimmt § 189 AktG, dass das Grundkapital mit der Eintragung der Durchführung der Kapitalerhöhung erhöht ist. Jedoch ist § 20 Abs. 1 Nr. 3 UmwG, der festlegt, dass die Aktionäre der übertragenden Gesellschaft Aktionäre der übernehmenden Gesellschaft werden, insoweit lex specialis zu § 189 AktG[239]. Die Kapitalerhöhung wird deshalb erst mit Eintragung der Verschmelzung in das Handelsregister wirksam[240].

---

237 Rieger in Widmann/Mayer zu § 67, RN 41.

238 Marsch-Barner in Kallmeyer zu § 67, RN 11.

239 Vgl. Rieger in Widmann/Mayer zu § 69, RN 43.

240 Bei Nichteintritt der Verschmelzung sind die Unwirksamkeit des Kapitalerhöhungsbeschlusses und die Löschung der Kapitalerhöhung von Amts wegen bzw. auf Antrag der Gesellschaft in das Handelsregister einzutragen (vgl. Rieger in Widmann/Mayer zu § 69, RN 43). Wäre hingegen die Kapitalerhöhung auch im Falle des Scheiterns der Verschmelzung wirksam, so wäre die Löschung erst nach Durchführung einer Kapitalherabsetzung in das Grundbuch einzutragen. Dies würde sich für die Praxis als ein sehr umständliches Verfahren darstellen.

Kapitalerhöhungsbeschluss und Durchführung der Kapitalerhöhung sind gemäß § 66 UmwG zwingend vor der Verschmelzung in das Handelsregister der übernehmenden Gesellschaft[241] einzutragen. Dies folgt daraus, dass die Erhöhung des Grundkapitals unabdingbare Voraussetzung dafür ist, dass die Aktionäre der übertragenden Gesellschaft gemäß § 20 Abs. 1 Nr. 3 UmwG Aktionäre der übernehmenden Gesellschaft werden können. Ein Verstoß gegen die durch § 66 UmwG vorgeschriebene Eintragungsreihenfolge hat aber keine Auswirkungen, da die Verschmelzungswirkungen dann mit Eintragung der Durchführung der Kapitalerhöhung eintreten[242].

e) Eintragung der Verschmelzung

Abschließend wird die Verschmelzung für jede der beteiligten Gesellschaften im Handelsregister ihres Sitzes eingetragen.

aa) Eintragung der Verschmelzung durch Aufnahme

Zuerst ist die Verschmelzung gemäß § 19 Abs. 1 S. 1 UmwG jeweils in das Handelsregister am Sitz jeder der übertragenden Gesellschaften einzutragen[243]. Dies umfasst insbesondere die Bezeichnung der beteiligten Gesellschaften sowie die Daten des Verschmelzungsvertrags und der Verschmelzungsbeschlüsse[244]. Die Eintragung ist nach § 19 Abs. 1 S. 2 UmwG mit dem Vermerk zu versehen, dass die Verschmel-

---

241 Vgl. Zimmermann in Kallmeyer zu § 66, RN 20.

242 Zimmermann in Kallmeyer zu § 66, RN 21; a.A. Rieger in Widmann/Mayer zu § 66, RN 10, der eine nochmalige Eintragung der Verschmelzung fordert. A.A. zudem Stratz in Schmitt/Hörtnagel/Stratz zu § 66, RN 4, wonach für den Eintritt der Verschmelzungswirkungen die Eintragung der Verschmelzung am Sitz der übernehmenden Gesellschaft ausreichen soll.

243 Dies erfolgt gemäß § 17 Nr. 1 c) RPflG durch den Registerrichter.

244 Vgl. BGHZ 105, 324, 346.

zung erst mit der Eintragung in das Handelsregister am Sitz der übernehmenden Gesellschaft wirksam wird.

Erst im Anschluss hieran darf nach § 19 Abs. 1 S. 1 UmwG die Verschmelzung in das Handelsregister des Sitzes der übernehmenden Gesellschaft eingetragen werden.

Gemäß § 19 Abs. 2 S. 1 UmwG teilt das Registergericht des Sitzes der übernehmenden Gesellschaft dem Registergericht des Sitzes jeder der übertragenden Gesellschaften von Amts wegen den Tag der Eintragung mit. Der Eintragungstag wird nach § 19 Abs. 2 S. 2 UmwG für jede übertragende Gesellschaft im Handelsregister ihres Sitzes vermerkt; die dort aufbewahrten Urkunden und anderen Schriftstücke werden dem Registergericht am Sitz der übertragenden Gesellschaft zur Aufbewahrung übersandt.

Schließlich wird nach § 19 Abs. 3 S. 1 UmwG durch die Registergerichte für jede der beteiligten Gesellschaften von Amts wegen die Bekanntmachung der Verschmelzung im Bundesanzeiger sowie in mindestens einem weiteren Blatt[245] veranlasst. Die Bekanntmachung gilt gemäß § 19 Abs. 3 S. 2 UmwG mit dem Ablauf des Tages, an dem jeweils das letzte der die Bekanntmachung enthaltenen Blätter erschienen ist, für die jeweilige Gesellschaft als erfolgt. Von diesem Zeitpunkt an beginnen verschiedene für Aktionäre und Gläubiger der Gesellschaften relevante Fristen zu laufen[246].

---

245 Im Sinne von § 11 HGB.

246 So die sechsmonatige Frist für die Anmeldung der Gläubigeransprüche nach § 22 Abs. 1 S. 1 UmwG, die fünfjährige Verjährungsfrist für die Geltendmachung von Schadenersatzansprüchen gemäß § 25 Abs. 3 und § 27 UmwG sowie die zweimonatige Frist für die Annahme des Abfindungsangebots nach § 31 S. 1UmwG.

bb) Eintragung der Verschmelzung durch Neugründung

Auch bei der Verschmelzung durch Neugründung ist die Verschmelzung nach § 19 Abs. 1 S. 1 UmwG zuerst jeweils in das Handelsregister am Sitz jeder der übertragenden Gesellschaften einzutragen. Im Anschluss daran erfolgt gemäß § 36 Abs. 1 S. 2 UmwG – anstelle der Eintragung der Verschmelzung im Handelsregister der übernehmenden Gesellschaft – die Eintragung der neugegründeten Gesellschaft. Im übrigen gelten nach § 36 Abs. 1 S. 1 UmwG die Regelungen zur Verschmelzung durch Aufnahme entsprechend.

cc) Wirkungen der Eintragung

Vor Umsetzung der Dritten Richtlinie traten bei der Verschmelzung durch Aufnahme gemäß § 346 Abs. 3 S. 1, Abs. 4 AktG 1965 mit Eintragung der Verschmelzung in das Register am Sitz der übertragenden Gesellschaft bereits die Wirkungen der Verschmelzung ein. Die nachfolgende Eintragung am Sitz der übernehmenden Gesellschaft hatte nur noch deklaratorische Wirkung[247]. Dies war aufgrund der durch die Dritte Richtlinie gebotenen Einführung der Mehrfachverschmelzung[248] nicht mehr aufrechtzuerhalten: Die Möglichkeit der Aufnahme mehrerer Gesellschaften machte es erforderlich, die Verschmelzungswirkungen erst mit Eintragung in das Handelsregister am Sitz der übernehmenden Gesellschaft eintreten zu lassen und führte damit gleichzeitig zur Anpassung an den Wirksamkeitszeitpunkt bei der Verschmelzung durch Neugründung[249]. Die in § 346 Abs. 1 S. 1 AktG 1965 vorgeschriebene Reihenfolge der Eintragung wurde durch die Umsetzung der Dritten Richtlinie

---

247 Vgl. Schilling in Großkommentar zu § 346, Anm. 11.

248 S.o. B.III.1.

249 Bei der die Verschmelzungswirkungen zwingend nicht vor Eintragung der neugegründeten Gesellschaft eintreten können (entsprechend sah auch schon § 53 Abs. 5 S. 2, Abs. 6 AktG 1965 den Eintritt der Verschmelzungswirkungen erst mit Eintragung der neuen Gesellschaft vor).

hingegen nicht verändert, da der vorherigen Eintragung bei der untergehenden Gesellschaft eine Warnfunktion zukommt[250].

Nunmehr sind die Wirkungen der Handelsregistereintragung in § 20 UmwG geregelt. Danach wird die Verschmelzung mit der Eintragung in das Handelsregister am Sitz der übernehmenden Gesellschaft bzw. – bei der Verschmelzung durch Neugründung – mit Eintragung der neugegründeten Gesellschaft in das Handelsregister[251] wirksam. Dies gilt selbst dann, wenn die gesetzlich vorgeschriebene Reihenfolge der Eintragung[252] nicht eingehalten wurde[253]. Auch die Bekanntmachung der Verschmelzung im Bundesanzeiger sowie den sonstigen Blättern ist für den Eintritt der Wirksamkeit der Verschmelzung ohne Bedeutung.

f) Aushändigung von Aktien und baren Zuzahlungen an die Aktionäre der übertragenden Gesellschaften

Die von der übernehmenden Gesellschaft zu gewährenden Aktien und gegebenenfalls baren Zuzahlungen sind den Aktionären der übertragenden Gesellschaften durch den zu diesem Zweck bestellten Treuhänder[254] auszuhändigen.

4. Rechtsfolgen der Verschmelzung

Die Rechtsfolgen der Verschmelzung sind im einzelnen in § 20 UmwG aufgeführt.

---

[250] Begründung zum Verschmelzungsrichtlinie-Gesetz, BT-Dr. 9/1065, S. 18.
[251] Vgl. § 36 Abs. 1 S. 2 UmwG.
[252] Also für den Fall, dass die Eintragung im Handelsregister der übernehmenden/neugegründeten Gesellschaft vor der Eintragung im Register der übertragenden Gesellschaften und gegebenenfalls vor der Eintragung der Kapitalerhöhung erfolgte.
[253] Stratz in Schmitt/Hörtnagel/Stratz zu § 19, RN 5; Marsch-Barner in Kallmeyer zu § 20, RN 3.
[254] S.o. C.II.2.e).

a) Universalsukzession

Nach § 20 Abs. 1 Nr. 1 UmwG geht das gesamte Vermögen der übertragenden Gesellschaften einschließlich aller Verbindlichkeiten im Wege der Universalsukzession auf die übernehmende Gesellschaft über. Aufgrund der Durchbrechung des Spezialitätsgrundsatzes ist dabei unerheblich, inwieweit das übergehende Vermögen jeweils bekannt und bilanziell erfasst ist[255]. Einzelne Gegenstände können auch grundsätzlich nicht durch rechtsgeschäftliche Vereinbarung zwischen übertragender und übernehmender Gesellschaft vom Rechtsübergang ausgenommen werden[256].

Auch unbewegliche Sachen gehen ohne weitere Zwischenschritte auf die übernehmende Gesellschaft über. Insbesondere bedarf es bei Grundstücken weder der Auflassung noch der Eintragung in das Grundbuch; das Grundbuch ist lediglich gemäß § 894 BGB zu berichtigen. Da § 399 BGB bei der Universalsukzession nicht anwendbar ist, gehen Forderungen unabhängig von einem gegebenenfalls bestehenden Abtretungsverbot über. Ausnahmsweise können jedoch nach § 21 UmwG beim Zusammentreffen von miteinander unvereinbaren Verpflichtungen aus gegenseitigen Verträgen[257] die entsprechenden Verpflichtungen anzupassen sein oder sogar vollständig erlöschen. Soweit Dauerschuldverhältnisse betroffen sind, kann sich im Einzelfall aus den Grundsätzen des Wegfalls der Geschäftsgrundlage auch ein Kündigungsrecht ergeben[258].

---

255 Vgl. Marsch-Barner in Kallmeyer zu § 20, RN 4.

256 Vossius in Widmann/Mayer zu § 20, RN 32; anders ist dies u.U. bei Nießbrauch, beschränkter persönlicher Dienstbarkeit und nicht übertragbarem dinglichen Vorkaufsrecht (vgl. Grunewald in Lutter zu § 20, RN 14).

257 So z.B. bei der Kollision von Alleinvertriebsverträgen verschiedener Lieferanten bezüglich vergleichbarer Produkte.

258 Stratz in Schmitt/Hörtnagel/Stratz zu § 20, RN 27.

b) Aktientausch/Gewinnberechtigung

§ 20 Abs. 1 Nr. 3 S. 1, 1. HS UmwG ordnet an, dass die Aktionäre der übertragenden Gesellschaften kraft Gesetzes[259] Aktionäre der übernehmenden Gesellschaft werden. Ein Verzicht auf das Element des Anteilstauschs in Verbindung mit der Nichtvornahme einer Kapitalerhöhung[260], ist grundsätzlich nicht möglich[261]. So verweist der Regierungsentwurf zum UmwG in diesem Zusammenhang darauf, dass ein Verzicht auf das Erfordernis der Kapitalerhöhung aus Gründen des Gläubigerschutzes[262] nicht zulässig sei. Diese eindeutige gesetzgeberische Stellungnahme ist zu akzeptieren.

Einzige Ausnahme ist § 20 Abs. 1 Nr. 3 S. 1, 2. HS UmwG, wonach ein Aktientausch nicht stattfindet, soweit dies dazu führen würde, dass die übernehmende Gesellschaft eigene Aktien erhielte[263].

Dingliche Rechte Dritter an den untergehenden Aktien der übertragenden Gesellschaften bestehen gemäß § 20 Abs. 1 Nr. 3 S. 2 UmwG an den entsprechenden neuen Aktien der übernehmenden Gesellschaft fort[264].

Mit dem Wirksamwerden der Verschmelzung, d.h. mit der Eintragung im Handelsregister des Sitzes der übernehmenden/neugegründeten Gesellschaft, sind die Aktionäre einer übertragenden Gesellschaft grundsätzlich auch berechtigt, am Gewinn der übernehmenden/neugegründeten Gesellschaft teilzuhaben[265]. Häufig wird jedoch der Zeitpunkt, von dem

---

259 Marsch-Barner in Kallmeyer zu § 20, RN 29.
260 Vgl. M. Winter in Lutter zu § 54, RN 15.
261 Lutter in Lutter zu § 5, RN 9; Mayer in Widmann/Mayer zu § 5, RN 20; a.A.: Marsch-Barner in Kallmeyer zu § 5, RN 5.
262 RegEBegr. zu § 68 UmwG, bei Ganske, S. 103 sowie S. 114.
263 Vgl. auch oben C.II.1.k) zur Unzulässigkeit der Kapitalerhöhung nach § 68 Abs. 1 S. 1, Abs. 2 UmwG.
264 Bei schuldrechtlichen Absprachen wird dies in der Regel zu verneinen sein, es sei denn es ergibt sich unter Heranziehung der Grundsätze der ergänzenden Vertragsauslegung ausnahmsweise etwas anderes (Marsch-Barner in Kallmeyer zu § 20, RN 31).
265 Müller in Kallmeyer zu § 5, RN 28.

an die Gewinnberechtigung besteht, auch im Verschmelzungsvertrag bestimmt[266].

c) Erlöschen der übertragenden Gesellschaften

Gemäß § 20 Abs. 1 Nr. 2 UmwG erlöschen die übertragenden Gesellschaften automatisch, ohne dass es einer Abwicklung bedarf. Ein Fortbestehen der übertragenden Gesellschaften wird nur für die Geltendmachung von Schadenersatzansprüchen nach § 25 Abs. 2 S. 1 UmwG fingiert[267].

d) Heilung von Verschmelzungsmängeln

aa) Beurkundungsmangel des Verschmelzungsvertrages

Nach § 20 Abs. 1 Nr. 4 UmwG wird der Mangel der notariellen Beurkundung des Verschmelzungsvertrags und gegebenenfalls erforderlicher Zustimmungs- oder Verzichtserklärungen einzelner Aktionäre geheilt. Der Vertrag wird einschließlich aller Nebenabreden und Änderungen mit dem Inhalt wirksam, der der Beschlussfassung der Hauptversammlung zu Grunde lag[268].

bb) Sonstige Mängel der Verschmelzung

§ 20 Abs. 2 UmwG bestimmt, dass Mängel der Verschmelzung die Wirkungen der Handelsregistereintragung nach § 20 Abs. 1 UmwG unberührt lassen.

---

266 S.u. D.I.2.a)aa)ccc).
267 Vgl. unten D.IV.2.a)bb).
268 Vgl. Bermel in Goutier/Knopf/Tulloch zu § 20, RN 55.

aaa) Anwendungsbereich des § 20 Abs. 2 UmwG

Der genaue Anwendungsbereich[269] des § 20 Abs. 2 UmwG ist umstritten. So wird teilweise die Anwendbarkeit bei Vorliegen bestimmter schwerer Mängel des Verschmelzungsvertrags verneint[270]. Andere wollen die Vorschrift nicht auf Mängel eines Kapitalerhöhungsbeschlusses im Rahmen der Verschmelzung angewandt wissen[271]. Dies hätte zur Folge, dass die Verschmelzungswirkungen bei Vorliegen solcher Mängel nicht nach § 20 Abs. 2 UmwG eintreten würden. Die Verschmelzung wäre in einem solchen Fall wieder rückabzuwickeln bzw. es wäre eine Entschmelzung durchzuführen.

Dagegen ist vorzubringen, dass der Gesetzgeber in § 20 Abs. 2 UmwG nicht zwischen einzelnen Mängeln der Verschmelzung differenziert hat. Vielmehr ordnet die Vorschrift als Rechtsfolge der Handelsregistereintragung unterschiedslos an, dass die in § 20 Abs. 1 UmwG vorgesehenen Wirkungen auch im Falle des Vorliegens von Mängeln der Verschmelzung eintreten. Um die Bestandskraft der Verschmelzung sicherzustellen, wird dabei der Begriff des Mangels weit gefasst, so dass auch etwa eine aufschiebende Bedingung des Verschmelzungsvertrages mit Eintragung der Verschmelzung als eingetreten gilt[272].

Folglich tritt mit Eintragung der Verschmelzung in das Handelsregister am Sitz der übernehmenden Gesellschaft eine auch für die Zukunft wirkende Bestandsfestigkeit der Verschmelzung ein, die eine Entschmel-

---

269 Nach a.A. handelt es sich nicht um den Anwendungsbereich, sondern um „die genauen Rechtsfolgen des § 20 Abs. 2 UmwG" (Mayer in Widmann/Mayer zu § 4, RN 69).

270 So offenbar: OLG Frankfurt, DB 1998, 917.

271 So: Kraft in Kölner Kommentar zu § 352 a AktG, RN 25 ff., vgl. auch RN 34.

272 Bermel in Goutier/Knopf/Tulloch zu § 4, RN 19; Grunewald in Lutter zu § 20, RN 81; a.A.: Mayer in Widmann/Mayer zu § 4, RN 71, wonach bei Eintragung eine Heilung durch Bedingungs- oder Fristeintritt erfolgen können soll, sowie Marsch-Barner in Kallmeyer zu § 20, RN 40, der allerdings im Widerspruch hierzu unter § 4, RN 11 der Auffassung folgt, wonach die Bedingung oder Befristung mit Eintragung der Verschmelzung im Handelsregister als eingetreten gilt.

zung sowohl mit ex tunc- als auch ex nunc-Wirkung[273] ausschließt[274]. So wird auch in der Begründung des Regierungsentwurfes zu § 20 UmwG allein darauf verwiesen, dass eine Fusion, die sich nachträglich als "unzweckmäßig" erweise, im Wege der Spaltung nach dem Dritten Buch des UmwG rückabgewickelt werden könne[275]. Ein Hinweis auf andere Fälle der Rückabwicklung ist hingegen nicht enthalten. Dies lässt den Schluss zu, dass in Bezug auf Verschmelzungen, die auf rechtswidriger oder nichtiger Grundlage zustande gekommen sind, eine Rückabwicklung nicht gestattet sein soll. Zudem hätte die Zulassung der Möglichkeit einer Entschmelzung nahezu unüberwindliche praktische und rechtliche Schwierigkeiten zur Folge: So müsste bei einer Entschmelzung die Zuteilung von Vermögen an eine der beteiligten Gesellschaften erfolgen, wobei das Vermögen im Zeitpunkt der Verschmelzung u. U. noch gar nicht vorhanden war[276]. Schließlich müsste für Vermögen, das im Zeitpunkt der Verschmelzung bestand, im Moment der Entschmelzung aber nicht mehr vorhanden ist, gegebenenfalls Kompensation geleistet werden[277].

Unberührt von der in § 20 Abs. 2 UmwG getroffenen Anordnung bleiben etwaige Schadenersatzansprüche[278]. Insbesondere ergeben sich bei Eintragung mangelhafter Verschmelzungen möglicherweise Amtshaftungsansprüche wegen Verletzung der Registergerichtspflichten[279], für die das Spruchrichterprivileg des § 839 Abs. 2 S. 1 BGB nicht ein-

---

273 So aber: Kiem, S. 149 ff. unter Heranziehung der Grundsätze zur fehlerhaften Gesellschaft; Martens, AG 1986, 57, 63 ff.; vgl. auch: K. Schmidt, AG 1991, 131, 137 sowie K. Schmidt, ZGR 1991, 373, 392 und K. Schmidt, DB 1996, 1859, 1860.

274 Grunewald in Lutter zu § 20, RN 69; Kort, S. 279.

275 RegEBegr. zu § 20 UmwG, bei Ganske, S. 75.

276 Grunewald in Lutter zu § 20, RN 69.

277 Grunewald in Lutter zu § 20, RN 69.

278 Vgl.: Sagasser/Ködderitzsch in Sagasser/Bula/Brünger, J, RN 78; Mayer in Widmann/Mayer zu § 4, RN 69 und 78; Bermel in Goutier/Knopf/Tulloch zu § 4, RN 19 sowie zu § 20, RN 61; Stratz in Schmitt/Hörtnagel/Stratz zu § 20, RN97.

279 Sagasser/Ködderitzsch in Sagasser/Bula/Brünger, J, RN 78.

greift[280]. Auf Naturalrestitution gerichtete Schadenersatzansprüche scheiden jedoch aufgrund der Bestandsfestigkeit der Verschmelzung aus[281].

bbb) Rechtsfolgen des § 20 Abs. 2 UmwG bei besonders schweren Verschmelzungsmängeln

Problematisch ist die Frage, welche Rechtsfolge sich aus § 20 Abs. 2 UmwG ergibt, wenn die Mängel der Verschmelzung so schwerwiegend sind, dass unklar ist, zu welchen Konditionen die Verschmelzung zustande kommt. Dies ist im Einzelfall unter Heranziehung des Parteiwillens zu entscheiden, soweit hierdurch der Abschluss des Verschmelzungsvertrags an sich nicht in Frage gestellt wird[282].

Probleme entstehen im besonderen Maße dann, wenn der Verschmelzungsvertrag gravierende Inhaltsmängel aufweist, wie etwa im Falle des Fehlens von Angaben nach § 5 Abs. 1 Nr. 1-3 UmwG zu den essentialia des Vertrags[283]. Lücken sind hier im Wege der ergänzenden Vertragsauslegung nach den §§ 133, 157 BGB zu schließen[284]. Da die Verschmelzungswirkungen nicht mehr beseitigt werden können, kommt es dabei auf den (in den Hauptversammlungen gefassten) Willen der Ver-

---

280 Mayer in Widmann/Mayer zu § 4, RN 78; Sagasser/Ködderitzsch in Sagasser/Bula/Brünger, J, RN 78; vgl. Papier in MK zu § 839, RN 319.

281 Bermel in Goutier/Knopf/Tulloch zu § 20, RN 62; Grunewald in Lutter zu § 20, RN 71; Kort, S. 278; a.A. offenbar: K. Schmidt, ZIP 1998, 181, 187.

282 Stratz in Schmitt/Hörtnagel/Stratz zu § 20, RN 100.

283 Nach teilweise vertretener Ansicht soll dann § 20 Abs. 2 UmwG unanwendbar sein (s.o. C.II.4.d)bb)aaa)), da es in einem solchen Fall gar nicht zu einer Heilung des Verschmelzungsvertrages kommen könne (so: Lutter in Lutter zu § 5, RN 92). Diese Auffassung verkennt aber, dass § 20 Abs. 2 UmwG schon seinem Wortlaut nach nicht die „Heilung" des Verschmelzungsvertrages, sondern nur die Wirkungen der Handelsregistereintragung betrifft.

284 Grunewald in Lutter zu § 20, RN 81; Stratz in Schmitt/Hörtnagel/Stratz zu § 20, RN 100; Kort, S. 272; Marsch-Barner in Kallmeyer zu § 20, RN 40.

schmelzungspartner nicht an[285]. Vielmehr ist unter Rückgriff auf die gesetzliche Regelung und unter Beachtung der getroffenen und von der Nichtigkeit nicht erfassten Abreden der Inhalt eines angemessenen Verschmelzungsvertrages zu entwickeln[286].

Auch für den Fall, dass der Verschmelzungsvertrag Abschlussmängel aufweist[287], treten die Verschmelzungswirkungen mit der Handelsregis-

---

285 Grunewald in Lutter zu § 20, RN 81; a.A. offenbar Marsch-Barner in Kallmeyer zu § 20, RN 40 sowie Stratz in Schmitt/Hörtnagel/Stratz zu § 20, RN 100.

286 Grunewald in Lutter zu § 20, RN 81; nach Marsch-Barner in Kallmeyer zu § 20, RN 40 soll dies nur bei insgesamt nichtigem Verschmelzungsvertrag gelten.

287 Die durch Willensmängel verursachten Abschlussmängel werden durch Anfechtung des Verschmelzungsvertrags nach den §§ 119 f., 123 BGB geltend gemacht. Vor Eintragung der Verschmelzung im Handelsregister können die Vertretungsorgane der beteiligten Gesellschaften die Anfechtung dem betreffenden Vertragspartner gegenüber erklären (Mayer in Widmann/Mayer zu § 4, RN 72). Aber auch nach der Handelsregistereintragung ist die Anfechtung möglich. Zwar wird teilweise vertreten, dass die Anfechtung nach erfolgter Handelsregistereintragung wenig Sinn mache, da die Anfechtung hinsichtlich der Verschmelzungswirkungen folgenlos bleibe (vgl. Lutter in Lutter zu § 5, RN 94). Jedoch kommt eine Anfechtung gegebenenfalls in den Fällen in Betracht, in denen die Geltendmachung von Schadenersatz die Mangelhaftigkeit des Verschmelzungsvertrages voraussetzt und eine solche Mangelhaftigkeit nicht schon bei bloßer Anfechtbarkeit, sondern erst nach erfolgter Anfechtung des Verschmelzungsvertrags gegeben ist. Auch wenn solche Fälle selten sein mögen, ist doch ein Rechtsschutzbedürfnis für die Anfechtung nicht von Vornherein von der Hand zu weisen (vgl. Grunewald in Lutter zu § 20, RN 74; so wohl auch K. Schmidt, ZGR 1991, 373, 377). Das Anfechtungsrecht einer übernehmenden Gesellschaft wird durch ihren Vorstand ausgeübt (vgl. Mayer in Widmann/Mayer zu § 4, RN 17). Die übernehmende Gesellschaft kann zudem auch Anfechtungsgegnerin sein (vgl. Lutter in Lutter zu § 5, RN 90, dessen Stellungnahme jedoch unschlüssig erscheint. So soll zwar die Anfechtung gegenüber der übernehmenden Gesellschaft möglich sein. Die – allein anfechtungsberechtigte – übertragende Gesellschaft soll jedoch nicht mehr anfechten können, da sie untergegangen sei). Eine übertragende Gesellschaft, die mit Eintragung der Verschmelzung im Handelsregister erloschen ist, gilt nach der Fiktion des § 25 Abs. 2 S. 1 UmwG für den Fall der Anfechtung als fortbestehend (vgl. Grunewald in Lutter zu § 25, RN 23 sowie Mayer in Widmann/Mayer zu § 26, RN 16). Da der Vorstand der übertragenden Gesellschaft nicht mehr vorhanden ist, ist analog § 26 Abs. 1 S. 2 UmwG ein besonderer Vertreter zu bestellen (vgl.: Grunewald in Lutter zu § 25, RN 23; Lutter in Lutter zu § 5, RN 90; Marsch-Barner in Kallmeyer zu § 25, RN 12), der die Anfechtung erklärt bzw. die Erklärung entgegennimmt (Grunewald in Lutter zu § 20, RN 74; a.A.

tereintragung ein[288]. Die teilweise vertretene Gegenansicht, wonach Abschlussmängel des Verschmelzungsvertrags anderen Regelungen als Inhaltsmängel unterliegen sollen, ist nicht überzeugend. So wird vereinzelt vorgebracht, dass Inhaltsmängel zwar durch die Handelsregistereintragung "geheilt" würden[289]. Im Gegensatz dazu habe jedoch die Handelsregisteranmeldung auf Abschlussmängel keine Auswirkungen[290]. Eine solche unterschiedliche Behandlung von Inhalts- und Abschlussmängeln findet im Gesetz keine Stütze[291]. § 20 Abs. 2 UmwG stellt vielmehr unterschiedslos auf jegliche "Mängel der Verschmelzung" ab.

Schließlich verursacht die Wirksamkeit der Verschmelzung im Fall des Fehlens, der Nichtigkeit, der wirksamen Anfechtung oder der schwebenden Unwirksamkeit eines erforderlichen Kapitalerhöhungsbeschlusses besondere Schwierigkeiten: Die Aktionäre der übertragenden Gesellschaften verlieren mit deren Untergang ihre Rechte; sie erhalten jedoch nicht die ihnen zustehenden Aktien an der übernehmenden Gesellschaft. In einem solchen Fall ist der Kapitalerhöhungsbeschluss nachzuholen. Ein entsprechender Anspruch der betroffenen Aktionäre ergibt sich aus dem Verschmelzungsvertrag[292]. Eine Nachholung scheidet nur dann aus, wenn sie zu einer verbotenen Unterpari-Emission führen würde[293]. Die

---

Schmidt-Troschke, GmbHR 1992, 505, 508, wonach ein Liquidator nach § 2 LöschG zu bestellen sein soll).

288 Vgl. Mayer in Widmann/Mayer zu § 4, RN 78.

289 Sagasser/Ködderitzsch in Sagasser/Bula/Brünger, J, RN 78.

290 So: Sagasser/Ködderitzsch in Sagasser/Bula/Brünger, J, RN 78, die jedoch nicht ausdrücklich die Rechtsfolgen benennen, die bei erfolgreicher Anfechtung des Verschmelzungsvertrages nach Handelsregistereintragung eintreten sollen. Da auf einen vorgeblichen Unterschied zu den Inhaltsmängeln abgestellt wird, soll die Rechtsfolge anscheinend in der Rückgängigmachung der Verschmelzung bestehen.

291 So betrifft § 20 Abs. 2 UmwG seinem Wortlaut nach gar nicht die „Heilung" des Verschmelzungsvertrags (s.o. FN 283).

292 Der Verschmelzungsvertrag ist insoweit ein Vertrag zugunsten Dritter (Grunewald in Lutter zu § 20, RN 83).

293 Stratz in Schmitt/Hörtnagel/Stratz zu § 20, RN 104.

betroffenen Aktionäre können dann aber Schadenersatz in Geld verlangen[294].

[294] Marsch-Barner in Kallmeyer zu § 20, RN 44.

III. Das Verschmelzungsverfahren und die Rechtsfolgen der Verschmelzung nach englischem Recht

Das zur Durchführung einer Verschmelzung von *public companies* zu beachtende Verfahren ist im wesentlichen in den Sections 425 ff. CA 1985 sowie in Schedule 15B zum CA 1985 vorgegeben. Zwar findet eine Auseinandersetzung mit den im Gesetz vorgesehenen Regelungen in der juristischen Literatur Englands nahezu gar nicht statt. Jedoch lassen sich die an das Verschmelzungsverfahren gestellten Anforderungen überwiegend auch in den Einzelheiten dem Gesetzestext entnehmen. Aus dem Inhalt der gesetzlichen Regelungen ergibt sich, dass das Verfahren grundsätzlich in zwei Phasen eingeteilt werden kann[295]: Zum einen die Vorbereitung der Verschmelzung und zum anderen Beschlussfassungen von Gesellschaftern[296] und Gläubigern, gerichtliche Prüfung, Anmeldungen beim *registrar of companies* sowie Vollzug der Verschmelzung.

Aus dem Gesetz lässt sich ein idealer zeitlicher Ablauf entnehmen, der im Folgenden darzustellen ist:

1. Vorbereitungsphase

a) Bilanzen

Gesonderte Bilanzen brauchen nach Ziffer 6 Absatz 1 (e) Schedule 15B für die Gesellschaften jeweils nur dann aufgestellt zu werden, wenn das Ende des Geschäftsjahres der betreffenden Gesellschaft, für das ein Jahresabschluss erstellt wurde, im Zeitpunkt der ersten gemäß Section 425 Sub-Section 1 CA 1985 oder gemäß Ziffer 1 des Schedule 15B

---

295 Vgl. zur Prüfungs- sowie zur Beschluss- und Vollzugsphase auch Davis-White/Butcher: Atkin's Court Forms, Band 9(1), S. 112 ff.

296 Der hier im Hinblick auf die englische *public company* verwandte Begriff „Gesellschafter" unterscheidet sich von der Terminologie des deutschen Verschmelzungsrechts sowie der deutschen Fassung der Dritten Richtlinie, wo ausschließlich von „Aktionären" die Rede ist.

einberufenen Versammlung von Gesellschaftern oder Gläubigern der Gesellschaft mehr als sechs Monate zurückliegt.

Soweit eine solche gesonderte Bilanz erforderlich ist, muss sie die Voraussetzungen von Ziffer 6 Absatz 2 Schedule 15B erfüllen. Dies bedeutet, dass sowohl für die betreffende Gesellschaft selbst als auch gegebenenfalls – soweit nach Section 229 CA 1985 i.V.m. Ziffer 6 Absatz 2 (b) Schedule 15B erforderlich – für ihre Tochtergesellschaften, die im Zeitpunkt der ersten im Hinblick auf die Verschmelzung einberufenen Versammlung von Gesellschaftern oder Gläubigern der Gesellschaft bestehen, Bilanzen zu erstellen sind. Die Bilanzen sind nach Ziffer 6 Absatz 3 Schedule 15B gemäß den Bestimmungen des CA 1985, die insbesondere in Section 228, Section 230 sowie Schedule 4 des CA 1985 enthalten sind, zu erstellen und gemäß Section 138 Sub-Section 1 CA 1985 durch – soweit vorhanden - zwei *directors* zu unterzeichnen. Nach Ziffer 6 Absatz 4 Schedule 15B sind die Bilanzen auf einen Stichtag auszustellen, der nicht vor dem ersten Tag des dritten Monats liegt, der der Verabschiedung des Verschmelzungsplans durch die *directors* der Gesellschaften vorausgeht.

b) Unternehmensbewertung

Das nach Section 103 Sub-Section 1 i.V.m. Section 108 CA 1985 vorgesehene Verfahren zur Bewertung der übernehmenden Gesellschaft braucht gemäß Section 103 Sub-Section 5 CA 1985 im Rahmen der Verschmelzung nicht beachtet zu werden.

Stattdessen findet Ziffer 5 Absatz 4 – Absatz 8 Schedule 15B Anwendung. Gemäß Ziffer 5 Absatz 4 Schedule 15B kann ein Verschmelzungsprüfer[297], soweit er dies für erforderlich hält, Bewertungen aller an der Verschmelzung beteiligten Gesellschaften entweder selbst vornehmen oder durch eine ihm hinreichend qualifiziert erscheinende Person vor-

[297] Zu dessen Bestellung vgl. unten D.I.3.c).

nehmen lassen. Dabei entsprechen die in Ziffer 5 Absatz 4 – Absatz 8 Schedule 15B zum Bewertungsverfahren vorgesehenen Regelungen weitgehend denen, die auch in Section 108 CA 1985 vorgegeben sind[298].

c) Verschmelzungsplan

Die *directors* aller übertragenden und in diesem Zeitpunkt schon bestehenden übernehmenden Gesellschaften müssen nach Ziffer 2 Absatz 1 (a) Schedule 15B einen Verschmelzungsplan entwerfen und diesen sodann für jede der beteiligten Gesellschaften jeweils im Wege einer *board resolution*[299] verabschieden.

aa) Form

Ziffer 2 Absatz 1 (a) Schedule 15B geht grundsätzlich davon aus, dass der Verschmelzungsplan in einfacher Schriftform entworfen wird.

bb) Mindestinhalt

Der Verschmelzungsplan muss sowohl bei einer Verschmelzung durch Aufnahme als auch bei einer Verschmelzung durch Neugründung den gemäß Section 427A Sub-Section 2 Case 1 CA 1985 i.V.m. Ziffer 2 Absatz 2 Schedule 15B bestimmten Mindestinhalt aufweisen[300].

---

298 Vgl. auch zu den grundsätzlichen Möglichkeiten der Bewertung: Hollington, Minority Shareholders' Rights, RN 4-119 sowie unten D.III.3.d).

299 Vgl. Millet, The Encyclopaedia of Forms and Precedents, Band 10, RN 880.

300 Dazu im Einzelnen unten D.I.3.a)aa).

Ziffer 12 Absatz 2 und Absatz 1 Schedule 15B sieht für den Fall des Up-Stream-Merger bestimmte Erleichterungen im Hinblick auf den Mindestinhalt des Verschmelzungsplans vor[301].

cc) Fakultativer Inhalt

Ziffer 2 Absatz 2 Schedule 15B legt nur den Mindestinhalt des Verschmelzungsplans fest. Darüber hinaus können auch weitergehende Regelungen aufgenommen werden[302].

d) Nachgründungsprüfung

Eine Nachgründungsprüfung gemäß Section 104 CA 1985 ist wegen der Überwachung des Verschmelzungsverfahrens durch den *Companies Court* nicht durchzuführen (Section 104 Sub-Section 6 (b) CA 1985).

e) Verschmelzungsbericht

Nach Ziffer 4 Absatz 1 Schedule 15B haben die *directors* jeder der übertragenden und bei einer Verschmelzung durch Aufnahme auch der übernehmenden Gesellschaften einen Verschmelzungsbericht zu erstellen.

Der Bericht besteht gemäß Ziffer 4 Absatz 1 (a) Schedule 15B aus einem nach Section 426 Sub-Section 2 CA 1985 abzugebenden *explanatory statement*, das die Auswirkungen des beabsichtigten

---

301 Dazu im einzelnen unten D.I.3.a)aaa)-ccc).

302 So ist es üblich, eine Präambel in den Vertrag aufzunehmen, die in der Regel Angaben über erwartete Synergieeffekte sowie sonstige Ziele der Verschmelzung enthält. Regelmäßig werden aber auch Regelungen zur Kostentragung oder die Bestimmung, wer *director* der verschmolzenen Gesellschaft sein soll (nach Section 282 Sub-Section 1 CA 1985 sind mindestens zwei *directors* erforderlich), aufgenommen.

compromise oder *arrangement* darlegt[303]. Soweit entweder der Verschmelzungsplan in dem *explanatory statement* nicht in rechtlicher und wirtschaftlicher Hinsicht, insbesondere im Hinblick auf das Umtauschverhältnis der Anteile[304], erläutert wird oder aber besondere Schwierigkeiten bei der Bewertung dort nicht genannt werden, sind solche Angaben in einem weiteren *statement* aufzuführen, das damit Teil des Verschmelzungsberichts wird (Ziffer 4 Absatz 1 (b) Schedule 15B).

Entbehrlich ist der Verschmelzungsbericht dann, wenn es sich um eine Verschmelzung zur Aufnahme handelt, bei der mindestens 90 % aller Anteile oder stimmrechtsvermittelnden *securities* der übertragenden Gesellschaften von der übernehmenden Gesellschaft gehalten werden (Ziffer 12 Absatz 1, Absatz 3 sowie Ziffer 14 Absatz 1 – Absatz 3 Schedule 15B).

f) Verschmelzungsprüfung und Prüfungsbericht

Der Verschmelzungsplan ist für jede übertragende und bei einer Verschmelzung durch Aufnahme auch für jede übernehmende Gesellschaft durch einen Verschmelzungsprüfer, der für die betreffende Gesellschaft bestellt wird, zu prüfen. Das Ergebnis der Prüfung ist gemäß Ziffer 5 Absatz 1 Schedule 15B in einem Verschmelzungsprüfungsbericht zusammenzufassen[305].

Nach Ziffer 5 Absatz 2 Schedule 15B kann das die Verschmelzung überwachende Gericht[306] auf gemeinsamen Antrag aller beteiligten Gesellschaften der Ernennung eines gemeinsamen Verschmelzungsprüfers

303 Vgl. hierzu im Einzelnen unten D.I.3.b)aa).

304 Im Unterschied zur Terminologie des deutschen Umwandlungsrechts sowie der deutschen Fassung der Dritten Richtlinie, werden die Anteile an einer englischen *public company* nachfolgend nicht „Aktien“, sondern „Anteile“ oder „shares“ genannt.

305 Vgl. hierzu im Einzelnen unten D.I.3.d)cc).

306 S. u. C.III.1.l)bb).

zustimmen, der dann einen einzigen Verschmelzungsprüfungsbericht gemeinsam für alle Gesellschaften erstellt.

Entbehrlich ist der Verschmelzungsprüfungsbericht zum einen dann, wenn es sich um eine Verschmelzung zur Aufnahme handelt, bei der mindestens 90 % aller Anteile oder stimmrechtsvermittelnden *securities* der übertragenden Gesellschaften von der übernehmenden Gesellschaft gehalten werden (Ziffer 12 Absatz 1, Absatz 3 sowie Ziffer 14 Absatz 1 – Absatz 3 Schedule 15B). Zum anderen ist die Verschmelzungsprüfung für die übernehmende Gesellschaft entbehrlich, wenn es sich um eine Verschmelzung zur Gründung handelt.

g) Anmeldung bei den Kartellbehörden

Die Verschmelzung ist gegebenenfalls bei der Europäischen Kommission in Brüssel oder beim *Office of Fair Trading* anzumelden.

aa) Europäische Kommission

Eine Verschmelzung erfüllt gemäß Section 427A CA 1985 den Fusionsbegriff des Art. 3 Abs. 1 (a) FKVO[307]. Damit ist eine Verschmelzung bei der Europäischen Kommission anzumelden, soweit bestimmte Umsatzwerte der beteiligten Gesellschaften erreicht werden[308].

bb) *Office of Fair Trading*

Für den Fall, dass keine Anmeldung bei der Europäischen Kommission erforderlich ist, unterliegt die Verschmelzung nach Section 64 Sub-Section 1 – Sub-Section 3 *Fair Trading Act 1973* gegebenenfalls den

---

307 Vgl. oben C.II.1.g)aa).

308 S.o. C.II.1.g)aa).

nationalen Fusionskontrollregelungen, soweit der Gesamtwert aller von der Verschmelzung betroffenen Vermögensgegenstände £ 70 Mio. übersteigt oder die aus der Verschmelzung hervorgehende Gesellschaft in Bezug auf wesentliche Produkte oder Dienstleistungen einen mindestens fünfundzwanzigprozentigen Marktanteil im gesamten oder in einem wesentlichen Teil des Vereinigten Königreichs hätte.

Soweit die nationalen englischen Fusionskontrollregelungen danach Anwendung finden, können die an der Verschmelzung beteiligten Parteien freiwillig gemäß Sections 75A – 75F *Fair Trading Act 1973* i.V.m. den *Merger (Prenotification) Regulations 1990*[309] das *Office of Fair Trading* von der beabsichtigten Transaktion in Kenntnis setzen. Die so angemeldete Transaktion darf nach Section 75B Sub-Section 2 *Fair Trading Act 1973* sowohl durch das *Office of Fair Trading* als auch durch den Wirtschaftsminister[310] für die Dauer von 20 Tagen überprüft werden. Die Prüfungsdauer ist gemäß Section 75B Sub-Section 3 *Fair Trading Act 1973* gegebenenfalls um weitere 15 Tage verlängerbar. Wird die Angelegenheit nicht spätestens zum Abschluss der maximalen Prüfungszeit durch den Wirtschaftsminister an die *Monopolies and Mergers Commission* verwiesen, so können danach grundsätzlich keine fusionskontrollrechtlichen Einwände mehr gegen die Verschmelzung erhoben werden (Section 75A Sub-Section 3 *Fair Trading Act 1973*).

Die an der Verschmelzung beteiligten Parteien sind jedoch nicht verpflichtet, eine Anmeldung beim *Office of Fair Trading* oder beim Wirtschaftsminister vorzunehmen[311].

Erfolgt durch die beteiligten Parteien keine vorherige freiwillige Mitteilung über die beabsichtigte Verschmelzung, so ist der Wirtschaftsminister gemäß Section 64 Sub-Section 1, Sub-Section 4 sowie Section 75 Sub-

309 SI 1990/501.
310 Den *Secretary of State for Trade and Industry*.
311 Tomsett, United Kingdom, S. 42d.

Section 1 *Fair Trading Act 1973* grundsätzlich befugt[312], die Angelegenheit der *Monopolies and Mergers Commission* entweder im Vorhinein oder bis zu vier Monate nach Vollzug der Verschmelzung zur Überprüfung vorzulegen. In diesem Zusammenhang wird der Wirtschaftsminister durch das *Office of Fair Trading* beraten[313].

Die *Monopolies and Mergers Commission* überprüft zum einen, ob die Verweisung durch den Wirtschaftsminister rechtmäßig war, sowie zum anderen, ob Gesichtspunkte des öffentlichen Interesses der beabsichtigten Verschmelzung entgegenstehen (Section 69 Sub-Section 1 *Fair Trading Act 1973*). Für die Dauer der Prüfung können den beteiligten Parteien weitere Schritte zur Durchführung der Verschmelzung untersagt werden[314]. Die Ergebnisse der Prüfung werden durch die *Monopolies and Mergers Commission* in einem abschließenden Bericht zusammengefasst, der dem Wirtschaftsminister innerhalb von maximal sechs Monaten nach Erhalt der Vorlage vorzulegen ist (Section 70 Sub-Section 1 *Fair Trading Act 1973*).

Gelangt die *Monopolies and Mergers Commission* in ihrem Abschlussbericht zu dem Ergebnis, dass der beabsichtigten Verschmelzung Belange des öffentlichen Interesses entgegenstehen, so liegt es im Ermessen des Wirtschaftsministers, die Transaktion zu genehmigen, ihr unter Erteilung von Auflagen zuzustimmen oder sie zu untersagen bzw. die Rückabwicklung anzuordnen[315]. Die Entscheidung des Wirtschaftsministers kann unabhängig von den maximalen Prüfungszeiträumen erfolgen, die der *Monopolies and Mergers Commission* eingeräumt sind.

---

312 Soweit es sich bei den zu verschmelzenden Gesellschaften um „Wasserunternehmen" handelt, ist der Wirtschaftsminister nach Section 32 Sub-Section 1 *Water Industry Act 1991* sogar verpflichtet, die Angelegenheit der *Competition Commission* vorzulegen. Auch für Zeitungsfusionen gilt gegebenenfalls eine strengere Regelung. So sind diese grundsätzlich nach Section 58 Sub-Section 1 *Fair Trading Act 1973* nur mit Zustimmung des Wirtschaftsministers zulässig.

313 Goldenberg, 80-700, S. 277.

314 Tomsett, United Kingdom, S. 42e.

315 Tomsett, United Kingdom, S. 42e.

Zur Vermeidung des mit einer Vorlage zur *Monopolies and Mergers Commission* verbundenen langwierigen Prüfungsverfahrens[316] kann der Wirtschaftsminister der Verschmelzung auch ohne vorherige Untersuchung durch die *Monopolies and Mergers Commission* unter Erteilung von Auflagen zustimmen (Section 75G Sub-Section 1 *Fair Trading Act 1973*).

h) Arbeitnehmerbeteiligung

Alle an der Verschmelzung beteiligten – also sowohl übertragende als auch übernehmende – Gesellschaften müssen gemäß Ziffer 10 Absatz 2 i.V.m. Absatz 1 *Transfer of Undertakings (Protection of Employment) Regulations 1981*[317] die entsprechenden Arbeitnehmervertretungen über die bevorstehende Verschmelzung informieren[318].

Bei den Arbeitnehmervertretern, denen die Mitteilung über die beabsichtigte Verschmelzung zuzuleiten ist, handelt es sich um unabhängige Gewerkschafts- oder Betriebsratsrepräsentanten, die diesbezüglich zur Vertretung der Arbeitnehmer befugt sind (Ziffer 10 Absatz 2A *Transfer of Undertakings (Protection of Employment) Regulations 1981*).

Gemäß Ziffer 10 Absatz 2 *Transfer of Undertakings (Protection of Employment) Regulations 1981* hat die Mitteilung anzugeben, wann und aus welchen Gründen die Verschmelzung erfolgen wird, welche rechtlichen, wirtschaftlichen und sozialen Auswirkungen die Verschmelzung auf die Arbeitnehmer haben wird, ob und welche Maßnahmen in Bezug auf die Arbeitnehmer voraussichtlich vorgenommen werden sowie ob und welche Maßnahmen die übernehmende Gesellschaft in Bezug auf

---

316 Goldenberg, 80-800, S. 279.

317 SI 1981/1794.

318 Die Regelungen der Transfer of Undertakings (Protection of Employment) Regulations 1981 sind – wie sich aus ihrer Ziffer 3 Sub-Section 1 und Sub-Section 2 ergibt – auch auf den Fall einer Verschmelzung von Gesellschaften anwendbar.

die Arbeitnehmer der übertragenden Gesellschaften voraussichtlich vornehmen wird.

Bei Verstoß gegen die den Gesellschaften obliegende Pflicht zur Information der Arbeitnehmer, sind die Gesellschaften gegebenenfalls zur Leistung von Ausgleichs- und Entschädigungszahlungen an die Arbeitnehmer in Höhe von maximal 13 Wochengehältern verpflichtet (Ziffer 11 Absatz 4 – Absatz 6, Absatz 11 *Transfer of Undertakings (Protection of Employment) Regulations 1981*).

i) Einreichung des Verschmelzungsplans beim *registrar of companies*

Der Verschmelzungsplan ist nach Ziffer 2 Absatz 1 lit. (b) Schedule 15B für jede der beteiligten Gesellschaften durch ihre *directors* dem *registrar of companies*[319] zu übermitteln. Ausgenommen hiervon ist lediglich bei der Verschmelzung zur Gründung die neue Gesellschaft.

j) Mitteilung des *registrar of companies* über den Erhalt des Verschmelzungsplans

Der *registrar of companies* veröffentlicht in der *Gazette*[320] für jede der betroffenen Gesellschaften jeweils eine Mitteilung über den Erhalt einer Abschrift des Verschmelzungsplans.

Die Verschmelzung darf durch das zuständige Gericht grundsätzlich nur dann genehmigt werden, wenn eine solche Mitteilung für jede übertragende und übernehmende Gesellschaft vorliegt und die Mitteilung zudem jeweils mindestens einen Monat vor der Gesellschafterversammlung der betreffenden Gesellschaft erfolgte (Ziffer 2 Absatz 1 lit. (b)

---

[319] Dies ist ein zentrales Gesellschaftsregister.
[320] Dies ist das amtliche Veröffentlichungsorgan der englischen Regierung.

Schedule 15B). Ausgenommen hiervon ist bei der Verschmelzung zur Gründung die neue Gesellschaft (Ziffer 2 Absatz 1 lit. (b) Schedule 15B). Ausnahmen sind zudem in den Ziffern 10 bis 14 Schedule 15B vorgesehen[321].

k) Vorbereitung einer Kapitalerhöhung

Die Verschmelzung beinhaltet in der Regel eine Zuteilung von Geschäftsanteilen an der übernehmenden Gesellschaft an die Gesellschafter der übertragenden Gesellschaften. Zu diesem Zweck kann für die übernehmende Gesellschaft, soweit ihr bestehendes *authorised capital* nicht ausreicht, die Durchführung einer Kapitalerhöhung nach Section 121 Sub-Section 2 lit. (a) CA 1985 erforderlich sein.

Die Befugnis, nach Durchführung der Kapitalerhöhung aus dem *authorised capital* neue *shares* an die übertragende Gesellschaft auszugeben, muss nach Section 80 Sub-Section 1 CA 1985 entweder in der Satzung der die Kapitalerhöhung durchführenden Gesellschaft vorgesehen oder durch Gesellschafterbeschluss erlaubt sein. Weder die Satzungsregelung noch der Gesellschafterbeschluss dürfen dabei älter als 5 Jahre sein (Section 80 Sub-Section 4 CA 1985).

Im Rahmen der Kapitalerhöhung ist zu beachten, dass nach Ziffer 7 Schedule 15B eine Ausgabe von Geschäftsanteilen an der übernehmenden Gesellschaften für Anteile an einer übertragenden Gesellschaft, die von der übertragenden Gesellschaft selbst gehalten werden, nicht zulässig ist.

Grundsätzlich unzulässig ist nach Section 143 Sub-Section 1 CA 1985 zudem der Erwerb eigener Anteile durch die (übernehmende) Gesellschaft. Dies betrifft zum einen den Up Stream Merger sowie zum anderen den Fall, in dem eine übertragende Gesellschaft Anteile an der

321 Vgl. unten D.I.3.a)cc)aaa).

übernehmenden Gesellschaft hält: Die Regelungen des Verschmelzungsplans müssen dann verhindern, dass die übernehmende Gesellschaft eigene Anteile erwirbt. Eine Ausnahme ist hierzu für die *company limited by shares* vorgesehen, wenn der Ausgabebetrag auf die betreffenden Anteile voll geleistet wurde und wenn der Erwerb durch die übernehmende Gesellschaft ohne Gegenleistung erfolgt (Section 143 Sub-Section 3, 1. HS i.V.m. Sub-Section 1 CA 1985)[322]. Das Verbot der Gegenleistung erfordert, dass eine Kapitalerhöhung insoweit unterbleibt, als die übertragende Gesellschaft Anteile an der übernehmenden Gesellschaft hält, die im Wege der Verschmelzung auf die übernehmende Gesellschaft übergehen sollen[323].

l) Antrag an das Gericht auf Anordnung von Gesellschafter- und gegebenenfalls Gläubigerversammlungen

Gemäß Section 425 Sub-Section 1 CA 1985 ist für jede der übertragenden Gesellschaften ein Antrag an das zuständige Gericht auf Einberufung von Versammlungen der Gesellschafter sowie gegebenenfalls der Gesellschaftsgläubiger zu richten (Part 8 der *Civil Procedure Rules* i.V.m. Section A.1 Sub-Section 2, Section A.2 Sub-Section 1 *Practice Direction 8B* sowie Ziffer 1.2 *Practice Direction 8* zu den *Civil Procedure Rules*)[324]. Bei der Verschmelzung durch Aufnahme ist ein solcher Antrag

---

322 Im Übrigen wäre der Erwerb eigener Anteile im Wege eines Aufkauf-*schemes* nach Sections 162 ff. i.V.m. Section 143 Sub-Section 3 lit. (a) CA 1985 denkbar. Auch dabei ist jedoch nur der Aufkauf voll eingezahlter Anteile zulässig (Section 162 Sub-Section 2 i.V.m. Section 159 Sub-Section 3, 1. HS CA 1985).

323 Der Verschmelzungsplan kann aber gegebenenfalls auch ein anderes Schicksal der von einer übertragenen Gesellschaft gehaltenen Anteile an der übernehmenden Gesellschaft vorsehen: Anstatt auf die übernehmende Gesellschaft überzugehen, können die Anteile auch in Verbindung mit einer gleichzeitigen Kapitalherabsetzung nach Sections 135 ff. CA 1985 eingezogen werden.

324 Vgl. Davis/Holmes, Practical Law for Companies, 2000, XI (9), 25 in Bezug auf die Verschmelzung der Compass Group PLC mit der Granada Group PLC.

nach Section 427A Sub-Section 3 CA 1985 zudem grundsätzlich[325] für die Gesellschafter jeder übernehmenden Gesellschaft zu stellen. Möglich ist auch ein gemeinsamer Antrag für alle beteiligten Gesellschaften[326].

Zur Beschleunigung des Verschmelzungsverfahrens können die Anträge bzw. der Antrag gegebenenfalls auch zeitlich parallel zu den verschiedenen anderen Maßnahmen im Rahmen der Vorbereitungsphase erfolgen[327].

Die Abhaltung von Gesellschafter- und Gläubigerversammlungen soll sicherstellen, dass die Interessen der von dem *scheme* betroffenen Gesellschafter und Gesellschaftsgläubiger hinreichend berücksichtigt werden[328].

Soweit der antragstellenden Gesellschaft keine Insolvenz droht und soweit das zuständige Gericht auch keine sonstige Gefährdung von Gläubigerinteressen befürchtet, braucht regelmäßig kein Antrag auf Anordnung von Gläubigerversammlungen gestellt zu werden[329]. In derartigen Fällen wird vom zuständigen Gericht in der Regel die Abhaltung von Gläubigerversammlungen nicht verlangt[330]. Zudem kann unter bestimmten Voraussetzungen auch das Abhalten von Gesellschafterversammlungen entbehrlich sein[331].

---

325 Ausnahmsweise kann ein *scheme* auch ohne eine vorherige Gesellschafterversammlung der übernehmenden Gesellschaft durch das Gericht genehmigt werden (vgl. unten C.III.2.b)cc)).

326 Davies/Prentice: Gower's Principles of Modern Company Law, S. 763.

327 vgl. Clay/Godden, Practical Law for Companies 1999, X (10), 23, 25.

328 Vgl. *Re Savoy Hotel Ltd [1981] Ch 351, 352.*

329 Vgl. Farrar's Company Law, S. 605.

330 Farrar's Company Law, S. 605. Gar nicht beantragt zu werden brauchen Versammlungen der Gesellschaftsgläubiger, wenn deren Rechte durch die beabsichtigte Verschmelzung nicht berührt werden (Millett, The Encyclopaedia of Forms and Precedents, Band 10, RN 899). Solche Fälle dürften jedoch bei der Verschmelzung kaum denkbar sein.

331 Vgl. hierzu im Einzelnen unten D.II.3.c)dd).

aa) Antragsteller/Antragszustellung

Der Antrag wird in der Regel durch die betreffende Gesellschaft gestellt, kann aber auch durch einen Gesellschafter[332] oder – soweit für eine Gesellschaft eine Insolvenzverwaltung in Form einer *administration order* gemäß Section 8 Sub-Section 2 *Insolvency Act 1986* angeordnet ist – durch den *administrator* dieser Gesellschaft erfolgen[333].

Eine Antragstellung durch einen *liquidator* kommt nicht in Betracht, da der *liquidator* für eine in Auflösung befindliche Gesellschaft tätig wird, die Anwendbarkeit von Section 427A CA 1985 aber in einem solchen Fall gemäß deren Sub-Section 4 ausgeschlossen ist[334].

Wird der Antrag durch einen Gesellschafter gestellt, so ist die Gesellschaft als *respondent* aufzuführen[335]. Der Antrag ist der Gesellschaft in diesem Fall zuzustellen[336]. Ist die Gesellschaft selbst Antragstellerin, so entfällt die Nennung eines *respondent*[337].

bb) Adressat des Antrags

Adressat eines Antrags ist nach Section 744 CA 1985 jeweils das Gericht, das für die Auflösung der betreffenden Gesellschaft zuständig wäre. Dies ist die *Chancery Division* des *High Court* (vgl. Section 117 Sub-Section 1 *Insolvency Act 1986*) und in Fällen, in denen das *share capital paid up or credited as paid up* £ 120.000 nicht übersteigt, gemäß

---

332 Vgl. Millett, The Encyclopaedia of Forms and Precedents, Band 10, RN 871. Die Antragstellung könnte zwar auch durch einen Gesellschaftsgläubiger erfolgen. Es dürfte jedoch kein Grund denkbar sein, aus dem ein Gläubier eine solche Antragstellung vornehmen würde.

333 Boyle/Marshall, S. 56.

334 Im übrigen ist im Rahmen von *compromises and arrangements* die Antragstellung durch einen *liquidator* gemäß Section 425 Sub-Section 1 CA 1985 jedoch möglich.

335 Boyle/Potts/Sealy: Gore-Browne on Companies, RN 44.6.2.

336 Vgl. Boyle/Marshall, S. 63.

337 Boyle/Marshall, S. 57.

Section 117 Sub-Section 2 *Insolvency Act 1986* zusätzlich alternativ der *County Court* des Bezirks, in dem sich die eingetragene Niederlassung der betreffenden Gesellschaft befindet.

Da an einer Verschmelzung nicht nur eine, sondern mehrere Gesellschaften beteiligt sind und es diesen Gesellschaften zudem regelmäßig an einem regionalen Bezug zu nur einem Gerichtsbezirk fehlen wird, wird der Antrag in der Regel an die *Chancery Division* des *High Court* zu richten sein. Innerhalb der *Chancery Division* wird der Antrag gemäß Chapter 20.1 des *Chancery Guide* durch den *Companies Court* bearbeitet, der allerdings keinen eigenen Gerichtszweig darstellt.

cc) Inhalt des Antrags

Der Antrag hat nach Section 425 Sub-Section 1 bzw. Section 427A Sub-Section 3 CA 1985 die Anordnung der Einberufung von Versammlungen der Gesellschafter oder Gesellschaftsgläubiger zum Gegenstand.

Soweit verschiedene *classes* der Gesellschafter oder Gesellschaftsgläubiger bestehen, ist grundsätzlich für jede dieser *classes* eine eigene Versammlung zu beantragen (Section 425 Sub-Section 1 bzw. Section 427A Sub-Section 3 CA 1985)[338].

Zudem sollte der Antrag auf eine gerichtliche Anordnung der Methode, nach der die Versammlungen einzuberufen sind[339], gerichtet sein sowie auf eine gerichtliche Anordnung der Ernennung derjenigen Personen, die den Vorsitz in den betreffenden Versammlungen zu führen haben[340].

---

338 S.u. D.II.3.c)aa).

339 Als Einberufungsmethode kommen insbesondere eine Veröffentlichung in Zeitungsanzeigen, an die Betroffenen gerichtete Anschreiben per Post sowie alle anderen in der Satzung der jeweiligen Gesellschaft vorgesehenen Bekanntmachungsarten in Betracht (vgl. Boyle/Marshall, S. 59).

340 Boyle/Marshall, S. 57.

Soweit Gesellschafter oder Gesellschaftsgläubiger nicht persönlich an den Versammlungen teilnehmen werden, sondern ihr Stimmrecht jeweils durch Stellvertreter ausgeübt werden soll, sind dem Antrag auch die Entwürfe der zu diesem Zweck auszustellenden Vollmachten beizufügen[341].

dd) *Affidavit/Witness Statement*

Dem Antrag auf Einberufung der Versammlung ist ein den Antrag unterstützendes *affidavit* oder *witness statement*[342] der antragstellenden Person beizufügen[343].

Das *affidavit* bzw. *witness statement* sollte alle relevanten Einzelheiten über die betreffende Gesellschaft sowie hinreichende Informationen zu den Hintergründen des beabsichtigten *scheme* enthalten[344]. Zudem sollte der wesentliche Inhalt des *scheme* sowie eine Darstellung der erwarteten Auswirkungen widergegeben werden[345]. Schließlich sollte das *affidavit/witness statement* die zur Abstimmung berufenen *classes* der Gesellschafter oder Gesellschaftsgläubiger spezifizieren und eine kurze Zusammenfassung von im Zusammenhang mit dem *scheme* bereits abgehaltenen Versammlungen der Gesellschafter oder Gesellschaftsgläubiger enthalten[346].

---

341 Dennoch schadet es im Hinblick auf die Wirksamkeit des jeweiligen Versammlungsbeschlusses nicht, wenn ein solcher Beschluss aufgrund von Vollmachten ergangen ist, die nicht der dem Antrag beiliegenden Vollmachtsfassung entsprechen (vgl. Millett, The Encyclopaedia of Forms and Precedents, Band 10, RN 868, FN 2).

342 Bei einem *affidavit* bzw. einem *witness statement* handelt es sich um eine Art eidesstattliche Versicherung.

343 Scott/Lewis, PLC 1992, Vol. III, S. 26.

344 Barc in Tolley's Company Law, R 2019.

345 Boyle/Potts/Sealy: Gore-Browne on Companies, RN 44.6.4.

346 Boyle/Marshall, S. 57.

Als Anlagen sind dem *affidavit/witness statement* die folgenden Unterlagen beizufügen[347]:

- Die Gründungsurkunde der Gesellschaft,
- eine Abschrift des *memorandum and articles of association*[348] der Gesellschaft,
- eine Abschrift des Verschmelzungsplans,
- der Verschmelzungsbericht sowie
- Abschriften aller anderen relevanten Dokumente, auf die der Verschmelzungsplan Bezug nimmt.

m) Entwurf der gerichtlichen Anordnung der Gesellschafter-/Gläubigerversammlungen

Der Antragsteller hat den Text der vom zuständigen Gericht zu erlassenden Anordnung auf Einberufung der Gesellschafter-/Gläubigerversammlungen zu entwerfen[349]. Der Text muss insbesondere die Anordnung enthalten, durch die die Vorsitzenden der Gesellschafter- bzw. Gläubigerversammlungen ernannt und angewiesen werden, zum einen dem Gericht alle Abstimmungsergebnisse mitzuteilen sowie zum anderen die Einberufung der Versammlung bekannt zu machen[350].

---

347 Vgl. Davis-White/Butcher: Atkin's Court Forms, Band 9(1), S. 214.
348 Dies entspricht der Gesellschaftssatzung des deutschen Rechts.
349 Davis-White/Butcher: Atkin's Court Forms, Band 9(1), S. 115.
350 Scott/Lewis, PLC 1992, Vol. III, S. 26.

2. Prüfungs-, Beschluss- und Vollzugsphase

a) Gerichtliche Anhörung und Anordnung der Gesellschafter-/Gläubigerversammlungen

Die gerichtliche Anhörung erfolgt durch den *registrar in chambers*[351]. Gehört wird der Antragsteller und – soweit ein Gesellschafter Antragsteller ist – zusätzlich die Gesellschaft[352].

Werden keine Einwände gegen den vorgeschlagenen *scheme* erhoben, so trifft der *registrar* gemäß Section 425 Sub-Section 1 CA 1985 alle hinsichtlich der Einberufung der Gesellschafter-/Gläubigerversammlungen erforderlichen Anordnungen[353], deren Text ihm durch den Antragsteller vorgelegt wird. Anderenfalls wird die Sache an den zuständigen Richter verwiesen[354].

Das Gericht entscheidet über die Anordnung der Gesellschafter-/Gläubigerversammlungen gemäß Section 425 Sub-Section 1 CA 1985 nach eigenem Ermessen. Dies soll den Schutzinteressen von Gesellschaftern und Gläubigern dienen[355]. So soll das Gericht die Gesellschafter-/Gläubigerversammlungen dann nicht anordnen, wenn etwa aufgrund des Widerstandes einer Stimmenmehrheit von Vornherein klar ist, dass die Versammlungen keinem sinnvollen Zweck dienen könnten[356].

b) Vorbereitung der Gesellschafter-/Gläubigerversammlungen

Sodann sind die Gesellschafter- bzw. Gläubigerversammlungen für die übertragenden Gesellschaften und im Fall der Verschmelzung durch Aufnahme auch für die übernehmende Gesellschaft vorzubereiten.

---

351 Boyle/Marshall, S. 62.
352 Boyle/Marshall, S. 62.
353 Boyle/Marshall, S. 62.
354 Vgl. Boyle/Marshall, S. 62.
355 Barc in Tolley's Company Law, R 2013.
356 Vgl. *Re Savoy Hotel Ltd [1981] Ch 351*, 352.

aa) Bekanntmachung der Einberufung

Die für die verschiedenen Versammlungen vorgesehenen Vorsitzenden müssen jeweils die Versammlungseinberufung bekannt machen[357]. In dieser Hinsicht sieht die gerichtliche Anordnung regelmäßig vor, dass die betreffenden Versammlungen frühestens 21 Tage nach einer solchen Bekanntmachung abgehalten werden[358].

Die Einberufung hat einen Hinweis auf die zur Information der Gesellschafter bzw. Gläubiger ausgelegten Dokumente zu enthalten[359]. Fehlt ein solcher Hinweis, so hat grundsätzlich eine neue Einberufung zu erfolgen, die erneut die gerichtlich vorgesehene Frist von mindestens 21 Tagen in Gang setzt[360].

Regelmäßig reichen Mitteilungen an die Postanschriften der Betroffenen aus[361]. Nur wenn damit zu rechnen ist, dass eine wesentliche Anzahl der Betroffenen hierdurch nicht erreicht werden kann, ist eine Veröffentlichung im Wege von Zeitungsanzeigen erforderlich[362]. Von einer wesentlichen Anzahl wird in der Regel dann gesprochen, wenn Inhaber von mehr als 5 % der Geschäftsanteile der jeweiligen *class* betroffen sind[363]. Gegebenenfalls sind zudem die in der Satzung einer Gesellschaft vorgesehenen Bekanntmachungsmethoden zu beachten[364].

Soweit die Bekanntmachung der Einberufung im Wege von Mitteilungen an die Postanschriften der Betroffenen erfolgt, ist nach Section 426 Sub-Section 2, Sub-Section 3 CA 1985 das *explanatory statement*, das Teil

---

357 Die Bekanntmachung kann aber auch durch den *company secretary* der betreffenden Gesellschaft oder durch die das Gesellschafterverzeichnis führenden *registrars* vorgenommen werden. Entscheidend ist insofern die in der gerichtlichen Anordnung vorgesehene Regelung (vgl. Davis-White/Butcher: Atkin's Court Forms, Band 9(1), S. 122, FN 13).

358 Barc in Tolley's Company Law, R 2019.

359 Vgl. Barc in Tolley's Company Law, R 2019; vgl. auch unten C.III.2.b)bb).

360 Vgl. *The Scottish Eastern Investment Trust Ltd - Petitioners 1966 SLT 285.*

361 Davis-White/Butcher: Atkin's Court Forms, Band 9(1), S. 122, FN 10.

362 Millett, The Encyclopaedia of Forms and Precedents, Band 10, RN 867.

363 Boyle/Marshall, S. 59.

364 Boyle/Potts/Sealy: Gore-Browne on Companies, RN 44.6.4.

des Verschmelzungsberichts ist[365], den Mitteilungen beizulegen. Erfolgt die Bekanntmachung durch Veröffentlichung mittels Zeitungsanzeigen, so reicht ein Hinweis auf die Möglichkeiten zur Erlangung einer Abschrift des *explanatory statement* aus (Section 426 Sub-Section 3 CA 1985). Eine solche Abschrift hat die Gesellschaft auf Antrag kostenlos zu erteilen (Section 426 Sub-Section 5 CA 1985)[366]. Jeder Verstoß gegen Section 426 CA 1985 kann mit einer Geldbuße geahndet werden (Section 426 Sub-Section 6 CA 1985). Zudem ist im Falle eines solchen Verstoßes gegen Section 426 CA 1985 ein Mangel der Einberufung der betreffenden Gesellschafter- bzw. Gläubigerversammlung gegeben[367].

Soweit zur Durchführung des *scheme* Maßnahmen erforderlich sind, die im Rahmen eines *extraordinary general meeting* anzuordnen sind[368] (wie etwa Abstimmungen über die Änderung oder Fassung[369] der Satzung sowie des *memorandum of association*[370] der übernehmenden Gesellschaft), ist die ausdrückliche Einberufung eines solchen *extraordinary general meeting* gemäß Section 378 Sub-Section 2 CA 1985 mindestens 21 Tage im voraus notwendig. Soll bei dem *extraordinary general meeting* über die Änderung oder Fassung der Satzung der übernehmenden Gesellschaft abgestimmt werden, so ist der Einberufungsmitteilung

365 S.o. C.III.1.e).

366 Zudem sind gegebenenfalls Abschriften aller weiteren ausgelegten Unterlagen zu erteilen (vgl. unten C.III.2.b)bb)).

367 Die Entscheidung darüber, ob (trotz Einberufungsmangel) eine hinreichende Bekanntmachung der Versammlungseinberufung vorliegt, trifft das Gericht im Rahmen der Entscheidung über den *scheme* nach eigenem Ermessen (Boyle/Marshall, S. 59). Trotz des Vorliegens von Bekanntmachungsmängeln kann das Gericht daher den *scheme* genehmigen, wenn ihm die Anforderungen im Übrigen erfüllt scheinen (so wurde in *Re Anglo Spanish Tartar Refineries Ltd [1924] WN 222* ein *scheme* durch das Gericht genehmigt, obwohl die Einberufung der Gesellschafterversammlung nicht – wie durch das Gericht angeordnet – mittels einer Zeitungsanzeige veröffentlicht worden war und von den 31 Gesellschaftern tatsächlich nur 30 eine Mitteilung über die Einberufung der Versammlung erhalten hatten.

368 Vgl. Davis-White/Butcher: Atkin's Court Forms, Band 9(1), S. 115 f.

369 Vgl. Ziffer 3 (f) Schedule 15B.

370 Hierbei handelt es sich um die Gründungsurkunde der Gesellschaft.

eine Abschrift der Satzung bzw. des *memorandum of association* beizulegen[371].

bb) Auslegung von Dokumenten

Für jede der beteiligten Gesellschaften sind nach Ziffer 3 (e) i.V.m. Ziffer 6 Absatz 1 Schedule 15B mindestens ein Monat vor der ersten Versammlung dieser Gesellschaft jeweils an ihrer registrierten Niederlassung der Verschmelzungsplan, die Verschmelzungsberichte, die Verschmelzungsprüfungsberichte, die Jahresabschlüsse der Gesellschaften für die letzten drei Jahre sowie gegebenenfalls eine gesonderte Zwischenbilanz nach Ziffer 6 Absatz 1 lit. (e) Schedule 15B[372] auszulegen. Den Gesellschaftern sind die ausgelegten Dokumente zur Einsicht zugänglich zu machen. Auf Verlangen ist jedem Anteilseigner nach Ziffer 3 (e) Schedule 15B kostenlos eine Abschrift der Unterlagen zu erteilen.

cc) Entbehrlichkeit von Gesellschafter- und Gläubigerversammlungen

Nur ausnahmsweise kann ein *scheme* auch dann durch das Gericht genehmigt werden, wenn zuvor nicht alle Gesellschafterversammlungen einberufen wurden. Im Einzelfall müssen hierzu jedoch die Voraussetzungen der Ziffer 10 Absatz 1 lit. (a), Absatz 2, Ziffer 12 Absatz 1, Absatz 4 lit. (a), Absatz 5, Ziffer 14 Absatz 1, Absatz 2 lit. (a), Absatz 3 Schedule 15B erfüllt sein[373].

Die Abhaltung von Gläubigerversammlungen ist in der Regel entbehrlich, soweit der antragstellenden Gesellschaft keine Insolvenz droht und soweit das zuständige Gericht auch keine sonstige Gefährdung von

[371] Vgl. Farrar's Company Law, S. 313.
[372] S.o. C.III.1.a).
[373] Vgl. unten D.II.3.c)dd).

Gläubigerinteressen befürchtet[374]. Dies gilt auch dann, wenn feststeht, dass die betreffende *class* im Falle der Auflösung der Gesellschaft nichts erhalten würde[375].

Entbehrlich ist eine Gesellschafter- bzw. Gläubigerversammlung zudem dann, wenn die betreffende *class* nur aus einer Person besteht. In einem solchen Fall genügt die schriftliche Zustimmung dieser Person zu dem vorgeschlagenen *scheme*[376].

c) Gesellschafter-/Gläubigerversammlungen

Auch während der Dauer der Versammlungen sind die in Ziffer 6 Absatz 1 Schedule 15B bezeichneten Unterlagen weiterhin auszulegen (Ziffer 3 (e) Schedule 15B). Den Gesellschaftern bzw. Gesellschaftsgläubigern sind darüber hinaus alle ihnen noch nicht bekannten und für sie relevanten Informationen mitzuteilen[377]. Dies betrifft insbesondere Änderungen zu den im Verschmelzungsbericht enthaltenen Informationen[378].

Die Gesellschafter- und Gläubigerversammlungen müssen dem *scheme* jeweils mit einer Mehrheit der Anzahl der bei der jeweiligen Versammlung vertretenen Gesellschafter zustimmen, die zudem mindestens drei Viertel des bei der Versammlung vertretenen „Wertes" der Gesellschaft repräsentiert (Section 425 Sub-Section 2 CA 1985 und Ziffer 1 Schedule 15B)[379].

---

374 S.o. C.III.1.l).
375 *Re Tea Corporation Limited [1904] 1 Ch 12.*
376 Boyle/Potts/Sealy: Gore-Browne on Companies, RN 44.6.6.
377 Jedoch kann das Gericht, selbst wenn den Gesellschaftern oder Gläubigern relevante Informationen vorenthalten werden, den *scheme* genehmigen, wenn ihm die Anforderungen im übrigen erfüllt scheinen (Boyle/Marshall, S. 65). Vgl. hierzu unten D.III.3.a)aa).
378 Barc in Tolley's Company Law, R 2019.
379 S.u. D.II.3.c)cc) und E.I.3.a)ee).

Die Abstimmung erfolgt im Wege einer schriftlichen Stimmabgabe[380]. Die Ergebnisse der im Rahmen der Versammlungen erfolgten Abstimmungen sind dem Gericht durch die Vorsitzenden jeder Gesellschafter- und Gläubigerversammlung im Einzelnen zu erläutern[381]. Hierzu haben die Vorsitzenden jeweils einen schriftlichen Bericht über die Abhaltung der betreffenden Versammlung an das Gericht zu senden, der die folgenden Angaben enthalten muss[382]:

- die Anzahl der vertretenen Gesellschafter sowie den Wert der von ihnen gehaltenen Anteile bzw. die Anzahl der Gläubiger,
- die Verteilung der Stimmen für bzw. gegen den *scheme*,
- die Anzahl der Enthaltungen sowie
- Einzelheiten zu etwaigen vom Vorsitzenden nicht anerkannten Bevollmächtigungen.

Soweit zur Abstimmung über die Änderung der Satzung der übernehmenden Gesellschaft jeweils ein *extraordinary general meeting* für die betreffenden Gesellschaften einberufen wurde[383], kann hier gemäß Section 9 Sub-Section 1 i.V.m. Section 378 Sub-Section 2, Sub-Section 1 CA 1985 mit ¾-Mehrheit die Änderung der Satzung beschlossen werden. Bei einer Verschmelzung durch Neugründung ist dem *memorandum of association*[384] sowie der Satzung der übernehmenden Gesellschaft nach Ziffer 3 (f) Schedule 15B durch die Gesellschafter jeder übertragenden Gesellschaft mit jeweils einfacher Mehrheit zuzustimmen. Die Satzung enthält regelmäßig auch Bestimmungen zur Bestellung der *directors* der Gesellschaft[385], soweit nicht bereits der Verschmelzungsplan eine Sonderregelung trifft. Eine Zustimmung der Gesellschafter ist

380 Millett, The Encyclopaedia of Forms and Precedents, Band 10, RN 869, FN 5.
381 Vgl. Davis-White/Butcher: Atkin's Court Forms, Band 9(1), S. 117.
382 Barc in Tolley's Company Law, R 2019.
383 Vgl. oben C.III.2.b)aa).
384 Hierbei handelt es sich um die Gründungsurkunde der Gesellschaft.
385 Birds/Boyle/Ferran/Villiers: Boyle & Birds' Company Law, RN 15.2.

zudem gegebenenfalls nach Section 121 Sub-Section 2 lit. (a) CA 1985 im Hinblick auf eine Kapitalerhöhung erforderlich[386].

d) Antrag auf gerichtliche Genehmigung des scheme

Soweit alle Gesellschafter- und Gläubigerversammlungen der beteiligten Gesellschaften mit den erforderlichen Mehrheiten dem *scheme* zugestimmt haben, ist die Genehmigung des *scheme* bei dem zuständigen Gericht, also dem *County Court* oder der *Chancery Division* des *High Court*[387], zu beantragen. Der Antrag erfolgt im Wege einer *petition* gemäß Ziffer 4 Absatz 1 lit. (f) *Practice Direction 49B* zu den Civil Procedure Rules und wird regelmäßig durch die Person gestellt, die bereits den Antrag auf Anordnung der Gläubiger- bzw. Gesellschafterversammlungen erhoben hat[388].

Wie bereits beim Antrag auf Anordnung der Gläubiger- bzw. Gesellschafterversammlung ist auch hier die Gesellschaft als *respondent* zu nennen, soweit ein Gesellschafter oder Gesellschaftsgläubiger Antragsteller ist[389]. Die *petition* ist der Gesellschaft in diesem Fall zuzustellen[390].

Die *petition* hat eine Bestätigung zu enthalten, dass die Gesellschafter- und Gläubigerversammlungen entsprechend den Anordnungen des Gerichts stattgefunden haben[391]. Zudem müssen Einzelheiten hinsichtlich der Rechte von *classes* der Gesellschafter und Gläubiger, die von dem *scheme* betroffen sind, genannt werden[392].

Um den Inhalt der *petition* zu bestätigen, sind der *petition* verschiedene *affidavits* bzw. *witness statements* jeweils von einem Vertreter der betreffenden Gesellschaft sowie den Vorsitzenden der Gesellschafter-

386 Vgl. oben C.III.1.k).
387 Vgl. oben C.III.1.a)I)bb).
388 Boyle/Marshall, S. 63.
389 Vgl. oben, C.III.1.I)aa).
390 Boyle/Potts/Sealy: Gore-Browne on Companies, RN 44.6.9.
391 Boyle/Marshall, S. 63.
392 Davis-White/Butcher: Atkin's Court Forms, Band 9(1), S. 117.

und Gläubigerversammlungen beizufügen[393]. Soweit eine Bekanntmachung der Versammlungseinberufung im Wege einer Zeitungsanzeige angeordnet war, sind Kopien der entsprechenden Zeitungsanzeigen vorzulegen[394].

Schließlich ist dem Genehmigungsantrag ein Entwurf der vom Gericht zu erlassenden Anordnung beizulegen.

e) Gerichtliche Anhörung und Genehmigung des *scheme*

Die gerichtliche Anhörung sowie die Prüfung des *scheme* erfolgen gemäß Ziffer 7 Absatz 2 *Practice Direction 49B* zu den *Civil Procedure Rules* durch den Richter.

Soweit die Prüfung zur Zufriedenheit des Gerichts ausgefallen ist, genehmigt das Gericht den *scheme* entweder in der ihm vorgeschlagenen Fassung oder unter Erlass von Auflagen im Wege einer Anordnung[395]. Das Gericht trifft insoweit eine eigene Ermessensentscheidung[396].

Die in Section 427 CA 1985 aufgeführten besonderen Verschmelzungsfolgen sind in der gerichtlichen Anordnung regelmäßig noch nicht enthalten[397]. Insoweit erfolgt in der Regel eine Verweisung an den *registrar of companies*, der die anzuordnenden Verschmelzungsfolgen auf Antrag zu einem späteren Zeitpunkt vorschlägt[398]. Die erst spätere Anordnung der Verschmelzungsfolgen hat bei der Verschmelzung durch Neugründung den Zweck, auch die – im Zeitpunkt der ersten gerichtlichen Genehmigung noch nicht existente – übernehmende Gesellschaft an die

393 Boyle/Potts/Sealy: Gore-Browne on Companies, RN 44.6.9.
394 Boyle/Marshall, S. 63.
395 Vgl. unten D.III.3.a)cc) und E.I.3.b)cc).
396 Vgl. unten D.III.3.a)cc) und E.I.3.b)cc).
397 Davis-White/Butcher, Atkin's Court Forms, Band 9(1), S. 118.
398 Vgl. unten C.III.2.k).

im *scheme* vorgesehenen Regelungen zu binden[399]. Nur bei der Verschmelzung durch Aufnahme werden in unproblematischen Ausnahmefällen die besonderen Verschmelzungsfolgen bereits zusammen mit der ersten gerichtlichen Genehmigung angeordnet[400].

Das Gericht hat zudem nach Ziffer 9 Absatz 2 Schedule 15B einen Stichtag festzusetzen, zu dem der Geschäftsbetrieb der übertragenden Gesellschaften einschließlich des *property* sowie aller Verbindlichkeiten auf die übernehmende Gesellschaft übergeht und die übertragenden Gesellschaften aufgelöst werden. Soweit ein solcher Rechtsübergang nicht kraft richterlicher Anordnung erfolgen kann, sondern weitere Schritte erfordert[401], ist vom Gericht ein weiterer Stichtag festzulegen, der maximal sechs Monate nach dem ersten Stichtag liegen darf und zu dem alle erforderlichen weiteren Schritte abgeschlossen sein müssen (Ziffer 9 Absatz 3 Schedule 15B). Nach Ziffer 9 Absatz 4 Schedule 15B kann im Hinblick auf einen solchen zweiten Stichtag aber erforderlichenfalls eine Fristverlängerung durch das Gericht gewährt werden. Die Stichtagsfestsetzung kann gemäß Ziffer 9 Absatz 2 Schedule 15B auch erst im Rahmen der Anordnung der besonderen Verschmelzungsfolgen nach Section 427 CA 1985 erfolgen[402].

f) Anmeldung beim *registrar of companies* gemäß Section 425 Sub-Section 3, 1. HS CA 1985

Gemäß Section 425 Sub-Section 3, 1. HS CA 1985 ist eine Ausfertigung der gerichtlichen Genehmigung des *scheme* zur Eintragung beim *registrar of companies* einzureichen. Erst mit dieser Einreichung erlangt die gerichtliche Genehmigung Wirksamkeit (Section 425 Sub-Section 3, 1. HS CA 1985).

---

399 Palmer's Company Law, Band II, RN 12.033.

400 Davis-White/Butcher, Atkin's Court Forms, Band 9(1), S. 119.

401 Wenn etwa die Eintragung in öffentliche Register erforderlich sein sollte (z.B. bei der Übertragung von Grundstücken, Schiffen u.s.w.).

402 Vgl. unten C.III.2.k).

Der *registrar of companies* veranlasst gemäß Section 711 Sub-Section 1 lit. (t) CA 1985 die Veröffentlichung einer Mitteilung über die Verschmelzung in der *Gazette*[403].

g) Anmeldung der Kapitalerhöhung beim *registrar of companies*

Soweit eine Kapitalerhöhung der übernehmenden Gesellschaft beschlossen wurde[404], ist diese gemäß Section 123 Sub-Section 1 CA 1985 innerhalb von 15 Tagen nach Fassen des Kapitalerhöhungsbeschlusses beim *registrar of companies* anzumelden.

h) Antrag auf Anordnung von besonderen Verschmelzungsfolgen

Die Anordnung der in Section 427 Sub-Section 3 CA 1985 aufgeführten besonderen Verschmelzungsfolgen ist beim *registrar of companies* gesondert zu beantragen. Im Einzelnen sind dies:

- der Übergang des gesamten Geschäftsbetriebs einer übertragenden Gesellschaft auf die übernehmende Gesellschaft (Section 427 Sub-Section 3 lit. (a) CA 1985),
- der Übergang von Geschäftsanteilen, *debentures*, Policen oder ähnlichen Rechten an der übernehmenden Gesellschaft auf Gesellschafter einer übertragenden Gesellschaft (Section 427 Sub-Section 3 lit. (b) CA 1985),
- die Fortführung von gegen eine übertragende Gesellschaft gerichteten oder von ihr geführten Rechtsstreitigkeiten durch die übernehmende Gesellschaft (Section 427 Sub-Section 3 lit. (c) CA 1985),

---

403 Dies ist das amtliche Veröffentlichungsorgan der englischen Regierung.
404 Vgl. oben C.III.1.k).

- die Auflösung der übertragenden Gesellschaft ohne Liquidation (Section 427 Sub-Section 3 lit. (d) CA 1985),
- Regelungen, die auf solche Personen Anwendung finden, die innerhalb einer vom Gericht festgesetzten Zeit und auf eine vom Gericht festgesetzte Weise dem *compromise* oder *arrangement* widersprechen (Section 427 Sub-Section 3 lit. (e) CA 1985) und
- alle sonstigen Maßnahmen, die erforderlich sind, um die vollständige Durchführung der Verschmelzung zu gewährleisten (Section 427 Sub-Section 3 lit. (f) CA 1985).

Insbesondere ist in diesem Zusammenhang ein Antrag zu stellen auf Erlass von Anordnungen für auf den zu übertragenden Vermögensgegenständen lastende *floating charges*[405]. Für diese kann das Gericht etwa eine Realisierung im Vorfeld der Verschmelzung oder auch sonstige in Betracht kommende Maßnahmen, wie z.B. die Gewährung einer Ersatzsicherheit durch die übernehmende Gesellschaft, anordnen[406].

Nicht beantragt werden braucht der Übergang von Arbeitsverhältnissen, da diese nach Section 5 Sub-Section 1, Sub-Section 2 der *Transfer of Undertakings (Protection of Employment) Regulations 1981*[407] kraft Gesetzes von der übertragenden auf die übernehmende Gesellschaft übergehen.

Die besonderen Verschmelzungsfolgen werden vom *Companies Court* nach einer Anhörung durch den *registrar of companies* angeordnet.

---

405 Bei solchen *floating charges* handelt es sich um Belastungen von Vermögensgegenständen, die in der Regel Sicherungszwecken dienen und die – im Gegensatz zu so genannten *fixed securities*, die sich auf einen bestimmten Sicherungsgegenstand beziehen – allen Vermögensgegenständen einer Gesellschaft anhaften. Erst im Sicherungsfall erfolgt die Konkretisierung der *floating charge* auf einen bestimmten Sicherungsgegenstand (vgl. Millett, The Encyclopaedia of Forms and Precedents, Band 10, RN 931).

406 Vgl. Millett, The Encyclopaedia of Forms and Precedents, Band 10, RN 932 f.

407 SI 1981/1794.

Somit ist der Antrag auch auf Einberufung einer solchen Anhörung zu richten.

Antragsteller ist regelmäßig die übertragende Gesellschaft[408]. Der Antrag ist der übernehmenden Gesellschaft sowie gegebenenfalls den Parteien jeweils zuzustellen, die dem *scheme* widersprochen haben[409].

Der Antrag ist durch ein *affidavit* oder ein *witness statement* der antragstellenden Partei zu unterstützen[410]. Das *affidavit* oder *witness statement* muss alle Einzelheiten enthalten, die im Hinblick auf die Entscheidung über den Antrag relevant sein könnten[411].

i) Anhörung durch den registrar of companies

Die an dem *scheme* beteiligten Parteien haben sodann bei einer Anhörung durch den *registrar of companies* zu erscheinen. Soweit der *registrar of companies* weitere Maßnahmen – wie etwa eine Benachrichtigung Dritter oder auch die Abgabe weiterer *affidavits* bzw. *witness statements* – für erforderlich hält, ordnet er im Rahmen der Anhörung solche Maßnahmen an[412].

j) Verständigung über die zu erlassenden Anordnungen

Der Antragsteller muss Entwürfe aller erforderlichen weiteren schriftlichen Dokumente erstellen. Dies umfasst unter anderem etwaige Mit-

---

408 Vgl. Davis-White/Butcher, Atkin's Court Forms, Band 9(1), S. 119; im Übrigen kann aber der Antrag auch durch einen Gesellschafter, Gläubiger oder *administrator* der Gesellschaft gestellt werden, wobei der Antrag in diesem Fall sowohl der übertragenden als auch der übernehmenden Gesellschaft zuzustellen ist (vgl. oben C.III.1.l)aa).

409 Vgl. Barc in Tolley's Company Law, R 2019.

410 Davis-White/Butcher, Atkin's Court Forms, Band 9(1), S. 119.

411 Vgl. Davis-White/Butcher, Atkin's Court Forms, Band 9(1), S. 120.

412 Davis-White/Butcher, Aktin's Court Forms, Band 9(1), S. 120.

teilungsschreiben zur Benachrichtigung Dritter, öffentliche Anzeigen der beabsichtigten Verschmelzung sowie insbesondere die gerichtliche Anordnung der besonderen Verschmelzungsfolgen[413].

Die an dem *scheme* beteiligten Parteien haben daraufhin nochmals vor dem *registrar of companies* zu erscheinen, um eine Verständigung über die Entwürfe dieser schriftlichen Dokumente zu erzielen[414]. Die Entwürfe werden sodann zum *Companies Court* eingereicht[415].

k) Anhörung durch den *registrar of companies* und Anordnung der besonderen Verschmelzungsfolgen

Schließlich haben die an dem *scheme* beteiligten Parteien zur Anhörung über die Anordnung der besonderen Verschmelzungsfolgen zu erscheinen[416]. Die Anhörung erfolgt vor dem *registrar of companies*. Soweit zweckdienlich, empfiehlt dieser auch die Anordnung von besonderen Verschmelzungsfolgen.

Die Anordnung wird daraufhin durch den *Companies Court* erlassen.

Soweit nicht bereits bei der Genehmigung des *scheme* gemäß Ziffer 9 Absatz 2, Absatz 3 Schedule 15B ein Stichtag festgesetzt wurde, zu dem der Geschäftsbetrieb der übertragenden Gesellschaften einschließlich des *property* sowie aller Verbindlichkeiten auf die übernehmende Gesellschaft übergeht und die übertragenden Gesellschaften aufgelöst werden[417], ist ein solcher Stichtag im Rahmen der Anordnung der besonderen Verschmelzungsfolgen festzusetzen.

Eine Ausfertigung der gerichtlichen Anordnung wird dem Antragsteller zugestellt, sobald dieser dem Gericht gegenüber schriftlich zugesichert

413 Davis-White/Butcher, Atkin's Court Forms, Band 9(1), S. 120.
414 Vgl. Barc in Tolley's Company Law, R 2019.
415 Davis-White/Butcher, Atkin's Court Forms, Band 9(1), S. 120.
416 Davis-White/Butcher, Atkin's Court Forms, Band 9(1), S. 120.
417 S.o. C.III.2.e).

hat, die im Hinblick auf die Ausfertigung möglicherweise anfallende *stamp duty* zu zahlen[418].

l) Anmeldung beim *registrar of companies* gemäß Section 427 Sub-Section 5 CA 1985

Jede der Gesellschaften, auf die sich die gerichtliche Anordnung besonderer Verschmelzungsfolgen bezieht, ist gemäß Section 427 Sub-Section 5, 1. HS CA 1985 verpflichtet, innerhalb von sieben Tagen nach deren Erlass eine Ausfertigung der Anordnung beim *registrar of companies* einzureichen. Bei Verstoß gegen diese Bestimmung drohen nach Section 427 Sub-Section 5, 2. HS CA 1985 Geldbußen, die sich bei einmaligem Verstoß auf maximal £ 1.000,- und bei fortgesetztem Verstoß auf maximal £ 100,- pro Tag belaufen[419].

Der *registrar of companies* veranlasst nach Section 711 Sub-Section 1 lit. (t) CA 1985 eine Mitteilung über die Anordnung der besonderen Verschmelzungsfolgen in der *Gazette*[420].

m) Zahlung von *stamp duty* sowie Gerichtsgebühren

Der Antragsteller ist zwar grundsätzlich verpflichtet, auf die Ausfertigung der gerichtlichen Anordnung *stamp duty* in Höhe von 50 Pence pro £ 100,- des Wertes der übertragenden Gesellschaft zu zahlen[421]. Jedoch wird die Zahlung von *stamp duty* regelmäßig umgangen, indem die

---

418 Vgl. unten C.III.2.m).

419 Vgl. Barc in Tolley's Company Law, R 2020.

420 Dies ist das amtliche Veröffentlichungsorgan der englischen Regierung.

421 So erfüllt die gerichtliche Anordnung der Verschmelzungsfolgen den Übertragungstatbestand von Schedule I *Stamp Act 1891*, wodurch die Pflicht zur Zahlung der *stamp duty* begründet wird (vgl. auch Buchan, The Tax Journal, 16. März 1998, 19, 20).

Geschäftsanteile an der übertragenden Gesellschaft vor Durchführung der Verschmelzung eingezogen werden.

Gerichtsgebühren werden nach der *Supreme Court Fees Order 1999* in der Fassung vom 2. Oktober 2000 berechnet. Die *Supreme Court Fees Order 1999* sieht für jeden vom Gericht überwachten Verfahrensschritt der Verschmelzung eine eigene Gebühr vor. So ist beispielsweise für jedes abgegebene *affidavit* oder *witness statement* jeweils eine eigene Gebühr zu zahlen. Insgesamt können sich die Gerichtsgebühren so auf mehrere tausend Pfund zusammenaddieren. Die Gerichtsgebühren können sich zudem bei Widerspruch von Gesellschaftern oder Gläubigern erhöhen. Solche erhöhten Kosten wird das Gericht regelmäßig der betreffenden Gesellschaft, nicht aber dem widersprechenden Gesellschafter oder Gläubiger auferlegen[422].

3. Rechtsfolgen der Verschmelzung

a) Übergang von Rechten und Pflichten

Das *property*[423] der übertragenden Gesellschaften und ihre Verbindlichkeiten gehen grundsätzlich kraft Anordnung des *Companies Court* gemäß Section 427 Sub-Section 3 lit. (a), lit. (c) CA 1985 zu dem bestimmten Stichtag[424] insgesamt auf die übernehmende Gesellschaft über (Section 427 Sub-Section 4 CA 1985).

Ausgenommen vom Übergang auf die übernehmende Gesellschaft sind lediglich Vermögensgegenstände, deren Übertragung die Eintragung in öffentliche Register erfordert[425], sowie einige weitere seltene Rechte und

---

422 Arden/Prentice: Buckley on the Companies Act, Band II, RN 425.66.

423 Der Begriff "*property*" umfasst sämtliches Eigentum sowie alle sonstigen Rechte und Ansprüche jeglicher Art (Birds/Boyle/Ferran/Villiers: Boyle & Birds' Company Law, S. 624).

424 Vgl. oben C.III.2.e) sowie C.III.2.k).

425 Etwa die Übertragung von Grundstücken und Schiffen etc.

Pflichten[426], die überwiegend innerhalb einer vom *Companies Court* gesetzten Frist auf die übernehmende Gesellschaft zu übertragen sind[427].

Ausgenommen vom Übergang kraft gerichtlicher Anordnung sind zudem die bei den übertragenden Gesellschaften bestehenden Arbeitsverhältnisse, die gemäß Ziffer 5 Absatz 1, Absatz 2 *Transfer of Undertakings (Protection of Employment) Regulations 1981*[428] kraft Gesetzes auf die übernehmende Gesellschaft übergehen.

b) Ausgabe von *shares* an der übernehmenden Gesellschaft/Gewinnberechtigung

Die *shares* an der übernehmenden Gesellschaft sind entsprechend der im Verschmelzungsplan enthaltenen Regelung an die Gesellschafter der übertragenden Gesellschaften auszugeben[429]. Soweit der Nominalwert der von der übernehmenden Gesellschaft an die Gesellschafter der übertragenden Gesellschaften ausgegebenen *shares* den Wert der übertragenden Gesellschaften nicht erreicht, ist der Differenzbetrag gemäß Section 130 Sub-Section 1 – Sub-Section 3 CA 1985 zur Ausschüttung an die Gesellschafter der übertragenden Gesellschaften vorzusehen und dem entsprechenden Ausschüttungskonto der übernehmenden Gesellschaft gutzuschreiben[430]. Ausnahmen hierzu sind nur nach Section 132 Sub-Section 1 – Sub-Section 5 CA 1985 für den Fall vorgesehen, dass es sich bei den an der Verschmelzung beteiligten

426 Wie etwa die Pflicht einer übertragenden Gesellschaft, als Testamentsvollstrecker eines Verstorbenen zu fungieren (Millett, The Encyclopaedia of Forms and Precedents, Band 10, RN 858 f.) sowie die sich aus auf den Vermögensgegenständen der übertragenden Gesellschaften lastenden *floating charges* ergebenden Rechte (s.o. C.III.2.h)).

427 Vgl. oben C.III.2.e).

428 SI 1981/1794.

429 Vgl. unten D.I.3.a)aa)bbb).

430 Millett, The Encyclopaedia of Forms and Precedents, Band 10, RN 926.

Gesellschaften um Mutter- und Tochter- oder auch Schwestergesellschaften handelt.

Shares an der übernehmenden Gesellschaft dürfen gemäß Ziffer 7 Schedule 15B nicht für Anteile an den übertragenden Gesellschaften, die diese selbst oder von ihnen bestimmte Dritte halten, ausgegeben werden. Eine Ausgabe von *shares* hat zudem im Fall des Up Stream Merger zu unterbleiben, denn die übernehmende Gesellschaft erwirbt dann im Zuge der Verschmelzung eigene Anteile. Dies ist aber grundsätzlich nur dann zulässig, wenn der Erwerb ohne Gegenleistung erfolgt (Section 143 Sub-Section 3, 1. HS i.V.m. Sub-Section 1 CA 1985).

Die neu ausgegebenen *shares* an der übernehmenden Gesellschaft vermitteln Gewinnberechtigung ab dem im Verschmelzungsplan festgelegten Datum[431].

c) Erlöschen der übertragenden Gesellschaften

Die übertragenden Gesellschaften erlöschen ohne Liquidation zu dem vom *Companies Court* festgesetzten Stichtag[432].

d) Bindungswirkung/Reversibilität

Mit Anmeldung beim *registrar of companies* gemäß Section 425 Sub-Section 3 CA 1985 erlangt der *scheme* grundsätzlich Bindungswirkung für alle Betroffenen, unabhängig davon, ob der *scheme* gegebenenfalls unter Verletzung von Form- oder sonstigen Erfordernissen zustande gekommen ist[433].

---

431 Vgl. unten D.I.3.a)aa)ccc).

432 Vgl. oben C.III.2.e).

433 Millett, The Encyclopaedia of Forms and Precedents, Band 10, RN 876; vgl. auch *Nicholl v The Eberhardt Company [1889] 61 LT 489*; *Re Plymouth*

Zwar hat – nach sehr umstrittener Ansicht[434] – ein *scheme* für Gesellschafter oder Gesellschaftsgläubiger, für die eine eigene Versammlung zur Abstimmung über den *scheme* hätte stattfinden müssen, jedoch nicht stattgefunden hat, grundsätzlich keine Bindungswirkung, so dass für diese Gesellschafter oder Gläubiger die ihnen an der Gesellschaft zustehenden Rechte in der Regel bestehen bleiben[435]. Dies kann allerdings nicht für den hier behandelten Fall gelten, in dem der *scheme* die Verschmelzung betrifft. Aufgrund des Erlöschens der übertragenden Gesellschaften sowie aufgrund der Gesamtrechtsnachfolge durch die übernehmende Gesellschaft müssen auch Gesellschafter und Gläubiger, für die rechtswidrigerweise keine entsprechenden Gesellschafter- oder Gläubigerversammlungen einberufen wurden, die einmal eingetretenen Verschmelzungsfolgen hinnehmen.

Die Verschmelzungsfolgen treten also in jedem Fall auch dann ein, wenn die Verschmelzung mit Fehlern behaftet ist, so beispielsweise dann, wenn einer der an der Verschmelzung beteiligten Gesellschaften die Beteiligungsfähigkeit fehlt[436].

Soweit die gerichtliche Genehmigung der Verschmelzung durch Täuschung erlangt wurde, kann in einem weiteren Verfahren vor dem Gericht, das die Verschmelzung angeordnet hat, die Aussetzung der Verschmelzung beantragt werden[437]. Eine solche Aussetzung kann gegebenenfalls sogar die Rückgängigmachung der bereits eingetretenen

---

Breweries Ltd., Plymouth Breweries Ltd. v Penwill (1967) 111 Sol Jo 715, 716; Barclays Bank v British and Commonwealth Holdings [1996] 1 BCLC 1, 47.

434 So wurde diese Grundsatzregel in Australien ausdrücklich aufgehoben (vgl. *Chief Commissioner of Payroll Tax v Group Four Industries Pty Ltd [1984] 1 NSWLR 680*, 685). Unklar ist, ob die Regel in England weiterhin Bestand hat (vgl. Palmer's Company Law, Band II, RN 12.032 sowie Arden/Prentice: Buckley on the Companies Act, Band II, RN 425.63).

435 So: *Sovereign Life Assurance Company v Dodd [1892] 2 QB 573, CA* bezüglich einer *class* von Gläubigern. Dies betrifft insbesondere die Fälle, in denen etwa eine *class* übersehen wurde.

436 *Nicholl v The Eberhardt Company [1889] 61 LT 489, CA.*

437 Palmer's Company Law, Band II, RN 12.032.1; vgl. *Fletcher v Royal Automobile Club [2000] 1 BCLC 331, CA.*

Verschmelzungsfolgen beinhalten[438]. Das Gericht wird eine Aussetzung der Verschmelzung allerdings nicht anordnen, wenn die vorgenommene Täuschung nicht für den Ausgang der verschiedenen Gesellschafter- und Gläubigerbeschlüsse kausal war[439].

Im Übrigen kann gegen die gerichtliche Anordnung der Verschmelzung – wie grundsätzlich gegen jede andere gerichtliche Entscheidung – im Wege der Berufung[440] vorgegangen werden[441]. Dies ist nur den Parteien des *scheme*, also Gesellschaftern und Gläubigern, erlaubt[442], die sowohl bei der betreffenden Gesellschafter- bzw. Gläubigerversammlung[443] als auch bei der gerichtlichen Anhörung über die Genehmigung des *scheme*[444] ihren Widerstand gegen den *scheme* geäußert haben[445]. Das Berufungsgericht kann gegebenenfalls Maßnahmen, wie etwa die Erfüllung zusätzlicher Auflagen, bis hin zur Rückgängigmachung der Verschmelzung anordnen.

---

438 So in *Fletcher v Royal Automobile Club [2000] 1 BCLC 331, CA.*
439 Boyle/Potts/Sealy: Gore-Browne on Companies, RN 30.13.1.
440 "Appeal".
441 S.u. D.IV.3.c).
442 Vgl. *Elric Pty Ltd v Taylor (1986) 4 ACLC 327 ff., SC (NSW)*; Boyle/Potts/Sealy: Gore-Browne on Companies, RN 30.14.2.
443 S.o. C.III.2.c).
444 S.o. C.III.2.e).
445 *Re Securities Insurance Company [1894] 2 Ch 410.*

IV. Vergleich des Verfahrens und der Rechtsfolgen der Verschmelzung

Schon vor Umsetzung der Dritten Richtlinie sahen die deutsche ebenso wie die englische Rechtsordnung die Möglichkeit der Verschmelzung zum einen durch Aufnahme und zum anderen durch Neugründung vor. In Deutschland war insofern eine Änderung vorzunehmen, als nach den Vorgaben der Dritten Richtlinie die Mehrfachverschmelzung, also die Aufnahme mehrerer Gesellschaften durch eine übernehmende Gesellschaft, zuzulassen war.

1. Das Verschmelzungsverfahren

Die nach Umsetzung der Dritten Richtlinie in Deutschland und in England anwendbaren Regelungen führen in beiden Staaten zu einem im Wesentlichen übereinstimmenden Ablauf des Verschmelzungsverfahrens. Soweit Unterschiede bestehen, resultieren diese zumeist daraus, dass das Verschmelzungsverfahren in England einer umfassenden gerichtlichen Aufsicht unterstellt wird. Das deutsche Recht sieht eine solche umfassende gerichtliche Kontrolle hingegen nicht vor.

Im Einzelnen lassen sich die wesentlichen Unterschiede zwischen den deutschen und englischen Regelungen wie folgt zusammenfassen[446]:

a) Bilanzen

Die Regelungen zur Erforderlichkeit von Bilanzen sind in Deutschland und England nahezu identisch. Über die regulären Jahresbilanzen hinaus werden für die beteiligten Gesellschaften nur dann gesonderte Bilanzen benötigt, wenn seit dem Stichtag des letzten Jahresabschlus-

[446] Die Vereinbarkeit der nationalen Regelungen mit der Dritten Richtlinie wird nachfolgend nur erörtert, soweit dies problematisch ist.

ses der betreffenden Gesellschaft bereits ein längerer Zeitraum verstrichen ist: In England sind dies sechs Monate, bevor die erste Gesellschafter- oder Gläubigerversammlung stattfindet, die über die Zustimmung zur Verschmelzung entscheiden soll. Damit verkürzt das englische Recht den von Art. 11 Abs. 1 lit. c) der Dritten Richtlinie geforderten – und auch in Deutschland geltenden – Zeitraum von sechs Monaten seit der Aufstellung des Verschmelzungsplanes. Eine solche zeitliche Verkürzung ist zulässig, denn sie geht zum Schutz der Aktionäre über die Mindestvorgaben der Dritten Richtlinie hinaus.

In Deutschland ist darüber hinaus eine zusätzliche „Schluss"-Bilanz aufzustellen, soweit der Stichtag der letzten Jahresbilanz mehr als acht Monate vor der Anmeldung der Verschmelzung zum Handelsregister liegt.

b) Unternehmensbewertung

Keine wesentlichen Unterschiede bestehen zwischen den in England und in Deutschland vorgesehenen Regelungen zur Unternehmensbewertung.

c) Verschmelzungsplan/Verschmelzungsvertrag

Sowohl in Deutschland als auch in England ist ein Verschmelzungsplan bzw. Verschmelzungsvertrag[447] zu entwerfen. Für den Verschmelzungsplan bzw. Verschmelzungsvertrag ist ein bestimmter Mindestinhalt vorgeschrieben, der nur im Fall des Up-Stream-Merger weniger ausführlich ausfallen darf.

Der Verschmelzungsplan ist in England in Schriftform zu erstellen. Eine öffentliche Beurkundung brauchte gemäß Art. 16 Abs. 1 S. 1 der Dritten

[447] So die Bezeichnung in Deutschland.

Richtlinie nicht gesetzlich vorgesehen zu werden, denn die Verschmelzung unterliegt in England einer umfassenden gerichtlichen Aufsicht. In Deutschland ist hingegen die notarielle Beurkundung des Verschmelzungsvertrages erforderlich. Eine Regelung zur notariellen Beurkundung auch des Vertragsentwurfs war hingegen nach Art. 16 Abs. 1 S. 2 der Dritten Richtlinie entbehrlich, da der Verschmelzung die Aktionäre aller beteiligten Gesellschaften zustimmen müssen.

Im deutschen Recht wird ausdrücklich klargestellt, dass der Verschmelzungsvertrag wirksam wird, wenn ihm die Aktionäre aller beteiligten Gesellschaften per Verschmelzungsbeschluss zustimmen. In England hingegen wird die Verschmelzung insgesamt, und damit auch der Verschmelzungsplan, erst mit Einreichung der gerichtlichen Genehmigungsverfügung beim *registrar of companies* verbindlich.

d) Berücksichtigung von Nachgründungsvorgängen

Nachgründungsregeln sind nur in Deutschland zu beachten, soweit der Verschmelzungsvertrag in den ersten zwei Jahren seit Eintragung der übernehmenden Gesellschaft in das Handelsregister abgeschlossen wird.

e) Verschmelzungsbericht

Ein schriftlicher Verschmelzungsbericht ist gleichermaßen in Deutschland wie in England zu erstatten. Das deutsche Recht sieht vor, dass der Bericht bei entsprechendem Verzicht der Aktionäre[448] sowie im Falle des Up-Stream-Merger entbehrlich ist. In England ist der Bericht dagegen bereits dann nicht erforderlich, wenn mindestens 90 % aller Anteile von der übernehmenden Gesellschaft gehalten werden.

448 Zur Zulässigkeit dieser Verzichtsmöglichkeit nach deutschem Recht s.u. D.I.4.b)cc).

f) Verschmelzungsprüfung und Prüfungsbericht

Sowohl in Deutschland als auch in England hat für jede der sich verschmelzenden Gesellschaften eine Verschmelzungsprüfung zu erfolgen, über die ein schriftlicher Bericht zu erstatten ist, der auch gemeinsam für alle betroffenen Gesellschaften erstellt werden kann. Wie schon der Verschmelzungsbericht, sind in Deutschland Verschmelzungsprüfung und Prüfungsbericht bei Verzicht der Aktionäre[449] sowie im Fall des Up-Stream-Merger entbehrlich. Nach englischem Recht werden die Prüfung und der Bericht bereits dann nicht benötigt, wenn mindestens 90 % aller Anteile an der übertragenden Gesellschaft von der übernehmenden Gesellschaft gehalten werden.

g) Anmeldung bei den Kartellbehörden

Soweit eine Verschmelzung nicht zur Europäischen Kommission anzumelden ist, greifen jeweils die nationalen kartellrechtlichen Regelungen ein. Bei Erreichen bestimmter wirtschaftlicher Schwellenwerte kann die Verschmelzung sowohl in Deutschland als auch in England durch die Kartellbehörden untersagt werden. Eine solche Untersagung darf in Deutschland grundsätzlich spätestens vier Monate nach Eingang der zwingenden Zusammenschlussanmeldung beim Bundeskartellamt erfolgen. In England ist eine Anmeldung der Verschmelzung nicht zwingend vorgeschrieben. Das englische Recht sieht aber für den Fall, dass eine solche freiwillige Anmeldung nicht erfolgt, auch keine Höchstdauer vor, in der die Verschmelzung durch den Wirtschaftsminister untersagt werden darf.

---

449 Zur Zulässigkeit der Verzichtsmöglichkeit nach deutschem Recht s.u. D.I.4.c)cc).

h) Arbeitnehmerbeteiligung

Die Ansprüche der Arbeitnehmer sind sowohl in Deutschland als auch in England an den Vorgaben der Richtlinie 2001/23/EG ausgerichtet.

Im Unterschied zur englischen Regelung sieht das deutsche Recht vor, dass der Verschmelzungsvertrag bzw. sein Entwurf den Betriebsräten der beteiligten Gesellschaften mindestens einen Monat vor der betreffenden Hauptversammlung zuzuleiten ist. Zudem ist in Deutschland jeder betroffene Arbeitnehmer vorab über die Verschmelzung im Einzelnen zu informieren. In England genügt es – in Übereinstimmung mit Art. 7 Abs. 1 der Richtlinie 2001/23/EG –, solche Informationen den betreffenden Arbeitnehmervertretern zukommen zu lassen.

Anders als in England steht jedem Arbeitnehmer in Deutschland ein Recht auf Widerspruch gegen den im Zuge der Verschmelzung erfolgenden Übergang seines Arbeitsverhältnisses zu. Ein solcher Widerspruch bewirkt dann ein Erlöschen des Arbeitsverhältnisses im Zeitpunkt des Wirksamwerdens der Verschmelzung.

i) Vorbereitung einer Kapitalerhöhung

Im Unterschied zum englischen Recht gestattet das deutsche Recht, dass im Zuge der Verschmelzung die übernehmende Gesellschaft von einer übertragenden Gesellschaft Aktien an sich selbst erhält, auf die der Ausgabebetrag nicht voll geleistet ist. Die nicht voll eingezahlten Aktien sind dann in Deutschland zum Aktientausch zu verwenden; eine Kapitalerhöhung hat insofern zu unterbleiben.

Das englische Verschmelzungsrecht verbietet der übernehmenden Gesellschaft, Anteile an sich selbst, auf die der Ausgabebetrag nicht voll geleistet ist, von einer übertragenden Gesellschaft zu erwerben. Zulässig ist allenfalls – ebenso wie in Deutschland – ein Erwerb voll eingezahlter

Anteile, für die in England aber grundsätzlich[450] keine Kapitalerhöhung erfolgen darf[451].

Sowohl deutsches als auch englisches Recht untersagen die Ausgabe von Anteilen an der übernehmenden Gesellschaft für Anteile an einer übertragenden Gesellschaft, die von der übernehmenden Gesellschaft gehalten werden. Damit ist in beiden Staaten insoweit eine Kapitalerhöhung unzulässig.

j) Vorbereitung der Versammlungen

Während in Deutschland die Vorbereitung und Einberufung der Hauptversammlungen jeweils dem Vorstand der betreffenden Gesellschaft obliegt, können die Gesellschafterversammlungen in England nur durch Anordnung des zuständigen Gerichts einberufen werden. Daher ist die Vorbereitung der Gesellschafterversammlungen in England mit einem erheblich höheren organisatorischen Aufwand als in Deutschland verbunden.

aa) Verfahrensschritte bis zur Einberufung

Das zuständige Gericht wird in England nur auf Antrag eines an der Verschmelzung Beteiligten tätig. Gegebenenfalls ist eine Zustellung des Antrags an die betreffende Gesellschaft erforderlich. Zudem stellen die englischen Regelungen an den Antrag auf Anordnung der Gesellschafterversammlungen eine Vielzahl formeller und inhaltlicher Anforderun-

---

[450] Anders stellt sich dies für den Fall eines Aufkauf-*schemes* nach Sections 162 ff. i.V.m. Section 143 Sub-Section 3 lit. (a) CA 1985 dar.

[451] Damit sind in England die von der übernehmenden Gesellschaft im Zuge der Verschmelzung erhaltenen eigenen Anteile grundsätzlich zum Anteilstausch zu verwenden.

gen. Insbesondere sind dem Antrag verschiedene schriftliche Erklärungen sowie weitere Anlagen beizufügen[452].

Das englische Recht schreibt vor, dass die Einberufung der verschiedenen Versammlungen erst erfolgt, wenn der zum Gericht eingereichte Antrag alle formellen und materiellen Anforderungen erfüllt und daraufhin eine gerichtliche Anhörung durchgeführt wurde. Über die Einberufung der Versammlungen entscheidet das Gericht nach eigenem Ermessen.

In Deutschland hingegen gelten weitgehend die allgemeinen Vorschriften für die Vorbereitung von Hauptversammlungen. Darüber hinaus sind die für die Vorbereitung der Hauptversammlungen zuständigen Vorstände der beteiligten Gesellschaften an keine besonderen Verfahrensschritte gebunden, die über die von der Dritten Richtlinie vorgesehenen Mindestregelungen hinausgehen.

bb) Anzahl der Versammlungen

Die Regelungen des englischen Rechts sehen vor, dass für jede *class* der Gesellschafter eigene Versammlungen abzuhalten sind. Der Begriff der *class* ist erheblich weiter zu verstehen als der der Aktiengattung nach deutschem Recht[453]. Damit erfordert das englische Recht gegebenenfalls die Abhaltung einer größeren Zahl von Gesellschafterversammlungen, als dies in Deutschland notwendig wäre.

---

[452] Dies betrifft etwa das den Antrag unterstützende *affidavit* oder *witness statement* der antragstellenden Person sowie den schriftlichen Entwurf der beantragten gerichtlichen Anordnung der Gesellschafter- und Gläubigerversammlungen.

[453] Vgl. hierzu unten D.II.3.c)aa).

cc) Einberufungsverlangen

Soweit für die übernehmende Gesellschaft keine Hauptversammlung beabsichtigt ist, sind in Deutschland die Aktionäre der übernehmenden Gesellschaft gegebenenfalls auf ihr Recht hinzuweisen, eine Einberufung der Hauptversammlung zu verlangen. Eine solche Hinweispflicht ist im englischen Recht nicht vorgesehen und wird von der Dritten Richtlinie auch nicht verlangt.

dd) Gläubigerversammlungen

Schließlich sind in England – im Unterschied zur deutschen Regelung – neben den Gesellschafterversammlungen gegebenenfalls Versammlungen aller *classes* der Gesellschaftsgläubiger abzuhalten[454].

ee) Zeitpunkt der Versammlungseinberufung

Die Einberufung hat in Deutschland jeweils mindestens einen Monat vor dem Tag der betreffenden Versammlung zu erfolgen. In England finden Versammlungen regelmäßig frühestens 21 Tage nach Bekanntmachung der Einberufung statt. Problematisch ist diese 21-Tage-Frist im Hinblick auf Art. 11 Abs. 1 der Dritten Richtlinie, der verlangt, dass verschiedene Unterlagen zur Information der Aktionäre bereits einen Monat vor der Versammlung am Sitz der Gesellschaft auszulegen sind[455]. Um auch den englischen Gesellschaftern die von der Dritten Richtlinie intendierte volle Informationsmöglichkeit zu bieten, ist eine richtlinienkonforme Auslegung

---

[454] Die Abhaltung von Gläubigerversammlungen ist regelmäßig nur dann entbehrlich, wenn der antragstellenden Gesellschaft keine Insolvenz droht und das zuständige Gericht auch keine sonstige Gefährdung von Gläubigerinteressen befürchtet.

[455] Eine solche Regelung wurde sowohl in englisches als auch in deutsches Recht umgesetzt.

der englischen Regelung erforderlich[456]: Damit wird in England anstelle der 21-Tage-Frist eine mindestens einmonatige Einberufungsfrist zu verlangen sein. Dies steht im Einklang mit der Regelung des englischen Rechts, wonach die Einberufung der Versammlung einen Hinweis auf die Auslegung der Unterlagen zu enthalten hat. Dagegen genügt es in Deutschland, wenn die Einberufung eine Mitteilung der Tagesordnung sowie des wesentlichen Inhalts des Verschmelzungsvertrages enthält.

ff) Mitteilung der Einberufung

Während in Deutschland grundsätzlich alle Aktionäre über die Einberufung durch Bekanntmachung in den Gesellschaftsblättern zu informieren sind, ist eine solche öffentliche Mitteilung in England nur dann vorgesehen, wenn eine wesentliche Anzahl[457] der Betroffenen voraussichtlich nicht über ihre Postanschriften erreicht werden kann. Diese Regelung des englischen Rechts erscheint im Hinblick auf den von der Dritten Richtlinie beabsichtigten Schutz der Gesellschafter bedenklich. Der Schutz soll grundsätzlich allen Gesellschaftern zukommen. Wenn jedoch – wie nach der englischen Regelung möglich – einige der Aktionäre von der Mitteilung über die Einberufung ausgeschlossen sind, bleibt ihnen von Vornherein die Teilnahme an der Gesellschafterversammlung versagt.

Zweifelhaft ist, ob die Hinnahme eines solchen Ausschlusses einzelner Gesellschafter von der Gesellschafterversammlung mit dem von der Dritten Richtlinie vorgesehenen Schutzsystem vereinbar ist:

---

456 Vgl. Beutler/Bieber/Pipkorn/Streil, RN 396. Die Möglichkeit der richtlinienkonformen Auslegung (bzw. *harmonious construction*) wird hingegen grundsätzlich verneint von Wölk, S. 230.

457 Von einer wesentlichen Anzahl wird regelmäßig dann gesprochen, wenn Inhaber von mehr als 5 % der Geschäftanteile der jeweiligen *class* betroffen sind.

Die Frage wurde in der englischen Literatur und Rechtsprechung bisher nicht diskutiert. Durch die Dritte Richtlinie wird Minderheitsgesellschaftern im Verschmelzungsverfahren eine besondere Stellung eingeräumt, wenn sie – einzeln oder gemeinsam – über Aktien in einem Mindestprozentsatz von maximal 5 % des gezeichneten Kapitals verfügen. Ihnen steht dann das Recht zu, gegebenenfalls für die übernehmende Gesellschaft eine Einberufung der Hauptversammlung zu verlangen[458]. Hieraus könnte zu folgern sein, dass der vom englischen Recht in Kauf genommene Ausschluss einzelner Gesellschafter dann mit der Dritten Richtlinie vereinbar ist, wenn der Ausschluss Gesellschafter betrifft, die insgesamt mit weniger als 5 % am gezeichneten Kapital der Gesellschaft beteiligt sind.

Jedoch sieht die Dritte Richtlinie vor, dass Verschmelzungsbeschlüsse grundsätzlich mit einer Mehrheit von mindestens zwei Dritteln der Stimmen des bei der jeweiligen Versammlung vertretenen gezeichneten Kapitals zu fassen sind. Dies bedeutet, dass ein Ausschluss von Gesellschaftern – selbst wenn sie mit weniger als 5 % am gezeichneten Kapital der Gesellschaft beteiligt sind – nicht in jedem Fall im Einklang mit der Dritten Richtlinie steht. So kann ein unter Ausschluss von Gesellschaftern zustande gekommener Verschmelzungsbeschluss nur akzeptiert werden, soweit die 2/3-Mehrheit auch dann gesichert gewesen wäre, wenn die ausgeschlossenen Gesellschafter an der Versammlung teilgenommen und gegen die Verschmelzung votiert hätten. Nehmen nur wenige Gesellschafter ihr Recht zur Teilnahme an der Gesellschafterversammlung wahr, so entstehen schnell Konstellationen, in denen bei rechnerischer Berücksichtigung der ausgeschlossenen Gesellschafter die 2/3-Mehrheit unterschritten werden kann. Dieses Ergebnis wird auch nicht dadurch geändert, dass das englische Recht für den Verschmelzungsbeschluss eine Mehrheit verlangt, die mindestens drei Viertel des bei der Versammlung vertretenen Wertes der Gesellschaft repräsentiert[459]. Trotz der in England erforderlichen ¾-Mehrheit sind bei zahlen-

---

[458] S.u. D.II.1.b)bb).
[459] S.o. C.III.2.c).

mäßig geringer Beteiligung an der Gesellschafterversammlung Konstellationen denkbar, die bei rechnerischer Berücksichtigung der ausgeschlossenen Gesellschafter zu einer Unterschreitung der von der Dritten Richtlinie geforderten 2/3-Mehrheit führen.

Im Ergebnis ist damit festzustellen, dass im Zeitpunkt, in dem den Gesellschaftern die Einberufung der Gesellschafterversammlung mitgeteilt werden soll, noch nicht absehbar ist, ob bei Ausschluss einzelner Gesellschafter der zu fassende Verschmelzungsbeschluss mit den Vorgaben der Dritten Richtlinie vereinbar sein wird. Es ist daher eine richtlinienkonforme Auslegung der Regelungen des englischen Rechts zur Einberufung der Gesellschafterversammlung geboten[460], um zu verhindern, dass Gesellschaftern die Einberufung gar nicht mitgeteilt wird. Die in England geltende Regelung sieht vor, dass die Einberufung der Gesellschafterversammlung den Gesellschaftern nur dann nicht per Post mitgeteilt werden darf, wenn eine „wesentliche" Anzahl von Beteiligten voraussichtlich nicht über ihre Postanschrift erreicht werden kann. Im Lichte der Dritten Richtlinie ist diese Wesentlichkeitsgrenze regelmäßig bereits dann als überschritten anzusehen, wenn auch nur ein Gesellschafter nicht per Post erreichbar ist. Damit ist – ebenso wie in Deutschland – auch in England die Mitteilung per Post nur dann zulässig, wenn die Postanschriften aller Gesellschafter bekannt sind. Ansonsten ist zumindest eine öffentliche Mitteilung im Wege von Zeitungsanzeigen erforderlich.

k) Verschmelzungsbeschlüsse

Im Hinblick auf die Anforderungen, die an die Wirksamkeit des Verschmelzungsbeschlusses zu stellen sind, gehen die Regelungen in beiden Staaten über die von der Dritten Richtlinie verlangte 2/3-Mehrheit

---

460 Vgl. Beutler/Bieber/Pipkorn/Streil, RN 396. Die Möglichkeit der richtlinienkonformen Auslegung (bzw. der *harmonious construction*) wird hingegen grundsätzlich verneint von Wölk, S. 230.

hinaus: Im Unterschied zum deutschen Recht, das für die Wirksamkeit des Verschmelzungsbeschlusses eine Mehrheit von drei Vierteln des bei der Beschlussfassung vertretenen Grundkapitals ausreichen lässt, sieht das englische Recht eine zweistufige Wirksamkeitsvoraussetzung vor. So ist in England zum einen erforderlich, dass der Verschmelzung eine Mehrheit der Anzahl der bei der Versammlung vertretenen Gesellschafter zustimmt. Zum anderen muss diese zahlenmäßige Mehrheit mindestens drei Viertel des vertretenen Wertes der Gesellschaft repräsentieren[461].

Bei der Verschmelzung durch Neugründung ist der Satzung der neuen Gesellschaft in Deutschland durch die Hauptversammlung jeder übertragenden Gesellschaft mit der für den Verschmelzungsbeschluss erforderlichen ¾-Mehrheit zuzustimmen. In England reicht dagegen – in Übereinstimmung mit der Vorgabe des Art. 23 Abs. 3 der Dritten Richtlinie – eine Zustimmung mit einfacher Stimmenmehrheit aus.

Der Verschmelzungsbeschluss bedarf in Deutschland der notariellen Beurkundung. Das englische Recht verlangt hingegen nur Schriftform. Dieses Schriftformerfordernis ist nach Art. 16 Abs. 1 S. 1 der Dritten Richtlinie ausreichend, denn in England ist eine umfassende und vorbeugende gerichtliche Kontrolle der Rechtmäßigkeit der Verschmelzung vorgesehen.

l) Gerichtliche Genehmigung der Verschmelzung

Anders als in Deutschland ist in England eine gerichtliche Genehmigung der Verschmelzung erforderlich. Das Gericht trifft die Entscheidung über die Genehmigung nach eigenem Ermessen. Der Genehmigung muss eine Anhörung der Beteiligten vorausgehen. Das für die Genehmigung zuständige Gericht wird nur auf Antrag eines der Beteiligten tätig. Dieser Antrag ist den Gesellschaften gegebenenfalls zuzustellen. Insgesamt

---

461 Vgl. hierzu oben C.III.2.c).

stellt das englische Recht an einen solchen Antrag eine Vielzahl formeller und inhaltlicher Anforderungen[462]. Zudem sind in England die vom Gericht anzuordnenden Verschmelzungsfolgen in der Regel nicht in der gerichtlichen Genehmigung der Verschmelzung enthalten. Stattdessen werden die Verschmelzungsfolgen erst in einem zweiten gerichtlichen Verfahren – nach erneuter Anhörung der Beteiligten – angeordnet, welches wiederum erst auf qualifizierten Antrag hin eingeleitet wird.

Damit ist das Verschmelzungsverfahren in England regelmäßig organisatorisch und zeitlich sehr viel aufwändiger, als dies in Deutschland der Fall ist. Da nach englischem Recht die Genehmigung der Verschmelzung im Ermessen des zuständigen Gerichts steht, ist zudem der Ausgang des Verschmelzungsverfahrens in England für die Beteiligten mit größeren Unwägbarkeiten als in Deutschland verbunden[463].

m) Registereintragungen

Während in Deutschland die Eintragung der Verschmelzung in den Handelsregistern an den Sitzen der beteiligten Gesellschaften erfolgt, gibt es in England eine zentrale Registerstelle, die alle Eintragungen vornimmt. Gesonderte Anmeldungen sind in Deutschland ebenso wie in England für jede der beteiligten Gesellschaften erforderlich. Anzumelden sind in England zum einen die Genehmigung der Verschmelzung, zum anderen die Anordnung der besonderen Verschmelzungsfolgen. Dagegen erfolgt in Deutschland die Anmeldung der Verschmelzung in einem einzigen Schritt.

---

[462] So sind dem Antrag verschiedene schriftliche Erklärungen sowie weitere Anlagen beizufügen. Dies betrifft etwa die den Antrag unterstützenden *affidavits* und *witness statements*. Zudem hat der Genehmigungsantrag auch den Textentwurf der vom Gericht zu erlassenden Anordnung zu enthalten.

[463] Zwar ist in Deutschland eine nachträgliche gerichtliche Kontrolle möglich, jedoch führt diese in der Regel nicht zur Verhinderung der Verschmelzung (vgl. unten D.IV.2.).

In Deutschland erfordert die Anmeldung der Verschmelzung zu den Handelsregistern die Einreichung zahlreicher Anlagen, durch die insbesondere der jeweiligen Registerstelle die Beachtung des für die Verschmelzung vorgeschriebenen Verfahrens nachgewiesen wird. Ein solcher Nachweis gegenüber der Registerstelle wird in England nicht benötigt, da bereits das gesamte Verschmelzungsverfahren der gerichtlichen Kontrolle unterliegt. Entsprechend ist die Anmeldung der Verschmelzung zur Registerstelle in England allein durch Einreichung einer Ausfertigung der gerichtlichen Genehmigungs- bzw. Anordnungsurkunde zu bewirken.

Im Unterschied zur englischen Regelung sieht das deutsche Recht vor, dass die Tatsache des Verschmelzungsvertragsabschlusses in das Handelsregister einzutragen ist, soweit der Verschmelzungsvertrag in den ersten zwei Jahren seit Eintragung der übernehmenden Gesellschaft in das Handeslregister geschlossen wird.

n) Kosten

Im Hinblick auf die Kosten ergeben sich zwischen Deutschland und England keine wesentlichen Unterschiede.

2. Rechtsfolgen der Verschmelzung

a) Übergang von Rechten und Pflichten

In Deutschland geht das gesamte Vermögen der übertragenden Gesellschaften einschließlich aller Verbindlichkeiten im Wege der Gesamtrechtsnachfolge auf die übernehmende Gesellschaft über. In England hat die gerichtliche Anordnung der Verschmelzungsfolgen grundsätzlich die gleiche Wirkung. Von der in Art. 19 Abs. 3 der Dritten Richlinie vorgesehenen Möglichkeit, für die Übertragung bestimmter Vermögensgegenstände, Rechte und Pflichten besondere Förmlichkeiten zu verlangen, hat der englische – im Gegensatz zum deutschen – Gesetzgeber aber Gebrauch gemacht. So wird nach englischem Recht die Übertragung einiger Vermögensgegenstände erst nach Eintragung in bestimmte öffentliche Register wirksam.

b) Aktientausch

In beiden Staaten werden die Aktionäre/Gesellschafter der übertragenden Gesellschaften grundsätzlich Aktionäre/Gesellschafter der übernehmenden Gesellschaft. Ausnahmen sind für die Fälle vorgesehen, in denen sich Aktien einer übertragenden Gesellschaft im Besitz der übernehmenden Gesellschaft oder auch der übertragenden Gesellschaft selbst befinden: In diesen Fällen ist ein Aktientausch unzulässig, um zu verhindern, dass die übernehmende Gesellschaft eigene Aktien erwirbt.

Anders als das englische Recht schreibt das deutsche Recht das Verfahren zur Vornahme des Aktientausches im Einzelnen vor: So ist in Deutschland für jede übertragende Gesellschaft ein Treuhänder zu bestellen, der die von der aufnehmenden Gesellschaft zu gewährenden Aktien nebst barer Zuzahlungen in Empfang nimmt und im folgenden an die Aktionäre der übertragenden Gesellschaften weiterleitet. In England hingegen richtet sich der Tausch der *shares* nach den im Verschmelzungsplan vorgesehenen Regelungen.

c) Bindungswirkung/Reversibilität

In Deutschland wird die Verschmelzung mit ihrer Eintragung in das Handelsregister am Sitz der übernehmenden Gesellschaft – bzw. im Falle der Verschmelzung durch Neugründung mit Eintragung der neugegründeten Gesellschaft – wirksam. In England wird die Verschmelzung bereits mit Einreichung einer Ausfertigung der gerichtlichen Genehmigungsverfügung zur Registerstelle wirksam; die durch das Gericht angeordneten Verschmelzungsfolgen treten mit Erlass der gerichtlichen Anordnung ein.

Die Wirksamkeit tritt in beiden Staaten unabhängig von etwaigen Mängeln der Verschmelzung ein. Im Unterschied zur Regelung in Deutschland gestattet das englische Recht den Gesellschaftern und Gläubigern der an der Verschmelzung beteiligten Gesellschaften, gerichtlich gegen die Verschmelzung vorzugehen: Das Gericht ist in einem sochen Fall befugt, gegebenenfalls weitere Anordnungen bis hin zur Rückgängigmachung der Verschmelzung zu treffen. Damit ist in England – anders als in Deutschland – eine Entschmelzung zulässig[464].

Eine solche Entschmelzung ist grundsätzlich mit ex nunc-Wirkung ab Erlass der die Entschmelzung anordnenden Gerichtsentscheidung oder mit ex tunc-Wirkung ab Wirksamkeit der Verschmelzung denkbar. Allerdings käme die Anordnung einer Entschmelzung mit ex tunc-Wirkung einer Nichtigkeitserklärung der Verschmelzung gleich. Die Nichtigkeit der Verschmelzung ist nach den Vorgaben der Dritten Richtlinie nur in den engen Grenzen ihres Art. 22 Abs. 1 zulässig. Diese engen Grenzen sind damit auch für den Fall einer Entschmelzung mit ex tunc-Wirkung zu beachten.

Die einschränkenden Vorgaben des Art. 22 Abs. 1 der Dritten Richtlinie wurden nicht in das englische Recht umgesetzt. Dies bedeutet, dass wegen Art. 10 EGV n.F.[465] die englische Regelung, welche eine ex tunc-Entschmelzung gestattet, grundsätzlich nicht angewendet werden darf[466]. Die ex tunc-Entschmelzung wäre nur dann zulässig, wenn insoweit eine richtlinienkonforme Auslegung des englischen Rechts möglich wäre[467].

Fraglich ist, ob eine richtlinienkonforme Auslegung des englischen Rechts zur ex tunc-Entschmelzung in Betracht kommt. Dies wäre allen-

464 Vgl. zu den Einezelheiten unten D.IV.3.b) und c).
465 Art. 5 EGV a.F.
466 Vgl. Beutler/Bieber/Pipkorn/Streil, RN 396.
467 Vgl. Beutler/Bieber/Pipkorn/Streil, RN 396.

falls dann der Fall, wenn das englische Recht die in Art. 22 Abs. 1 der Dritten Richtlinie vorgesehenen Einschränkungen gestatten würde[468]. Problematisch ist insofern die in Art. 22 Abs. 1 lit. h) der Dritten Richtlinie enthaltene Einschränkung, wonach zwingend eine gesamtschuldnerische Haftung der an der Verschmelzung beteiligten Gesellschaften erforderlich ist. Eine ex tunc-Entschmelzung wäre danach in England nur zulässig, wenn das Gericht gleichzeitig die gesamtschuldnerische Haftung der beteiligten Gesellschaften anordnet. Zweifelhaft ist, ob das englische Gericht eine solche Anordnung mit Gestaltungswirkung zulasten der beteiligten Gesellschaften treffen darf. Grundsätzlich darf ein solches Gestaltungsurteil nur dann ergehen, wenn das Gericht aufgrund gesetzlicher Regelung oder auch durch entsprechende Zustimmung der betroffenen Parteien hierzu ermächtigt ist[469]. Eine entsprechende Ermächtigung sieht das englische Recht jedoch nicht vor. Vielmehr ist der Fall der ex tunc-Entschmelzung in England gar nicht ausdrücklich geregelt. Eine richtlinienkonforme Auslegung der englischen Regelungen ist somit für den Fall der ex tunc-Entschmelzung nicht möglich. Die Anordnung einer Entschmelzung mit ex tunc-Wirkung ist in England daher als europarechtswidrig anzusehen und deshalb unzulässig.

---

468 Kritisch zur grundsätzlichen Möglichkeit der richtlinienkonformen Auslegung (bzw. *harmonious construction* des englischen Rechts): Wölk, S. 230.

469 Vgl. hierzu *Kempe v Ambassador Insurance Co [1998] 1 WLR 271, 276.*

D. Schutz der Aktionäre

Die Darstellung des Verschmelzungsverfahrens in Deutschland und in England hat gezeigt, dass es sich bei der Verschmelzung um einen schwerwiegenden Eingriff in die Aktionärsstellung handelt. So verlieren die Aktionäre einer übertragenden Gesellschaft ihre bisherigen Beteiligungen und erhalten stattdessen Aktien an der übernehmenden Gesellschaft. Auch die Aktionäre einer übernehmenden Gesellschaft sind nach Vollzug der Verschmelzung an einer durch die Verschmelzung veränderten Gesellschaft beteiligt, an der sie dann in der Regel einen geringeren Anteil als zuvor halten. Zu dieser einschneidenden Veränderung der Rechtsstellung der Aktionäre kommt die Schwierigkeit der Beurteilung der wirtschaftlichen Folgen der Verschmelzung, insbesondere des Vorschlags zum richtigen Aktienumtauschverhältnis.

Dementsprechend stellt der Aktionärsschutz laut ihrer Präambel einen zentralen Aspekt der Dritten Richtlinie dar. So sieht Art. 7 Abs. 1 S. 1 der Dritten Richtlinie vor, dass es die Aktionäre sein sollen, die über die Durchführung der Verschmelzung entscheiden[470]. Darüber hinaus sieht die Dritte Richtlinie zahlreiche weitere Regelungen zum Schutz der Aktionäre der sich verschmelzenden Gesellschaften vor. Besonderen Wert legt der europäische Gesetzgeber in diesem Zusammenhang darauf, dass die betroffenen Aktionäre umfassend und zutreffend über die beabsichtigte Verschmelzung sowie den damit verbundenen Aktientausch informiert werden. Dies soll die Aktionäre in die Lage versetzen, die Entscheidung über die Durchführung der Verschmelzung in Kenntnis aller relevanten Tatsachen zu treffen[471].

Die Vorgaben der Dritten Richtlinie zum Schutz der Aktionäre können in vier Bereiche unterteilt werden. Der Schutz soll zum einen erreicht werden durch präventive Vorgaben betreffend die Pflichten der Organwalter

---

470 Wobei jedoch Art. 8 der Dritten Richtlinie den Mitgliedstaaten die Möglichkeit gibt, unter bestimmten Umständen auf die Zustimmung durch die Hauptversammlung der übernehmenden Gesellschaft zu verzichten.

471 Vgl. Habersack, RN 222.

und Prüfer, durch Vorgaben zur Gewährleistung von Informations- und Beteiligungsrechten der Aktionäre sowie durch eine transparente Verfahrensausgestaltung. Hinzu kommt zum anderen der nachträgliche Rechtsschutz im Wege der Haftung von Organwaltern und Berichtsprüfern. Im Folgenden werden die Vorgaben der Dritten Richtlinie in den jeweiligen Bereichen den nationalen Regelungen gegenübergestellt. Dies soll eine vergleichende Beurteilung des Aktionärsschutzes bei Verschmelzungen in Deutschland und England ermöglichen.

I. Pflichten der Organwalter und Prüfer

1. Vorgaben der Verschmelzungsrichtlinie

Die Verwaltungs- und Leitungsorgange der an der Verschmelzung beteiligten Gesellschaften haben insbesondere den Verschmelzungsplan und den Verschmelzungsbericht zu erstellen. Den Prüfern kommt die Pflicht zu, den Verschmelzungsplan zu überprüfen.

a) Erstellung und Offenlegung des Verschmelzungsplans

Zur Information der Aktionäre sieht Art. 5 Abs. 1 der Dritten Richtlinie als Kernstück der Verschmelzung den Verschmelzungsplan vor, der durch die Verwaltungs- und Leitungsorgane der sich verschmelzenden Gesellschaften zu erstellen ist und der der Schriftform bedarf. Im Zusammenhang mit der Erstellung des Verschmelzungsplans sind verschiedene Punkte zu beachten.

aa) Erstellung des Verschmelzungsplans

Die Verwaltungs- und Leitungsorgane der sich verschmelzenden Gesellschaften haben sich gemäß Art. 5 Abs. 1 der Dritten Richtlinie auf den schriftlichen Verschmelzungsplan zu einigen. Der nach Art. 5 Abs. 2 der Dritten Richtlinie vorgeschriebene Mindestinhalt des Verschmelzungsplanes darf nur im Falle des Up Stream Merger weniger umfangreich ausfallen.

aaa) Mindestinhalt

Mindestens die folgenden Angaben müssen nach Art. 5 Abs. 2 der Dritten Richtlinie im Verschmelzungsplan enthalten sein:

- Rechtsform, Firma und Sitz der sich verschmelzenden Gesellschaften,
- das Umtauschverhältnis der Aktien und gegebenenfalls die Höhe der baren Zuzahlung,
- die Einzelheiten hinsichtlich der Übertragung der Aktien der übernehmenden Gesellschaft,
- den Zeitpunkt, von dem an die übertragenen Aktien gewinnbezugsberechtigt sind,
- den Zeitpunkt, von dem an die Handlungen der übertragenden Gesellschaften als für Rechnung der übernehmenden Gesellschaft vorgenommen gelten,
- die Rechte, welche die übernehmende Gesellschaft den Aktionären mit Sonderrechten und den Inhabern anderer Wertpapiere als Aktien gewährt, oder die für diese Personen vorgeschlagenen Maßnahmen und
- jeden besonderen Vorteil, der den Sachverständigen, die die Verschmelzungsprüfung nach Art. 10 Abs. 1 der Dritten Richtlinie durchführen, sowie den Mitgliedern der Verwaltungs-, Leitungs-, Aufsichts- oder Kontrollorgane der sich verschmelzenden Gesellschaften gewährt wird.

bbb) Erleichterungen im Fall des Up Stream Merger

Der Verschmelzungsplan darf beim Up Stream Merger erheblich weniger ausführlich ausfallen: Das Umtauschverhältnis der Aktien und die Höhe der baren Zuzahlung braucht ebenso wenig im Verschmelzungsplan genannt zu werden wie die Einzelheiten zur Übertragung der Aktien der übernehmenden Gesellschaft oder der Zeitpunkt, von dem an die Aktien der übernehmenden Gesellschaft Gewinnberechtigung vermitteln

(Art. 24 i.V.m. Art. 5 Abs. 2 lit b)-d) der Dritten Richtlinie). Zudem ist eine Regelung der zivilrechtlichen Haftung von Verwaltungs- und Leitungsorganen der übertragenden Gesellschaften sowie von Verschmelzungsprüfern nicht erforderlich (Art. 24 i.V.m. Art 20, 21 der Dritten Richtlinie).

bb) Offenlegung des Verschmelzungsplans

Der Verschmelzungsplan ist gemäß Art. 6 der Dritten Richtlinie mindestens einen Monat vor dem Tage der Hauptversammlung, die jeweils über die Verschmelzung beschließt, nach Maßgabe des Art. 3 der Ersten Richtlinie durch Eintragung in das in den jeweiligen Staaten errichtete Handels- oder Gesellschaftsregister offen zu legen (Art. 3 Abs. 2 der Ersten Richtlinie) und in dem betreffenden Amtsblatt zu veröffentlichen (Art. 3 Abs. 4 der Ersten Richtlinie)[472].

Soweit eine Zustimmung der Hauptversammlung der übernehmenden Gesellschaft nicht erfolgen soll, hat die Offenlegung des Verschmelzungsplans für die übernehmende Gesellschaft nach Art. 8 a) der Dritten Richtlinie mindestens einen Monat vor der ersten Hauptversammlung einer übertragenden Gesellschaft, die über die Verschmelzung zu beschließen hat, zu erfolgen.

b) Erstellung des Verschmelzungsberichts

aa) Inhalt des Verschmelzungsberichts

Nach Art. 9 S. 1 der Dritten Richtlinie haben die Verwaltungs- oder Leitungsorgane der sich verschmelzenden Gesellschaften einen ausführlichen schriftlichen Verschmelzungsbericht zu erstatten, in dem der Verschmelzungsplan und insbesondere das Umtauschverhältnis der Aktien rechtlich und wirtschaftlich erläutert und begründet werden[473].

---

472 Vgl. oben C.I.1.f.
473 Vgl. oben C.I.1.c).

Soweit besondere Schwierigkeiten bei der Bewertung der Aktien aufgetreten sind, ist auf solche hinzuweisen (Art. 9 S. 2 der Dritten Richtlinie).

bb) Entbehrlichkeit des Verschmelzungsberichts bei Up Stream Merger und ähnlichen Fällen

Der Verschmelzungsbericht ist nur entbehrlich beim Up Stream Merger (Art. 24 S. 2 der Dritten Richtlinie), oder wenn die übernehmende Gesellschaft zum einen mindestens 90 % aller Anteile an der übertragenden Gesellschaft hält und zum anderen die Minderheitsaktionäre der übertragenden Gesellschaft ihre Anteile zu einem angemessenen Preis von der übernehmenden Gesellschaft aufkaufen lassen können (Art. 28 a) und b) der Dritten Richtlinie). Der angemessene Aufkaufpreis muss gegebenenfalls durch ein Gericht festgesetzt werden können (Art. 28 c) der Dritten Richtlinie).

c) Prüfung des Verschmelzungsplans

Art. 10 Abs. 1 S. 1 der Dritten Richtlinie schreibt vor, dass der Verschmelzungsplan für jede der sich verschmelzenden Gesellschaften durch mindestens einen von diesen unabhängigen Sachverständigen zu prüfen ist[474]. Zulässig ist nach Art. 10 Abs. 1 S. 2 der Dritten Richtlinie auch die Bestellung mindestens eines Sachverständigen gemeinsam für alle beteiligten Gesellschaften, vorausgesetzt eine solche Bestellung erfolgt zum Schutz der Aktionäre[475] durch ein Gericht oder eine Verwaltungsbehörde.

---

474 Vgl. oben C.I.1.d).

475 Wohl im Hinblick auf die Einflussmöglichkeiten herrschender Unternehmen (Lutter in Lutter zu § 10, RN 9).

aa) Erstellung des Prüfungsberichts

Über die Prüfung durch den Sachverständigen ist für die Aktionäre ein schriftlicher Bericht zu erstellen, der gemäß Art. 10 Abs. 2 der Dritten Richtlinie zu erklären hat, ob das Umtauschverhältnis der Aktien nach Einschätzung der Sachverständigen angemessen ist. In diesem Zusammenhang muss der Bericht zumindest die folgenden Angaben enthalten:

- Die Methoden, nach denen das vorgeschlagene Umtauschverhältnis bestimmt worden ist,
- eine Einschätzung, ob diese Methoden im vorliegenden Fall angemessen sind und welche Werte sich bei jeder dieser Methoden ergeben sowie
- eine Erklärung dazu, welche Bedeutung diesen Methoden bei der Bestimmung des zu Grunde gelegten Werts beigemessen wurde.

Schließlich ist nach Art. 10 Abs. 3 der Dritten Richtlinie gegebenenfalls auf besondere Schwierigkeiten bei der Bewertung hinzuweisen.

bb) Entbehrlichkeit der Prüfung bei Up Stream Merger sowie ähnlichen Fällen

Eine Prüfung des Verschmelzungsplans ist entbehrlich beim Up Stream Merger (Art. 24 i.V.m. Art. 10 und 11 Abs. 1 lit. e) der Dritten Richtlinie) sowie für den Fall, dass die übernehmende Gesellschaft zum einen mindestens 90 % aller Anteile an der übertragenden Gesellschaft hält und zum anderen die Minderheitsaktionäre der übertragenden Gesellschaft ihre Anteile zu einem angemessenen Preis von der übernehmenden Gesellschaft aufkaufen lassen können (Art. 28 a) und b) der Dritten Richtlinie). Erforderlichenfalls muss ein Gericht den Ankaufpreis festsetzen können (Art. 28 c) der Dritten Richtlinie).

2. Pflichten der Vorstände und Prüfer nach deutschem Recht

a) Erstellung des Verschmelzungsvertrags

Wie auch schon vor Umsetzung der Dritten Richtlinie in Deutschland kann der Verschmelzungsvertrag sowohl vor als auch nach Durchführung der über die Verschmelzung entscheidenden Hauptversammlungen abgeschlossen werden[476].

aa) Mindestinhalt des Verschmelzungsvertrags

Mit Umsetzung der Dritten Richtlinie wurden erstmals Bestimmungen über den Inhalt des Verschmelzungsvertrags in das deutsche Recht eingeführt[477].

Neben den Angaben zu

- Name, Firma[478] und Sitz der beteiligten Gesellschaften (§ 5 Abs. 1 Nr. 1 UmwG),
- der Vereinbarung einer Verschmelzung (§ 5 Abs. 1 Nr. 2 UmwG)[479] und
- den Folgen der Verschmelzung für die Arbeitnehmer und ihre Vertretungen (§ 5 Abs. 1 Nr. 9 UmwG)

muss der Verschmelzungsvertrag im Interesse der Aktionäre insbesondere den folgenden Mindestinhalt aufweisen:

---

[476] So § 4 Abs. 2 UmwG, der angelehnt ist an § 340 Abs. 1 AktG 1965 (vgl. Würdinger in Großkommentar zu § 293, Anm. 1).

[477] Die diesbezügliche Regelung war zunächst in § 340 Abs. 2 AktG 1965 (in der Fassung vom 25.10.1982) enthalten.

[478] Die Firma enthält auch die Bezeichnung der Rechtsform der betreffenden Gesellschaft. Für die Aktiengesellschaft ergibt sich das aus § 4 AktG.

[479] Diese Angabe ist nach § 5 Abs. 2 UmwG im Fall des Up Stream Merger nicht erforderlich.

aaa) Umtauschverhältnis und Höhe der baren Zuzahlung

Das Umtauschverhältnis der Anteile und gegebenenfalls die Höhe der baren Zuzahlung sind zu nennen (§ 5 Abs. 1 Nr. 3 UmwG). Die bare Zuzahlung darf gemäß § 68 Abs. 3 UmwG 10 % des Wertes der zu gewährenden Anteile nicht übersteigen.

Befinden sich alle Anteile einer übertragenden Gesellschaft in der Hand der übernehmenden Gesellschaft (so genannter „Up Stream Merger"), so brauchen gemäß § 5 Abs. 2 UmwG diesbezüglich keine Angaben zu Umtauschverhältnis und Zuzahlungen gemacht zu werden.

Anders als im Verschmelzungsbericht[480], ist im Verschmelzungsvertrag keine Erläuterung des Umtauschverhältnisses erforderlich[481].

bbb) Einzelheiten zur Übertragung der Aktien der übernehmenden Gesellschaft

Der Verschmelzungsvertrag hat die Einzelheiten für die Übertragung der Aktien der übernehmenden Gesellschaft zu regeln (§ 5 Abs. 1 Nr. 4 UmwG). Hierzu gehört die Benennung des für jede übertragende Gesellschaft nach § 71 Abs. 1 UmwG zu bestellenden Treuhänders für den Empfang der zu gewährenden Aktien und baren Zuzahlungen[482]. Dies dient der Information der künftigen Aktionäre, die sich zum Erhalt der neuen Aktien bzw. der baren Zuzahlungen an den Treuhänder zu wenden haben[483].

---

480 Gemäß § 8 Abs. 1 S. 1 UmwG.
481 Lutter in Lutter zu § 5, RN 17.
482 Marsch-Barner in Kallmeyer zu § 5, RN 24.
483 Vgl. Lutter in Lutter zu § 5, RN 27.

Aufzunehmen ist zudem eine Regelung darüber, wer die Kosten des Umtausches der bisherigen Anteile trägt[484]. Dies ist in der Regel die übernehmende Gesellschaft[485].

Entbehrlich sind Angaben über die Einzelheiten des Umtauschverfahrens, insbesondere über die Einreichung der alten Aktien, ihre Zusammenlegung und Kraftloserklärung[486]. Vollständig entbehrlich ist die Nennung von Einzelheiten zur Übertragung der Aktien der übernehmenden Gesellschaft nach § 5 Abs. 2 UmwG nur im Fall des Up Stream Merger.

ccc) Zeitpunkt der Gewinnberechtigung

Gemäß § 5 Abs. 1 Nr. 5 UmwG ist der Zeitpunkt festzulegen, von dem an die neuen Aktien gewinnberechtigt sind, wobei gegebenenfalls zugleich alle Besonderheiten dieses Gewinnanspruchs darzulegen sind. Solche Besonderheiten des Gewinnanspruchs können sich insbesondere aus Sonderrechten einzelner Aktionäre (z.B. Vorzugsaktien) oder aufgrund des statuarischen Gewinnverteilungsschlüssels ergeben[487].

Grundsätzlich sind die Aktionäre einer übertragenden Gesellschaft vom Zeitpunkt der Eintragung der Verschmelzung im Handelsregister des Sitzes der übernehmenden Gesellschaft an[488] berechtigt, am Gewinn der übernehmenden Gesellschaft teilzuhaben[489]. Da zum einen der genaue Zeitpunkt der Eintragung nicht vorsehbar ist, zum anderen ein Beginn der Gewinnberechtigung während des laufenden Geschäftsjahres zu Schwierigkeiten bei der Gewinnverteilung zwischen alten und neuen Aktionären führen kann, wird anstelle des Zeitpunktes der Handelsregistereintragung zumeist ein günstigerer Termin bestimmt. Dabei handelt es

---

484 Lutter in Lutter zu § 5, RN 26.
485 Marsch-Barner in Kallmeyer zu § 5, RN 24.
486 Marsch-Barner in Kallmeyer zu § 5, RN 24.
487 Vgl. Müller in Kallmeyer zu § 5, RN 27.
488 Also mit dem Wirksamwerden der Verschmelzung (s.o. C.II.3.e)cc)).
489 S.o. C.II.4.b).

sich in der Regel um den Zeitpunkt des Beginns des Geschäftsjahres der übernehmenden Gesellschaft, das auf den Stichtag der letzten Jahresbilanz der übertragenden Rechtsträger folgt[490].

Um eine spätere Anpassung des Verschmelzungsvertrages an möglicherweise eintretende Verzögerungen der Eintragung der Verschmelzung[491] zu verhindern[492], kann auch eine variable Stichtagsregelung aufgenommen werden[493], durch die sich bei Nichtvorliegen der Eintragung der Beginn der Gewinnberechtigung beispielsweise jeweils um ein Jahr verschiebt[494].

Die Angaben über den Zeitpunkt der Gewinnberechtigung dürfen im Fall des Up Stream Merger gemäß § 5 Abs. 2 UmwG unterbleiben.

490 Dies ist jedoch nicht zwingend. So kann die Gewinnberechtigung auch zu einem späteren Zeitpunkt (Müller in Kallmeyer zu § 5, RN 28) vereinbart werden oder aber - vorausgesetzt es wurde für diesen Zeitraum noch kein Gewinnverteilungsbeschluss gefasst - für ein früheres Geschäftsjahr (vgl. Bermel/Hannappel in Goutier/Knopf/Tulloch zu § 5, RN 48). Möglich ist es weiterhin, den Beginn der Gewinnberechtigung auf die Mitte des laufenden Geschäftsjahres der übernehmenden Gesellschaft festzulegen (Hoffmann-Becking in FS-Fleck, 105, 110). Da eine gesonderte Gewinnermittlung in der Regel für ein solches halbes Jahr nicht erfolgt, sollen die Aktien nach teilweise vertretener Ansicht für dieses Geschäftsjahr mit halber Gewinnberechtigung ausgestattet sein (Müller in Kallmeyer zu § 5, RN 28). Nach anderer Auffassung soll die Festlegung der Gewinnberechtigung auf die Mitte des Geschäftsjahres aufgrund der Schwierigkeiten bei der Berechnung des Gewinns unzweckmäßig sein (vgl. Grunewald in G/H/E/K zu § 340, RN 12; Lutter in Lutter zu § 5, RN 30).

491 Z.B. durch Anfechtungsklagen (vgl. Lutter in Lutter zu § 5, RN 30). Verzögert sich das Wirksamwerden der Verschmelzung, so haben die beteiligten Gesellschaften weiter eigene Jahresabschlüsse aufzustellen, in denen, abgesehen von evtl. Rückstellungen, die vorgesehene Verschmelzung grundsätzlich nicht zu berücksichtigen ist (Müller in Kallmeyer zu § 5, RN 29).

492 Müller in Kallmeyer zu § 5, RN 29.

493 Lutter in Lutter zu § 5, RN 30.

494 Vgl. Müller in Kallmeyer zu § 5, RN 29.

ddd) Verschmelzungsstichtag

Der Verschmelzungsstichtag, also der Zeitpunkt, von dem an die Handlungen der übertragenden Gesellschaft(-en) als für Rechnung der übernehmenden Gesellschaft vorgenommen gelten, ist im Verschmelzungsvertrag anzugeben (§ 5 Abs. 1 Nr. 6 UmwG).

Sinnvollerweise wird der Verschmelzungsstichtag mit dem Zeitpunkt der Gewinnberechtigung bei der übernehmenden Gesellschaft synchronisiert[495]. Dies ist jedoch nicht zwingend[496]. Wie für die Gewinnberechtigung ist es auch für den Verschmelzungsstichtag möglich, für den Fall der Verzögerung der Verschmelzungseintragung einen beweglichen Termin festzulegen[497].

Bei Beteiligung mehrerer übertragender Gesellschaften sind auch unterschiedliche Verschmelzungsstichtage möglich[498]. Diese kommen insbesondere dann in Betracht, wenn die Geschäftsjahre der übertragenden Gesellschaften unterschiedlich enden[499].

eee) Sonderrechte

Der Verschmelzungsvertrag muss alle Sonderrechte und Maßnahmen nennen, die die übernehmende Gesellschaft einzelnen Aktionären sowie den Inhabern besonderer Rechte gewährt (§ 5 Abs. 1 Nr. 7 UmwG). Betroffen sind also nicht nur Sonderrechte, die Aktionären der Gesellschaft eingeräumt werden. Es braucht aber auch nicht jede schuldrechtliche Gläubigereigenschaft im Verschmelzungsvertrag aufgeführt zu

495 Müller in Kallmeyer zu § 5, RN 35.
496 Müller in Kallmeyer zu § 5, RN 35.
497 Grunewald in G/H/E/K zu § 340, RN 21.
498 Mayer in Widmann/Mayer zu § 5, RN 166.
499 Müller in Kallmeyer zu § 5, RN 37.

werden. Vielmehr reicht es aus, wenn alle gesellschaftsrechtlich typisierten Vermögensrechte[500] genannt werden[501].

Die frühzeitige Offenlegung der Vergünstigungen soll sicherstellen, dass den nicht begünstigten Aktionären ermöglicht wird, die Einhaltung des Grundsatzes der Gleichbehandlung im Verhältnis zu den Sonderrechtsinhabern zu überprüfen[502]. Daher müssen nur die einzelnen Aktionären rechtsgeschäftlich[503] gewährten Vergünstigungen, die von den anderen Aktionären eingeräumten Rechten abweichen, genannt werden[504].

Auch wenn der Verschmelzungsvertrag nicht alle gewährten Sonderrechte und Maßnahmen offenlegt, sind entsprechende Zusagen der Gesellschaft gegenüber dem begünstigten Dritten wirksam, soweit die Gesellschaft im Rahmen der Zusage ordnungsgemäß vertreten wurde[505].

fff) Sondervorteile für Mitglieder des Vorstands oder Aufsichtsrats sowie für Abschluss- und Verschmelzungsprüfer

Offen zu legen sind weiterhin alle Sondervorteile, die einem Mitglied des Vorstands oder einem Mitglied des Aufsichtsrats einer der beteiligten Gesellschaften sowie einem Abschlussprüfer oder einem Verschmelzungsprüfer gewährt werden (§ 5 Abs. 1 Nr. 8 UmwG).

---

500 Diese entsprechen den durch § 23 UmwG geschützten Rechten (vgl. Mayer in Widmann/Mayer zu § 5, RN 168), also insbesondere Wandelschuldverschreibungen, Gewinnschuldverschreibungen und Genussrechten.

501 Mayer in Widmann/Mayer zu § 5, RN 168.

502 Bermel/Hannappel in Goutier/Knopf/Tulloch zu § 5, RN 61; Lutter in Lutter zu § 5, RN 33; Mayer in Widmann/Mayer zu § 5, RN 167.

503 Marsch-Barner in Kallmeyer zu § 5, RN 40.

504 Vgl. Grunewald in G/H/E/K zu § 340, RN 22.

505 Vgl. Mayer in Widmann/Mayer zu § 5, RN 170; ebenso: Grunewald in G/H/E/K zu § 340, RN 25.

Aufzuführen sind Vergünstigungen jeder Art, etwa durch Zuweisung von Vermögensrechten[506], aber auch Kontroll- und Herrschaftsrechten[507]. So ist durch § 5 Abs. 1 Nr. 8 UmwG insbesondere jede Zusage an Vertretungsorgane der übertragenden Gesellschaft erfasst, wonach diese in der übernehmenden Gesellschaft wieder eine entsprechende oder vergleichbare Organfunktion zugewiesen erhalten[508].

Ein Verstoß gegen die Bestimmungen des § 5 Abs. 1 Nr. 8 UmwG hat zur Folge, dass die Zusage die Gesellschaft entsprechend § 26 Abs. 3 AktG[509] nicht bindet, auch wenn sie durch den Vorstand als vertretungsberechtigtes Organ abgegeben worden ist[510].

ggg) Barabfindungsangebot

Für den Fall, dass die neu auszugebenden Aktien an der übernehmenden Gesellschaft Verfügungsbeschränkungen[511] unterliegen, ist gemäß § 29 Abs. 1 4 i.V.m. § 29 Abs. 1 S. 2 UmwG in den Vertrag ein konkretes

---

506 Wie etwa besondere Gewinnvorzüge, Abfindungszahlungen oder überhöhte Vergütungen (vgl. Mayer in Widmann /Mayer zu § 5, RN 172).

507 So die Zusage von Organpositionen, Weisungsbefugnissen oder Entsendungsrechten (vgl. Mayer in Widmann/Mayer zu § 5, RN 172).

508 Mayer in Widmann/Mayer zu § 5, RN 172; Grunewald in G/H/E/K zu § 340, RN 26; a.A.: Hoffmann-Becking, Münchner Vertragshandbuch, Band 1, X. 1 Anm. 3 sowie X. 8 Anm. 2, wonach eine solche Zusage nur für die Besetzung des Aufsichtsrats verbindlich und damit zulässig sei.

509 § 26 Abs. 3 AktG enthält insofern einen dem Schutz von Gläubigern und Minderheitsgesellschaftern dienenden , die Publizität des Sondervorteils gewährleistenden allgemeinen Grundsatz (Bermel/Hannappel in Goutier/Knopf/Tulloch zu § 5, RN 64).

510 Vgl. Mayer in Widmann/Mayer zu § 5, RN 175; Heckschen, S. 18; Bermel/Hannappel in Goutier/Knopf/Tulloch zu § 5, RN 64. Unterlässt der Vorstand die Aufnahme einer entsprechenden Regelung, so kann die Gesellschaft gegebenenfalls auch Schadenersatzansprüche gegen den Vorstand geltend machen (Mayer in Widmann/Mayer zu § 5, RN 175; Grunewald in G/H/E/K zu § 340, RN 27). Zudem darf der Registerrichter die Verschmelzung nicht eintragen, wenn ihm der Verstoß gegen § 5 Abs. 1 Nr. 8 UmwG bekannt ist (Mayer in Widmann/Mayer zu § 5, RN 175).

511 Wie etwa Vinkulierung oder Zustimmungserfordernissen.

Barabfindungsangebot (nach § 29 Abs. 1 S. 4 UmwG i.V.m. § 124 Abs. 2 S. 2 AktG im vollständigen Wortlaut) zugunsten der hiervon betroffenen Aktionäre der übertragenden Gesellschaft aufzunehmen[512]. Dabei sind die Aktionäre darauf hinzuweisen[513], dass das Barabfindungsangebot nur innerhalb der zweimonatigen Frist des § 31 S. 1 UmwG[514] oder des § 31 S. 2 UmwG[515] angenommen werden kann.

Soweit ein erforderliches Abfindungsangebot nicht im Verschmelzungsvertrag enthalten ist, wird der Registerrichter die Eintragung der Verschmelzung in das Handelsregister verweigern[516]. Dies gilt selbst dann, wenn gegen den Verschmelzungsbeschluss kein Widerspruch zur Niederschrift gemäß § 29 Abs. 1 S. 1, 1. HS UmwG erklärt wurde, denn das Fehlen eines solchen Widerspruchs kann seinen Grund gerade darin haben, dass die Möglichkeit des Austritts nicht bekannt war[517]. Soweit im Rahmen der nach § 124 Abs. 2 S. 2 AktG erforderlichen Bekanntmachung des Verschmelzungsvertrags nicht der vollständige Wortlaut des Barabfindungsangebots enthalten ist, kann der daraufhin ergehende Verschmelzungsbeschluss gemäß § 243 Abs. 1 i.V.m. § 124 Abs. 4 S. 1 AktG angefochten werden. Dies gilt aufgrund der Systematik des allgemeinen Beschlussmängelrechts trotz der Unstimmigkeit mit § 32 UmwG, der bei einem kompletten Fehlen des Abfindungsangebots die Anfechtbarkeit ausschließt.

Die Aufnahme eines Abfindungsangebots in den Verschmelzungsvertrag erübrigt sich (mangels Anteilstauschs), wenn eine hundertprozentige Tochtergesellschaft auf ihre Muttergesellschaft verschmolzen wird[518]. Ebenso braucht ein Barabfindungsangebot dann nicht aufgenommen zu

---

512 S.u. D.II.2.d)aa).

513 Sagasser/Ködderitzsch in Sagasser/Bula/Brünger, J, RN 72.

514 Nachdem die Verschmelzung am Sitz des übernehmenden Rechtsträgers gemäß § 19 Abs. 3 S. 2 UmwG als bekannt gemacht gilt.

515 Nachdem die Bestimmung der angemessenen Barabfindung durch das Gericht im Bundesanzeiger bekannt gemacht worden ist.

516 Marsch-Barner in Kallmeyer zu § 29, RN 16.

517 Vgl. Grunewald in Lutter zu § 29, RN 21.

518 Marsch-Barner in Kallmeyer zu § 29, RN 17.

werden, wenn aufgrund entsprechender Verzichtserklärungen schon vor Fassung des Verschmelzungsbeschlusses feststeht, dass kein Aktionär aus der Gesellschaft austreten will[519]. Zwar ist eine solche Verzichtsmöglichkeit im Gesetz nicht ausdrücklich geregelt. Jedoch folgt die Zulässigkeit des Verzichts aus der Systematik des UmwG, das den Schutz der Anteilsinhaber regelmäßig zu deren Disposition stellt, so etwa in den §§ 8 Abs. 3, 12 Abs. 3, 30 Abs. 2 UmwG[520].

hhh) Feststellung der Gesellschaftssatzung bei Verschmelzung durch Neugründung

Bei einer Verschmelzung durch Neugründung muss im Verschmelzungsvertrag gemäß § 37 UmwG die Satzung der neuen Gesellschaft enthalten sein oder festgestellt werden. Die Vorschrift wurde erst mit Umsetzung der Dritten Richtlinie als gesetzliche Regelung übernommen[521]. Zuvor war die Frage streitig. Die Praxis verfuhr jedoch zumeist bereits entsprechend dieser Regelung[522].

Die Aufnahme der Satzung in den Verschmelzungsvertrag wahrt zugleich das für die Satzung bestehende Formerfordernis des § 23 Abs. 1 S. 1 AktG. Der Formwirksamkeit der Satzung steht auch eine Beurkundung erst nach Fassen der Verschmelzungsbeschlüsse nicht entgegen. Dies folgt aus § 4 Abs. 2 UmwG, der eine solche zeitlich nachfolgende Beurkundung vorsieht und der über § 36 Abs. 1 S. 1 UmwG anwendbar ist[523].

Die Satzung der neu gegründeten Gesellschaft muss nach § 74 S. 1 UmwG Festsetzungen über Sondervorteile, Gründungsaufwand, Sach-

---

519 Schaub, NZG 1998, 626, 629.
520 Vgl. Grunewald in Lutter zu § 29, RN 17.
521 Vgl. Grunewald in Lutter zu § 37, RN 5.
522 RegEBegr. zu § 37 UmwG, bei Ganske, S. 90.
523 Vgl. Grunewald in Lutter zu § 38, RN 5.

einlagen und Sachübernahmen, die in den Satzungen der übertragenden Gesellschaften enthalten waren, übernehmen.

bb) Form des Verschmelzungsvertrages

Gemäß § 6 UmwG bedarf der Verschmelzungsvertrag der Form der notariellen Beurkundung. Ein Verschmelzungsvertrag, der nicht oder nicht vollständig, einschließlich aller nach dem Willen der Parteien aufzunehmenden Regelungen, beurkundet wird, ist gemäß § 125 S. 1 BGB aufgrund Formmangels nichtig.

Zumeist wird zunächst gemäß § 4 Abs. 2 UmwG ein schriftlicher Entwurf des Verschmelzungsvertrages aufgestellt, der dann erst nach Fassen des Verschmelzungsbeschlusses notariell beurkundet wird.

Die notarielle Beurkundung wird in der Praxis aus Kostenersparnisgründen[524] häufig im Ausland durchgeführt[525].

cc) Offenlegung und Bekanntmachung des Verschmelzungsvertrages

Der Verschmelzungsvertrag oder sein Entwurf ist gemäß § 61 S. 1 UmwG für jede der beteiligten Gesellschaften jeweils vor Einberufung der den Verschmelzungsbeschluss fassenden Hauptversammlung zum Handelsregister einzureichen. Das Registergericht macht gemäß § 61 S. 2 UmwG im Bundesanzeiger und den übrigen Blättern im Sinne von

---

524 So fällt in Deutschland gemäß § 36 Abs. 2 KostO eine doppelte Gebühr an, die auf dem Aktiv-Wert des Vermögens der übertragenden Gesellschaft beruht oder - soweit höher - auf dem Wert der den Gesellschaftern der übertragenden Gesellschaft zu gewährenden Anteilsrechte an der übernehmenden Gesellschaft (Zimmermann in Kallmeyer zu § 6, RN 13). Maximal fällt die Gebühr nach § 39 Abs. 4 KostO für einen Wert von € 5 Mio. an. Dies entspricht einem Betrag von € 15.020,-.

525 Zur Zulässigkeit der Auslandsbeurkundung s.u. D.III.2.a).

§ 10 Abs. 1 S. 1 HGB einen Hinweis auf die Einreichung bekannt[526]. Eine solche Offenlegung und Bekanntmachung des Verschmelzungsvertrages kennt das Gesetz nur bei der Verschmelzung unter Beteiligung einer Aktiengesellschaft und ist damit auf den von der Dritten Richtlinie geregelten Fall beschränkt.

Nach Einreichung des Verschmelzungsvertrags bzw. seines Entwurfs können Aktionäre oder andere Interessenten gemäß § 9 Abs. 1 und Abs. 2 HGB im Handelsregister den Vertragstext einsehen sowie gegebenenfalls eine Abschrift verlangen.

Aufgrund der einmonatigen Einberufungsfrist des § 121 Abs. 1 AktG liegt die Einreichung zum Handelsregister grundsätzlich mindestens einen Monat vor dem Tag der Hauptversammlung.

Problematisch im Zusammenhang mit der Einberufungsfrist sind Fälle, in denen die Hauptversammlung unter Verzicht[527] aller Aktionäre auf die Einhaltung der Frist des § 121 Abs. 1 AktG zu einem Zeitpunkt stattfindet, zu dem seit der Einberufung noch kein Monat vergangen ist. Zum Teil wird vertreten, dass bei einem solchen Verzicht der Aktionäre die Einreichung des Verschmelzungsvertrages bzw. seines Entwurfs zum Handelsregister entbehrlich sei[528], denn § 61 S. 1 UmwG diene ausschließlich dem Aktionärsschutz. Nach anderer Ansicht soll § 61 S. 1 UmwG hingegen nicht nur die Aktionäre, sondern auch Gläubiger und Arbeitnehmer der Gesellschaft schützen[529]. Dies setze jedenfalls die Einreichung zu irgendeinem Zeitpunkt vor der Hauptversammlung voraus[530].

---

526 S.o. C.II.1.i).

527 Verzichtet werden kann entweder ausdrücklich oder, indem keiner der vollständig anwesenden Aktionäre der Beschlussfassung widerspricht (§ 121 Abs. 6 AktG).

528 So offenbar: Rieger in Widmann/Mayer zu § 61, RN 7.

529 So offenbar: Grunewald in Lutter zu § 61, RN 4; vgl. auch Stratz in Schmidt/Hörtnagl/Stratz zu § 61, RN 1.

530 Vgl. Rieger in Widmann/Mayer zu § 61, RN 7.

Aufgrund des insoweit eindeutigen Wortlauts des § 61 S. 1 UmwG wird im Ergebnis zu verlangen sein, dass der Verschmelzungsvertrag oder sein Entwurf in jedem Fall vor der Einberufung der Hauptversammlung zum Handelsregister einzureichen ist. Ein Verzicht der Aktionäre auf Form und Frist der Einberufung kann hieran nichts ändern. Die Koppelung der Einreichung des Verschmelzungsvertrags mit der Einberufung der Hauptversammlung deutet jedoch darauf hin, dass ein Verzicht der Aktionäre auf die Einhaltung der Einberufungsfrist sich nach dem Willen des Gesetzgebers auf den Zeitpunkt der Einreichung auswirkt. Damit wäre also die einmonatige Frist des § 121 Abs. 1 AktG bei entsprechendem Verzicht der Aktionäre nicht einzuhalten.

Trotz Verstoßes gegen § 61 UmwG wird die Verschmelzung, falls keine Anfechtung erfolgt[531], ins Handelsregister eingetragen, da die Norm nur das individuelle Informationsinteresse der Aktionäre, nicht aber das öffentliche Interesse, schützen soll[532] und demnach nicht zur Nichtigkeit des Verschmelzungsbeschlusses führt.

Von der Einberufung der Hauptversammlung an ist der Verschmelzungsvertrag bzw. sein Entwurf den Aktionären gemäß § 63 Abs. 1 Nr. 1 UmwG durch Auslegung in den Geschäftsräumen der Gesellschaft – und auf Verlangen eines Aktionärs diesem gemäß § 63 Abs. 3 UmwG durch Zusendung – bekannt zu machen.

Soweit für die übernehmende Gesellschaft nach § 62 Abs. 1 S. 1 UmwG keine Zustimmung der Hauptversammlung beabsichtigt ist, hat der Vorstand der übernehmenden Gesellschaft mindestens einen Monat vor dem Tag der Hauptversammlung der übertragenden Gesellschaft einen Hinweis auf die bevorstehende Verschmelzung in den Gesellschaftsblättern der übernehmenden Gesellschaft bekannt zu machen und den Verschmelzungsvertrag bzw. dessen Entwurf zum Register der übernehmenden Gesellschaft einzureichen (§ 62 Abs. 3 S. 2, 1. HS UmwG). Das Registergericht macht einen Hinweis auf die Einreichung im Bun-

---

531 Ansonsten greift das Verfahren nach § 16 Abs. 2, Abs. 3 UmwG ein.

532 Grunewald in Lutter zu § 61, RN 4.

desanzeiger und den übrigen Blättern im Sinne von § 10 Abs. 1 S. 1 HGB bekannt (§ 61 S. 2 i.V.m. § 62 Abs. 3 S. 2, 2. HS UmwG). Zudem ist der Verschmelzungsvertrag mindestens einen Monat vor dem Tag der Hauptversammlung der übertragenden Gesellschaft in dem Geschäftsraum der übernehmenden Gesellschaft zur Einsicht der Aktionäre auszulegen (§ 63 Abs. 1 Nr. 1 i.V.m. § 62 Abs. 3 S. 1 UmwG); den Aktionären sind auf Verlangen Abschriften zu erteilen (§ 62 Abs. 3 S. 6 UmwG).

b) Erstellung des Verschmelzungsberichts

Die Pflicht der Vorstände jeder der beteiligten Gesellschaften, einen ausführlichen schriftlichen Verschmelzungsbericht zu erstatten, wurde mit Umsetzung der Dritten Richtlinie neu in das deutsche Verschmelzungsrecht eingeführt (§ 8 UmwG[533]).

aa) Zweck des Verschmelzungsberichts

Der Verschmelzungsbericht dient der Vorbereitung der Aktionäre hinsichtlich der Fassung des Zustimmungsbeschlusses zur Verschmelzung[534]. Zweck des Berichts ist also der Schutz der Aktionäre[535], nicht der Gläubiger oder der Arbeitnehmer[536]. Die Aktionäre sollen in die Lage versetzt werden, eine Plausibilitätskontrolle vorzunehmen[537]. Der Vorgang braucht hingegen nicht in allen Einzelheiten nachvollziehbar zu sein[538]. So wird das Informationsbedürfnis der Aktionäre insbesondere durch die Vertraulichkeitsinteressen der beteiligten Gesellschaften

---

533 Zuvor § 340 a AktG 1965 in der Fassung vom 25.10.1982.
534 Vgl. Marsch-Barner in Kallmeyer zu § 8, RN 33.
535 Vgl.: RegEBegr. zu § 8 UmwG, bei Ganske, S. 54; Ganske, WM 1993, 1117, 1122; BGHZ 107, 296, 303; Schwarz, RN 145.
536 Dörrie, WiB 1995, 1, 5; K. Schmidt, ZGR 1993, 366, 374 f.
537 Vgl.: Lutter in Lutter zu § 8, RN 5; OLG Karlsruhe, WM 1989, 1134, 1138; LG Frankenthal, WM 1989, 1854, 1857; OLG Hamm, DB 1988, 1842, 1843.
538 OLG Hamm, ZIP 1999, 798, 801.

begrenzt[539]. Zudem braucht der Bericht nur solche Tatsachen enthalten, die ein vernünftig denkender Aktionär als Entscheidungsgrundlage für sein Abstimmungsverhalten hinsichtlich der Umwandlungsmaßnahme für erforderlich halten darf[540]. Der Bericht muss es hingegen nicht ermöglichen, die Annahmen der Unternehmensleitung auf ihre inhaltliche Richtigkeit nachzuprüfen[541], denn diese Aufgabe ist der Prüfung durch den Verschmelzungsprüfer zugewiesen[542].

bb) Inhalt des Verschmelzungsberichts

Der genaue Umfang der im Verschmelzungsbericht aufzuführenden Angaben ist durch das Gesetz, das einen "ausführlichen" Bericht verlangt, nur unscharf umrissen und in Rechtsprechung und Literatur im einzelnen umstritten. In jedem Fall sind die folgenden Mindestangaben im Bericht aufzuführen:

aaa) Angaben zur Verschmelzung

Dem Gesetzestext des § 8 Abs. 1 S. 1 UmwG nach ist zunächst die Verschmelzung als solche zu erläutern.

Dies beinhaltet eine kurze Beschreibung der an der Verschmelzung beteiligten Gesellschaften[543] unter Nennung von Umsatz, Tätigkeitsfeld,

---

539 Vgl.: Bermel in Goutier/Knopf/Tulloch zu § 8, RN 2. Lutter in Lutter zu § 8, RN 14 sieht hingegen im Geheimhaltungsinteresse kein tragfähiges Instrument zur Begrenzung der Berichtspflicht, da § 8 Abs. 2 S. 2 UmwG die Offenlegung der Gründe für die Geheimhaltungsbedürftigkeit fordere.

540 Lutter in Lutter zu § 8, RN 14.

541 Bermel in Goutier/Knopf/Tulloch zu § 8, RN 14.

542 Lutter in Lutter zu § 8, RN 14. Allerdings geht die Begründung des Regierungsentwurfs zum Umwandlungsgesetz davon aus, dass der Verschmelzungsbericht teilweise den Verschmelzungsprüfern als Grundlage dienen soll. Dies gilt insbesondere für die Angaben zur Höhe der Barabfindung nach § 29 UmwG (vgl. RegEBegr. zu § 8 UmwG, bei Ganske, S. 54).

543 Marsch-Barner in Kallmeyer zu § 8, RN 7.

Marktanteil, wesentlichen Beteiligungen, Mitarbeitern sowie Kapital und Aktionärsstruktur[544]. Zudem sind die konkreten rechtlichen und wirtschaftlichen Auswirkungen, wie Synergiepotentiale sowie organisatorische und steuerliche Gesichtspunkte, umfassend darzulegen[545]. Ist eine der Gesellschaften börsennotiert, so ist auch die Auswirkung der Verschmelzung auf die zukünftige Handelbarkeit der Aktien (während der Umtauschphase und danach) darzustellen[546].

Selbst wenn die an der Verschmelzung beteiligten Gesellschaften keinen gemeinsamen Bericht erstellen, so muss doch jeder Bericht die Angaben über alle beteiligten Gesellschaften enthalten, die erforderlich sind, um eine wirtschaftliche und rechtliche Einordnung der Verschmelzung, des Verschmelzungsvertrages und des Umtauschverhältnisses zu ermöglichen[547]. Die betroffenen Vorstände müssen sich in diesem Fall die notwendigen Informationen über alle anderen beteiligten Gesellschaften verschaffen. Ihnen steht hierzu in der Regel aus dem vorvertraglichen Rechtsverhältnis zwischen den beteiligten Gesellschaften ein entsprechender Auskunftsanspruch zu[548].

Auf Grundlage der so dargestellten wirtschaftlichen Vor- und Nachteile der Verschmelzung ist schließlich darzulegen, warum die Verschmelzung aus Sicht des Vorstands geboten ist und warum die Aktionäre ihr zustimmen sollten[549]. In diesem Zusammenhang wird teilweise gefordert, den Verschmelzungsbericht an dem strengen Maßstab zu messen, der an den Bericht zum Bezugsrechtsausschluss nach § 186 Abs. 4 S. 2 AktG angelegt wird[550]. Diese Auffassung wird jedoch

---

544 Lutter in Lutter zu § 8, RN 16.

545 Marsch-Barner in Kallmeyer zu § 8, RN 7.

546 Lutter in Lutter zu § 8, RN 17.

547 Vgl. Lutter in Lutter zu § 8, RN 44.

548 Marsch-Barner in Kallmeyer zu § 8, RN 29.

549 Lutter in Lutter zu § 8, RN 18.

550 Bayer, AG 1988, 323, 327; Becker, AG 1988, 223, 225; Keil, S. 56; so wohl auch Mayer in Widmann/Mayer zu § 8, RN 22. Dies würde bedeuten, dass der Bericht umfassend und konkret alle Tatsachen enthalten müsste, die für eine materielle Rechtfertigung der Verschmelzung erforderlich sind (vgl. Hüffer zu § 186, RN 24).

überwiegend abgelehnt, da die Bewertung, ob die Verschmelzung gegenüber möglichen anderen Unternehmensverbindungen tatsächlich im konkreten Fall das "mildere Mittel" ist, angesichts der Komplexität der Materie rechtlich gar nicht möglich ist[551]. Vielmehr stellt sich die Verschmelzung als unternehmerische Grundentscheidung dar, deren Vorbereitung einer umfassenden Interessenabwägung nicht zugänglich ist. Eine solche umfassende Interessenabwägung ist daher auch nicht vorzunehmen[552].

bbb) Erläuterung des Verschmelzungsvertrags

Auch der Verschmelzungsvertrag ist im einzelnen rechtlich und wirtschaftlich zu erläutern. Die Ausführungen können in der Regel kurz gehalten werden, da sie lediglich dazu dienen, dem juristisch nicht vorgebildeten Aktionär das Verständnis der dort vereinbarten, oft sehr "technisch" formulierten Klauseln zu erleichtern[553]. Insoweit ist alles, was nicht aus sich selbst heraus verständlich aus dem Verschmelzungsvertrag hervorgeht, zu erläutern, und alles nicht Selbstverständliche zu begründen[554].

ccc) Erläuterung des Umtauschverhältnisses

Nach dem Wortlaut des § 8 Abs. 1 S. 1 UmwG ist weiterhin das Umtauschverhältnis der Anteile zu erläutern. Da diese Frage für die Aktionäre von ganz besonderer Bedeutung ist, liegt hier auch der

551 Marsch-Barner in Kallmeyer zu § 8, RN 8.
552 Vgl. Marsch-Barner in Kallmeyer zu § 8, RN 7; Grunewald in G/H/E/K zu § 340 a, RN 8; H. P. Westermann, Joh. Semler-FS 1993, S. 651, 659.
553 Lutter in Lutter zu § 8, RN 19; strenger insoweit Marsch-Barner in Kallmeyer zu § 8, RN 9, wonach Inhalt und Tragweite jeder einzelnen Bestimmung, soweit es sich nicht um Standardklauseln handelt, zu erläutern sind.
554 Vgl. Sagasser/Ködderitzsch in Sagasser/Bula/Brünger, J, RN 84.

Schwerpunkt der Berichtspflicht[555]. Dagegen entfallen für die Aktiengesellschaft die in § 8 Abs. 1 S. 1 UmwG alternativ vorgesehenen Angaben über die Mitgliedschaft beim übernehmenden Rechtsträger.

Im Einzelnen sind zur Erläuterung des Umtauschverhältnisses mindestens die folgenden Angaben zu machen:

Zu nennen ist zunächst, nach welchen Methoden die Gesellschaften bewertet wurden. Weitergehende Angaben können dann unterbleiben, wenn die Bewertung nach der allgemein anerkannten und praktizierten Ertragswertmethode[556] erfolgte[557]. Gelangen andere Bewertungsmethoden zur Anwendung, so ist zu begründen, warum das Ertragswertverfahren in diesem Fall nicht sachgerecht war[558]. Eine Stellungnahme ist zudem für den Fall erforderlich, dass die beteiligten Gesellschaften nach unterschiedlichen Methoden[559] bewertet wurden[560].

Da der Verschmelzungsbericht den Aktionären eine Plausibilitätskontrolle ermöglichen soll, sind zudem die wesentlichen Zahlen zu nennen, die in die Bewertung Eingang gefunden haben[561]. Soweit die Bewertung der Gesellschaften auf der Ertragswertmethode basiert, ist es ausreichend, wenn als Ausgangspunkt der Wertermittlung die Jahresergebnisse der vergangenen Jahre genannt werden[562]. Falls diese Ergebnisse

---

555 Bermel in Goutier/Knopf/Tulloch zu § 8, RN 17.

556 Unter Hinzurechnung des nicht betriebsnotwendigen Vermögens und mit dem Liquidationswert als Untergrenze der Bewertung (vgl. unten).

557 Bermel in Goutier/Knopf/Tulloch zu § 8, RN 17; LG Mannheim, AG 1988, 248, 249; vgl.: OLG Karlsruhe, ZIP 1989, 988, 990; OLG Zweibrücken, DB 1995, 866; Engelmeyer, S. 80; so jetzt wohl auch Sagasser/Ködderitzsch in Sagasser/Bula/Brünger, J, RN 88.

558 Mayer in Widmann/Mayer zu § 8, RN 26; Marsch-Barner in Kallmeyer zu § 8, RN 13; LG Mannheim, WM 1988, 775, 778; Keil, S. 64 f.

559 Die Anwendung unterschiedlicher Methoden ist nur in Ausnahmefällen zulässig (vgl. unten D.III.2.e)aa)ccc)).

560 Marsch-Barner in Kallmeyer zu § 8, RN 11.

561 Lutter in Lutter zu § 8, RN 20 und 22; vgl. Bermel in Goutier/Knopf/Tulloch zu § 8, RN 18.

562 Bermel in Goutier/Knopf/Tulloch zu § 8, RN 18; vgl. LG Frankenthal, ZIP 1990, 232, 234.

um Sondereinflüsse bereinigt wurden, ist dies zu erläutern und zu begründen[563].

Anzugeben sind ferner die so genannten Planzahlen, d.h. die Prognosen für die Zukunft[564], wobei auch hier die Jahreswerte ausreichen[565]. In der Regel umfasst ein solcher Prognosezeitraum die nächsten drei Jahre. Zu erläutern ist, auf welcher Grundlage die Prognose beruht[566].

Soweit eine betroffene Gesellschaft ein Interesse an der Geheimhaltung von Zahlenmaterial hat[567], sind die Gründe hierfür gemäß § 8 Abs. 2 UmwG im Einzelnen darzulegen. Ein allgemeiner Hinweis auf die Geheimhaltungsbedürftigkeit reicht nicht aus. Hiervon ausgenommen sind lediglich konkrete Zahlen zur Steuerbelastung. Diese sind nach § 131 Abs. 3 S. 1 Nr. 2 AktG stets geheimhaltungsbedürftig; für eine Nichtanwendung des § 131 Abs. 3 AktG im Rahmen des § 8 Abs. 2 UmwG sind keine Gründe ersichtlich[568].

Zu nennen ist weiterhin der Wert des nicht betriebsnotwendigen Vermögens[569], da dieses den Barwert der betreffenden Gesellschaft erhöht und daher für die Berechnung der Verschmelzungswertrelation von besonderer Bedeutung ist[570].

---

563 Mertens, AG 1990, 20, 29.
564 Lutter in Lutter zu § 8, RN 23.
565 Bermel in Goutier/Knopf/Tulloch zu § 8, RN 20.
566 Lutter in Lutter zu § 8, RN 23.
567 Dies ist grundsätzlich nur in Einzelfällen gegeben (vgl. Lutter in Lutter zu § 8, RN 24).
568 Lutter in Lutter zu § 8, RN 25; vgl. Marsch-Barner in Kallmeyer zu § 8, RN 16; a.A. offenbar Bula/Schlösser in Sagasser/Bula/Brünger, J, RN 92.
569 D.h. des ohne Schmälerung des Unternehmensertrages veräußerbaren Vermögens (Lutter in Lutter zu § 8, RN 26).
570 Vgl.: Marsch-Barner in Kallmeyer zu § 8, RN 19; Bayer, AG 1988, 323, 327 f.; OLG Karlsruhe, WM 1989, 1134, 1138; LG Frankenthal, ZIP 1990, 232, 234; OLG Zweibrücken, DB 1995, 866.

Anzugeben sind ferner der Bewertungsstichtag[571] sowie die Höhe des in Ansatz gebrachten Kapitalisierungszinses[572] und die Einzelheiten zu seiner jeweiligen Berechnung[573].

Abschließend sind als Ergebnis der Unternehmensbewertung die Unternehmenswerte der an der Verschmelzung beteiligten Gesellschaften anzugeben[574]. Die Mitteilung nur der Wertrelation zwischen übertragender und übernehmender Gesellschaft genügt nicht[575]. Sind bei der Bewertung besondere Schwierigkeiten aufgetreten, so ist gemäß § 8 Abs. 1 S. 2, 1. Alt. UmwG darzustellen, auf welche Weise diese Schwierigkeiten berücksichtigt wurden[576].

Soweit gemäß § 29 Abs. 1 S. 2 UmwG eine Barabfindung anzubieten ist, ist deren Höhe ausführlich zu erläutern und zu begründen[577]. Im Rahmen der Erläuterung sollte auch auf die zweimonatige Ausschlussfrist zur Annahme des Barabfindungsangebots nach § 31 UmwG hingewiesen werden[578].

ddd) Hinweis auf Folgen für die Beteiligung der Aktionäre

Nach § 8 Abs. 1 S. 2, 2. Alt. UmwG ist auf die Folgen für die Beteiligung der Aktionäre hinzuweisen. Gemeint ist hiermit insbesondere eine Änderung der Beteiligungsquote, denn dies kann für Minderheiten von großer Bedeutung sein[579].

---

571 Vgl. unten D.III.2.e)aa)ddd).
572 Vgl. unten D.III.2.e)aa)bbb).
573 Lutter in Lutter zu § 8, RN 27.
574 Mayer in Widmann/Mayer zu § 8, RN 38.2; Keil, S. 79; Möller, S. 136.
575 OLG Karlsruhe, WM 1989, 1134, 1137.
576 Marsch-Barner in Kallmeyer zu § 8, RN 24; vgl. Bermel in Goutier/Knopf/Tulloch zu § 8, RN 22.
577 Marsch-Barner in Kallmeyer zu § 8, RN 22.
578 Stratz in Schmidt/Hörtnagl/Stratz zu § 8, RN 19.
579 RegEBegr. zu § 8 UmwG, bei Ganske, S. 54.

Nach allgemeiner Auffassung ist es - jedenfalls bei Gesellschaften mit einem größeren Aktionärskreis[580] - ausreichend, wenn ein allgemeines Rechenbeispiel dargestellt wird, das den Vermögens- und Stimmrechtsanteil in der alten und in der neuen Gesellschaft anhand einer einfach hochzurechnenden, beispielhaften Beteiligung[581] demonstriert[582]. Zudem ist auf wesentliche Veränderungen der Beteiligungsstruktur hinzuweisen[583]. Soweit also durch die Verschmelzung eine Sperrminorität begründet, eine Mehrheit oder eine satzungsändernde Mehrheit erlangt wird, ist dies im Verschmelzungsbericht aufzuführen[584].

Teilweise wird es für erforderlich gehalten, an Gesellschaften mit wenigen Aktionären[585] einen strengeren Maßstab anzulegen. So soll es in diesen Fällen erforderlich sein, für sämtliche Aktionäre eine konkrete, auf die jeweilige Person bezogene Gegenüberstellung der Beteiligung am Vermögen und am Stimmrecht in der alten und in der neuen Gesellschaft vorzunehmen[586]. Diese Auffassung wird jedoch überwiegend abgelehnt, da sich im Gesetz keine Anhaltspunkte dafür finden lassen, dass "kleinere" Gesellschaften in dieser Hinsicht anderen Bestimmungen zu unterwerfen sind als solche mit einer größeren Aktionärsanzahl. Es muss daher bei einer einheitlichen Regelung für alle Aktiengesellschaften bleiben.

---

580 Vgl. Lutter in Lutter zu § 8, RN 32.

581 Z.B. für eine Aktie im Nennwert von EUR 1.000,-.

582 Lutter in Lutter zu § 8, RN 32; M. Winter in Lutter (Hrsg.), Kölner Umwandlungsrechtstage, 1995, S. 29.

583 Lutter in Lutter zu § 8, RN 33.

584 Bermel in Goutier/Knopf/Tulloch zu § 8, RN 24; Mayer in Widmann/Mayer zu § 8, RN 41.

585 Etwa 10 bis 20 (vgl. Lutter in Lutter zu § 8, RN 32).

586 So: Lutter in Lutter zu § 8, RN 32. Nach Marsch-Barner in Kallmeyer zu § 8, RN 25 soll dies zwar offenbar nicht erforderlich sein, die Beteiligungsquote "sollte" jedoch für jeden Aktionär angegeben werden.

Schließlich sind gegebenenfalls noch Angaben zur Stückelung und Gattung der gewährten Aktien, zur Börseneinführung und zur Vinkulierung nach § 68 Abs. 2 AktG aufzunehmen[587].

eee) Angaben zu verbundenen Unternehmen

§ 8 Abs. 1 S. 3 UmwG schreibt vor, dass der Bericht auch alle für die Verschmelzung wesentlichen Angelegenheiten verbundener Unternehmen im Sinne des § 15 AktG, bei denen also eine Mehrheitsbeteiligung oder stärkere Form der Unternehmensverbindung (wie insbesondere ein Unternehmensvertrag) vorliegt[588], zu nennen hat.

Die Berichtspflicht betrifft auch Angaben zur wirtschaftlichen Lage der verbundenen Unternehmen sowie andere geschäftliche und rechtliche Tatbestände und Vorgänge[589]. Sie müssen jedoch nur dann aufgeführt werden, wenn sie erforderlich sind, um die Nützlichkeit der Verschmelzung, des Verschmelzungsvertrages und die Angemessenheit des Umtauschverhältnisses[590] beurteilen zu können[591]. Der Bericht darf den Aktionären Informationen nicht vorenthaltenen, soweit sie für die Aktionäre Chancen oder Risiken bedeuten[592].

Die Berichtspflicht besteht nur in einem Umfang, der den an der Verschmelzung unmittelbar beteiligten Gesellschaften zumutbar ist[593]. So

---

587 Lutter in Lutter zu § 8, RN 36.

588 Vgl. Mayer in Widmann/Mayer zu § 8, RN 46.1.

589 Bermel in Goutier/Knopf/Tulloch zu § 8, RN 25.

590 Hier interessieren unter dem Gesichtspunkt der Ertragswertmethode (vgl. unten D.III.2.e)aa)aaa)) in der Regel nur etwaige in der Vergangenheit erwirtschaftete und an die an der Verschmelzung unmittelbar beteiligten Gesellschaften abgeführte Ertragsüberschüsse sowie die in Zukunft zu erwartenden Beträge (Bermel in Goutier/Knopf/Tulloch zu § 8, RN 36).

591 Bermel in Goutier/Knopf/Tulloch zu § 8, RN 34. Damit geht § 8 Abs. 1 S. 3 UmwG deutlich über die in § 131 Abs. 1 S. 2 AktG vorgesehene Auskunftspflicht hinaus.

592 Mayer in Widmann/Mayer zu § 8, RN 45.

593 Bermel in Goutier/Knopf/Tulloch zu § 8, RN 27.

braucht der Bericht nur Angaben zu "großen" Töchtern enthalten, die das Ergebnis der Obergesellschaft maßgeblich beeinflussen[594]. Ein solcher maßgeblicher Einfluss auf das Ergebnis der Obergesellschaft wird dann anzunehmen sein, wenn die Tochter mit mehr als 10 % zum durchschnittlichen Ergebnis der Muttergesellschaft beiträgt[595]. In einem solchen Fall muss der Verschmelzungsbericht näher auf den Ertragswert der Tochtergesellschaft eingehen. Der Ergebnisbeitrag kleinerer Tochtergesellschaften kann hingegen zusammengefasst dargestellt werden[596].

Darüber hinaus geht die Verpflichtung zur Darstellung der wesentlichen Angelegenheiten der verbundenen Unternehmen nur so weit, wie die an der Verschmelzung unmittelbar beteiligte Gesellschaft zur Informationsbeschaffung berechtigt ist[597]. In diesem Zusammenhang ist auch zu beachten, dass eine Obergesellschaft aufgrund von Geheimhaltungsinteressen nicht sämtliche Informationen, die sie beschaffen kann, an ihre Aktionäre weitergeben darf[598].

cc) Bekanntmachung des Verschmelzungsberichts gegenüber den Aktionären

Von der Einberufung der Hauptversammlung an, die über die Zustimmung zum Verschmelzungsvertrag beschließen soll, ist der Verschmelzungsbericht den Aktionären gemäß § 63 Abs. 1 Nr. 4 UmwG durch Auslegung in den Geschäftsräumen der Gesellschaft – und auf Verlan-

594 Lutter in Lutter zu § 8, RN 41.

595 Dies entspricht den Kriterien, die die Literatur für die Fälle fusionsähnlicher Unternehmensverbindungen zur Abgrenzung von zustimmungspflichtigen Maßnahmen und Bagatellfällen entwickelt hat (Lutter in Lutter zu § 8, RN 41). Vgl. zudem Lutter in Fleck-FS, 1988, 169, 180.

596 Lutter in Lutter zu § 8, RN 42.

597 Vgl. Bermel in Goutier/Knopf/Tulloch zu § 8, RN 27.

598 So können etwa die Anteilseigner einer Obergesellschaft im aktienrechtlichen faktischen Konzern nicht verlangen, Auskunft über den Abhängigkeitsbericht nach § 312 AktG zu bekommen (Bermel in Goutier/Knopf/Tulloch zu § 8, RN 31).

gen eines Aktionärs diesem gemäß § 63 Abs. 3 UmwG durch Zusendung – bekannt zu machen.

Das Gesetz enthält insoweit keine besondere Regelung für die "kleine AG", bei der dem Vorstand Namen und Anschriften der Aktionäre bekannt sind[599].

Teilweise wird vertreten, die "kleine AG" dürfe in diesem Fall ihre Aktionäre auch mittels eingeschriebenen Briefes über den Verschmelzungsbericht informieren[600]. Dies wird mit der in den §§ 121 Abs. 4, 124 Abs. 1 S. 3 AktG vorgesehenen Regelung begründet, wonach die Hauptversammlung durch eingeschriebenen Brief einberufen werden kann. Das lasse eine gleichzeitig mit der Einberufung erfolgende Information über den Verschmelzungsbericht naheliegend erscheinen, zumal es sich bei dieser Form der Mitteilung um das "gesellschafterfreundlichere" Verfahren handele[601]. Letztlich wird aber auch von Vertretern dieser Ansicht betont, dass bei der Mitteilung mittels eingeschriebenen Briefes formal ein Verstoß gegen § 63 Abs. 1 Nr. 4 UmwG vorliege[602]. Da sich dieser Verstoß nicht auf den Verschmelzungsbeschluss auswirkt, ist er jedoch im Ergebnis unbeachtlich. Eine Anfechtung des Verschmelzungsbeschlusses kommt aus diesem Grund nicht in Betracht[603].

Soweit für die übernehmende Gesellschaft nach § 62 Abs. 1 S. 1 UmwG keine Zustimmung der Hauptversammlung beabsichtigt ist, ist der Verschmelzungsbericht mindestens einen Monat vor dem Tag der Hauptversammlung der übertragenden Gesellschaft in dem Geschäftsraum der übernehmenden Gesellschaft zur Einsicht der Aktionäre auszulegen (§ 63 Abs. 1 Nr. 4 i.V.m. § 62 Abs. 3 S. 1 UmwG); den Aktionären sind auf Verlangen Abschriften zu erteilen (§ 62 Abs. 3 S. 6 UmwG).

---

599 Vgl. Hüffer zu § 121, RN 11 a.
600 Lutter in Lutter zu § 8, RN 12.
601 Lutter in Lutter zu § 8, RN 12.
602 Lutter in Lutter zu § 8, FN 17.
603 Grunewald in Lutter zu § 63, RN 7.

dd) Entbehrlichkeit des Verschmelzungsberichts

Der Bericht ist nach § 8 Abs. 3 UmwG nur dann entbehrlich, wenn alle Aktionäre aller beteiligten Gesellschaften auf seine Erstattung in notariell beurkundeter Form verzichten[604] oder sich alle Aktien der übertragenden Gesellschaft in der Hand der übernehmenden Gesellschaft befinden[605].

ee) Fehlerhaftigkeit des Verschmelzungsberichts

Da der Verschmelzungsbericht der Vorbereitung der Aktionäre auf die Fassung des Zustimmungsbeschlusses zur Verschmelzung dient[606], ist der Zustimmungsbeschluss nach § 243 Abs. 1 AktG i.V.m. § 14 Abs. 1 UmwG anfechtbar, soweit der Bericht inhaltlich unvollständig oder in sonstiger Weise fehlerhaft ist[607]. Nichtigkeit des Zustimmungsbeschlusses tritt dagegen aufgrund eines mangelhaften Berichts nicht ein[608]. Dies gilt selbst dann, wenn der Verschmelzungsbericht vollständig fehlt[609].

Trotz der Regelung des § 14 Abs. 2 UmwG, wonach eine Klage gegen die Wirksamkeit des Verschmelzungsbeschlusses nicht auf ein fehlerhaftes Umtauschverhältnis der Anteile gestützt werden kann, ist die Anfechtung des Beschlusses auch dann zulässig, wenn die im Bericht fehlenden oder mangelhaften Informationen lediglich die Festsetzung des Umtauschverhältnisses betreffen[610]. Nur durch Zulassung der Anfechtung auch in diesem Fall lässt sich nämlich verhindern, dass der

---

604 Der Verzicht kann auch in der Versammlung erklärt werden, die über die Verschmelzung beschließt (Lutter in Lutter zu § 8, RN 50). Der Verzicht kann aber erst dann getroffen werden, wenn den Aktionären zumindest der Entwurf des Verschmelzungsvertrages vorliegt (Lutter in Lutter zu § 8, RN 51).

605 Vgl. oben C.II.1.e).

606 S.o. D.I.2.b)aa).

607 Stratz in Schmidt/Hörtnagl/Stratz zu § 8, RN 31.

608 Lutter in Lutter zu § 8, RN 54.

609 Stratz in Schmitt/Hörtnagl/Stratz zu § 8, RN 31.

610 BGH, WM 1990, 140, 142; Mayer in Widmann/Mayer zu § 8, RN 69; Lutter in Lutter zu § 8, RN 55; Marsch-Barner in Kallmeyer zu § 8, RN 34; Bermel in Goutier/Knopf/Tulloch zu § 8, RN 52; vgl. auch BGHZ 107, 296, 307; a.A.: Hommelhoff, ZGR 1990, 447, 474 sowie Messer, Quack-FS, 1991, 321, 331 f.

Zweck des Berichts vereitelt wird: Die wesentliche Funktion des Berichts hinsichtlich des Umtauschverhältnisses besteht darin, dem Aktionär die Entscheidung zu erleichtern, ob ein Spruchverfahren wegen der Festsetzung des Umtauschverhältnisses nach den §§ 305 ff. UmwG aussichtsreich erscheint[611]. Ein Bericht, in dem Informationen fehlen oder gar mangelhaft sind, kann diese Funktion jedoch nicht mehr erfüllen. Es wird daher die Anfechtung als Druckmittel für eine vollständige und zutreffende Berichterstattung zugelassen[612].

Die Anfechtung des Verschmelzungsbeschlusses setzt grundsätzlich voraus, dass ein Ursachenzusammenhang zwischen dem fehlerhaften Verschmelzungsbericht und dem Abstimmungsverhalten in der Hauptversammlung besteht[613]. Nach der Rechtsprechung des BGH soll der Zustimmungsbeschluss immer dann auf dem Mangel beruhen, wenn der Bericht offensichtlich nicht den gesetzlichen Anforderungen genügt[614].

Gegen die teilweise vertretene Ansicht, Mängel des Berichts seien durch mündliche Nachholung der Information in der Hauptversammlung heilbar[615], wird überwiegend eingewandt, dass derartige in der Versammlung erteilte mündliche Auskünfte den Aktionären keine hinreichende Vorbereitung auf die Hauptversammlung ermöglichen. Eine solche Vorbereitung auf die Hauptversammlung ist jedoch gerade der wesentliche Zweck des Verschmelzungsberichts[616]. Anderenfalls würde auch die Frist des § 63 UmwG ausgehöhlt.

---

611 Lutter in Lutter zu § 8, RN 55.

612 Zudem erscheint die Zulassung der Anfechtung auch aus Gründen des Minderheitenschutzes wünschenswert (Lutter in Lutter zu § 8, RN 55).

613 BGHZ 107, 296, 307; OLG Karlsruhe, WM 1989, 1134, 1140; LG Essen, AG 1999, 329, 331; Stratz in Schmitt/Hörtnagl/Stratz zu § 8, RN 32; Lutter in Lutter zu § 8, RN 54; a.A. Grunewald in G/H/E/K zu § 340 a, RN 21.

614 Zu diesem objektiven Beurteilungsmaßstab vgl.: BGH, WM 1989, 1128, 1132; 1990, 140, 144. Zum Beurteilungsmaßstab der Literatur s.u. FN 691.

615 So im Ergebnis offenbar: Bayer, AG 1988, 323, 330; Mertens, AG 1990, 20, 29 f.

616 S.o. D.I.2.b)aa).

Auch die von Teilen der Literatur vertretene Auffassung, das Anfechtungsrecht sei an die weitere Voraussetzung eines Informationsverlangens in der Hauptversammlung zu knüpfen[617], findet keine Grundlage im Gesetz und ist damit abzulehnen[618].

c) Bestellung der Verschmelzungsprüfer

Nach § 10 Abs. 1 S. 1 UmwG sind die Verschmelzungsprüfer durch den jeweiligen Vorstand oder auf dessen Antrag[619] durch das gemäß § 10 Abs. 2 S. 1 UmwG zuständige Gericht zu bestellen[620]. Zur Zuständigkeit des Vorstands gehören somit sowohl die Auswahl[621] und die Bestimmung der Anzahl[622] der Prüfer als auch der Abschluss des Geschäftsbesorgungsvertrages[623].

Bei der Auswahl der Prüfer ist § 11 Abs. 1 S. 1 UmwG i.V.m. § 319 Abs. 1 S. 1 HGB zu beachten, wonach die Prüfung ausschließlich durch Wirtschaftsprüfer und Wirtschaftsprüfergesellschaften durchgeführt werden darf.

Soweit die Prüfer nach § 10 Abs. 1 S. 2 UmwG für alle an der Verschmelzung beteiligten Gesellschaften gemeinsam bestellt werden sollen, ist dies gemäß § 60 Abs. 3 S. 1 UmwG nur auf gemeinsamen Antrag der Vorstände durch Entscheidung des Gerichts möglich.

---

617 So: Mertens, AG 1990, 20, 30.

618 So im Ergebnis auch: Grunewald in G/H/E/K zu § 340 a, RN 23; Heckschen, WuB II A § 340 a AktG 2.90, Anm. 2. c).

619 Dieser ist schriftlich einzureichen (vgl. Kahl in Keidel/Kuntze/Winkler zu § 11, RN 28) oder gemäß § 11 FGG zu Protokoll der Geschäftsstelle des zuständigen Gerichts zu erklären.

620 Der Gesetzesentwurf der Bundesregierung über ein Gesetz zur Neuordnung des gesellschaftsrechtlichen Spruchverfahrens (Spruchverfahrensneuordnungsgesetz) vom 6. November 2002 sieht in seinem Art. 4 eine Änderung des § 10 UmwG vor. Danach wären die Verschmelzungsprüfer auf Antrag des Vorstands der betreffenden Gesellschaft zwingend vom Gericht auszuwählen und zu bestellen (s.o. FN 152).

621 Lutter in Lutter zu § 10, RN 5.

622 Lutter in Lutter zu § 10, RN 9.

623 Lutter in Lutter zu § 10, RN 4.

Im Rahmen einer gerichtlichen Bestellung der Prüfer haben die Antragsteller zwar ein Vorschlagsrecht. Das Gericht ist jedoch an einen solchen Vorschlag nicht gebunden[624]. Die Bestellung eines Verschmelzungsprüfers durch das Gericht hat für die beteiligten Parteien den Vorteil, dass dem Testat eines solchen Prüfers regelmäßig eine erhöhte Richtigkeitsgewähr zugesprochen wird[625]. Dies hat zwar nicht zur Folge, dass beispielsweise bei einem nachfolgenden Spruchverfahren zur Angemessenheit des Umtauschverhältnisses der Aktien eine Überprüfung des vom Verschmelzungsprüfer erstatteten Berichts nicht mehr zulässig wäre[626]. Jedoch ist es in einem solchen Fall erforderlich, dass gegen den Bericht konkrete Angriffspunkte[627] vorgebracht werden, um eine vollständig neue Unternehmensbewertung zu erreichen[628].

Die Bestellung der Verschmelzungsprüfer darf nur dann unterbleiben, wenn auch die Verschmelzungsprüfung entbehrlich ist[629].

d) Verschmelzungsprüfung

Mit Umsetzung der Dritten Richtlinie wurde erstmals eine Bestimmung in das deutsche Verschmelzungsrecht aufgenommen, wonach der Verschmelzungsvertrag oder sein Entwurf durch unabhängige Prüfer zu überprüfen ist. Das Umwandlungsgesetz sieht für die Aktiengesellschaft eine solche Regelung in §§ 9 ff. i.V.m. § 60 Abs. 1 vor[630]. Die Regelung dient ausschließlich dem Präventivschutz der Aktionäre sowohl der übertragenden als auch der übernehmenden Gesellschaft[631]. Sie soll sicherstellen, dass die Aktionäre in Kenntnis der Wertrelation der

---

624 Vgl. Heckschen, MittRhNotK 1989, 69, 74.
625 Lutter in Lutter zu § 10, RN 14.
626 Müller in Kallmeyer zu § 10, RN 3.
627 Nicht nur die allgemeine Rüge des Umtauschverhältnisses (Lutter in Lutter zu § 10, RN 14).
628 Lutter in Lutter zu § 10, RN 14.
629 Hierzu D.I.2.d)aa).
630 Zuvor § 340 b AktG 1965 (in der Fassung vom 25.10.1982).
631 Vgl. Müller in Kallmeyer zu § 9, RN 2.

beteiligten Gesellschaften über die Verschmelzung abstimmen und dass Benachteiligungen durch unzutreffende Umtauschverhältnisse von Vornherein verhindert werden[632].

aa) Entbehrlichkeit der Verschmelzungsprüfung

Befinden sich alle Aktien einer übertragenden Gesellschaft in der Hand der übernehmenden Gesellschaft und kommt es aus diesem Grund nicht zu einem Umtausch von Anteilen, so ist gemäß § 9 Abs. 2 UmwG eine Verschmelzungsprüfung hinsichtlich dieser beiden Gesellschaften entbehrlich. Sind jedoch weitere Rechtsträger an der Verschmelzung beteiligt, für die die Voraussetzungen des § 9 Abs. 2 UmwG nicht vorliegen, ist für diese und die übernehmende Gesellschaft eine Prüfung grundsätzlich erforderlich.

Weiterhin ist nach § 9 Abs. 3 i.V.m. § 8 Abs. 3 UmwG dann keine Verschmelzungsprüfung erforderlich, wenn alle Aktionäre aller beteiligten Gesellschaften in notariell beurkundeter Form auf sie verzichten.

bb) Umfang der Verschmelzungsprüfung

Die Prüfer untersuchen den Verschmelzungsvertrag auf Vollständigkeit und inhaltliche Richtigkeit[633]. Dies bedeutet, dass die aufgeführten Aussagen sowohl inhaltlich und sachlich zutreffend sowie in sich widerspruchsfrei sein müssen[634]. Überprüft wird dabei nur die Rechtmäßigkeit des Verschmelzungsvorgangs als solcher. Eine Zweckmäßigkeitskontrolle findet hingegen nicht statt; diese steht nur den Aktionären zu[635].

---

632 Vgl. Begründung zu § 340 b AktG (dessen Absatz 1 dem § 9 Abs. 1 UmwG entspricht), BT-Drucks. 9/1065, 15.
633 Lutter in Lutter zu § 9, RN 9.
634 Müller in Kallmeyer zu § 9, RN 19.
635 Mayer in Widmann/Mayer zu § 9, RN 23.

Kernstück der Prüfung ist die Kontrolle des Umtauschverhältnisses der Aktien sowie gegebenenfalls der Höhe der baren Zuzahlung[636] und der Barabfindung in dem Fall des § 29 Abs. 1 S. 2 UmwG[637]. Anhand des vorliegenden Zahlenmaterials sind die vorgenommenen Bewertungen zu überprüfen[638]. Dabei ist insbesondere zu beurteilen, ob die angewendeten Methoden der Unternehmensbewertung sowie die getroffenen Prognose- und Wertungsentscheidungen vertretbar waren und den Regeln einer ordnungsgemäßen Unternehmensbewertung entsprechen[639].

Nicht Gegenstand der Prüfung ist der Verschmelzungsbericht; der Wortlaut des § 9 Abs. 1 UmwG ist insoweit eindeutig[640]. Obwohl die Prüfung somit auch bereits zu einem Zeitpunkt erfolgen kann, in dem der Bericht noch nicht vorliegt[641], darf der Verschmelzungsbericht von den Prüfern als wichtige Erkenntnisquelle ausgewertet und berücksichtigt werden[642].

Nach § 320 Abs. 1 S. 2 HGB i.V.m. § 11 Abs. 1 S. 1 UmwG haben die Vorstände der beteiligten Gesellschaften den Prüfern zu gestatten, die Bücher und Schriften der jeweiligen Gesellschaft sowie die Vermögensgegenstände und Schulden zu prüfen. Diese Duldungspflicht besteht im Zusammenhang mit dem einheitlichen Verschmelzungsvorgang auch gegenüber Prüfern anderer Gesellschaften[643]. Weiterhin können die

636 Mayer in Widmann/Mayer zu § 9, RN 20.

637 Müller in Kallmeyer zu § 9, RN 13. Hier sind die Aktionäre besonders auf den Sachverstand der Prüfer angewiesen (Lutter in Lutter zu § 9, RN 10), zumal sich der Verschmelzungsbericht in dieser Hinsicht nicht auf alle Einzelheiten der Verschmelzung beziehen muss (Vgl. oben D.I.2.b)bb)ccc)).

638 Lutter in Lutter zu § 9, RN 11.

639 Lutter in Lutter zu § 9, RN 11.

640 Müller in Kallmeyer zu § 9, RN 10. Dies entspricht auch den Empfehlungen des Instituts der Wirtschaftsprüfer (IDW) (abgedruckt in: Die Wirtschaftsprüfung (WPg.) 1989, 42, 43 als Stellungnahme des Hauptfachausschusses des IDW 6/1988). A.A. hingegen: Bayer, ZIP 1997, 1613, 1621; Becker, AG 1988, 223, 225; Hoffmann-Becking, FS-Fleck, 105, 122. Für Kontrolle des Berichtes auf Richtigkeit, nicht aber auf Vollständigkeit: Priester, ZGR 1990, 420, 430, FN 49.

641 Lutter in Lutter zu § 9, RN 14.

642 Stratz in Schmidt/Hörtnagl/Stratz zu § 9, RN 4.

643 Stratz in Schmidt/Hörtnagl/Stratz zu § 11, RN 6.

Prüfer nach § 320 Abs. 2 S. 1 HGB i.V.m. § 11 Abs. 1 S. 1 UmwG alle Aufklärungen und Nachweise verlangen, die für eine sorgfältige Prüfung notwendig sind. Dieses Auskunftsrecht besteht nach § 11 Abs. 1 S. 4 UmwG auch gegenüber verbundenen Unternehmen im Sinne von § 15 AktG[644].

cc) Prüfungsbericht

Jeder Prüfer hat gemäß § 12 Abs. 1 S. 1 UmwG über das Ergebnis der Prüfung einen eigenen schriftlichen Bericht zu erstatten. Der Bericht kann nach § 12 Abs. 1 S. 2 UmwG aber auch gemeinsam abgegeben werden. In jedem Fall ist ein einheitlicher Bericht dann zu erstatten, wenn eine gemeinsame Bestellung nach § 10 Abs. 1 S. 2 i.V.m. § 60 Abs. 3 S. 1 UmwG erfolgt ist[645].

Der Prüfungsbericht muss das Ergebnis der Prüfung zusammenfassen. Dementsprechend muss er unter anderem Ausführungen darüber enthalten, ob der Verschmelzungsvertrag bzw. sein Entwurf den gesetzlichen Anforderungen genügt, d.h. ob er vollständig und richtig ist[646]. Maßstab dafür ist der Katalog des § 5 Abs. 1 UmwG[647].

Einzugehen ist gemäß § 12 Abs. 2 S. 1 UmwG insbesondere auf die Angemessenheit des Umtauschverhältnisses. In diesem Zusammenhang haben die Verschmelzungsprüfer anzugeben, nach welchen Methoden das vorgeschlagene Umtauschverhältnis ermittelt wurde[648]. Zudem müssen die Verschmelzungsprüfer Sollvorstellungen für die Wertrelation der zu verschmelzenden Gesellschaften entwickeln und diese mit den vor-

---

644 Die Erweiterung der Auskunftspflicht bezieht sich dagegen nicht auf die Einsichtnahme und Jahresabschlussprüfung nach § 320 Abs. 1 S. 2 HGB (Müller in Kallmeyer zu § 11, RN 10).

645 Stratz in Schmidt/Hörtnagl/Stratz zu § 12, RN 2.

646 Vgl. oben D.I.2.d)bb).

647 Lutter in Lutter zu § 12, RN 6.

648 Hannappel in Goutier/Knopf/Tulloch zu § 12, RN 5.

gelegten Wertermittlungen vergleichen[649]. Schließlich ist auf aufgetretene besondere Schwierigkeiten der Unternehmensbewertung besonders hinzuweisen[650].

Inwieweit der Prüfungsbericht konkrete Tatsachen und Zahlen wiedergeben muss, ist umstritten. Nach einer sowohl in Rechtsprechung als auch Literatur vertretenen Ansicht ist es nicht erforderlich, konkrete Zahlen im Prüfungsbericht aufzuführen, aus denen sich dann das Bewertungsergebnis ergibt[651]. Das Gesetz verlange nur die Wiedergabe des Ergebnisses der Prüfung, nicht der Prüfung selbst[652]. Die Gegenauffassung beruft sich dagegen auf die Vorschrift des § 12 Abs. 3 UmwG, die auf § 8 Abs. 2 UmwG[653] verweist: Da § 8 Abs. 2 UmwG geheimhaltungsbedürftige Tatsachen von der Berichtspflicht befreie, bedeute dies im Umkehrschluss, dass Tatsachen, für die das Geheimhaltungsprivileg nicht eingreife, in den Bericht aufzunehmen seien[654]. Ein solcher Umkehrschluss aus § 8 Abs. 2 UmwG ist jedoch nicht gerechtfertigt. Die Vorschrift will lediglich den Berichtsinhalt begrenzen[655]; eine Erweiterung des Mindestinhalts ist aus ihr nicht abzuleiten. Damit folgt aus § 8 Abs. 2 UmwG keine grundsätzliche Verpflichtung, alle konkreten Tatsachen und Zahlen im Prüfungsbericht wiederzugeben. Zu beachten ist jedoch, dass in Prüfungsbericht und Verschmelzungsbericht gemeinsam der Schutz der Aktionäre so vollkommen wie möglich ausgestaltet werden soll[656]. Der Prüfungsbericht ist also insofern als Ergänzung des Verschmelzungsberichts zu sehen[657]. Prüfungsbericht und Verschmelzungsbericht zusammen müssen den Verschmelzungsvorgang in wirtschaftlicher und

---

649 Hannappel in Goutier/Knopf/Tulloch zu § 12, RN 5.

650 Lutter in Lutter zu § 12, RN 9.

651 OLG Hamm, WM 1988, 1164, 1168; LG Mannheim, WM 1988, 775, 780; LG Frankfurt, WM 1990, 592, 594.

652 Stratz in Schmidt/Hörtnagl/Stratz zu § 12, RN 11.

653 Dessen Regelung war zuvor für die Aktiengesellschaft bereits in § 340 b Abs. 4 S. 5 AktG 1965 (in der Fassung vom 25.10.1982) enthalten.

654 OLG Karlsruhe, ZIP 1989, 988, 992; Bayer, AG 1988, 323, 328.

655 Lutter in Lutter zu § 12, RN 10.

656 BGH, ZIP 1990, 168, 169.

657 Müller in Kallmeyer zu § 12, RN 6.

rechtlicher Hinsicht so transparent machen, dass die Aktionäre entscheiden können, ob die Verschmelzung für sie zweckmäßig ist[658]. Soweit der Verschmelzungsbericht sie nicht bereits enthält, sind folglich alle konkreten Tatsachen und Zahlen in den Prüfungsbericht aufzunehmen, die benötigt werden, um den Verschmelzungsvorgang für die Aktionäre nachvollziehbar zu machen[659]. Da schon der Verschmelzungsbericht den Aktionären eine Plausibilitätskontrolle des Verschmelzungsvorgangs ermöglichen muss[660], werden jedoch kaum Tatsachen und Zahlen, die erforderlich sind, um die Verschmelzung nachvollziehbar zu machen, noch nicht im Rahmen des Verschmelzungsberichts aufgeführt sein[661].

Der Prüfungsbericht ist gemäß § 12 Abs. 2 S. 1 UmwG mit einer Erklärung darüber abzuschließen, ob das vorgeschlagene Umtauschverhältnis der Anteile sowie gegebenenfalls die Höhe der baren Zuzahlung angemessen ist (so genanntes „Testat").

Wird nach Erstattung des Prüfungsberichts der Verschmelzungsvertrag bzw. dessen Entwurf geändert, so ist der Verschmelzungsvertrag nicht im Sinne von § 9 Abs. 1 UmwG geprüft. Soweit eine solche Änderung reicht, ist daher eine erneute Prüfung erforderlich[662].

dd) Fehlerhafter Prüfungsbericht

Ein fehlender oder nicht ordnungsgemäßer Prüfungsbericht, der sich auf den Verschmelzungsbeschluss auswirkt, macht diesen fehlerhaft und

[658] Müller in Kallmeyer zu § 12, RN 6.
[659] Müller in Kallmeyer zu § 12, RN 6.
[660] Vgl. oben D.I.2.b)aa).
[661] Vgl. BGH, ZIP 1990, 168, 169; im Ergebnis wohl ebenso: Lutter in Lutter zu § 12, RN 10.
[662] Müller in Kallmeyer zu § 9, RN 15.

damit anfechtbar[663]. Insofern bestehen keine Unterschiede zu den Rechtsfolgen, die ein fehlerhafter Verschmelzungsbericht auslöst[664].

e) Mündliche Erläuterung des Verschmelzungsvertrages in der Hauptversammlung

Zu Beginn der Hauptversammlung, die gemäß § 13 Abs. 1 UmwG über die Zustimmung zum Verschmelzungsvertrag beschließen soll, hat der Vorstand den Verschmelzungsvertrag bzw. dessen Entwurf mündlich zu erläutern (§ 64 Abs. 1 S. 2 UmwG). Der Sinn dieser mündlichen Erläuterungsverpflichtung liegt insbesondere darin, die im schriftlichen Verschmelzungsbericht enthaltenen Ausführungen zu aktualisieren[665]. Ausreichend ist hier eine gestraffte Zusammenfassung der wirtschaftlichen und rechtlichen Bedeutung der Verschmelzung sowie der wesentlichen Vertragsbestimmungen[666]. Insbesondere sind dabei nochmals die Gesichtspunkte für die Festlegung des Umtauschverhältnisses der Aktien darzulegen.

---

663 Lutter in Lutter zu § 12, RN 17.

664 Stratz in Schmidt/Hörtnagl/Stratz zu § 12, RN 18; vgl. hierzu oben D.2.b)cc).

665 Stratz in Schmidt/Hörtnagl/Stratz zu § 64, RN 3; Grunewald in G/H/E/K zu § 340 d, RN 14.

666 Bayer, AG 1988, 323, 329.

3. Pflichten der *directors* und Prüfer nach englischem Recht

a) Erstellung des Verschmelzungsplans

Der Verschmelzungsplan ist nach Ziffer 2 Absatz 1 lit. (a) Schedule 15B durch die *directors* aller übertragenden Gesellschaften sowie bei der Verschmelzung durch Aufnahme auch durch die *directors* der übernehmenden Gesellschaft zu entwerfen.

aa) Inhalt des Verschmelzungsplans

Der Verschmelzungsplan muss in jedem Fall für jede der beteiligten Gesellschaften

- Name, Anschrift und eingetragene Niederlassung sowie
- Angaben darüber, um welche Art von Gesellschaft es sich handelt[667],

enthalten (Ziffer 2 Absatz 2 lit. (a) Schedule 15B).

Darüber hinaus muss der Verschmelzungsplan im Interesse der Gesellschafter zudem jedenfalls den folgenden Mindestinhalt aufweisen:

aaa) Umtauschverhältnis und bare Zuzahlung

Zu nennen ist das Umtauschverhältnis zu dem die Gesellschafter der übertragenden Gesellschaften für die Hingabe von Anteilen an der jeweiligen übertragenden Gesellschaft Anteile an der übernehmenden Gesellschaft erhalten sollen (Ziffer 2 Absatz 2 lit. (b) Schedule 15B). Zudem ist gegebenenfalls die Höhe der den Gesellschaftern der über-

---

667 Grundsätzlich kann hier entweder eine *company limited by shares* oder eine *company limited by guarantee* beteiligt sein.

tragenden Gesellschaften zu gewährenden Zuzahlungen zu nennen (Ziffer 2 Absatz 2 lit. (b) Schedule 15B).

Die Nennung von Umtauschverhältnis und barer Zuzahlung darf nur dann unterbleiben, wenn es sich um eine Verschmelzung zur Aufnahme handelt, bei der 100 % der Stimmrechte vermittelnden Anteile an den übertragenden Gesellschaften von der übernehmenden Gesellschaft gehalten werden (Ziffer 12 Absatz 1, Absatz 2 Schedule 15B).

bbb) Einzelheiten zur Ausgabe der *shares*

Im Verschmelzungsplan aufzuführen sind ferner die Einzelheiten zur Ausgabe der *shares* an der übernehmenden Gesellschaft an die Gesellschafter der übertragenden Gesellschaften (Ziffer 2 Absatz 2 lit. (c) Schedule 15B). Damit ist insbesondere zu regeln, wer die Kosten des Umtauschs der Anteile an übertragenden Gesellschaften gegen die neu auszugebenden Anteile an der übernehmenden Gesellschaft zu tragen hat.

Gegebenenfalls brauchen solche Einzelheiten zur Ausgabe der Anteile dann nicht genannt werden, wenn die übernehmende Gesellschaft 100 % der Anteile und stimmrechtsvermittelnden *securities* an den übertragenden Gesellschaften hält (Ziffer 12 Absatz 1, Absatz 2 Schedule 15B).

ccc) Datum der Gewinnberechtigung

Gemäß Ziffer 2 Absatz 2 lit. (d) Schedule 15B sind das Datum, zu dem die neu auszugebenden Anteile an der übernehmenden Gesellschaft gewinnberechtigt sind, sowie gegebenenfalls besondere Bedingungen, an die eine solche Gewinnberechtigung geknüpft ist, im Verschmelzungsplan festzulegen.

Der Zeitpunkt der Gewinnberechtigung kann grundsätzlich frei gewählt werden. Sinnvollerweise wird er auf den Tag gelegt, zu dem auch das Geschäftsjahr der übernehmenden Gesellschaft beginnt.

Auch die Festlegung des Datums der Gewinnberechtigung kann jedoch unterbleiben, wenn 100 % der Stimmrechte vermittelnden Anteile an den übertragenden Gesellschaften von der übernehmenden Gesellschaft gehalten werden (Ziffer 12 Absatz 1, Absatz 2 Schedule 15B).

ddd) Verschmelzungsstichtag

In jedem Fall anzugeben ist nach Ziffer 2 Absatz 2 lit. (e) Schedule 15B das Datum, von dem an Handlungen der übertragenden Gesellschaften bilanziell als für Rechnung der übernehmenden Gesellschaft vorgenommen gelten.

Dieses Datum kann mit dem Zeitpunkt, zu dem die neu auszugebenden Anteile an der übernehmenden Gesellschaft gewinnberechtigt sein sollen, synchronisiert werden[668].

eee) Sonderrechte

Gemäß Ziffer 2 Absatz 2 lit. (f) Schedule 15B sind im Verschmelzungsplan alle Rechte oder Beschränkungen aufzuführen, die mit Anteilen[669] oder anderen *securities*[670] an einer übernehmenden Gesellschaft verbunden sind und die gemäß dem *scheme* Inhabern von Anteilen oder

---

668 Vgl. Birkett, Inside the Glaxo Wellcome and SmithKline Merger, Practical Law for Companies 2001, VI (4), 43, 49.

669 Z.B. *preference shares*, *preferred ordinary shares* oder *non-voting shares* (Millet, The Encyclopaedia of Forms and Precedents, Band 10, RN 882) (Dies entspricht in etwa Vorzugsaktien).

670 Z.B. *debenture stock* oder *loan stock* (Millet, The Encyclopaedia of Forms and Precedents, Band 10, RN 882) (dies entspricht in etwa Wandelschuldverschreibungen oder Genussrechten).

anderen *securities* an einer übertragenden Gesellschaft gewährt werden sollen. Zudem sind gemäß Ziffer 2 Absatz 2 lit. (f) Schedule 15B auch alle nach dem *scheme* vorgesehenen Maßnahmen, die solche Inhaber von Anteilen oder *securities* betreffen, aufzulisten.

fff) Vorteile für *directors* oder Verschmelzungsprüfer

Schließlich ist im Verschmelzungsplan nach Ziffer 2 Absatz 2 lit. (g) Schedule 15B jeder Betrag oder Vorteil, der einem *director* der beteiligten Gesellschaften oder einem Verschmelzungsprüfer gewährt wurde oder gewährt werden soll, sowie die Gegenleistung für eine solche Vorteilsgewährung offen zu legen.

bb) *Board Resolution* zum Verschmelzungsplan

Die *directors* der an der Verschmelzung beteiligten Gesellschaften müssen gemäß Ziffer 2 Absatz 1 lit. (a) Schedule 15B dem von ihnen entworfenen Verschmelzungsplan jeweils für ihre Gesellschaft im Wege einer *board resolution* zustimmen[671].

cc) Offenlegung des Verschmelzungsplans

aaa) Einreichung beim *Registrar of Companies*

Der Verschmelzungsplan ist gemäß Ziffer 2 Absatz 1 lit. (b), 1. HS Schedule 15B für jede der übertragenden Gesellschaften und im Fall der Verschmelzung durch Aufnahme auch für die übernehmende Gesellschaft durch die betreffenden *directors* beim *registrar of companies* einzureichen. Der *registrar of companies* hat sodann für jede der Gesell-

[671] Vgl. Millet, The Encyclopaedia of Forms and Precedents, Band 10, RN 880.

schaften den Erhalt des Verschmelzungsplans in der *Gazette*[672] bekannt zu machen (Ziffer 2 Absatz 1 lit. (b), 2. HS Schedule 15B).

Die Bekanntmachung durch den *registrar of companies* muss mindestens einen Monat vor der ersten Gesellschafterversammlung der betreffenden Gesellschaft erfolgen (Ziffer 2 Absatz 1 lit. (c) Schedule 15B).

Ist bei der Verschmelzung durch Aufnahme für die übernehmende Gesellschaft gemäß Ziffer 10 Absatz 1 lit. (a) oder Ziffer 14 Absatz 2 lit. (a)[673] Schedule 15B keine Gesellschafterversammlung vorgesehen, so ist die Bekanntmachung durch den *registrar of companies* mindestens einen Monat vor der ersten Gesellschafterversammlung einer übertragenden Gesellschaft erforderlich (Ziffer 10 Absatz 2 lit. (a) sowie Ziffer 14 Absatz 3 Schedule 15B).

Werden dagegen die Anteile oder stimmrechtsvermittelnden *securities* aller beteiligten übertragenden Gesellschaften von der übernehmenden Gesellschaft gehalten und ist gemäß Ziffer 12 Absatz 4 Schedule 15B für eine der zu verschmelzenden Gesellschaften keine Gesellschafterversammlung vorgesehen, so muss die Bekanntmachung durch den *registrar of companies* für jede der beteiligten Gesellschaften mindestens einen Monat vor der gerichtlichen Genehmigung der Verschmelzung nach Section 425 Sub-Section 2 CA 1985 erfolgen (Ziffer 12 Absatz 1, Absatz 4, Absatz 5 lit. (a) Schedule 15B).

Soweit eine der vorgenannten Voraussetzungen nicht erfüllt ist, darf das zuständige Gericht den *scheme* nicht genehmigen (Ziffer 2 Absatz 1 lit. (c) sowie Ziffer 10 Absatz 1 lit. (b) und Ziffer 12 Absatz 4 lit. (b) Schedule 15B).

---

[672] Dies ist das amtliche Veröffentlichungsorgan der englischen Regierung.

[673] Ziffer 14 Sub-Section 2 lit. (a) Schedule 15B betrifft den Fall, dass mindestens 90 %, nicht jedoch alle, Anteile oder stimmrechtsvermittelnden *securities* der beteiligten übertragenden Gesellschaften von der übernehmenden Gesellschaft gehalten werden.

bbb) Auslegung in den eingetragenen Niederlassungen

Zudem ist der Verschmelzungsplan gemäß Ziffer 3 (e) i.V.m. Ziffer 6 Absatz 1 lit. (b) Schedule 15B jeweils in den eingetragenen Niederlassungen jeder der beteiligten Gesellschaften auszulegen.

Die Auslegung muss mindestens einen Monat vor dem Tag der ersten Gesellschafterversammlung der betreffenden Gesellschaft beginnen und darf vor diesem Tag nicht beendet werden.

Ist für die übernehmende Gesellschaft bei der Verschmelzung durch Aufnahme gemäß Ziffer 10 Absatz 1 lit. (a) Schedule 15B keine Gesellschafterversammlung vorgesehen, so ist der Verschmelzungsplan in der eingetragenen Niederlassung der übernehmenden Gesellschaft mindestens einen Monat vor und bis zu der ersten Gesellschafterversammlung einer übertragenden Gesellschaft auszulegen (Ziffer 10 Absatz 2 lit. (b) Schedule 15B).

Soweit die Anteile oder stimmrechtsvermittelnden *securities* aller beteiligten übertragenden Gesellschaften von der übernehmenden Gesellschaft gehalten werden und gemäß Ziffer 12 Absatz 4 Schedule 15B für eine der zu verschmelzenden Gesellschaften keine Gesellschafterversammlung vorgesehen ist, ist der Verschmelzungsplan den Gesellschaftern der übernehmenden Gesellschaft mindestens einen Monat vor und bis zu der gerichtlichen Genehmigung der Verschmelzung nach Section 425 Sub-Section 2 CA 1985 durch Auslage in der eingetragenen Niederlassung dieser Gesellschaft zugänglich zu machen (Ziffer 12 Absatz 1, Absatz 4, Absatz 5 lit. (b) Schedule 15B).

Soweit mindestens 90 %, nicht jedoch alle, Anteile oder stimmrechtsvermittelnden *securities* der beteiligten übertragenden Gesellschaften von der übernehmenden Gesellschaft gehalten werden und gemäß Ziffer 14 Absatz 2 Schedule 15B eine Gesellschafterversammlung der übernehmenden Gesellschaft nicht vorgesehen ist, muss der Verschmelzungsplan in der eingetragenen Niederlassung der übernehmenden Gesellschaft mindestens einen Monat vor und bis zu der ersten Gesellschafterversammlung einer übertragenden Gesellschaft ausgelegt werden (Ziffer 14 Absatz 3 i.V.m. Ziffer 10 Absatz 2 lit. (b) Schedule 15B).

Während der Auslegungszeit sind den Gesellschaftern auf Anforderung kostenlos Abschriften des Verschmelzungsplans auszuhändigen (Ziffer 3 lit. (e) i.V.m. Ziffer 6 Absatz 1 lit. (b) sowie Ziffer 10 Absatz 2 lit. (b) und Ziffer 12 Absatz 5 lit. (b) Schedule 15B).

b) Erstellung des Verschmelzungsberichts

Die *directors* der übertragenden Gesellschaften sowie bei einer Verschmelzung durch Aufnahme auch die *directors* der übernehmenden Gesellschaft müssen nach Ziffer 3 lit. (a) Schedule 15B einen Verschmelzungsbericht erstellen.

aa) Inhalt des Verschmelzungsberichts

Der Inhalt des Verschmelzungsberichts muss die Anforderungen der Ziffer 4 Absatz 1 Schedule 15B erfüllen. Zum einen bedeutet dies, dass die für das *explanatory statement*[674] nach Section 426 Sub-Section 2 CA 1985 verlangten Angaben im Verschmelzungsbericht aufzuführen sind (Ziffer 4 Absatz 1 lit. (a) Schedule 15B). Zum anderen sind gemäß Ziffer 4 Absatz 1 lit. (b) Schedule 15B weitere die Verschmelzung betreffende Einzelheiten zu nennen.

Im Einzelnen sind die folgenden Angaben in den Verschmelzungsbericht aufzunehmen:

---

674 Vgl. C.III.1.e).

aaa) Auswirkung der Verschmelzung

Gemäß Section 426 Sub-Section 2 CA 1985 i.V.m. Ziffer 4 Absatz 1 lit. (a) Schedule 15B hat der Verschmelzungsbericht zunächst die Auswirkungen der Verschmelzung zu erläutern.

bbb) Wesentliche Interessen von *directors* und *trustees*

Der Verschmelzungsbericht hat insbesondere nach Section 426 Sub-Section 2 CA 1985 i.V.m. Ziffer 4 Absatz 1 lit. (a) Schedule 15B alle wesentlichen Interessen der *directors* der betreffenden Gesellschaft an der Durchführung der Verschmelzung zu nennen. Gemäß Section 426 Sub-Section 4 CA 1985 sind zudem gegebenenfalls wesentliche Interessen von *trustees*, die zur Sicherung von *debentures*[675] der Gesellschaft bestellt sind, aufzuführen. Wesentlich sind all die Interessen, die den betreffenden *director* oder *trustee* in der Entscheidung darüber, ob er eine Zustimmung zu dem *scheme* empfehlen soll, beeinflussen könnten[676].

Weiterhin sind nach dem Gesetzeswortlaut alle Auswirkungen anzugeben, die eine Durchführung der Verschmelzung auf die Belange der *directors* und *trustees* hätte, soweit sich solche Auswirkungen von denen auf vergleichbare Belange anderer Personen unterscheiden (Section 426 Sub-Section 2, Sub-Section 4 CA 1985 i.V.m. Ziffer 4 Absatz 1 lit. (a) Schedule 15B).

Jeder der *directors* und *trustees* ist nach Section 426 Sub-Section 7, 1. HS CA 1985 i.V.m. Ziffer 4 Absatz 1 lit. (a) Schedule 15B verpflichtet, der Gesellschaft alle Umstände mitzuteilen, die im Zusammenhang mit der Erstellung des Verschmelzungsberichts relevant sein könnten. Bei Verstoß gegen diese Mitteilungspflicht kann gemäß Section 426 Sub-Sec-

675 Hierbei handelt es sich um Schuldverschreibungen.
676 Boyle/Potts/Sealy: Gore-Browne on Companies, RN 44.6.7.

tion 7, 2. HS CA 1985 i.V.m. Ziffer 4 Absatz 1 lit. (a) Schedule 15B ein Bußgeld in Höhe von maximal Pfund 1.000,-[677] verhängt werden.

ccc) Erläuterung des Verschmelzungsplans

Soweit entsprechende Angaben nicht bereits in dem nach Section 426 CA 1985 zu erstellenden *explanatory statement* enthalten sind, ist im Verschmelzungsbericht der Verschmelzungsplan in rechtlicher und wirtschaftlicher Hinsicht zu erläutern (Ziffer 4 Absatz 1 lit. (b) (i) Schedule 15B).

ddd) Erläuterung des Umtauschverhältnisses

Zudem ist im Verschmelzungsbericht nach Ziffer 4 Absatz 1 lit. (b) (i) Schedule 15B das Umtauschverhältnis, zu dem den Gesellschaftern der übertragenden Gesellschaften Anteile an der übernehmenden Gesellschaft gewährt werden sollen, im einzelnen zu erläutern.

eee) Hinweis auf Bewertungsschwierigkeiten

Nach Ziffer 4 Absatz 1 lit. (b) (ii) Schedule 15B ist im Verschmelzungsbericht schließlich darzustellen, ob und gegebenenfalls welche besonderen Schwierigkeiten bei der Bewertung der an der Verschmelzung beteiligten Gesellschaften aufgetreten sind.

bb) *Board Resolution* zum Verschmelzungsbericht

Die *directors* der an der Verschmelzung beteiligten Gesellschaften müssen gemäß Ziffer 3 (a) Schedule 15B dem von ihnen entworfenen Ver-

---

677 Barc in Tolley's Company Law, R 2020.

schmelzungsbericht jeweils für ihre Gesellschaft im Wege einer *board resolution* zustimmen.

cc) Bekanntmachung des Verschmelzungsberichts und des *explanatory statement* gegenüber den Gesellschaftern

Der Verschmelzungsbericht ist gemäß Ziffer 3 lit. (e) i.V.m. Ziffer 6 Absatz 1 lit. (b) Schedule 15B jeweils in den eingetragenen Niederlassungen jeder der beteiligten Gesellschaften auszulegen. Die Auslegung muss mindestens einen Monat vor dem Tag der ersten Gesellschafterversammlung der betreffenden Gesellschaft beginnen und darf vor diesem Tag nicht beendet werden.

Zudem ist nach Section 426 Sub-Section 2 CA 1985 jeder an die Gesellschafter einer übertragenden Gesellschaft gerichteten Mitteilung über die Einberufung der Gesellschafterversammlungen eine Abschrift des *explanatory statement* beizulegen. Erfolgt die Einberufung der Gesellschafterversammlung im Wege einer öffentlichen Anzeige, so hat diese gemäß Section 426 Sub-Section 3 CA 1985 jedenfalls anzugeben, wie und wo Abschriften des *explanatory statement* zu erhalten sind.

Ist für die übernehmende Gesellschaft bei der Verschmelzung durch Aufnahme gemäß Ziffer 10 Absatz 1 lit. (a) Schedule 15B keine Gesellschafterversammlung vorgesehen, so ist der Verschmelzungsbericht mindestens einen Monat vor und bis zu der ersten Gesellschafterversammlung einer übertragenden Gesellschaft in der eingetragenen Niederlassung der übernehmenden Gesellschaft auszulegen (Ziffer 10 Absatz 2 lit. (b) Schedule 15B).

Während der Auslegungszeit sind den Gesellschaftern auf Anforderung kostenlos Abschriften des Verschmelzungsberichts auszuhändigen (Ziffer 3 lit. (e) i.V.m. Ziffer 6 Absatz 1 lit. (b) sowie Ziffer 10 Absatz 2 lit. (b) Schedule 15B).

Die Auslegung sowie die Erteilung kostenloser Abschriften des Verschmelzungsberichts sind nach Ziffer 12 Absatz 1, Absatz 3 sowie Ziffer 10 Absatz 2 lit. (b) i.V.m. Ziffer 14 Absatz 2, Absatz 3 Schedule 15B nicht erforderlich, soweit mindestens 90 % aller Anteile oder stimmrechtsvermittelnden *securities* der an der Verschmelzung beteiligten übertragenden Gesellschaften von der übernehmenden Gesellschaft gehalten werden[678].

dd) Entbehrlichkeit des Verschmelzungsberichts

Soweit sich bei der Verschmelzung durch Aufnahme mindestens 90 % aller Anteile oder stimmrechtsvermittelnden *securities* der übertragenden Gesellschaften in der Hand der übernehmenden Gesellschaft befinden, ist die Erstellung eines Verschmelzungsberichts zudem vollständig entbehrlich (Ziffer 12 Absatz 1, Absatz 3 Schedule 15B sowie Ziffer 10 Absatz 2 lit. (b) i.V.m. Ziffer 14 Absatz 1 – Absatz 3 Schedule 15B).

ee) Fehlerhaftigkeit des Verschmelzungsberichts

Soweit der Verschmelzungsbericht fehlerhaft ist, wird das Gericht die Verschmelzung regelmäßig nicht genehmigen, wenn es annimmt, dass hierdurch eine Beeinflussung der Gesellschafter bei ihrer Stimmabgabe im Rahmen der Gesellschafterversammlungen gegeben war[679].

Auch ein fehlerhafter Verschmelzungsbericht steht jedoch in der Regel der gerichtlichen Genehmigung der Verschmelzung nicht entgegen, wenn das Gericht zu der Überzeugung gelangt, dass kein vernünftiger Gesellschafter seine Entscheidung hinsichtlich der Verschmelzung

---

678 Den Minderheitsgesellschaftern steht aber in diesem Fall die Möglichkeit offen, beim zuständigen Gericht den Aufkauf ihrer Geschäftsanteile durch die Gesellschaft zu beantragen (s.u. D.II.3.d)).

679 Vgl. *Re Jessel Trust Limited [1985] BCLC 119*; *Re MB Group plc [1989] BCLC 672.*

geändert hätte, wäre der Verschmelzungsbericht nicht fehlerhaft gewesen[680].

c) Bestellung der Verschmelzungsprüfer

Gemäß Ziffer 5 Absatz 1 Schedule 15B ist für jede der an der Verschmelzung beteiligten Gesellschaften – mit Ausnahme der übernehmenden Gesellschaft bei der Verschmelzung durch Neugründung – jeweils ein Verschmelzungsprüfer zu bestellen. Die Bestellung wird durch die *directors* der betreffenden Gesellschaft vorgenommen.

Auf gemeinsamen Antrag aller Gesellschaften kann nach Ziffer 5 Absatz 2 Schedule 15B durch das zuständige Gericht auch ein gemeinsamer Prüfer ernannt werden. Dieser erstellt dann einen einzigen Prüfungsbericht für alle an der Verschmelzung beteiligten Gesellschaften.

Die Funktion des Verschmelzungsprüfers wurde mit Umsetzung der Dritten Richtlinie neu in das englische Recht eingeführt, was neben überwiegender Ablehnung auch vereinzelt auf Zustimmung stieß[681].

Als Verschmelzungsprüfer kommen nach Ziffer 5 Absatz 3 Schedule 15B nur solche Personen in Betracht, die auch als *auditor*[682] der betreffenden Gesellschaften zuzulassen wären. Dies bedeutet insbesondere, dass die Unabhängigkeit des Verschmelzungsprüfers von allen an der Verschmelzung beteiligten Gesellschaften gegeben sein muss.

680 Vgl. *Re Minster Assets plc [1985] BCLC 200; Re MB Group plc [1989] BCLC 672.*

681 Zustimmend etwa: McIsaac, The Accountant, April 1988, S. 23 oder auch Davies/Prentice: Gower's Principles of Modern Company Law, S. 767.

682 Buchprüfer.

Die Bestellung der Verschmelzungsprüfer kann nur dann unterbleiben, wenn auch die Erstellung eines Verschmelzungsprüfungsberichts nicht erforderlich ist[683].

d) Verschmelzungsprüfung

Zum Schutz der Gesellschafter sieht Ziffer 3 lit. (d) i.V.m. Ziffer 5 Absatz 4 – Absatz 8 Schedule 15B detaillierte Regelungen zur Durchführung der Verschmelzungsprüfung vor.

aa) Entbehrlichkeit der Verschmelzungsprüfung

Die Durchführung einer Verschmelzungsprüfung ist entbehrlich, soweit das Gesetz die Erstellung eines Verschmelzungsprüfungsberichts nicht verlangt. Dies betrifft die Fälle, in denen sich mindestens 90 % aller Anteile oder stimmrechtsvermittelnden *securities* der beteiligten übertragenden Gesellschaften in der Hand der übernehmenden Gesellschaft befinden (Ziffer 12 Absatz 1, Absatz 3 sowie Ziffer 10 Absatz 2 lit. (b) i.V.m. Ziffer 14 Absatz 1 – Absatz 3 Schedule 15B)[684].

bb) Umfang der Verschmelzungsprüfung

Die Verschmelzungsprüfung hat nach Ziffer 5 Absatz 1 Schedule 15B den Verschmelzungsplan zum Gegenstand.

Dabei ist insbesondere auf das Umtauschverhältnis, zu dem die Gesellschafter der übertragenden Gesellschaften Anteile an der übernehmenden Gesellschaft erhalten sollen, einzugehen[685]. Die dem Umtauschver-

---

683 Hierzu s.u. D.I.3.d)aa).
684 Zur Zulässigkeit dieser Regelung s.u. D.I.4.c)dd).
685 Vgl. Ziffer 5 Sub-Section 7 lit. (d) Schedule 15B.

hältnis zu Grunde liegenden Bewertungen der verschiedenen Gesellschaften sind nach Ziffer 5 Absatz 4 Schedule 15B entweder durch den Verschmelzungsprüfer selbst oder durch einen von ihm Beauftragten vorzunehmen. Werden die Bewertungen durch einen Beauftragten vorgenommen, so sind dessen Ergebnisse gemäß Ziffer 5 Absatz 7 lit. (c) Schedule 15B vom Verschmelzungsprüfer zu überprüfen. Insbesondere ist zu beurteilen, ob die angewandten Bewertungsmethoden angemessen waren.

Im Rahmen der Verschmelzungsprüfung sind jedem Verschmelzungsprüfer nach Ziffer 5 Absatz 8 Schedule 15B sämtliche Unterlagen aller beteiligten Gesellschaften zugänglich zu machen. Zudem sind die Verschmelzungsprüfer danach befugt, von den leitenden Angestellten und der Geschäftsführung aller beteiligten Gesellschaften alle ihnen erforderlich erscheinenden Informationen einzuholen.

cc) Prüfungsbericht

Soweit nicht ein gemeinsamer Verschmelzungsprüfer für alle beteiligten Gesellschaften bestellt wurde, ist gemäß Ziffer 5 Absatz 1 Schedule 15B durch jeden der Verschmelzungsprüfer jeweils ein eigener Verschmelzungsprüfungsbericht zu erstellen.

Der Prüfungsbericht muss jedenfalls die Methode bzw. die Methoden nennen, nach denen das Umtauschverhältnis ermittelt wurde (Ziffer 5 Absatz 7 lit. (a) Schedule 15B). Zudem hat der Verschmelzungsprüfer im einzelnen darzulegen, ob die angewandten Methoden für den in Frage stehenden Fall angemessen sind (Ziffer 5 Absatz 7 lit. (b) Schedule 15B). Gegebenenfalls sind besondere Bewertungsschwierigkeiten anzugeben (Ziffer 5 Absatz 7 lit. (c) Schedule 15B). Der Bericht muss eine Stellungnahme des Prüfers dazu enthalten, ob das Umtauschverhältnis, zu dem die Gesellschafter der übertragenden Gesellschaften Anteile an der übernehmenden Gesellschaft erhalten sollen, angemessen ist (Ziffer 5 Absatz 7 lit. (d) Schedule 15B). Für den Fall, dass die Bewertung der verschiedenen Gesellschaften nicht vom Prüfer selbst, sondern von einem durch ihn Beauftragten vorgenommen wurde, hat der Prüfer zu erläutern, dass ihm eine solche Beauftragung geboten erschien und dass er die vorgenommene Bewertung akzeptiert (Ziffer 5 Absatz 7 lit. (e) Schedule 15B).

dd) Fehlerhafter Prüfungsbericht

Ist der Prüfungsbericht fehlerhaft, so wird das Gericht die Verschmelzung regelmäßig nicht genehmigen, wenn es annimmt, dass die fehlerhafte Information die Stimmabgabe von Gesellschaftern im Rahmen der Gesellschafterversammlungen beeinflusst hat[686].

Jedoch steht in der Regel auch ein fehlerhafter Prüfungsbericht der gerichtlichen Genehmigung der Verschmelzung nicht entgegen, wenn das Gericht zu der Überzeugung gelangt, dass kein vernünftiger Gesellschafter seine Entscheidung hinsichtlich der Verschmelzung geändert hätte, wäre der Prüfungsbericht nicht fehlerhaft gewesen[687].

e) Information im Rahmen der Gesellschafterversammlungen

Die *directors* der beteiligten Gesellschaften sowie die Verschmelzungsprüfer haben den Gesellschaftern bei Abhaltung der Gesellschafterversammlungen alle diesen noch nicht bekannten und für sie relevanten Umstände mitzuteilen[688]. Dies betrifft insbesondere Änderungen zu den

---

686 Barc in Tolley's Company Law, R 2013.
687 Palmer's Company Law, Band II, RN 12.020.1.
688 Vgl. Boyle/Marshall, S. 65.

in den Verschmelzungs- und Prüfungsberichten enthaltenen Informationen[689].

[689] Vgl. Barc in Tolley's Company Law, R 2019. Zwar ergibt sich dieses Informationserfordernis nicht unmittelbar aus den Sections 425 ff. CA 1985. Jedoch wird das Gericht regelmäßig keinem *scheme* zustimmen, über den die Gesellschafter nicht hinreichend informiert wurden (Birds/Boyle/Ferran/Villiers: Boyle & Birds' Company Law, S. 621).

4. Rechtsvergleich

Im Hinblick auf die Pflichten von Organwaltern und Prüfern sehen das deutsche und das englische Recht im Wesentlichen übereinstimmende Regelungen vor. Die dennoch bestehenden Unterschiede lassen sich wie folgt zusammenfassen.

a) Erstellung des Verschmelzungsvertrages bzw. Verschmelzungsplans

Da der Verschmelzungsplan in England nicht im Wege eines Vertrages zwischen den an der Verschmelzung beteiligten Gesellschaften abgeschlossen wird, sieht das englische Recht im Unterschied zur deutschen Regelung vor, dass die *directors* der beteiligten Gesellschaften dem Verschmelzungsplan für ihre jeweilige Gesellschaft durch eine *board resolution* zustimmen müssen.

Dem englischen Recht ist das Institut des Gesellschaftssitzes unbekannt, so dass bei der Erstellung des Verschmelzungsplans in England die Angabe von Anschriften und eingetragenen Niederlassungen zur Bestimmung der an der Verschmelzung beteiligten Gesellschaften ausreicht. Auch die englische Fassung der Dritten Richtlinie verlangt in Art. 5 Abs. 2 lit. a) insofern nur die Nennung der eingetragenen Niederlassung[690].

Im Unterschied zur Regelung in Deutschland geht das englische Recht über die Vorgabe des Art. 5 Abs. 2 lit. g) der Dritten Richtlinie hinaus und verlangt bei der Erstellung des Verschmelzungsplans nicht nur die Offenlegung der den Organwaltern und Prüfern gewährten Sondervorteile, sondern die Angabe jeglicher Vorteile. Im übrigen schreibt das deutsche – anders als das englische – Recht Angaben vor, die in der Dritten Richtlinie nicht vorgesehen sind: So sind in Deutschland die

690 „Registered Office".

Aktionäre im Verschmelzungsvertrag zum einen auf das ihnen gegebenenfalls zustehende Austrittsrecht und das damit verbundene Barabfindungsangebot hinzuweisen. Zum anderen ist in Deutschland bei einer Verschmelzung durch Neugründung die Satzung der neu gegründeten Gesellschaft im Verschmelzungsvertrag festzustellen.

Anders als die englische Regelung sieht das deutsche Recht für die Aktionäre die Möglichkeit vor, darauf zu verzichten, dass die Offenlegung des Verschmelzungsvertrages mindestens einen Monat vor dem Tag der Hauptversammlung zu erfolgen hat. Die Dritte Richtlinie regelt eine solche Verzichtsmöglichkeit nicht ausdrücklich. Da aber der von der Dritten Richtlinie bezweckte Aktionärsschutz durch Information ausschließlich Individualinteressen betrifft, muss ein Verzicht zulässig sein. Die von der Dritten Richtlinie vorgesehenen Schutzmechanismen sind den Aktionären nicht gegen ihren erklärten Willen aufzudrängen.

b) Erstellung des Verschmelzungsberichts

aa) Inhalt des Verschmelzungsberichts

Die deutschen und englischen Regelungen zur Erstellung des Verschmelzungsberichts unterscheiden sich lediglich bei der Detaillierung der an den Verschmelzungsbericht gestellten Anforderungen. So sieht etwa nur das englische Recht ausdrücklich vor, dass alle wesentlichen Interessen von *directors* und *trustees* der beteiligten Gesellschaften zu nennen sind, und allein das deutsche Recht schreibt ausdrücklich die Angabe aller für die Verschmelzung wesentlichen Angelegenheiten verbundener Unternehmen vor.

bb) Fehlerhaftigkeit des Verschmelzungsberichts

Unterlaufen den Organwaltern der beteiligten Gesellschaften Fehler bei der Erstellung des Verschmelzungsberichts, so werden die hieran geknüpften Rechtsfolgen durch die Gerichte beider Staaten unterschiedlich beurteilt:

Zwar können die Aktionäre grundsätzlich sowohl in Deutschland als auch in England die Verschmelzung verhindern, wenn ihr jeweiliger Zustimmungsbeschluss auf der Fehlerhaftigkeit des Verschmelzungsberichts beruht. Jedoch unterscheiden sich die Anforderungen, die an die Kausalität zwischen der Fehlerhaftigkeit des Verschmelzungsberichts und dem Zustimmungsbeschluss gestellt werden. So bejaht die deutsche Rechtsprechung die Kausalität bereits dann, wenn der Bericht offensichtlich nicht den gesetzlichen Anforderungen genügt. Die englischen Gerichte hingegen verneinen die Kausalität, wenn kein vernünftiger Gesellschafter seine Entscheidung geändert hätte, wäre der Verschmelzungsbericht fehlerfrei gewesen. Damit nehmen die englischen Gerichte eine eigene Plausibilitätsprüfung der Verschmelzung vor. Dies erscheint im Hinblick auf Art. 7 Abs. 1 S. 1 der Dritten Richtlinie bedenklich, der vorsieht, dass es die Gesellschafter – und nicht die Gerichte – sind, die über die Durchführung der Verschmelzung entscheiden.

Aber auch das von der deutschen Rechtsprechung benutzte Kausalitätsmerkmal der Offensichtlichkeit eines Gesetzesverstoßes wird den Vorgaben der Dritten Richtlinie nicht gerecht, denn es lässt den Zweck des Verschmelzungsberichts unberücksichtigt: Dieser Zweck besteht im Lichte des vierten Erwägungsgrundes der Dritten Richtlinie insbesondere in der angemessenen und objektiven Unterrichtung der Aktionäre; die Aktionäre sollen zu einer eigenen Plausibilitätsprüfung befähigt werden. Auch Gesetzesverstöße, die im Sinne der von der deutschen Rechtsprechung verwendeten Formel nicht „offensichtlich" sind, können einer solchen angemessenen Plausibilitätsprüfung durch die Aktionäre entgegenstehen.

Im Ergebnis wird daher sowohl für das deutsche als auch für das englische Recht zu fordern sein, dass eine Kausalität zwischen der Fehlerhaftigkeit des Verschmelzungsberichts und dem Zustimmungsbeschluss der Aktionäre immer dann zu bejahen ist, wenn ein Mangel des Verschmelzungsberichts die Plausibilitätsprüfung durch die Aktionäre verhindert[691].

cc) Verzicht auf Verschmelzungsbericht

Im Unterschied zur Regelung in England sieht das deutsche Recht die Möglichkeit vor, dass die Aktionäre aller beteiligten Gesellschaften auf die Erstattung des Verschmelzungsberichts verzichten können. Die Dritte Richtlinie regelt eine solche Verzichtsmöglichkeit nicht ausdrücklich. Der vierte Erwägungsgrund der Dritten Richtlinie betont aber den Schutz der Aktionäre durch Information als Ziel der Richtlinie. Da es sich hierbei um Individualinteressen handelt, muss der Verzicht zulässig sein. Für einen aufgedrängten Schutz der Aktionäre besteht kein Anlass[692]. Auch aus der Systematik des in der Richtlinie vorgesehenen Schutzsystems folgt, dass die Verzichtsmöglichkeit mit den Vorgaben der Dritten Richtlinie vereinbar ist: So können die Mitgliedstaaten bei einer Konzernverschmelzung, bei der die Muttergesellschaft mehr als 90 % der Aktien der Tochter hält, vom Berichtserfordernis absehen. Erforderlich sind in diesem Fall nur die in Art. 11 Abs. 1 lit. a) – lit. c) der Dritten Richtlinie genannten Unterlagen, also Verschmelzungsplan, Jahresabschlüsse und Zwischenbilanz (Art. 27 lit. b) der Dritten Richtlinie). Wenn aber der Verschmelzungsbericht schon gegenüber einer zehnprozentigen Minderheit entbehrlich ist, dann muss der einmütige Verzicht aller Aktionäre erst recht zulässig sein[693].

---

691 Dies entspricht im Ergebnis auch dem vom überwiegenden Teil der deutschen Literatur geforderten Kausalitätsmaßstab: Vgl. Marsch-Barner in Kallmeyer zu § 8, RN 33; Lutter in Lutter zu § 8, RN 54; Mertens, AG 1990, 20, 31.

692 Lutter in Lutter zu § 8, RN 49.

693 Lutter in Lutter zu § 8, RN 49.

dd) Konzernverschmelzung

Das englische Recht sieht, anders als die deutschen Regelungen, eine Entbehrlichkeit des Verschmelzungsberichts bereits dann vor, wenn mindestens 90 % aller Anteile der übertragenden Gesellschaften von der übernehmenden Gesellschaft gehalten werden. Art. 28 der Dritten Richtlinie gestattet eine solche Entbehrlichkeit des Berichts jedoch nur, soweit die Minderheitsaktionäre der übertragenden Gesellschaften ihre Aktien zu einem angemessenen Preis von der übernehmenden Gesellschaft aufkaufen lassen können und der Preis gegebenenfalls durch ein Gericht festzusetzen ist. Das englische Recht sieht eine solche Aufkaufmöglichkeit für den Fall der Verschmelzung nicht ausdrücklich vor. Es sind jedoch keine Anhaltspunkte dafür ersichtlich, dass der englische Gesetzgeber die Regelungen der Dritten Richtlinie zur Aufkaufmöglichkeit nicht in englisches Recht umsetzen wollte. Soweit möglich ist daher eine richtlinienkonforme Auslegung der englischen Gesetze geboten. In diesem Sinne richtlinienkonform ausgelegt werden kann Section 461 Sub-Section 1, Sub-Section 2 lit. (d) i.V.m. Section 459 Sub-Section 1 CA 1985, wonach den Minderheitsgesellschaftern die Möglichkeit offensteht, beim zuständigen Gericht die Anordnung des Aufkaufs ihrer Geschäftsanteile durch die Gesellschaft zu beantragen. Das Gericht darf dem Antrag stattgeben, soweit die Geschäfte der Gesellschaft auf eine Weise geführt werden, die den Interessen des Minderheitsgesellschafters unbillig entgegensteht[694]. Insgesamt sind die durch die Sections 459 ff. CA 1985 behandelten Umstände sowohl auf der Tatbestands- als auch auf der Rechtsfolgenseite außerordentlich weit gefasst[695]. So wird dem Gericht durch Section 461 Sub-Section 1 CA 1985 auch die Befugnis eingeräumt, einen angemessenen Preis für die von der Gesellschaft aufzukaufenden Geschäftsanteile festzusetzen[696]. Im Lichte des Art. 28 der Dritten Richtlinie ist das Fehlen eines Verschmelzungsberichtes als unbilliger Nachteil im Sinne von Section

694 „Unfairly prejudicial to the interests".
695 Vgl. Hollington, Minority Shareholders' Rights, RN 4-001 ff.
696 Vgl. Hollington, Minority Shareholders' Rights, RN 4-088 ff.

459 Sub-Section 1 CA 1985 zu behandeln. Die englischen Gerichte sind danach gehalten, dem antragstellenden Minderheitsgesellschafter einen Anspruch auf den Aufkauf seiner Geschäftsanteile durch die übernehmende Gesellschaft zuzubilligen.

c) Verschmelzungsprüfung

aa) Umfang der Verschmelzungsprüfung

Sowohl die deutsche als auch die englische Regelung sehen vor, dass der Verschmelzungsvertrag/Verschmelzungsplan Gegenstand der Prüfung ist.

Soweit in der deutschen Literatur kritisiert wird, dass die deutsche Regelung im Widerspruch zu Art. 10 der Dritten Richtlinie stehe, der eine Überprüfung nicht nur des „Verschmelzungsvertrages", sondern des „gesamten Verschmelzungsplans" fordere[697], ist diese Kritik nicht stichhaltig: So handelt es sich beim „Verschmelzungsplan" der Dritten Richtlinie um nichts anderes als den „Entwurf des Verschmelzungsvertrages" nach deutschem Recht[698]. Dies ergibt sich insbesondere aus Art. 16 Abs. 1 S. 1 der Dritten Richtlinie, der für den Zeitpunkt nach Abschluss des Verschmelzungsplans vom „Verschmelzungsvertrag" spricht. Damit sind hier weder für das deutsche noch für das englische Recht Umsetzungsdefizite ersichtlich.

bb) Fehlerhaftigkeit des Prüfungsberichts

Ist der Prüfungsbericht fehlerhaft, so können die Aktionäre in Deutschland ebenso wie die Gesellschafter in England die Verschmelzung verhindern, wenn ihr jeweiliger Zustimmungsbeschluss auf der Fehlerhaftigkeit des Prüfungsberichts beruht. Unterschiede ergeben sich jedoch

---

[697] So Hommelhoff, ZGR 1993, 452, 465 f.

[698] So im Ergebnis auch Lutter in Lutter zu § 9, RN 12.

zwischen beiden Staaten im Hinblick auf die Anforderungen, die an die Kausalität zwischen der Fehlerhaftigkeit des Prüfungsberichts und dem Zustimmungsbeschluss gestellt werden. Insoweit besteht die gleiche Problematik wie bereits bei der Fehlerhaftigkeit des Verschmelzungsberichts[699]: So verneinen die englischen Gerichte die Kausalität zwischen Fehlerhaftigkeit des Berichts und Zustimmungsbeschluss, wenn kein vernünftiger Gesellschafter seine Entscheidung hinsichtlich der Verschmelzung geändert hätte, wäre der Prüfungsbericht fehlerfrei gewesen. Damit nehmen die englischen Gerichte eine eigene Plausibilitätsprüfung der Verschmelzung vor. Dies kann jedoch wegen Art. 7 Abs. 1 S. 1 der Dritten Richtlinie, der die Entscheidung über die Verschmelzung grundsätzlich den Gesellschaftern zuweist, nicht akzeptiert werden.

Wie bereits für die Fehlerhaftigkeit des Verschmelzungsberichts[700] wird auch hier zu verlangen sein, dass die Anforderungen, welche an die Kausalität zwischen der Fehlerhaftigkeit des Berichts und dem Zustimmungsbeschluss zu stellen sind, an dem von der Dritten Richtlinie verfolgten Informationszweck gemessen werden müssen. Damit ist die Kausalität immer dann zu bejahen, wenn aufgrund des Mangels des Berichts die mit dem Bericht zu bewirkende Unterrichtung der Aktionäre beeinträchtigt ist.

cc) Verzicht auf Verschmelzungsprüfung

Anders als nach englischem Recht ist für Aktionäre in Deutschland die Möglichkeit im Gesetz verankert, auf die Verschmelzungsprüfung zu verzichten. Zwar regelt die Dritte Richtlinie die Verzichtsmöglichkeit nicht ausdrücklich. Jedoch muss ein Verzicht auf die Verschmelzungsprüfung vor dem Hintergrund des vierten Erwägungsgrundes der Dritten Richtlinie, der den Schutz individueller Aktionärsinteressen betont, zulässig

---

699 Vgl. oben D.I.4.b)bb).

700 S.o. D.I.4.b)bb).

sein. Insoweit kann nichts anderes gelten als bei einem Verzicht auf den Verschmelzungsbericht[701].

dd) Konzernverschmelzung

Wie bereits beim Verschmelzungsbericht sieht das englische Recht eine Entbehrlichkeit der Verschmelzungsprüfung bereits dann vor, wenn die übernehmende Gesellschaft mindestens 90 % – nicht wie Deutschland vorgeschrieben 100 % – aller Anteile der übertragenden Gesellschaften hält. Eine solche Entbehrlichkeit der Verschmelzungsprüfung ist aber nach der Dritten Richtlinie nur in den Grenzen ihres Art. 28 gestattet. Demgemäß ist die insoweit vom englischen Recht vorgesehene Regelung – ebenso wie die Entbehrlichkeit des Verschmelzungsberichts – nur dann mit der Dritten Richtlinie vereinbar, wenn den Minderheitsgesellschaftern die Möglichkeit offen steht, beim zuständigen Gericht die Anordnung des Aufkaufs ihrer Geschäftsanteile zu beantragen[702]. Da keine Anhaltspunkte dafür ersichtlich sind, dass der englische Gesetzgeber die Regelungen der Dritten Richtlinie zur Aufkaufmöglichkeit nicht in englisches Recht umsetzen wollte, ist eine richtlinienkonforme Auslegung der Section 461 Sub-Section 1, Sub-Section 2 lit. (d) i.V.m. Section 459 Sub-Section 1 CA 1985 geboten[703]. Das Gericht ist danach verpflichtet, den Aufkauf der von den antragstellenden Gesellschaftern gehaltenen Geschäftsanteile durch die übernehmende Gesellschaft anzuordnen und hierfür gegebenenfalls einen angemessenen Preis festzusetzen[704].

---

701 Vgl. oben D.I.4.b)cc).
702 Vgl. oben D.I.4.b)dd).
703 Vgl. auch oben D.I.4.b)dd).
704 Vgl. oben D.I.4.b)dd).

II. Informations- und Beteiligungsrechte der Aktionäre

1. Vorgaben der Verschmelzungsrichtlinie

a) Information durch Möglichkeit der Kenntnisnahme von Unterlagen

Aus Art. 11 der Dritten Richtlinie ergibt sich für jeden Aktionär der sich verschmelzenden Gesellschaften ein umfassendes Informationsrecht.

aa) Auslegung von Unterlagen

So hat nach Art. 11 Abs. 1 der Dritten Richtlinie jeder Aktionär das Recht, mindestens einen Monat vor dem Tag der Hauptversammlung, die über den Verschmelzungsplan beschließt, am Sitz der Gesellschaft von bestimmten Unterlagen Kenntnis zu nehmen. Dies sind:

- Der Verschmelzungsplan,
- die Jahresabschlüsse und die Geschäftsberichte der sich verschmelzenden Gesellschaften für die letzten drei Geschäftsjahre,
- eine Zwischenbilanz, die für einen Zeitpunkt erstellt ist, der bei Aufstellung des Verschmelzungsplans maximal drei Monate zurückliegt (vorausgesetzt das Geschäftsjahr des letzten Jahresabschlusses liegt länger als 6 Monate zurück),
- die Verschmelzungsberichte aller an der Verschmelzung beteiligten Gesellschaften und
- die Berichte über die Prüfung des Verschmelzungsplans.

Soweit eine Zustimmung der Hauptversammlung der übernehmenden Gesellschaft nicht erfolgen soll, hat die Auslegung der Unterlagen am Sitz der übernehmenden Gesellschaft nach Art. 8 b) der Dritten Richtlinie mindestens einen Monat vor der ersten Hauptversammlung einer übertragenden Gesellschaft, die über die Verschmelzung zu beschließen hat, zu erfolgen.

Abschriften der oben genannten Unterlagen sind den Aktionären auf formlosen Antrag nach Art. 11 Abs. 3 der Dritten Richtlinie kostenlos zu erteilen.

bb) Entbehrlichkeit der Auslegung

Nicht ausgelegt zu werden brauchen beim Up Stream Merger die Verschmelzungsberichte der an der Verschmelzung beteiligten Gesellschaften sowie die Berichte über die Prüfung des Verschmelzungsplans (Art. 24 S. 2 i.V.m. Art. 11 Abs. 1 lit. d) und lit. e) der Dritten Richtlinie).

Vollständig entbehrlich[705] ist die Auslegung von Unterlagen nur, wenn die übernehmende Gesellschaft mindestens 90 % – nicht jedoch alle – Anteile an der übertragenden Gesellschaft hält und die Minderheitsaktionäre der übertragenden Gesellschaften ihre Aktien zu einem angemessenen Preis von der übernehmenden Gesellschaft aufkaufen lassen können (Art. 28 i.V.m. Art. 27 und Art. 11 der Dritten Richtlinie). Ein solcher angemessener Aufkaufpreis muss gegebenenfalls durch ein Gericht bestimmt werden können (Art. 28 c) der Dritten Richtlinie).

b) Abhalten der Hauptversammlung

Nachdem für alle Aktionäre die Möglichkeit bestand, sich durch Kenntnisnahme der oben genannten Unterlagen über die Einzelheiten der Verschmelzung zu informieren, beschließt die Hauptversammlung jeder

---

705 Unklar erscheint, aus welchem Grund die Auslegung von Unterlagen zwar vollständig entbehrlich sein darf, wenn die übernehmende Gesellschaft mindestens 90 % der Anteile an der übertragenden Gesellschaft hält, der Verschmelzungsplan, Jahresabschlüsse und Zwischenbilanzen jedoch grundsätzlich auszulegen sein sollen, soweit diese Beteiligungsquote 100 % beträgt.

der beteiligten Gesellschaften über die Zustimmung zur Verschmelzung (Art. 7 Abs. 1 S. 1 der Dritten Richtlinie).

aa) Zustimmungsbeschlüsse

Die Zustimmungsbeschlüsse bedürfen gemäß Art. 7 Abs. 1 S. 2 der Dritten Richtlinie jeweils mindestens einer Mehrheit von zwei Dritteln des vertretenen Kapitals; zudem sind gegebenenfalls die Vorschriften über die Satzungsänderung anzuwenden (Art. 7 Abs. 1 S. 4 der Dritten Richtlinie).

Sind mehrere Aktiengattungen vorhanden, so sind nach Art. 7 Abs. 2 der Dritten Richtlinie Sonderbeschlüsse zu fassen, soweit durch die Verschmelzung die Rechte der Aktionäre einer Gattung beeinträchtigt werden.

bb) Entbehrlichkeit der Zustimmung

Die Zustimmung der Hauptversammlung der übernehmenden Gesellschaft ist nach Art. 8 der Dritten Richtlinie entbehrlich, wenn

- die in Art. 6 der Dritten Richtlinie vorgeschriebene Offenlegung des Verschmelzungsplans für die übernehmende Gesellschaft mindestens einen Monat vor der ersten Hauptversammlung einer übertragenden Gesellschaft, die über die Verschmelzung zu beschließen hat, bewirkt wird und

- jeder Aktionär der übernehmenden Gesellschaft das Recht hat, mindestens einen Monat vor der ersten Hauptversammlung einer übertragenden Gesellschaft, die über die Verschmelzung zu beschließen hat, am Sitz der übernehmenden Gesellschaft den Verschmelzungsplan, die Jahresabschlüsse und Geschäftsberichte der sich verschmelzenden Gesellschaften für die letzten drei

Geschäftsjahre und gegebenenfalls die zu erstellenden Zwischenbilanzen sowie alle Verschmelzungs- und Verschmelzungsprüfungsberichte einzusehen.

Soweit mindestens 90 % – nicht jedoch alle – der Aktien an der übertragenden Gesellschaft der übernehmenden Gesellschaft gehören, ist gegebenenfalls auch ohne vollständige Erfüllung der vorgenannten Voraussetzungen die Zustimmung der Hauptversammlung der übernehmenden Gesellschaft entbehrlich: So brauchen die Verschmelzungs- und Verschmelzungsprüfungsberichte nicht am Sitz der übernehmenden Gesellschaft ausgelegt zu werden (Art. 27 lit. b) i.V.m. Art. 11 Abs. 1 der Dritten Richtlinie). Erforderlich ist in diesem Fall jedoch, dass die Aktionäre kostenlos Abschriften der ausgelegten Unterlagen erhalten können (Art. 27 lit. b) i.V.m. Art. 11 Abs. 3 der Dritten Richtlinie).

Beim Up Stream Merger ist gemäß Art. 25 i.V.m. Art. 24, 7 der Dritten Richtlinie für keine der beteiligten Gesellschaften eine Zustimmungen ihrer Hauptversammlung erforderlich, wenn

- die Offenlegung des Verschmelzungsplans für die beteiligten Gesellschaften mindestens einen Monat vor dem Wirksamwerden der Verschmelzung erfolgt (Art. 25 a) i.V.m. Art. 6 der Dritten Richtlinie) und

- alle Aktionäre der übernehmenden Gesellschaft mindestens einen Monat vor dem Wirksamwerden der Verschmelzung am Sitz dieser Gesellschaft den Verschmelzungsplan, die Jahresabschlüsse und Geschäftsberichte der sich verschmelzenden Gesellschaften für die letzten drei Geschäftsjahre und gegebenenfalls die zu erstellenden Zwischenbilanzen einsehen sowie hiervon kostenlos Abschriften erhalten können (Art. 25 lit. b) i.V.m. Art. 11 Abs. 1 lit. a), lit. b) und lit. c), Abs. 3 der Dritten Richtlinie).

Für alle der vorgenannten Fälle gilt jedoch, dass eine Zustimmung der Hauptversammlung immer nur dann entbehrlich ist, wenn ein oder mehrere Aktionäre der übernehmenden Gesellschaft, die über Aktien in einem Mindestprozentsatz von maximal 5 % des gezeichneten Kapitals verfügen, das Recht haben, die Einberufung einer Hauptversammlung der übernehmenden Gesellschaft, in der über die Zustimmung zu der Verschmelzung beschlossen wird, zu verlangen (Art. 8 c), 25 c) und 27 c) der Dritten Richtlinie).

2. Informations- und Beteiligungsrechte der Aktionäre nach deutschem Recht

Informations- und Beteiligungsrechte der Aktionäre im Rahmen einer Verschmelzung ergeben sich sowohl aus Bestimmungen im UmwG als auch aus den allgemeinen Regelungen des AktG.

a) Kenntnisnahme von offen gelegten Unterlagen

Zur Information der Aktionäre sind gemäß § 63 Abs. 1 UmwG ab Einberufung sowie nach § 64 Abs. 1 S. 1 UmwG während der Dauer der Hauptversammlung, die über die Zustimmung zum Verschmelzungsvertrag beschließen soll, die folgenden Unterlagen auszulegen:

- Der Verschmelzungsvertrag oder sein Entwurf,
- die Jahresabschlüsse und die Lageberichte der an der Verschmelzung beteiligten Gesellschaften für die letzten drei Geschäftsjahre,
- falls sich der letzte Jahresabschluss auf ein Geschäftsjahr bezieht, das mehr als sechs Monate vor dem Abschluss des Verschmelzungsvertrages oder der Aufstellung des Entwurfs abgelaufen ist, eine Zwischenbilanz auf einen Stichtag, der nicht vor dem ersten Tag des dritten Monats liegt, der dem Abschluss oder der Aufstellung vorausgeht,
- alle erstatteten[706] Verschmelzungsberichte und
- alle erstatteten[707] Prüfungsberichte.

---

[706] Die Erstattung von Verschmelzungsberichten ist im Fall des Up Stream Merger entbehrlich (s.o. D.I.2.b)ee)).

[707] Die Erstattung von Prüfungsberichten ist im Fall des Up Stream Merger entbehrlich (s.o. D.I.2.d)aa)).

Die Aktionäre sind befugt, die ausgelegten Unterlagen einzusehen. Auf Verlangen ist jedem Aktionär nach § 63 Abs. 3 UmwG unverzüglich und kostenlos eine Abschrift der Unterlagen zu erteilen.

Wurden die in § 63 Abs. 1 UmwG genannten Unterlagen nicht oder verspätet in den Geschäftsräumen ausgelegt, so ist im Grundsatz der daraufhin ergangene Hauptversammlungsbeschluss anfechtbar, da die Vorschrift eine Verfahrensvorschrift im Interesse der Aktionäre darstellt[708]. Die Anfechtbarkeit kann jedoch im Einzelfall ausgeschlossen sein, soweit sie sich als unverhältnismäßig darstellt[709].

Ist ein Verschmelzungsbeschluss der übernehmenden Gesellschaft nach § 62 Abs. 1 S. 1 UmwG nicht erforderlich, da sich mindestens neun Zehntel des Grundkapitals einer übertragenden Gesellschaft in der Hand der übernehmenden Gesellschaft befinden, so sind dennoch die in § 63 Abs. 1 UmwG bezeichneten Unterlagen im Geschäftsraum der übernehmenden Gesellschaft auszulegen (§ 62 Abs. 3 S. 1 UmwG). Die Auslegung hat nach § 62 Abs. 3 S. 1 UmwG mindestens einen Monat vor dem Tage der Hauptversammlung der übertragenden Gesellschaft, die gemäß § 13 Abs. 1 UmwG über die Zustimmung zum Verschmelzungsvertrag beschließen soll, zu erfolgen. Gleichzeitig hat der Vorstand der übernehmenden Gesellschaft einen Hinweis auf die bevorstehende Verschmelzung in den Gesellschaftsblättern der übernehmenden Gesellschaft bekannt zu machen (§ 62 Abs. 3 S. 2 UmwG).

b) Auskunftsrecht der Aktionäre in der Hauptversammlung

Den Aktionären steht das Recht zu, in der Hauptversammlung vom Vorstand Auskunft über die geplante Verschmelzung zu verlangen. Dies

---

708 Becker, AG 1988, 223, 229 f.; Grunewald in G/H/E/K zu § 340 d, RN 10.

709 Rieger in Widmann/Mayer zu § 63, RN 34; a.A. Marsch-Barner in Kallmeyer zu § 63, RN 9, der eine Prüfung der Kausalität des Verstoßes gegen § 63 Abs. 1 bis Abs. 3 UmwG für den Verschmelzungsbeschluss im Einzelfall vornehmen will.

folgt aus dem allgemeinen Auskunftsrecht des § 131 AktG, der durch § 64 Abs. 2 UmwG dahingehend erweitert[710] wird, dass auch alle für die Verschmelzung wesentlichen Angelegenheiten der anderen beteiligten Gesellschaften umfasst sind. Schließlich kommt dem Vorstand gegenüber den Aktionären nach § 8 Abs. 1 S. 4 UmwG eine Auskunftspflicht hinsichtlich aller für die Verschmelzung wesentlichen Angelegenheiten verbundener Unternehmen zu.

Die für die allgemeine Auskunftspflicht bestehenden Grenzen - insbesondere § 131 Abs. 1 und Abs. 3 AktG - gelten aber auch hier[711]. So stößt das Auskunftsrecht der Aktionäre insbesondere dort an seine Grenzen, wo es um Tatsachen geht, deren Bekanntwerden den beteiligten Gesellschaften einen nicht unerheblichen Nachteil zufügen würde. Diesbezüglich darf der Vorstand gemäß § 131 Abs. 3 Nr. 1 AktG die Auskunft verweigern, wobei jedoch die von der Informationspflicht des Vorstands erfassten Angaben nicht grundsätzlich und pauschal unter Hinweis auf das Geheimhaltungsinteresse der betroffenen Gesellschaft verweigert werden dürfen[712]. Das Informationsverweigerungsrecht des Vorstands ist vielmehr auf konkrete Einzelangaben beschränkt[713]. In diesem Zusammenhang ist eine Abwägung vorzunehmen zwischen dem Nutzen der Offenlegung der Information und den Gefahren, die daraus für die betroffene Gesellschaft entstehen[714]. Dabei ist zu berücksichtigen, dass die Aktionäre nach dem Willen des Gesetzgebers in Kenntnis aller Umstände abstimmen sollen[715]. Der Gesetzgeber hat sich damit gegen eine restriktive Informationspolitik entschieden und hat folglich das Informationsinteresse der Aktionäre in einer vorweggenommenen

---

710 Vgl. Bayer, AG 1988, 323, 329.
711 Marsch-Barner in Kallmeyer zu § 8, RN 28.
712 Bayer, AG 1988, 323, 330.
713 Bayer, AG 1988, 323, 329.
714 BGHZ 86, 1, 19.
715 So: Begr. RegE, BT-Drucks. 9/1065, 14 f.

abstrakten Abwägung höher bewertet als das Geheimhaltungsinteresse der Gesellschaft[716].

c) Fassen des Verschmelzungsbeschlusses

Auch schon vor Umsetzung der Dritten Richtlinie verlangte § 340 AktG 1965 (in der Ursprungsfassung) zur Wirksamkeit der Verschmelzung die Zustimmung der Hauptversammlungen aller beteiligten Gesellschaften zum Verschmelzungsvertrag. Die Zustimmung erfolgt durch Beschluss (sog. *Verschmelzungsbeschluss*[717])[718]. Mit Umsetzung der Dritten Richtlinie wurde diesen Regelungen eine neue gesetzliche Grundlage gegeben, die sich nunmehr in den §§ 13 und 65 UmwG findet[719].

aa) Gegenstand des Verschmelzungsbeschlusses

Die Hauptversammlung entscheidet entweder über den abgeschlossenen Verschmelzungsvertrag oder über seinen Entwurf. Soweit der abgeschlossene Verschmelzungsvertrag vorliegt, wird der Verschmelzungsbeschluss als nachträgliche Genehmigung (§ 184 Abs. 1 BGB) des Verschmelzungsvertrags gefasst. Ist hingegen erst der Entwurf vorhanden, so ist der Verschmelzungsbeschluss als vorherige Einwilligung (§ 183 S. 1 BGB) auszugestalten.

---

716 Bayer, AG 1988, 323, 330.

717 Vgl. Legaldefinition des § 13 Abs. 1 S. 1 UmwG.

718 Der Verschmelzungsbeschluss bedarf zu seiner Wirksamkeit nach § 13 Abs. 3 S. 1 UmwG der notariellen Beurkundung (s.o. C.II.2.b)).

719 Zuvor war die entsprechende Regelung in § 340 c AktG 1965 (in der Fassung vom 25.10.1982) enthalten.

bb) Erforderliche Mehrheit

Der Verschmelzungsbeschluss bedarf nach § 65 Abs. 1 S. 1 UmwG einer Mehrheit, die mindestens drei Viertel des bei der Beschlussfassung vertretenen Grundkapitals umfasst, es sei denn, die Satzung setzt noch strengere Maßstäbe [720] (§ 65 Abs. 1 S. 2 UmwG).

Weitere Erfordernisse, wie etwa die in § 13 Abs. 2 UmwG vorgesehene Zustimmung zum Verschmelzungsbeschluss durch einzelne Anteilsinhaber[721], kommen bei der Verschmelzung von Aktiengesellschaften nicht in Betracht.

cc) Sonderbeschlüsse

Mit Umsetzung der Dritten Richtlinie in das deutsche Recht wurde erstmals eine gesetzliche Regelung aufgenommen, wonach die stimmberechtigten Aktionäre jeder Gattung von Aktien dem Verschmelzungsbeschluss in Form eines eigenen Sonderbeschlusses zustimmen müssen (§ 65 Abs. 2 UmwG[722]).

Eine Gattung besteht nach § 11 S. 2 AktG aus den Aktien, die gleiche Rechte, insbesondere bei der Verteilung des Gewinns und des Gesellschaftsvermögens, gewähren. Somit bilden auch Vorzugsaktien ohne Stimmrecht eine eigene Gattung. Ein Sonderbeschluss der Vorzugsak-

---

720 Wobei solche strengeren Maßstäbe nicht nur die erforderliche Kapitalmehrheit zu betreffen brauchen.

721 Ein derartiges Zustimmungserfordernis besteht nach § 13 Abs. 2 UmwG, soweit die Abtretung von Geschäftsanteilen der Genehmigung einzelner Anteilsinhaber bedarf. Eine solche Situation kann aber für die Aktiengesellschaft nicht eintreten. Zwar sieht § 68 Abs. 2 AktG die Möglichkeit vor, die Übertragung von Aktien an die Zustimmung der Gesellschaft zu binden (*vinkulierte Namensaktien*). Jedoch lässt das AktG gerade kein Zustimmungserfordernis einzelner Aktionäre zur Übertragung der Aktien zu. Damit hat auch die Regelung des § 13 Abs. 2 UmwG für die Verschmelzung von Aktiengesellschaften keine Bedeutung.

722 Zuvor § 340c Abs. 2 AktG 1965 (in der Fassung vom 25.10.1982), wobei der Wortlaut des § 65 Abs. 2 UmwG hiervon leicht abweicht.

tionäre ohne Stimmrecht ist jedoch nicht notwendig, da § 65 Abs. 2 S. 1 UmwG insofern nur auf die stimmberechtigten Aktionäre verweist[723]. Dies gilt selbst dann, wenn der Vorzug durch die Verschmelzung verloren geht[724]: Würde auch hier die Fassung eines Sonderbeschlusses verlangt, so wäre die Regelung des § 65 Abs. 2 S. 1 UmwG ausgehöhlt, da es nahezu ausgeschlossen ist, in der übernehmenden Gesellschaft den gleichen Vorzug zu gewähren, der schon bei der übertragenden Gesellschaft bestand. Zudem besteht auch keine Notwendigkeit, den Vorzugsaktionären ein Zustimmungsrecht zuzugestehen, da sie schon durch § 23 UmwG geschützt sind.

dd) Sachliche Rechtfertigung des Beschlusses

Nach einer in der Literatur verbreiteten Auffassung sollen sämtliche Mehrheitsentscheidungen der Hauptversammlung, und damit auch der Verschmelzungsbeschluss, der materiellen Kontrolle im Sinne einer sachlichen Rechtfertigungsprüfung unterliegen[725]. Andere differenzieren und wollen zwar nicht alle Mehrheitsentscheidungen der Hauptversammlung, aber doch jedenfalls den Verschmelzungsbeschluss der übernehmenden Gesellschaft einer solchen Rechtfertigungskontrolle unterziehen[726]. Beide diese Ansichten würden also zu dem Ergebnis führen, dass der Verschmelzungsbeschluss gegebenenfalls an den Kriterien der Geeignetheit, der Erforderlichkeit und der Verhältnismäßigkeit zu messen wäre[727].

---

723 Grunewald in Lutter zu § 65, RN 8; a.A. Bermel in Goutier/Knopf/Tulloch zu § 65, RN 19.

724 Grunewald in Lutter zu § 65, RN 8; a.A.: Zimmermann in Kallmeyer zu § 65, RN 22; Kiem, ZIP 1997, 1627, 1629.

725 Wiedemann, ZGR 1980, 147, 157; Bischoff, BB 1987, 1055, 1061; vgl. Martens ZGR 1979, 493, 497 f.; Zöllner in Kölner Kommentar, 1. Auflage, Einleitung, RN 55.

726 Hirte, S. 70 ff.; Becker, AG 1988, 223, 227 f.; Bayer, ZIP 1997, 1613, 1624.

727 Vgl. Bayer, ZIP 1997, 1613, 1624.

Dieses Ergebnis wird überwiegend abgelehnt, denn schon aus dem Gesetz folgt, dass ein Erfordernis der sachlichen Rechtfertigung des Verschmelzungsbeschlusses nicht besteht. Zwar hat der Gesetzgeber bewusst auf eine Regelung dieser Frage verzichtet[728], um einer umfassenden gesellschaftsrechtlichen Klärung nicht vorzugreifen und eine isolierte Regelung im Rahmen des Verschmelzungsrechts zu vermeiden[729]. Damit lassen sich aus der fehlenden Regelung im Gesetz weder Anhaltspunkte für noch gegen ein Erfordernis der materiellen Beschlusskontrolle ziehen. Jedoch ist das Gesetz insoweit zu beachten, als eine materielle Beschlusskontrolle dort nicht in Betracht kommt, wo bereits eine abschließende gesetzliche Wertentscheidung vorliegt[730]. Hinsichtlich des Verschmelzungsbeschlusses besteht eine solche abschließende gesetzliche Regelung: Das Gesetz verweist für Fälle der Kapitalverwässerung zulasten der Aktionäre der übertragenden Gesellschaft auf das Spruchverfahren nach §§ 305 ff. i.V.m. § 15 Abs. 1 S. 1 UmwG. Führt das im Rahmen der Verschmelzung vorgesehene Umtauschverhältnis zu einer Kapitalverwässerung zulasten der Aktionäre der übernehmenden Gesellschaft, ist der Verschmelzungsbeschluss anfechtbar, ohne dass es eines Rückgriffs auf die sachliche Rechtfertigung bedürfte[731]. Auch die im Rahmen der Verschmelzung eintretende Stimmrechtsverwässerung für die Aktionäre der übernehmenden Gesellschaft ist aufgrund der Regelung des § 69 UmwG als vom Gesetz akzeptiert anzusehen[732]. Alle im Zusammenhang mit dem Verschmelzungsbeschluss sich ergebenden Problembereiche sind damit

---

728 RegEBegr. zu § 13 UmwG, bei Ganske, S. 61.

729 Vgl. M. Winter, S. 40 in Lutter (Hrsg.), Kölner Umwandlungsrechtstage, 1995, 19, 40; Hommelhoff, ZGR 1993, 452, 458 f.; Priester, ZGR 1990, 420, 427; Feddersen/Kiem, ZIP 1994, 1078, 1084.

730 Vgl. Lutter in Lutter zu § 13, RN 33.

731 Lutter in Lutter zu § 13, RN 34; vgl.: BGH, WM 1990, 1372, 1375; Hoffmann-Becking, ZGR 1990, 482, 484 f.; Boujong, Kellermann-FS, 1, 14.

732 Lutter in Lutter zu § 13, RN 35; vgl. Timm, ZGR 1987, 403, 428; a.A.: Krieger in Münchener Handbuch des Gesellschaftsrechts, AG, § 56, RN 66; M. Winter in Lutter (Hrsg.), Kölner Umwandlungsrechtstage, 1995, S. 41; Hirte, S. 70 ff.

abschließend im Gesetz geregelt. Eine darüber hinausgehende materielle Beschlusskontrolle kommt folglich nicht in Betracht[733].

Dies steht auch in Übereinstimmung mit den von der Rechtsprechung entwickelten Grundsätzen zur Anordnung einer strukturändernden Maßnahme durch die Hauptversammlung. So hat der BGH im „Kali- und Salz"-Urteil[734] zwar in Bezug auf einen Bezugsrechtsausschluss entschieden, dass dieser nur dann zulässig sei, wenn er im Interesse der Gesellschaft erforderlich und unter Abwägung von Mittel und Zweck verhältnismäßig ist[735]. Dies soll jedoch nicht pauschal für alle (strukturändernden) Entscheidungen der Hauptversammlung gelten. So soll etwa ein Auflösungsbeschluss keiner weiteren sachlichen Rechtfertigung bedürfen[736]. Damit ist der BGH dahingehend zu verstehen, dass nicht jede strukturändernde Maßnahme zwingend einen sachlichen gesellschaftsbezogenen Grund erfordert[737].

Schließlich wäre eine Überprüfung des Verschmelzungsbeschlusses anhand der Kriterien der Erforderlichkeit, Geeignetheit und Verhältnismäßigkeit auch nicht praktikabel. So stellt sich die Verschmelzung als unternehmerische Grundentscheidung dar, bei der grundsätzlich weder die konkrete Ausgestaltung der Verschmelzung noch die Vor- und Nachteile gegenüber anderen Strukturmaßnahmen einer objektiven Beurteilung zugänglich sind[738]. Eine Ausnahme besteht lediglich hinsichtlich der Überprüfbarkeit auf Ermessensmissbrauch und Ungleichbehandlung; so ist der Verschmelzungsbeschluss nach allgemeiner

---

733 So im Ergebnis auch: Timm, JZ 1980, 665, 668; Zimmermann in Kallmeyer zu § 13, RN 12; Lutter in Lutter zu § 13, RN 34 f.; vgl. Stratz in Schmitt/Hörtnagl/Stratz zu § 13, RN 21; a. A.: Krieger in Münchener Handbuch AG, § 56, RN 66; M. Winter, in Lutter (Hrsg.), Kölner Umwandlungsrechtstage, 1995, S. 41; Hirte, S. 70 ff.

734 BGHZ 71, 40 ff.

735 BGHZ 71, 40, 46.

736 BGH, WM 1980, 378.

737 Vgl. Timm, JZ 1980, 665, 667.

738 Vgl. Lutter in Lutter zu § 13, RN 37; vgl. auch M. Winter, Mitgliedschaftliche Treuebindung, 135 ff., der allerdings eine breitflächige Inhaltskontrolle von strukturändernden Mehrheitsbeschlüssen einer GmbH grundsätzlich bejaht.

Auffassung unter dem Aspekt des Rechtsmissbrauchs und der Ungleichbehandlung zu kontrollieren[739].

ee) Entbehrlichkeit von Verschmelzungsbeschlüssen

Der Verschmelzungsbeschluss der übernehmenden Gesellschaft ist gemäß § 62 Abs. 1 S. 1 UmwG entbehrlich, soweit die übernehmende Gesellschaft Aktien im Nennbetrag von mindestens 90 % des Grundkapitals der betreffenden übertragenden Gesellschaft innehat. Zur Berechnung der Beteiligungsquote der übernehmenden an der übertragenden Gesellschaft sind eigene Aktien der übertragenden Gesellschaft ebenso wie Aktien, die einem anderen für Rechnung dieser Gesellschaft gehören, vom Grundkapital abzusetzen (§ 62 Abs. 1 S. 2 UmwG). Damit kann die Beteiligungsquote von 90 % durch die übernehmende Gesellschaft gegebenenfalls leichter erreicht werden. Der Grund für diese Erleichterung liegt darin, dass eigene Aktien der übertragenden Gesellschaft die beherrschende Stellung der übernehmenden Gesellschaft nicht beeinflussen[740].

Jedoch können nach § 62 Abs. 2 S. 1 UmwG Minderheitsaktionäre der übernehmenden Gesellschaft, in deren Hand sich Aktien im Nennbetrag von mindestens 5 % des Grundkapitals befinden, die Einberufung einer Hauptversammlung verlangen. Auf dieses Recht sind die Aktionäre gemäß § 62 Abs. 3 S. 3 UmwG im Wege der Bekanntmachung in den Gesellschaftsblättern der übernehmenden Gesellschaft hinzuweisen. Der Anmeldung der Verschmelzung zur Eintragung in das Handelsregister ist der Nachweis der Bekanntmachung beizufügen (§ 62 Abs. 3 S. 4 UmwG). Nur ausnahmsweise darf die Bekanntmachung unterbleiben,

---

739 Lutter in Lutter zu § 13, RN 32; vgl. Timm, ZGR 1987, 403, 420.
740 Stratz in Schmitt/Hörtnagl/Stratz zu § 62, RN 5.

wenn die übernehmende Gesellschaft alle Aktien an einer übertragenden Gesellschaft hält[741].

Auch wenn für die übernehmende Gesellschaft keine Hauptversammlung einberufen wird, sind mindestens einen Monat vor der ersten Hauptversammlung einer übertragenden Gesellschaft die in § 63 Abs. 1 UmwG genannten Unterlagen, also der Verschmelzungsvertrag bzw. sein Entwurf, die Jahresabschlüsse sowie Lageberichte der Gesellschaften für die letzten drei Geschäftsjahre, die gegebenenfalls erforderlichen Zwischenbilanzen, die Verschmelzungsberichte und die Verschmelzungsprüfungsberichte, im Geschäftsraum der übernehmenden Gesellschaft auszulegen (§ 62 Abs. 3 S. 1 UmwG). Gleichzeitig ist auch ein gegebenenfalls zu erstellender Nachgründungsbericht[742] mit auszulegen[743]. Zudem ist ein Hinweis auf die bevorstehende Verschmelzung in den Gesellschaftsblättern der übernehmenden Gesellschaft bekannt zu machen und der Verschmelzungsvertrag bzw. sein Entwurf ist zum Register der übernehmenden Gesellschaft einzureichen (§ 62 Abs. 3 S. 2 UmwG).

d) Austrittsrechte der Aktionäre

Das UmwG billigt den Aktionären der an der Verschmelzung beteiligten Gesellschaften unter bestimmten Voraussetzungen ein Austrittsrecht oder auch die Möglichkeit einer anderweitigen Veräußerung der Aktien zu.

---

741 Marsch-Barner in Kallmeyer zu § 62, RN 25.

742 S.o. C.II.1.d)bb).

743 Grunewald in Lutter zu § 67, RN 11. A.A. Rieger in Widmann/Mayer zu § 67, RN 20, wonach der Nachgründungsbericht lediglich vor der Beschlussfassung erstellt, nicht jedoch anschließend ausgelegt werden müsse. Dies verkennt jedoch die Notwendigkeit, dass der Nachgründungsbericht die Aktionäre, für die er bestimmt ist, auch erreichen muss (Grunewald in Lutter zu § 67, RN 11).

aa) Austrittsrecht im Falle von Verfügungsbeschränkungen

Nach § 29 Abs. 1 S. 2 UmwG besteht für Aktionäre einer übertragenden Gesellschaft ein Austrittsrecht, wenn die Aktien der übernehmenden Gesellschaft[744], die an die Stelle der Aktien der übertragenden Gesellschaft treten, Verfügungsbeschränkungen unterworfen sind. Eine Verfügungsbeschränkung in diesem Sinne liegt vor, soweit die Übertragung oder Belastung der Aktien nur eingeschränkt möglich ist, wenn also das dingliche Geschäft bei Nichtbeachtung der Beschränkung unwirksam ist[745]. Die Regelung zielt insbesondere auf ein in der Satzung vorgesehenes Zustimmungserfordernis der Gesellschaft ab, wie etwa im Falle vinkulierter Namensaktien nach § 68 Abs. 2 AktG[746].

Grundsätzlich besteht das Austrittsrecht auch dann, wenn bereits bei der übertragenden Gesellschaft eine Verfügungsbeschränkung gegeben war. Der Wortlaut des § 29 Abs. 1 S. 2 UmwG legt insofern eine einschränkende Interpretation nicht nahe[747]. Eine solche einschränkende Interpretation brächte zudem die Schwierigkeit mit sich, dass sich kaum sagen ließe, ob eine Verfügungsbeschränkung in der aufnehmenden Gesellschaft über die in der übertragenden Gesellschaft bestehende Beschränkung hinausgeht[748]. Das Austrittsrecht kann nur im Einzelfall entfallen, wenn sich die Vinkulierungsklauseln bei übertragender und übernehmender Gesellschaft inhaltlich entsprechen und sich zusätzlich weder die Beteiligungsverhältnisse noch der Kreis der Aktionäre verän-

---

744 Hiermit ist gemäß der Verweisung des § 36 Abs. 1 S. 1 UmwG auch die neu gegründete Gesellschaft im Rahmen einer Verschmelzung durch Neugründung gemeint.

745 Grunewald, Boujong-FS, 175, 178.

746 RegEBegr. zu § 29 UmwG, bei Ganske, S. 83.

747 Grunewald in Lutter zu § 29, RN 5; Marsch-Barner in Kallmeyer zu § 29, RN 9; Bermel in Goutier/Knopf/Tulloch zu § 29, RN 16.

748 Reichert, GmbHR 1995, 176, 188.

dern[749], denn eine zusätzliche Belastung der Aktionäre tritt dann nicht ein[750].

Nach § 29 Abs. 1 S. 2 i.V.m. Abs. 1 S. 1 UmwG besteht das Austrittsrecht nur für die Aktionäre, die gegen den Verschmelzungsbeschluss der übertragenden Gesellschaft Widerspruch zur Niederschrift erklärt haben. Um sicherzustellen, dass nicht eine übergroße Anzahl von Aktionären das Austrittsrecht wählt und damit schwer überschaubare Abfindungsforderungen auf die übernehmende Gesellschaft zukommen, darf nur derjenige Aktionär Widerspruch erklären, der auch gegen die Verschmelzung gestimmt hat[751].

Grundsätzlich ist in allen Fällen, in denen Aktionären ein Austrittsrecht zusteht, gemäß § 29 Abs. 1 S. 4 UmwG ein konkretes, auch der Höhe nach bestimmtes[752] Barabfindungsangebot in den Verschmelzungsvertrag bzw. seinen Entwurf aufzunehmen[753]. Der Verschmelzungsvertrag ist insoweit ein echter Vertrag zugunsten Dritter, da er den anspruchsberechtigten Aktionären die Möglichkeit verschafft, anstelle des Aktientauschs die Abfindung zu verlangen[754]. Das Erfordernis des Barabfindungsangebots entfällt nach § 5 Abs. 2 UmwG nur im Fall des Up Stream Merger.

Der Abfindungsanspruch entsteht mit Zugang der Annahmeerklärung des anspruchsberechtigten Aktionärs bei der übernehmenden Gesellschaft gemäß § 130 Abs. 1 S. 1 BGB. Die Annahme ist nach § 31 S. 1 UmwG nur innerhalb von zwei Monaten nach Bekanntmachung der Eintragung der Verschmelzung in das Handelsregister am Sitz der über-

---

749 Marsch-Barner in Kallmeyer zu § 29, RN 10; Bermel in Goutier/Knopf/Tulloch zu § 29, RN 16.

750 Vgl. Grunewald, Boujong-FS, 175, 180.

751 Grunewald in Lutter zu § 29, RN 10; im Ergebnis ebenso: Stratz in Schmitt/Hörtnagl/Stratz zu § 29, RN 13; Bermel in Goutier/Knopf/Tulloch zu § 29, RN 18; Zimmermann, Brandner-FS, 167, 179; a.A. Marsch-Barner in Kallmeyer zu § 29, RN 13 sowie zu § 33, RN 5.

752 Bermel in Goutier/Knopf/Tulloch zu § 29, RN 23.

753 Vgl. oben D.I.2.a)aa)ggg).

754 Bermel in Goutier/Knopf/Tulloch zu § 29, RN 22.

nehmenden Gesellschaft im Sinne von § 19 Abs. 3 UmwG zulässig. Mit der Annahme entsteht eine schuldrechtliche Verpflichtung der übernehmenden Gesellschaft, die Aktien des ausscheidenden Aktionärs zu erwerben.

Diese Verpflichtung der übernehmenden Gesellschaft zum Erwerb eigener Aktien unterliegt den allgemeinen aktienrechtlichen Beschränkungen. Zwar ist die übernehmende Gesellschaft zum Erwerb eigener Aktien berechtigt, selbst wenn diese nicht voll eingezahlt sind (§ 71 Abs. 1 Nr. 3 und § 71 Abs. 2 S. 3 AktG). Insgesamt darf die übernehmende Gesellschaft jedoch nach § 71 Abs. 1 Nr. 3 i.V.m. Abs. 2 S. 1 AktG solche eigenen Aktien nur in einem Umfang von bis zu 10 % des Grundkapitals erwerben. Ferner muss die übernehmende Gesellschaft gemäß § 71 Abs. 2 S. 2 AktG im Erwerbszeitpunkt in der Lage sein, die nach § 272 Abs. 4 HGB erforderliche Rücklage für eigene Aktien aus freien Mitteln zu bilden.

Sofern sich vor Fassung eines der beiden Verschmelzungsbeschlüsse abzeichnet, dass die Anforderungen des § 71 Abs. 1 Nr. 3, Abs. 2 S. 1 und S. 2 AktG nicht eingehalten werden können, hat der Verschmelzungsbeschluss zu unterbleiben[755]. Ein dennoch gefasster Verschmelzungsbeschluss ist rechtswidrig, da er einen Verstoß gegen § 71 Abs. 2 AktG vorbereitet[756]. Soweit sich aber erst bei oder nach Fassen des Verschmelzungsbeschlusses[757] ein Verstoß gegen § 71 Abs. 1 Nr. 3, Abs. 2 S. 1 und S. 2 AktG herausstellt, soll die Abfindung ausscheidungswilliger Aktionäre nicht hieran scheitern: Nach § 29 Abs. 1 S. 1, 2. HS UmwG bleibt auch in einem solchen Fall die schuldrechtliche Verpflichtung der übernehmenden Gesellschaft zum Erwerb der eigenen Aktien entgegen § 71 Abs. 4 S. 2 AktG wirksam.

[755] Grunewald in Lutter zu § 29, RN 24.
[756] Vgl. Marsch-Barner in Kallmeyer zu § 29, RN 27.
[757] Vgl. Grunewald in Lutter zu § 29, RN 25.

Nach Annahme des Barabfindungsangebots erfolgt die dingliche Übertragung der Aktien[758] durch den ausscheidungswilligen Aktionär an die übernehmende Gesellschaft. Die dingliche Übertragung ist gemäß § 71 Abs. 4 S. 1 AktG selbst dann wirksam, wenn die Anforderungen des § 71 Abs. 1 Nr. 3, Abs. 2 S. 1 und S. 2 AktG nicht eingehalten werden. Zudem führt die Zahlung der Barabfindung an den ausscheidenden Aktionär nicht zu einer verbotenen Einlagenrückgewähr nach §§ 57 Abs. 1, 62 AktG[759].

Die Barabfindung wird mit der dinglichen Übertragung der Aktien an die übernehmende Gesellschaft fällig. Sie ist gemäß § 15 Abs. 2 i.V.m. § 30 Abs. 1 S. 2 UmwG ab Bekanntmachung der Verschmelzung im Sinne von § 19 Abs. 3 UmwG am Sitz der übernehmenden Gesellschaft mit jährlich 2 % über dem jeweiligen Diskontsatz der Deutschen Bundesbank zu verzinsen.

bb) Anderweitige Veräußerung der Aktien

Soweit den Aktionären ein Austrittsrecht nach § 29 Abs. 1 S. 2 UmwG zusteht[760], räumt ihnen § 33 UmwG zudem die Möglichkeit ein, ihre Aktien unabhängig von etwaigen statuarischen Verfügungsbeschränkungen auch an andere als die übernehmende Gesellschaft zu übertragen. Das Gesetz spricht hierbei von einer „anderweitigen Veräußerung" der Aktien. Damit ist kein schuldrechtlicher Vertrag, sondern das Verfügungsgeschäft gemeint, durch welches die Aktien an Dritte übertragen werden[761]. Unerheblich ist in diesem Zusammenhang, welcher Art[762] das

---

758 Aufgrund fehlender Verkörperung der Aktien nach §§ 413, 398 BGB im Wege der Abtretung.
759 Bermel in Goutier/Knopf/Tulloch zu § 29, RN 29.
760 Vgl. Reichert, GmbHR 1995, 176, 189.
761 Vgl. Grunewald in Lutter zu § 33, RN 6.
762 Etwa Kauf oder Schenkung.

einer solchen Übertragung zu Grunde liegende schuldrechtliche Geschäft ist[763].

Die „anderweitige Veräußerung" darf nach Fassen des die Wirksamkeit der Verschmelzung herbeiführenden[764] Verschmelzungsbeschlusses bis zum Ablauf der in § 31 UmwG bestimmten Frist erfolgen. Damit ist die anderweitige Veräußerung an Dritte gemäß § 31 S. 1 UmwG jedenfalls innerhalb eines Zeitraums von zwei Monaten nach dem Tag, an dem die Eintragung der Verschmelzung in das Handelsregister am Sitz der übernehmenden Gesellschaft als bekanntgemacht gilt, möglich. Gegebenenfalls folgt sogar aus § 31 S. 2 UmwG eine noch längere Frist.

cc) Allgemeines Austrittsrecht

Zwar kann sich für Aktionäre der an der Verschmelzung beteiligten Gesellschaften aus analoger Anwendung des § 29 Abs. 1 S. 2 UmwG kein Austrittsrecht ergeben. Die Norm ist ausdrücklich auf zwei Anwendungsfälle beschränkt und schon aus diesem Grund nicht analogiefähig[765].

Jedoch steht einem Aktionär, für den Fall, dass er nach der Verschmelzung Belastungen ausgesetzt ist, mit denen er bei Erwerb der Aktien nicht rechnen musste, ein Austrittsrecht aus wichtigem Grund zu[766]. Dies kann sowohl den Austritt aus der übertragenden als auch aus der übernehmenden Gesellschaft betreffen und folgt aus dem allgemeinen Grundsatz, dass Dauerschuldverhältnisse, die stark in die Lebenssphäre

---

763 Grunewald in Lutter zu § 33, RN 6.

764 Also regelmäßig des zeitlich letzten Verschmelzungsbeschlusses (vgl. Grunewald in Lutter zu § 33, RN 7).

765 Vgl. Grunewald in Lutter zu § 29, RN 31. A.A. Harry Schmidt in Lutter (Hrsg.), Kölner Umwandlungsrechtstage, 1995, 59, 84 f., der als Beispiele für die analoge Heranziehung der Vorschrift Wettbewerbsverbote oder Nachschusspflichten nennt.

766 Vgl. Grunewald in Lutter zu § 29, RN 32.

eines Beteiligten eingreifen, aus wichtigem Grund gekündigt werden können[767].

Ein solcher Austritt aus wichtigem Grund kommt jedoch ausschließlich als ultima ratio in Betracht, wenn ein Konflikt anders nur noch durch Auflösung der Gesellschaft behoben werden könnte, diese aber nicht wünschenswert ist, weil die verbleibenden Aktionäre die Gesellschaft fortführen können[768]. Ein wichtiger Grund ist damit nur dann gegeben, wenn dem Aktionär der Verbleib in der Gesellschaft schlechthin unzumutbar ist[769]. Dies ist jedenfalls nicht erfüllt, soweit ein Aktionär seine Aktien veräußern kann[770].

---

767 Vgl. Raiser, § 30, RN 64.
768 Vgl. Raiser, § 30, RN 66.
769 Vgl. Raiser, § 30, RN 66.
770 Grunewald in Claussen-FS, 103, 113.

3. Informations- und Beteiligungsrechte der Gesellschafter nach englischem Recht

a) Kenntnisnahme von offen gelegten Unterlagen

Grundsätzlich sind zur Information der Gesellschafter nach Ziffer 3 lit. (e) i.V.m. Ziffer 6 Absatz 1 Schedule 15B die folgenden Unterlagen für jede der übertragenden und bereits bestehenden übernehmenden Gesellschaften jeweils an ihrer eingetragenen Niederlassung mindestens einen Monat vor dem Tag ihrer ersten im Hinblick auf den *scheme* einberufenen Gesellschafterversammlung auszulegen:

- der Verschmelzungsplan,
- die Jahresabschlüsse nach S. 239 CA 1985 aller übertragenden und bereits bestehenden übernehmenden Gesellschaften für die vollständigen letzten drei Geschäftsjahre, die mindestens einen Monat vor dem Tag der ersten, gemäß dem *scheme* einberufenen Gesellschafterversammlung enden,
- falls sich für eine der Gesellschaften ihr letzter Jahresabschluss auf ein Geschäftsjahr bezieht, das mehr als sechs Monate vor dem Tag der ersten, gemäß dem *scheme* einberufenen Gesellschafterversammlung abgelaufen ist, eine Zwischenbilanz dieser Gesellschaft auf einen Stichtag, der nicht vor dem ersten Tag des dritten Monats liegt, der der Beschlussfassung der *directors* aller beteiligten Gesellschaften zum Verschmelzungsplan vorausgeht (Ziffer 6 Absatz 2, Absatz 4 Schedule 15B),
- der Verschmelzungsbericht und
- alle Verschmelzungsprüfungsberichte.

Die Auslegung der Unterlagen darf gemäß Ziffer 3 lit. (e) i.V.m. Ziffer 6 Absatz 1 Schedule 15B vor dem Tag der ersten Gesellschafterversammlung der betreffenden Gesellschaft nicht beendet werden.

Auf Verlangen ist jedem Gesellschafter kostenlos eine Abschrift der ausgelegten Unterlagen zu erteilen (Ziffer 12 Absatz 5 lit. (b), Ziffer 10 Absatz 2 lit. (b), Ziffer 10 Absatz 2 lit. (b) i.V.m. Ziffer 14 Absatz 3 und Ziffer 3 lit. (e) Schedule 15B).

Zusätzlich zur Auslegung der verschiedenen Unterlagen an den registrierten Niederlassungen der an der Verschmelzung beteiligten Gesellschaften hat gemäß Section 426 Sub-Section 2 CA 1985 jeder Gesellschafter einer übertragenden Gesellschaft mit der Mitteilung über die Einberufung der Gesellschafterversammlung eine Abschrift des *explanatory statement* zu erhalten. Erfolgt die Einberufung der Gesellschafterversammlung im Wege einer öffentlichen Anzeige, so hat diese gemäß Section 426 Sub-Section 3 CA 1985 jedenfalls anzugeben, wie und wo Abschriften des *explanatory statement* zu erhalten sind.

Die Auslegung sowie die Erteilung kostenloser Abschriften des Verschmelzungsberichts und des Verschmelzungsprüfungsberichts sind nach Ziffer 12 Absatz 1, Absatz 3 i.V.m. Ziffer 3 lit. (e) und Ziffer 6 Absatz 1 lit. (b), lit. (c) Schedule 15B nicht erforderlich, wenn alle Anteile oder stimmrechtsvermittelnden *securities* der an der Verschmelzung beteiligten übertragenden Gesellschaften von der übernehmenden Gesellschaft gehalten werden.

Ist für die übernehmende Gesellschaft bei der Verschmelzung durch Aufnahme gemäß Ziffer 10 Absatz 1 lit. (a) Schedule 15B keine Gesellschafterversammlung vorgesehen, so hat die Auslegung in der eingetragenen Niederlassung der übernehmenden Gesellschaft mindestens einen Monat vor der und bis zur ersten Gesellschafterversammlung einer übertragenden Gesellschaft zu erfolgen (Ziffer 10 Absatz 2 lit. (b) Schedule 15B).

Soweit mindestens 90 % aller Anteile oder stimmrechtsvermittelnden *securities* der beteiligten übertragenden Gesellschaften von der übernehmenden Gesellschaft gehalten werden und gemäß Ziffer 14 Absatz 2 Schedule 15B eine Gesellschafterversammlung der übernehmenden

Gesellschaft nicht vorgesehen ist, müssen der Verschmelzungsplan, die Jahresabschlüsse und gegebenenfalls die Zwischenbilanzen in der eingetragenen Niederlassung der übernehmenden Gesellschaft mindestens einen Monat vor und bis zu der ersten Gesellschafterversammlung einer übertragenden Gesellschaft ausgelegt werden (Ziffer 12 Absatz 1, Absatz 4, Absatz 5 lit. (b) sowie Ziffer 14 Absatz 1, Absatz 2, Absatz 3 i.V.m. Ziffer 10 Absatz 2 Schedule 15B). Die Auslegung der übrigen in Ziffer 6 Absatz 1 Schedule 15B aufgeführten Unterlagen ist hingegen grundsätzlich entbehrlich (Ziffer 12 Absatz 3, Absatz 4 i.V.m. Ziffer 3 lit. (e) sowie Ziffer 14 Absatz 3 i.V.m. Ziffer 3 lit. (e) Schedule 15B)[771], vorausgesetzt dass der *registrar of companies* die Mitteilungen über den Erhalt des Verschmelzungsplans für jede der betroffenen Gesellschaften mindestens einen Monat vor der gerichtlichen Genehmigung des *scheme* veröffentlicht hat (Ziffer 12 Absatz 5 lit. (a) sowie Ziffer 10 Absatz 2 lit. (a) i.V.m. Ziffer 14 Absatz 3 Schedule 15B).

Insgesamt bezwecken die Regelungen des CA 1985, dass die Gesellschafter die Möglichkeit der umfassenden Information erhalten[772]. Von besonderer Bedeutung sind dabei der Inhalt des Verschmelzungsberichts und des darin enthaltenen *explanatory statement*[773] sowie der Inhalt des Verschmelzungsprüfungsberichts[774]. Selbst für den Fall, dass bei einer unterbliebenen Information der Gesellschafter keine Bösgläubigkeit vorhanden war, wird das Gericht den *scheme* regelmäßig nicht genehmigen, wenn das Gericht annimmt, dass die betreffende Information die Stimmabgabe von Gesellschaftern im Rahmen der Gesellschafterversammlungen berührt hätte[775]. Dennoch steht auch eine unterbliebene Information von Gesellschaftern der Genehmigung des *scheme* nicht entgegen, wenn das Gericht zu der Überzeugung gelangt, dass kein vernünftiger Gesellschafter seine Entscheidung im Hinblick auf

[771] Zur Zulässigkeit dieser Regelung s.u. D.II.4.a).

[772] Vgl. Barc in Tolley's Company Law, R 2013.

[773] Vgl. Barc in Tolley's Company Law, R 2013.

[774] Vgl. McIsaac, The Accountant, 1988, S. 23.

[775] Vgl.: *Re Jessel Trust Limited [1985] BCLC 119; Re MB Group plc [1989] BCLC 672.*

den *scheme* geändert hätte, wäre die betreffende Information offen gelegt worden[776]. Zudem brauchen vertrauliche Informationen, deren Offenlegung für die betroffene Gesellschaft zu einem Schaden führen könnte, nicht bekannt gemacht werden, soweit das Gericht überzeugt ist, dass der *scheme* eine faire und ausgewogene Regelung der Verschmelzung darstellt[777].

b) Auskunftsrecht sowie Recht auf Erhebung von Einwänden

Die Gesellschafter sind befugt, in den Gesellschafterversammlungen Auskunft von den *directors* zu verlangen. Dieses Auskunftsrecht umfasst alle die Verschmelzung betreffenden Aspekte. Der Vorsitzende der betreffenden Gesellschafterversammlung hat dafür zu sorgen, dass jede der gestellten Anfragen ordnungsgemäß behandelt wird[778].

Zudem hat jeder Gesellschafter, der durch den *scheme* betroffen ist, das Recht, im Rahmen der gerichtlichen Anhörung im Hinblick auf eine Genehmigung des *scheme*[779] Einwände vorzutragen[780]. Insbesondere kommt Gesellschaftern ein Beschwerderecht[781] zu, wenn sie – etwa im Verschmelzungsbericht – durch irreführende Informationen getäuscht wurden und der betreffende Verschmelzungsbeschluss aufgrund dieser Täuschung mit ¾-Mehrheit zustande gekommen ist[782].

776 So etwa in: *Re Minster Assets plc [1985] BCLC 200*; *Re MB Goup plc. [1989] BCLC 672*. Zur Zulässigkeit dieser Regelung s.o. D.I.4.b)bb).

777 *Re National Bank Ltd [1966] 1 WLR 819*. Zur Zulässigkeit dieser Regelung vgl. oben D.I.4.c)bb).

778 Chitty J in *National Dwellings Society v Sykes [1894] 3 Ch 159*.

779 Vgl. oben C.III.2.a).

780 Werden solche Einwände nicht erhoben, ist der betreffende Gläubiger grundsätzlich nicht mehr berechtigt, nach einer gerichtlichen Genehmigung des *scheme* Berufung gegen eine solche Genehmigung einzulegen. Nur ausnahmsweise erteilt das Gericht auch in einem solchen Fall die Erlaubnis zur Berufungseinlegung (vgl. *Re Securities Insurance Company [1894] 2 Ch 419*).

781 „Grounds for complaint".

782 *Gething v Kilner [1972] 1 WLR 337*.

c) Gesellschafterbeschlüsse

Gemäß Section 425 Sub-Section 2 CA 1985 sowie Ziffer 1 Schedule 15B sind grundsätzlich für jede der beteiligten Gesellschaften Gesellschafterbeschlüsse erforderlich, durch die der Verschmelzung zugestimmt wird.

aa) Einteilung in *classes*

Gesellschafterbeschlüsse werden nach Section 425 Sub-Section 2 CA 1985 sowie Ziffer 1 Schedule 15B für jede *class* der Gesellschafter gesondert gefasst.

Regelmäßig gehören die Inhaber von Geschäftsanteilen gleicher Gattung derselben *class* an[783]. In Einzelfällen sind jedoch auch Gesellschafter mit Anteilen gleicher Gattung gegebenenfalls verschiedenen *classes* zuzuordnen[784]. Die Bestimmung der *classes* wird für die konkrete Verschmelzungsmaßnahme getroffen. Einer gemeinsamen *class* werden solche Personen zugerechnet, deren Rechte "nicht so unterschiedlich sind, dass es ihnen verwehrt wäre, einander im Hinblick auf ihre gemeinsamen Interessen zu beraten"[785]. Die Definition gilt gleichermaßen im Hinblick auf übertragende und übernehmende Gesellschaften[786].

---

783 Boyle/Marshall, S. 58.

784 So gehört beispielsweise auch trotz gleicher Gattung der vorhandenen Geschäftsanteile bei einem *scheme* zur Übernahme einer Gesellschaft ein Gesellschafter der Zielgesellschaft dann nicht mehr zur gleichen *class* wie die übrigen Gesellschafter, wenn alle seine Anteile von der Gesellschaft gehalten werden, die die Übernahme der Zielgesellschaft beabsichtigt (Templeman J in *Re Hellenic & General Trust Ltd [1975] 1 WLR 123*). Vgl. auch Hale/Summerfield, Practical Law for Companies, 1998, IX (5), 21, 28.

785 Bowen LJ in *Sovereign Life Assurance Company v Dodd [1892] 2 QB 573, 583.* Diese Definition gilt grundsätzlich gleichermaßen sowohl für Gesellschafter als auch für Gläubiger der Gesellschaft (Palmer's Company Law, Band II, RN 12.018.1).

786 Palmer's Company Law, Band II, RN 12.022.

Die Verantwortung für die korrekte Einteilung der *classes* trifft den Antragsteller[787]. Soweit die im Antrag enthaltene Zusammensetzung der *classes* unzutreffend ist, darf das Gericht den *scheme* im folgenden nicht genehmigen[788]. Nur im Fall der Insolvenz einer Gesellschaft ist es einem antragstellenden *administrator* möglich, gemäß Section 14 Sub-Section 3 *Insolvency Act 1986* das Gericht um eine Entscheidung zur Einteilung der *classes* zu ersuchen[789].

Im Ergebnis beinhaltet die Einteilung der Gesellschafter in *classes* eine Erschwerung der Zustimmung zur Verschmelzung.

Falls für eine *class* bereits im Vorfeld ihrer Gesellschafterversammlung bekannt ist, dass alle ihre Mitglieder dem *scheme* zustimmen wollen, kann die Abhaltung der Gesellschafterversammlung unterbleiben, vorausgesetzt die betreffende *class* tritt dem *scheme* als Partei bei[790]. Dies wird aus organisatorischen Gründen regelmäßig nur dann in Betracht kommen, wenn die *class* eine überschaubare Anzahl von Mitgliedern hat[791]. In jedem Fall ist jedoch darauf zu achten, dass im Rahmen des *scheme* mindestens eine Gesellschafterversammlung abgehalten wird. Ansonsten wäre das Gericht nach Section 425 ff. CA 1985 nicht befugt, über die Durchführung des *scheme* zu entscheiden.

bb) Gegenstand der Gesellschafterbeschlüsse

Die Gesellschafter entscheiden in den verschiedenen Versammlungen jeweils per Beschluss über die Verschmelzung, wie sie sich nach dem Verschmelzungsplan sowie den ihnen zugänglich gemachten Unterlagen und sonstigen Informationen darstellt.

---

787 Scott/Lewis, PLC 1992, Vol. III, S. 26.
788 *Re Hellenic and General Trust Ltd [1976] 1 WLR 123, 125.*
789 Vgl. *Re British & Commonwealth Holdings PLC (No. 3) [1992] 1 WLR 672, 673.*
790 Palmer's Company Law, Band II, RN 12.017.
791 Vgl. Palmer's Company Law, Band II, RN 12.017.

Soweit sich ein Gesellschafter der Verschmelzung widersetzt, muss er seine Ablehnung ausdrücklich mitteilen[792]. Anderenfalls ist er grundsätzlich nicht berechtigt, nach einer Genehmigung des *scheme* durch das Gericht Berufung gegen eine solche gerichtliche Genehmigung einzulegen[793]. Nur ausnahmsweise erteilt das Gericht auch in einem solchen Fall die Erlaubnis zur Berufungseinlegung[794].

cc) Erforderliche Mehrheit

Der Schutz der Gesellschafter wird insbesondere durch ein zweistufiges Mehrheitserfordernis im Rahmen der Beschlussfassung durch die verschiedenen Gesellschafterversammlungen gewährleistet[795]:

So ist das Gericht nach Ziffer 1 Schedule 15B nur dann zur Genehmigung des *scheme* befugt, wenn zum einen jede *class* der Gesellschafter jeder übernehmenden Gesellschaft mit einer Mehrheit der Anzahl der bei der jeweiligen Versammlung vertretenen Gesellschafter zustimmt. Zum anderen muss diese zahlenmäßige Mehrheit jeweils mindestens drei Viertel des bei der Versammlung vertretenen „Wertes“ repräsentieren.

Gleiches gilt für die Gesellschafter der übertragenden Gesellschaften. Gemäß Section 425 Sub-Section 2 CA 1985 ist erforderlich, dass dem *scheme* jede *class* der Gesellschafter der übertragenden Gesellschaften mit jeweils einer Mehrheit der Anzahl der bei der jeweiligen Versammlung vertretenen Gesellschafter oder Gläubiger zustimmt, die zudem mindestens drei Vierteln des bei der jeweiligen Versammlung vertretenen „Wertes“ entspricht.

---

792 Barc in Tolley's Company Law, R 2019.

793 Vgl. *Re Securities Insurance Company [1894] 2 Ch 410.*

794 Vgl. *Re Securities Insurance Company [1894] 2 Ch 410.*

795 Farrar's Company Law, S. 604.

Der Begriff „Wert" ist dabei so zu verstehen, dass er sich auf den Nominalwert vorhandener *shares* an der Gesellschaft, *redemption shares* oder *loan securities* bezieht[796].

dd) Entbehrlichkeit von Gesellschafterbeschlüssen

Nur ausnahmsweise kann ein *scheme* auch dann durch das Gericht genehmigt werden, wenn nicht für jede der übertragenden und bereits bestehenden Gesellschaften alle Gesellschafterbeschlüsse gefasst wurden.

So können die Gesellschafterversammlungen für eine bereits bestehende übernehmende Gesellschaft nach Ziffer 10 Absatz 1, Absatz 2 sowie Ziffer 14 Schedule 15B dann unterbleiben, wenn

- die Mitteilung des *registrar of companies* über den Erhalt des Verschmelzungsplans von der übertragenden Gesellschaft gemäß Ziffer 2 Absatz 1 lit. (b) Schedule 15B[797] mindestens einen Monat vor dem Zeitpunkt erfolgt, zu dem die erste nach Section 425 Sub-Section 1 CA 1985 einberufene Gesellschafterversammlung einer übertragenden Gesellschaft stattfindet (Ziffer 10 Absatz 2 lit. (a) Schedule 15B) und
- die Gesellschafter der übernehmenden Gesellschaft an der eingetragenen Niederlassung dieser Gesellschaft mindestens einen Monat vor dem Tag der ersten und bis zum Tag der letzten Gesellschafterversammlung einer übertragenden Gesellschaft die nach Ziffer 6 Absatz 1 Schedule 15B auszulegenden Unterlagen der beteiligten Gesellschaften[798] - oder, soweit nicht alle, jedoch mindestens 90 % der Geschäftsanteile oder stimmrechtsvermittelnden *securities* an den übertragenden Gesellschaften von der überneh-

[796] Millett, The Encyclopaedia of Forms and Precedents, Band 10, RN 869, FN 6.
[797] S.o. C.III.1.j).
[798] Vgl. oben C.III.2.b)bb).

menden Gesellschaft gehalten werden, jedenfalls den Verschmelzungsplan, die Jahresabschlüsse und gegebenenfalls die Zwischenbilanzen – einsehen und davon kostenlose Abschriften erhalten können (Ziffer 10 Absatz 2 lit. (b) sowie Ziffer 14 Absatz 1, Absatz 2 lit. (a), Absatz 3 Schedule 15B).

Werden bei einer Verschmelzung durch Aufnahme alle Geschäftsanteile und stimmrechtsvermittelnden *securities* der übertragenden Gesellschaften von der übernehmenden Gesellschaft gehalten, so sind gemäß Ziffer 12 Absatz 1, Absatz 4, Absatz 5 Schedule 15B Gesellschafterversammlungen jeder der beteiligten Gesellschaften entbehrlich, wenn

- die Mitteilung des *registrar of companies* über den Erhalt des Verschmelzungsplans für jede der beteiligten Gesellschaften gemäß Ziffer 2 Absatz 1 lit. (b) Schedule 15B[799] mindestens einen Monat vor der gerichtlichen Genehmigung der Verschmelzung nach Section 425 Sub-Section 2 CA 1985 erfolgt (Ziffer 12 Absatz 1, Absatz 4, Absatz 5 lit. (a) Schedule 15B) und

- der Verschmelzungsplan, die Jahresabschlüsse für die letzten drei Geschäftsjahre und gegebenenfalls die Zwischenbilanzen den Gesellschaftern der übernehmenden Gesellschaft mindestens einen Monat vor und bis zu der gerichtlichen Genehmigung der Verschmelzung nach Section 425 Sub-Section 2 CA 1985 durch Auslage in der eingetragenen Niederlassung der übernehmenden Gesellschaft zugänglich sind und den Gesellschaftern auf Verlangen kostenlos Abschriften dieser Unterlagen erteilt werden (Ziffer 12 Absatz 1, Absatz 4, Absatz 5 lit. (b) Schedule 15B).

In allen vorgenannten Fällen ist eine Entbehrlichkeit der Gesellschafterversammlungen aber nur dann gegeben, wenn Gesellschafter der übernehmenden Gesellschaft, die zusammen mindestens 5 % des ein Stimmrecht vermittelnden *paid-up capital* der übernehmenden Gesellschaft halten, mindestens einen Monat vor und bis zu der gerichtlichen

---

799 S.o. C.III.1.j).

Genehmigung der Verschmelzung nach Section 425 Sub-Section 2 CA 1985 die Möglichkeit haben, die Einberufung von Versammlungen jeder *class* der Gesellschafter der übernehmenden Gesellschaft zur Abstimmung über den *scheme* zu verlangen, und von dieser Möglichkeit keinen Gebrauch machen (Ziffer 10 Absatz 2 lit. (c) sowie Ziffer 12 Absatz 1, Absatz 4, Absatz 5 lit. (c) Schedule 15B).

d) Austrittsrechte der Gesellschafter

Austrittsrechte der Gesellschafter sind nicht ausdrücklich für den Fall der Verschmelzung vorgesehen. Austrittsrechte können sich aber aus den allgemeinen Regelungen ergeben. So hat ein Gesellschafter die Möglichkeit, gemäß Section 461 Sub-Section 1, Sub-Section 2 lit. (d) i.V.m. Section 459 Sub-Section 1 CA 1985 beim zuständigen Gericht die Anordnung des Aufkaufs seiner Geschäftsanteile durch die betreffende Gesellschaft zu beantragen. Voraussetzung für den Aufkauf der Anteile ist, dass die Geschäfte der Gesellschaft auf eine Weise geführt werden, die den Interessen des Gesellschafters unbillig entgegensteht[800]. Ob diese Voraussetzung erfüllt ist, entscheidet das Gericht nach eigenem Ermessen. Gemäß Section 461 Sub-Section 1 CA 1985 wird dem Gericht zudem die Befugnis eingeräumt, einen angemessenen Preis für die von der Gesellschaft aufzukaufenden Geschäftsanteile fest zu setzen[801]. Zu beachten ist allerdings, dass dieser Rechtsbehelf in erster Linie für kleine Gesellschaften mit personalistischer Struktur Bedeutung hat.

800 „Unfairly prejudicial to the interests".
801 Vgl. Hollington, Minority Shareholders' Rights, RN 4-088 ff.

4. Rechtsvergleich

Die Umsetzung der Dritten Richtlinie führte in Deutschland und in England zu nahezu identischen Informations- und Beteiligungsrechten der Aktionäre. Soweit Unterschiede bestehen, lassen sich diese wie folgt zusammenfassen:

a) Kenntnisnahme von offen gelegten Unterlagen

Anders als in England sind in Deutschland nicht nur vor Beginn der Hauptversammlungen, sondern auch während ihrer Dauer die betreffenden Unterlagen auszulegen.

Von der Möglichkeit, für den Fall des Up Stream Merger keine Auslegung von Unterlagen zu verlangen, haben sowohl das deutsche als auch das englische Recht Gebrauch gemacht. Soweit das englische Recht zudem vorsieht, dass die Auslegung von Unterlagen bereits dann entbehrlich sein soll, wenn mindestens 90 % aller Anteile der übertragenden Gesellschaften von der übernehmenden Gesellschaft gehalten werden, ist dies nur im Rahmen von Art. 28 der Dritten Richtlinie zulässig: Danach müssen die Minderheitsaktionäre der übertragenden Gesellschaften ihre Aktien zu einem angemessenen Preis von der übernehmenden Gesellschaft aufkaufen lassen können. Solche Aufkaufrechte sind im englischen Recht nicht ausdrücklich für den Fall der Verschmelzung geregelt. Da aber keine Anhaltspunkte dafür ersichtlich sind, dass der englische Gesetzgeber die Regelungen der Dritten Richtlinie zur Aufkaufmöglichkeit nicht in englisches Recht umsetzen wollte, ist eine richtlinienkonforme Auslegung der Section 461 Sub-Section 1, Sub-Section 2 lit. (d) i.V.m. Section 459 Sub-Section 1 CA 1985 geboten. Insoweit gilt hier nichts anderes als beim Verschmelzungsbericht[802] und beim Verschmelzungsprüfungsbericht[803]. Dies bedeutet, dass die Min-

---

802 Vgl. oben D.I.4.b)dd).
803 Vgl. oben D.I.4.c)dd).

derheitsgesellschafter beim zuständigen Gericht die Anordnung des Aufkaufs ihrer Geschäftsanteile beantragen können. Das Gericht ist dann gehalten, den Aufkauf der von den antragstellenden Gesellschaftern gehaltenen Geschäftanteile durch die übernehmende Gesellschaft anzuordnen und hierfür gegebenenfalls einen angemessenen Preis festzusetzen[804].

b) Allgemeine Beteiligungsrechte der Aktionäre

Sowohl in Deutschland als auch in England ist es den Aktionären gestattet, in den Hauptversammlungen Auskunft über die Verschmelzung betreffende Aspekte zu verlangen. Darüber hinaus dürfen die Gesellschafter nach englischem Recht bei der gerichtlichen Anhörung über die Verschmelzungsgenehmigung Einwände vortragen.

c) Zustimmungsbeschlüsse

Zustimmungsbeschlüsse sind in Deutschland in Übereinstimmung mit Art. 7 Abs. 1, Abs. 2 der Dritten Richtlinie für alle beteiligten Gesellschaften von den Aktionären jeder Gattung von Aktien gesondert zu fassen. Das englische Recht sieht hier eine strengere Regelung vor und verlangt Zustimmungsbeschlüsse jeder *class* der Gesellschafter. Die Definition der *class* ist enger als die der Aktiengattung, so dass in England auch innerhalb einer Gattung von Anteilen mehrere Zustimmungsbeschlüsse erforderlich sein können.

Auch im Hinblick auf die für die Zustimmungsbeschlüsse benötigte Mehrheit gelten in England strengere Regelungen als in Deutschland. So geht zwar schon das deutsche Recht über die Anforderungen der Dritten Richtlinie hinaus und verlangt für jeden der Zustimmungsbeschlüsse eine Mehrheit von mindestens drei Vierteln des bei der Beschlussfas-

---

804 Vgl. oben D.I.4.b)dd) und D.I.4.c)dd).

sung vertretenen Grundkapitals. Jedoch wird dies durch die englische Regelung übertroffen, die ein zweistufiges Mehrheitserfordernis vorsieht: Danach muss zum einen für alle beteiligten Gesellschaften jede *class* der Gesellschafter mit einer Mehrheit der Anzahl der bei der jeweiligen Versammlung vertretenen Gesellschafter zustimmen. Zum anderen muss diese zahlenmäßige Mehrheit jeweils mindestens drei Viertel des bei der Versammlung vertretenen Nominalwertes der Anteile repräsentieren.

Unterbleiben dürfen Gesellschafterversammlungen in England dann, wenn alle für die betreffende Versammlung in Frage kommenden Gesellschafter der Verschmelzung außerhalb der Versammlung zustimmen. Dies ist mit den Vorgaben der Dritten Richtlinie vereinbar. So schreibt zwar die Dritte Richtlinie in Art. 7 Abs. 1, S. 1 das Abhalten der Hauptversammlung vor. Ein einmütiger Verzicht der Gesellschafter auf die Versammlung muss jedoch zulässig sein: Die Hauptversammlung gewährt den Gesellschaftern die Möglichkeit, Informationen über die Verschmelzung zu erlangen sowie Fragen oder Einwände zu erheben. Damit dient die Hauptversammlung dem auch im vierten Erwägungsgrund der Dritten Richtlinie genannten Schutz individueller Aktionärsinteressen. Ein Verzicht auf solche individuellen Interessen ist immer möglich. Insoweit gilt hier nichts anderes als beim Verzicht auf den Verschmelzungsbericht[805] oder die Verschmelzungsprüfung[806].

Das englische Recht nutzt die von der Dritten Richtlinie eröffneten Möglichkeiten zur Regelung der Entbehrlichkeit von Zustimmungsbeschlüssen in vollem Umfang aus. So brauchen in England grundsätzlich keine Beschlüsse der übernehmenden Gesellschaft gefasst zu werden, soweit die hierzu vorgesehenen Voraussetzungen erfüllt sind. Beim Up Stream Merger sind in England unter bestimmten Voraussetzungen sogar Zustimmungsbeschlüsse aller beteiligten Gesellschaften entbehrlich. Dagegen verzichtet das deutsche Recht allein auf den Verschmelzungs-

---

[805] Vgl. oben D.I.4.b)cc).
[806] Vgl. oben D.I.4.c)cc).

beschluss der übernehmenden Gesellschaft, und dies auch nur dann, wenn – neben der Erfüllung weiterer Voraussetzungen – die übernehmende Gesellschaft Aktien im Nennbetrag von mindestens 90 % des Grundkapitals der übertragenden Gesellschaft hält. Problematisch ist, dass das deutsche Recht zur Ermittlung der Beteiligungsquote der übernehmenden an der übertragenden Gesellschaft eigene Aktien der übertragenden Gesellschaft nicht berücksichtigt. Solche eigenen Aktien werden vom Grundkapital der Gesellschaft abgesetzt, wodurch die Beteiligungsquote von mindestens 90 % in Deutschland leichter erreicht wird, als dies von Art. 27 der Dritten Richtlinie bezweckt sein könnte. Jedoch braucht Art. 27 der Dritten Richtlinie, der die Entbehrlichkeit des Zustimmungsbeschlusses im Falle einer mindestens neunzigprozentigen Beteiligung regelt, für den im deutschen Recht vorgesehenen Fall gar nicht beachtet zu werden. Vielmehr erfüllt die deutsche Regelung die von Art. 8 der Dritten Richtlinie aufgestellten Anforderungen an die Entbehrlichkeit des Verschmelzungsbeschlusses, die unabhängig von jeglichen Beteiligungsquoten gelten. Umsetzungsdefizite sind somit weder für das deutsche noch für das englische Recht gegeben.

d) Austrittsrechte der Aktionäre

Sowohl das deutsche als auch das englische Recht gehen über den Regelungsumfang der Dritten Richtlinie hinaus und billigen den Aktionären unter bestimmten Voraussetzungen ein Austrittsrecht zu.

Anders als in England sind in Deutschland Austrittsrechte auch ausdrücklich für den Fall der Verschmelzung geregelt. So ist der Aktionär einer übertragenden Gesellschaft in Deutschland berechtigt, seine Aktien an die übernehmende Gesellschaft oder an Dritte zu veräußern, soweit für die Aktien, die er an der übernehmenden Gesellschaft erhalten soll, Verfügungsbeschränkungen vorgesehen sind. Darüber hinaus kann den Aktionären in Deutschland auch ein Austrittsrecht aus wichtigem Grund zustehen.

Dagegen steht einem englischen Gesellschafter das Austrittsrecht allgemein für den Fall zu, dass die Geschäfte der Gesellschaft auf eine Weise geführt werden, die seinen Interessen entgegenstehen. Ob eine solche Beeinträchtigung seiner Interessen gegeben ist, ist im Einzelfall durch die Gerichte zu entscheiden.

III. Schutz der Aktionäre durch Regelungen zu Form und Verfahren sowie zum Aktienumtausch

1. Vorgaben der Dritten Richtlinie

Das gemäß den Vorgaben der Dritten Richtlinie bei einer Verschmelzung zu beobachtende Verfahren entfaltet in vielerlei Hinsicht Schutzwirkungen zugunsten der Aktionäre.

a) Staatliche oder notarielle Kontrolle der Verschmelzung

Die Dritte Richtlinie sieht vor, dass ein Verschmelzungsvorhaben, bevor es Wirksamkeit erlangt, einer staatlichen oder notariellen Kontrolle unterzogen wird. Dies kommt insbesondere dem Interesse der Aktionäre an der Ordnungsgemäßheit der Verschmelzung entgegen. So sind nach Art. 16 Abs. 1 S. 1 der Dritten Richtlinie die Niederschriften der Hauptversammlungen, die über die Verschmelzung beschließen, sowie gegebenenfalls der nach diesen Hauptversammlungen geschlossene Verschmelzungsvertrag öffentlich zu beurkunden. Dies gilt jedoch nur, soweit die Rechtsvorschriften eines Mitgliedstaates nicht bereits eine vorbeugende gerichtliche oder Verwaltungskontrolle der Rechtmäßigkeit der Verschmelzung vorsehen oder soweit sich diese Kontrolle nicht auf alle für die Verschmelzung erforderlichen Rechtshandlungen erstreckt. Gemäß Art. 16 Abs. 1 S. 2 der Dritten Richtlinie ist der Verschmelzungsplan öffentlich zu beurkunden, soweit ein Mitgliedstaat von der durch die Art. 7, 25 und 26 der Dritten Richtlinie eingeräumten Möglichkeit Gebrauch macht, für den Fall des Up Stream Merger auf die Mitwirkung der Hauptversammlungen zu verzichten.

Art. 16 Abs. 2 der Dritten Richtlinie schreibt vor, dass der Notar oder die für die öffentliche Beurkundung zuständige Stelle das Vorliegen und die Rechtmäßigkeit der Rechtshandlungen und Förmlichkeiten, die der Gesellschaft obliegen, bei der er tätig wird, sowie das Vorliegen und die

Rechtmäßigkeit des Verschmelzungsplans zu prüfen und zu bestätigen hat.

b) Wirksamwerden der Verschmelzung

Die Bestimmung des Zeitpunktes der Wirksamkeit der Verschmelzung bleibt nach Art. 17 der Dritten Richtlinie den Mitgliedstaaten überlassen. Die Wirksamkeit der Verschmelzung hat die in Art. 19 der Dritten Richtlinie bestimmten Rechtsfolgen[807].

c) Offenlegung der Verschmelzung

Gemäß Art. 18 Abs. 1 der Dritten Richtlinie ist die Verschmelzung für jede der sich verschmelzenden Gesellschaften nach Maßgabe des Art. 3 der Ersten Richtlinie durch Eintragung in das in den jeweiligen Staaten errichtete Handels- oder Gesellschaftsregister offen zu legen (Art. 3 Abs. 2 der Ersten Richtlinie) und in dem betreffenden Amtsblatt zu veröffentlichen (Art. 3 Abs. 4 der Ersten Richtlinie).

---

[807] S.o. C.I.3.a).

2. Schutz der Aktionäre durch Regelungen des deutschen Rechts zu Form und Verfahren sowie zum Aktienumtausch

a) Notarielle Kontrolle

Nach § 6 UmwG sind der Verschmelzungsvertrag und nach § 13 Abs. 3 S. 1 UmwG der Verschmelzungsbeschluss notariell zu beurkunden. Gemäß § 13 Abs. 3 S. 2 UmwG ist der Verschmelzungsvertrag bzw. sein Entwurf dem Verschmelzungsbeschluss als Anlage beizufügen. Dies soll dem Registergericht die Überprüfung ermöglichen, ob der Verschmelzungsbeschluss sich auch tatsächlich auf den endgültig abgeschlossenen Verschmelzungsvertrag bezogen hat[808].

Die notarielle Beurkundung von Verschmelzungsvertrag und –beschluss gewährleistet jeweils die materielle Richtigkeit des Umwandlungsvorgangs[809].

Aus Kostenersparnisgründen wird die notarielle Beurkundung – insbesondere des Verschmelzungsvertrages – in der Praxis häufig im Ausland durchgeführt[810]. Die notarielle Beurkundung des Verschmelzungsbeschlusses erfolgt dagegen in der Regel im Inland[811], da für diese nach § 47 S. 2 KostO nur eine eher geringe Gebühr von maximal € 5.000,-- anfallen kann.

Umstritten ist, ob die Auslandsbeurkundung des Verschmelzungsvertrages zulässig ist.

Gemäß Art. 11 Abs. 1, 2. Alt. EGBGB ist ein Rechtsgeschäft dann formgültig, wenn es die Formerfordernisse des Rechts des Staates erfüllt, in dem es vorgenommen wird. Nach einer teilweise vertretenen Ansicht soll dies auch für den Verschmelzungsvertrag gelten[812], so dass jede auslän-

---

808 Stratz in Schmitt/Hörtnagl/Stratz zu § 13, RN 37.

809 Zimmermann in Kallmeyer zu § 6, RN 11; Heckschen in Widmann/Mayer zu § 6, RN 55 sowie zu § 13, RN 221; vgl. auch RegEBegr. zu § 13 Abs. 3 S. 1 UmwG, bei Ganske, S. 61.

810 Vgl. Heckschen in Widmann/Mayer zu § 6, RN 44.

811 Vgl. oben C.II.2.b).

812 Bokelmann, NJW 1972, 1729, 1730.

dische Beurkundung ausreichen würde, solange sie nur der Ortsform entspräche.

Nach anderer Auffassung soll der Verschmelzungsvertrag ausschließlich durch einen deutschen Notar beurkundbar sein[813]. Dies sei durch das besondere öffentliche Interesse geboten, das Geschäften gelte, die in das Handelsregister einzutragen seien[814].

Ganz überwiegend wird jedoch die Ansicht vertreten, dass eine Beurkundung im Ausland grundsätzlich dann zuzulassen sei, wenn sie der deutschen Beurkundung gleichwertig ist[815]. Dies lässt sich zwar nicht aus Art. 11 EGBGB ableiten; dieser nicht auf Geschäfte anwendbar, die den rechtlichen Status einer Gesellschaft an sich betreffen, also auch nicht auf den Verschmelzungsvertrag[816]. Das folgt insbesondere aus der amtlichen Begründung zu Art. 11 EGBGB[817]. Dennoch ist kein Grund ersichtlich, die Wirksamkeit einer im Ausland erfolgten Beurkundung zu verweigern, wenn eine solche Beurkundung der deutschen gleichwertig ist.

Die Gleichwertigkeit der Beurkundung ist nach der Rechtsprechung dann gegeben, wenn die ausländische Urkundsperson nach Vorbildung und Stellung im Rechtsleben eine der Tätigkeit des deutschen Notars entsprechende Funktion ausübt und für die Errichtung der Urkunde ein Verfahrensrecht zu beachten hat, das den tragenden Grundsätzen des deutschen Beurkundungsrechts entspricht[818].

An einer solchen Gleichwertigkeit der Beurkundung im Ausland wird es in dem häufigen Fall, in dem der ausländische Notar für seine Mitwirkung

---

813 Lerch, DB 1992, 670 f.; Priester, ZGR 1990, 420, 446; Mecke/Lerch, BeurkG, Einleitung V; Heckschen, DB 1990, 161, 165.

814 Kropholler, ZHR 140 (1976), 394, 402.

815 So: Heckschen in Widmann/Mayer zu § 6, RN 51; Stratz in Schmitt/Hörtnagl/Stratz zu § 6, RN 6; BGHZ 80, 76; Lutter in Lutter zu § 6, RN 8.

816 Bredthauer, BB 1986, 1864, 1869; Lichtenberger, DNotZ 1986, 644, 653; Goette, FS-Boujoung 1996, 131, 136 f.

817 BT-Drucks. 10/504, S. 49.

818 BGHZ 80, 76, 78.

jede Haftung ablehnt[819], fehlen[820], denn damit ist die durch die Beurkundung zu gewährleistende materielle Richtigkeit[821] des Verschmelzungsvertrages nicht mehr durch Sanktionen gegenüber der fehlerhaft handelnden Urkundsperson sichergestellt. Rechtsfolge der unzureichenden notariellen (Auslands-) Beurkundung ist die Nichtigkeit des Verschmelzungsvertrages. Da aber die Eintragung der Verschmelzung nach § 20 Abs. 1 Nr. 4 UmwG alle Formmängel heilt, wird die Anerkennung einer im Ausland beabsichtigten Beurkundung in der Praxis vielfach zuvor mit den zuständigen Registerrichtern abgesprochen.

b) Gerichtliche Vorab-Kontrolle

Die Aktionäre der an der Verschmelzung beteiligten Gesellschaften haben grundsätzlich die Möglichkeit, eine gerichtliche Vorab-Überprüfung der Verschmelzung herbeizuführen, indem sie gegen den Verschmelzungsbeschluss ihrer jeweiligen Gesellschaft vorgehen.

Das Umwandlungsgesetz enthält keine Regelungen, die den Angriff eines Verschmelzungsbeschlusses betreffen. Lediglich § 14 Abs. 2 und § 32 UmwG bestimmen, dass eine Klage gegen die Wirksamkeit des Verschmelzungsbeschlusses wegen eines zu niedrigen Umtauschverhältnisses der Aktien bzw. wegen eines zu niedrig bemessenen Barabfindungsangebots nach § 29 UmwG ausgeschlossen ist. Für solche Fälle greift das Spruchverfahren nach §§ 15, 34, 305 ff. UmwG ein[822].

Somit gelten im Übrigen grundsätzlich die allgemeinen Bestimmungen des Aktiengesetzes, wonach zum Angriff der Wirksamkeit eines Ver-

---

819 So etwa die Praxis der Züricher Notare (vgl. Lutter in Lutter zu § 6, RN 8). Dennoch wurde die gleichwertige Funktion eines Züricher Notars bejaht durch BGHZ 80, 76, 78. Vgl. auch Goette, FS-Boujong 1996, 131, 143. Ebenso zur Gleichwertigkeit der Baseler Notare: LG Nürnberg-Fürth, AG 1993, 45.

820 Heckschen in Widmann/Mayer zu § 6, RN 54.

821 Vgl. hierzu auch BGHZ 105, 324, 338.

822 Vgl. unten D.IV.2.c).

schmelzungsbeschlusses sowohl die Nichtigkeits- als auch die Anfechtungsklage in Betracht kommen.

aa) Nichtigkeitsklage

Die Nichtigkeit eines Verschmelzungsbeschlusses kann durch die Nichtigkeitsklage eines Aktionärs der betroffenen Gesellschaft nach § 249 Abs. 1 S. 1 AktG festgestellt werden. Voraussetzung ist, dass ein Nichtigkeitsgrund vorliegt. Ein solcher Nichtigkeitsgrund besteht nur, wenn der Verschmelzungsbeschluss auf einem in § 241 AktG aufgeführten, schwerwiegenden Gesetzesverstoß beruht, wie dies beispielsweise bei einer fehlerhaften Einberufung der Hauptversammlung der Fall ist (vgl. § 241 Nr. 1 AktG).

bb) Anfechtungsklage

Führt eine Gesetzeswidrigkeit des Verschmelzungsbeschlusses nicht zu dessen Nichtigkeit, so ist er wie jeder andere rechtswidrige Hauptversammlungsbeschluss gemäß § 243 Abs. 1 AktG durch Klage anfechtbar. Dies gilt nach § 243 Abs. 1 AktG grundsätzlich auch für den Fall, dass der Verschmelzungsbeschluss gegen die Satzung der betreffenden Gesellschaft verstößt.

§ 243 Abs. 2 S. 1 AktG sieht zudem eine Anfechtungsmöglichkeit vor, wenn ein Aktionär mit der Ausübung des Stimmrechts beabsichtigt, zum Schaden der Gesellschaft oder der anderen Aktionäre einen Sondervorteil zu erlangen, und der Hauptversammlungsbeschluss geeignet ist, diesem Zweck zu dienen. Regelmäßig sind jedoch in den Fällen, in denen § 243 Abs. 2 S. 1 AktG erfüllt ist, auch die Voraussetzungen des

§ 243 Abs. 1 AktG gegeben, so dass ein Rückgriff auf § 243 Abs. 2 S. 1 AktG weithin entbehrlich ist[823].

Anfechtungsbefugt ist unter den Voraussetzungen des § 245 AktG jeder einzelne Aktionär[824]. Eine Mindestaktienbesitzzeit oder ein Mindestanteil ist nicht erforderlich.

cc) Klagefrist

Eine Klage gegen die Wirksamkeit eines Verschmelzungsbeschlusses kann nach § 14 Abs. 1 UmwG nur innerhalb eines Monats nach der Beschlussfassung erhoben werden.

Eine identische Fristenregelung ist im Aktienrecht für die Anfechtungsklage in § 246 Abs. 1 AktG (der aufgrund der Vorrangigkeit des § 14 Abs. 1 UmwG in Bezug auf den Verschmelzungsbeschluss unanwendbar ist) vorgesehen.

Die Klagefrist des § 14 Abs. 1 UmwG unterscheidet sich allerdings im Hinblick auf die Nichtigkeitsklage von den Regelungen des AktG. So sieht § 242 Abs. 2 S. 1 AktG für die Nichtigkeitsklage keine einmonatige Frist vor, sondern bestimmt, dass eine Nichtigkeit mit Ablauf eines dreijährigen Zeitraumes ab Eintragung des Beschlusses in das Handelsregister nicht mehr geltend gemacht werden kann. Die in § 14 Abs. 1 UmwG enthaltene Abweichung von § 242 Abs. 2 S. 1 AktG ist im Schrifttum auf Kritik gestoßen. So wird gegen die kurze einmonatige Frist des § 14 Abs. 1 UmwG insbesondere vorgebracht, sie ermögliche es einem Mehrheitsaktionär, einen „Geheimbeschluss“ herbeizuführen, dessen Nichtigkeit durch Fristablauf und Eintragung geheilt würde, wenn nur die

---

[823] Hüffer zu § 243, RN 32.

[824] Neben dem Vorstand sowie einzelnen Mitgliedern des Vorstands oder des Aufsichtsrats.

Minderheit nicht merke, was passiere[825]. Da jedoch die Anwendbarkeit des § 14 Abs. 1 UmwG der gesetzgeberischen Entscheidung entspricht, bleibt es trotz der vorgebrachten Kritik bei der Ein-Monats-Frist.

c) Registergerichtliche Kontrolle

aa) Anmeldung der Verschmelzung zum Handelsregister

Zusätzlich zum Erfordernis der notariellen Beurkundung nach § 6 und § 13 Abs. 3 S. 1 UmwG sieht § 16 Abs. 1 S. 1 UmwG die Anmeldung der Verschmelzung jeweils zum Handelsregister am Sitz jeder der an der Verschmelzung beteiligten Gesellschaften durch ihren Vorstand vor. Die Anmeldung zum Handelsregister einer übertragenden Gesellschaft kann nach § 16 Abs. 1 S. 2 UmwG auch durch den Vorstand der übernehmenden Gesellschaft erfolgen.

Nach § 16 Abs. 2 S. 1 UmwG hat der die Anmeldung vornehmende Vorstand bei der Anmeldung zu erklären, dass gegen keinen der Verschmelzungsbeschlüsse[826] eine Klage (fristgemäß) erhoben wurde bzw. dass eine solche Klage rechtskräftig abgewiesen oder zurückgenommen worden ist (so genanntes „Negativattest"). Zudem ist der betreffende Vorstand gemäß § 16 Abs. 2 S. 1, 2. HS UmwG verpflichtet, das Registergericht auch nach erfolgter Anmeldung der Verschmelzung über die Erhebung einer Klage zu unterrichten.

Der Anmeldung sind die in § 17 Abs. 1 UmwG aufgeführten Anlagen beizufügen. Dies bedeutet, dass in notarieller Ausfertigung nach §§ 47, 49 BeurkG oder öffentlich beglaubigter Abschrift nach § 42 BeurkG einzureichen sind[827]: Der Verschmelzungsvertrag, die Niederschriften aller

---

825 Bork, ZGR 1993, 343, 355; Schmid, ZGR 1997, 493, 506; Schöne, DB 1995, 1317, 1320.

826 Stratz in Schmitt/Hörtnagl/Stratz zu § 16, RN 18. A.A. offenbar Marsch-Barner in Kallmeyer zu § 16, RN 22, wonach es bei getrennten Anmeldungen genügen soll, wenn der anmeldende Vorstand die Negativerklärung nur für seine Gesellschaft abgibt.

827 Vgl. Stratz in Schmitt/Hörtnagl/Stratz zu § 17, RN 5.

Verschmelzungsbeschlüsse sowie etwa abgegebene Verzichtserklärungen in Bezug auf den Verschmelzungsbericht, die Verschmelzungsprüfung oder den Verschmelzungsprüfungsbericht. Eine Einreichung in Urschrift oder Abschrift reicht aus[828] hinsichtlich des Verschmelzungsberichts, des Verschmelzungsprüfungsberichts, des Nachweises über die rechtzeitige Zuleitung des Verschmelzungsvertrages an den zuständigen Betriebsrat und hinsichtlich gegebenenfalls erforderlicher Genehmigungsurkunden (falls ausnahmsweise eine staatliche Genehmigung erforderlich sein sollte).

Ferner ist nach § 17 Abs. 2 S. 1 UmwG mit der Anmeldung zum Handelsregister am Sitz jeder der übertragenden Gesellschaften eine Schlussbilanz dieser Gesellschaft einzureichen.

bb) Eintragung der Verschmelzung

Auf Anmeldung der Verschmelzung folgt deren Eintragung[829] durch den zuständigen Registerrichter[830].

Vor Eintragung ist der jeweilige Registerrichter verpflichtet, die Eintragungsvoraussetzungen zu prüfen. Dies folgt mittelbar aus § 144 Abs. 2 FGG, wonach ein Beschluss als nichtig gelöscht werden kann, wenn er durch seinen Inhalt zwingende Vorschriften des Gesetzes verletzt und seine Beseitigung im öffentlichen Interesse erforderlich erscheint[831]. Einem Beschluss, der hiernach sofort nach der Eintragung wieder gelöscht werden müsste, muss die Eintragung versagt bleiben.

---

828 Vgl. Stratz in Schmitt/Hörtnagl/Stratz zu § 17, RN 6.
829 Vgl. Baumbach/Hopt zu § 8, RN 6.
830 Vgl. § 17 Nr. 1 lit. c. RPflG.
831 Lüke, ZGR 1990, 657, 669; Bork, ZGR 1993, 343, 356 f.; Schmid, ZGR 1997, 493, 498; a.A.: offenbar Grunewald in Lutter zu § 20, RN 6; Bokelmann, DB 1994, 1341, 1344, wonach eine umfassende Rechtmäßigkeitsprüfung ohne die Grenzen des § 144 Abs. 2 FGG zu erfolgen habe.

Der Registerrichter hat daher sowohl die formellen als auch die materiellen Eintragungsvoraussetzungen zu überprüfen[832].

aaa) Vollständigkeit der Anlagen

Insbesondere hat der Registerrichter zu überprüfen, ob der Verschmelzungsanmeldung die nach § 16 Abs. 1 UmwG erforderlichen Anlagen beigefügt wurden. Liegen diese nicht vor, so hat die Eintragung zu unterbleiben[833]. Zudem darf die Eintragung gemäß § 17 Abs. 2 S. 4 UmwG nur dann erfolgen, wenn die als Anlage zur Anmeldung eingereichte Schlussbilanz der übertragenden Gesellschaft auf einen höchstens acht Monate vor der Anmeldung liegenden Stichtag aufgestellt worden ist.

bbb) Negativattest

Die Verschmelzung darf nur eingetragen werden, wenn das Negativattest nach § 16 Abs. 2 S. 1 UmwG vorliegt. Auch in dem Fall, in dem gemäß § 16 Abs. 2 S. 1, 2. HS UmwG nach erfolgter Anmeldung über die Erhebung einer Klage unterrichtet wird, hat die Eintragung zu unterbleiben. Dadurch soll verhindert werden, dass eine Verschmelzung, die auf einer unwirksamen Grundlage beruht, eingetragen und damit nach § 20 Abs. 2 UmwG irreversibel wird[834].

Trotz Fehlens des Negativattestes darf die Eintragung der Verschmelzung in zwei Ausnahmefällen dennoch erfolgen:

Zum einen ist der Registerrichter nach § 16 Abs. 2 S. 2, 2. HS UmwG befugt, die Eintragung vorzunehmen, wenn die klageberechtigten

---

832 Bork in Lutter zu § 16, RN 5.
833 Vgl. Bork in Lutter zu § 16, RN 5.
834 RegEBegr. zu § 16 Abs. 2 S. 2 UmwG, bei Ganske, S. 67.

Aktionäre durch notariell beurkundete Verzichtserklärung auf die Klage gegen die Wirksamkeit des Verschmelzungsbeschlusses verzichten.

Zum anderen sieht § 16 Abs. 3 S. 1 UmwG vor, dass das Negativattest durch einen rechtskräftigen Beschluss des Prozessgerichts, welches über eine gegen die Wirksamkeit eines Verschmelzungsbeschlusses eingelegte Klage zu entscheiden hat, ersetzbar ist. Ein solcher Beschluss ergeht auf Antrag der Gesellschaft, gegen deren Verschmelzungsbeschluss sich die Klage richtet, und stellt fest, dass die Klageerhebung der Eintragung nicht entgegensteht.

Das Gesetz lässt den das Negativattest ersetzenden Beschluss nur in den engen Grenzen des § 16 Abs. 3 S. 2 UmwG zu, nämlich dann, wenn die gegen den Verschmelzungsbeschluss eingelegte Klage unzulässig oder offensichtlich unbegründet ist oder wenn das Interesse der an der Verschmelzung beteiligten Gesellschaften und ihrer Aktionäre am alsbaldigen Vollzug der Verschmelzung das Interesse des klagenden Aktionärs an deren Aufschub überwiegt. Dieses in § 16 Abs. 3 UmwG vorgesehene Unbedenklichkeitsverfahren ist ein summarisches Verfahren sui generis[835], das in das Umwandlungsrecht eingeführt wurde, um dem Problem der rechtsmissbräuchlichen („räuberischen") Anfechtungsklagen zu begegnen[836]. So kam es in der Vergangenheit immer wieder vor, dass so genannte „räuberische Aktionäre" sich den aufgrund der eintretenden Registersperre sehr hohen „Lästigkeitswert" ihrer gegen den Verschmelzungsbeschluss gerichteten Klage abkaufen ließen. Dieses Erpressungspotential ist durch die in § 16 Abs. 3 UmwG vorgesehene Möglichkeit der Durchbrechung der Registersperre nunmehr erheblich eingeschränkt.

---

[835] Stratz in Schmitt/Hörtnagl/Stratz zu § 16, RN 3.

[836] Vgl. Bork in Lutter zu § 16, RN 15. Vor der Regelung im UmwG war eine Durchbrechung der Registersperre (in eingeschränkter Form) durch die Rechtsprechung anerkannt (vgl. BGHZ 112, 9 ff.).

ccc) Sonstige Voraussetzungen

Die übrigen vom Registerrichter zu prüfenden Eintragungsvoraussetzungen sind vor allem materieller Art und betreffen etwa die Wirksamkeit des Verschmelzungsvertrages[837] oder die Rechtmäßigkeit der Verschmelzungsbeschlüsse. So hat die Eintragung etwa dann zu unterbleiben, wenn der Verschmelzungsvertrag unter einer aufschiebenden Bedingung oder Befristung abgeschlossen wurde[838] und diese noch nicht eingetreten ist[839].

ddd) Durchführung und Bekanntmachung der Eintragungen

§ 19 Abs. 1 S. 1 UmwG gibt eine zeitliche Abfolge hinsichtlich der Handelsregistereintragung der Verschmelzung vor. So darf die Verschmelzung erst dann in das Handelsregister des Sitzes der übernehmenden Gesellschaft eingetragen werden, wenn sie im Register des Sitzes jeder der übertragenden Gesellschaften eingetragen worden ist.

Zudem ist nach § 19 Abs. 1 S. 2 UmwG die Eintragung im Handelsregister des Sitzes einer übertragenden Gesellschaft mit dem Vermerk zu versehen, dass die Verschmelzung erst mit Eintragung im Register des Sitzes der übernehmenden Gesellschaft wirksam wird.

Das Gericht des Sitzes der übernehmenden Gesellschaft hat gemäß § 19 Abs. 2 S. 1 UmwG von Amts wegen dem Gericht des Sitzes jeder der übertragenden Gesellschaften den Tag der Eintragung der Verschmelzung mitzuteilen. Daraufhin werden nach § 19 Abs. 2 S. 2 UmwG im Handelsregister des Sitzes jeder der übertragenden Gesellschaften der Tag der Eintragung im Register am Sitz der übernehmenden Gesellschaft vermerkt. Sodann werden alle beim Handelsregister am Sitz jeder der übertragenden Gesellschaften aufbewahrten Urkunden und anderen

---

837 Vgl. etwa OLG Hamm, NJW 1997, 666.
838 Vgl. oben C.II.1.c)bb).
839 Marsch-Barner in Kallmeyer zu § 4, RN 11.

Schriftstücke dem Gericht des Sitzes der übernehmenden Gesellschaft zur Aufbewahrung übersandt.

Die Gerichte an den Sitzen jeder der an der Verschmelzung beteiligten Gesellschaften haben jeweils die von ihnen vorgenommene Eintragung der Verschmelzung von Amts wegen durch den Bundesanzeiger und durch mindestens ein weiteres Blatt ihrem ganzen Inhalt nach bekannt zu machen (§ 19 Abs. 3 S. 1 UmwG). Mit dem Ablauf des Tages, an dem jeweils das letzte der die Bekanntmachung enthaltenden Blätter erschienen ist, gilt die Bekanntmachung für die betreffende Gesellschaft als erfolgt (§ 19 Abs. 3 S. 2 UmwG).

d) Wirksamwerden und Offenlegung der Verschmelzung

Die Verschmelzung wird mit ihrer Eintragung in das Handelsregister am Sitz der übernehmenden Gesellschaft gemäß § 20 Abs. 1 S. 1 UmwG wirksam[840]. Die Verschmelzungswirkungen[841] treten trotz Vorliegens etwaiger Verschmelzungsmängel[842] ein.

Das jeweilige Registergericht hat die von ihm vorgenommene Eintragung der Verschmelzung von Amts wegen durch den Bundesanzeiger und durch mindestens ein anderes Blatt ihrem ganzen Inhalt nach bekannt zu machen (§ 19 Abs. 3 S. 1 UmwG).

e) Aktienumtausch

Gemäß § 20 Abs. 1 Nr. 3 S. 1, 1. HS UmwG werden die Aktionäre einer übertragenden Gesellschaft materiellrechtlich mit Eintragung der Verschmelzung in das Register der übernehmenden Gesellschaft deren Aktionäre. Von diesem Zeitpunkt an ist die Beteiligung der Aktionäre

---

840 S.o. C.II.3.e)cc).
841 Vgl. oben C.II.4.a)-c).
842 S.o. C.II.4.d).

einer übertragenden Gesellschaft gemäß §§ 398, 413 BGB übertragbar, auch wenn sie noch nicht verbrieft ist[843]. Die Verbriefung erfolgt erst mit Aushändigung der Aktienurkunden im Rahmen des Aktienumtauschs.

Der den Aktionären einer übertragenden Gesellschaft an der übernehmenden Gesellschaft zukommende (und zu verbriefende) Anteil ergibt sich aus dem im Verschmelzungsvertrag vorgesehenen Umtauschverhältnis. Um keinen der Aktionäre der an der Verschmelzung beteiligten Gesellschaften zu benachteiligen, muss das im Verschmelzungsvertrag für die Aktien einer übertragenden Gesellschaft vorzusehende Umtauschverhältnis gemäß § 12 Abs. 2 UmwG angemessen sein.

aa) Ermittlung des Umtauschverhältnisses

Der Aktionärsschutz bei der Ermittlung des Umtauschverhältnisses gebietet folglich, dass die erhaltenen Aktien den Wert der hingegebenen Aktien im wesentlichen erreichen müssen[844]. Entscheidend ist die Ermittlung der Relation der Unternehmenswerte zueinander, wobei die jeweiligen Unternehmenswerte grundsätzlich auf Basis gleicher Bewertungsmethoden berechnet sein müssen[845] und zeitlich auf einen für die beteiligten Gesellschaften einheitlichen Bewertungsstichtag abzustellen ist.

Die Relation der Unternehmenswerte der an der Verschmelzung beteiligten Gesellschaften kann auf verschiedene Weise ermittelt werden. In der Praxis werden vorwiegend die im folgenden dargestellten Verfahren angewandt.

843 Grunewald in Lutter zu § 72, RN 6.
844 Lutter in Lutter zu § 5, RN 18.
845 Lutter in Lutter zu § 5, RN 19.

aaa) Bewertungsmethoden

Zur Ermittlung des Unternehmenswertes kann auf verschiedene Bewertungsmethoden zurückgegriffen werden. Hinsichtlich der Frage, welcher Bewertungsmethode dabei der Vorzug zu geben ist, bestehen keine verbindlichen gesetzlichen Regelungen. Hierdurch sollen neuere Entwicklungen der Betriebswirtschaftslehre zur Unternehmensbewertung nicht behindert und bei der Bewertung von Unternehmen berücksichtigt werden[846].

Vorherrschend ist die so genannte Ertragswertmethode[847], nach der sich der Wert eines Unternehmens aus dem Nutzen ergibt, den das Unternehmen in der Zukunft erbringen kann, d.h. aus dem zukünftig zu erwartenden Ertragsüberschuss[848]. Dabei wird der zu erwartende Zukunftserfolg entweder auf Grundlage der sog. „analytischen“ oder „Phasenmethode“, die mittels detaillierter unternehmensinterner Planungsrechnung den zu erwartenden Ertrag in zeitlichen "Phasen" (von jeweils bis zu ca. 3 Jahren) ermittelt, oder aber auf Grundlage der sog. „Pauschalmethode“, die auf dem in der Vergangenheit gegebenen Durchschnittserfolg des Unternehmens basiert, geschätzt[849]. In der Praxis üblich ist eine Kombination von Phasen- und Pauschalverfahren[850]. Der so ermittelte Zukunftserfolg ist dann auf den Bewertungsstichtag in Höhe des so genannten Kapitalisierungszinses abzuzinsen[851].

Im Einzelfall wird der Wert eines Unternehmens jedoch auch nach anderen Maßstäben bestimmt, etwa der Substanzwert- oder Kom-

846 Bula/Schlösser in Sagasser/Bula/Brünger, J, RN 31.
847 Bula/Schlösser in Sagasser/Bula/Brünger, J, RN 31.
848 Bermel/Hannappel in Goutier/Knopf/Tulloch zu § 5, RN 15.
849 Vgl. Bula/Schlösser in Sagasser/Bula/Brünger, J, RN 38-42; Seetzen, WM 1994, 45, 46 f.
850 Bula/Schlösser in Sagasser/Bula/Brünger, J, RN 43.
851 S.u. D.III.2.e)aa)bbb).

binationsmethode[852]. Die Untergrenze des Gesamtunternehmenswertes stellt dabei immer der Liquidationswert dar[853].

Nicht zu berücksichtigen bei der Ermittlung des Unternehmenswertes sollen nach überwiegender Ansicht subjektive Elemente sein[854], wie die von der jeweiligen Beteiligungshöhe des Anteilseigners abhängigen Einflussmöglichkeiten auf Geschäftsführung und Ausschüttungspolitik[855]. Für diese Auffassung spricht vor allem, dass ein subjektiver Ansatz vielfältige praktische Probleme mit sich bringen würde. So stehen im Zeitpunkt der Unternehmensbewertung nicht immer schon alle subjektiven Faktoren, wie z.B. die Identität der zukünftig handelnden Personen, fest[856]. Die Ermittlung des Unternehmenswertes aufgrund objektivierter, typisierender Faktoren ist daher zweckmäßig.

Zu den subjektiven Elementen sind auch die sich aus der Verschmelzung ergebenden Synergieeffekte zu zählen[857], die folglich im Rahmen der Wertermittlung nicht zu berücksichtigen sind[858].

Entsprechend gilt, dass bei börsennotierten Gesellschaften der Börsenkurs nicht als alleiniger Maßstab herangezogen werden kann[859]. Dieser

---

852 Vgl. Bermel/Hannappel in Goutier/Knopf/Tulloch zu § 5, RN 20/21; vgl. OLG Düsseldorf, DB 1984, 817, 818.

853 Bermel/Hannappel in Goutier/Knopf/Tulloch zu § 5, RN 17.

854 So insbesondere die Rspr. (vgl. Urteil des OLG Düsseldorf vom 17.02.1984, DB 1984, 817) sowie Treptow in: IDW (Hrsg.) Reform des Umwandlungsrechts 1993, 155, 162 f.

855 Bula/Schlösser in Sagasser/Bula/Brünger, J, RN 33.

856 Vgl. Mertens, AG 1992, 321, 324.

857 Bermel/Hannappel in Goutier/Knopf/Tulloch zu § 5, RN 32.

858 Dies ist im einzelnen sehr umstritten. So wird teilweise auch nach der Art der Synergieeffekte unterschieden: Danach sollen allgemeine Verbundvorteile (im Gegensatz zu Synergievorteilen, die nur zwischen den an der Verschmelzung beteiligten Gesellschaften zu realisieren sind) einen am Markt verwertbaren, objektiven werthaltigen Faktor darstellen und deshalb werterhöhend berücksichtigt werden (Bermel/Hannappel in Goutier/Knopf/Tulloch zu § 5, RN 32).

859 Vgl. zur Rechtslage insgesamt: Marsch-Barner in Kallmeyer zu § 8, RN 14; Hüffer zu § 305, RN 20 b; BGHZ 147, 108 ff.; 71, 40, 51; BGH, DB 1967, 854; OLG Düsseldorf, WM 1995, 757, 760; KG, DB 1971, 613, 615; LG Frankfurt, AG 1985, 310, 311; a.A. Götz, DB 1996, 259, 265; Luttermann, ZIP 1999, 45 ff. Der

gibt keinesfalls zwingend den wahren Wert der Anteile wieder[860]. Als Folge des Beschlusses des Ersten Senats des Bundesverfassungsgerichts vom 27. April 1999[861] wird jedoch zu fordern sein, dass der Börsenkurs in der Regel als Untergrenze für die Bewertung börsennotierter Aktiengesellschaften angesetzt wird[862]. Unterschreitungen des Börsenkurses werden nur dann unbedenklich sein, wenn der Börsenkurs ausnahmsweise nicht den Verkehrswert der Aktien widerspiegelt[863].

bbb) Kapitalisierungszins

Die für die Zukunft prognostizierten Ertragsüberschüsse der Gesellschaft[864] sind auf den Bewertungsstichtag in Höhe des so genannten Kapitalisierungszinses abzuzinsen[865]. Der Kapitalisierungszins erfüllt die Aufgabe, zum einen Beträge, die erst in Zukunft fällig werden, durch Diskontierung gleichnamig zu machen, damit sie addiert werden können, sowie zum anderen das Risiko, das mit jeder Investition in ein Unternehmen verbunden ist, in die Berechnung miteinfließen zu lassen (und so die Aktien an der Gesellschaft mit anderen Kapitalanlagemöglichkeiten[866] vergleichbar zu machen)[867].

Börsenkurs war auch Grundlage der Unternehmensbewertung in BayObLG, DB 1998, 2315.

860 Vgl. Marsch-Barner in Kallmeyer zu § 8, RN 14.

861 BVerfG, ZIP 1999, 1436 ff. mit Anmerkung Wilken.

862 Vgl. BVerfG, ZIP 1999, 1436, 1441; vgl. auch zu den Anwendungsproblemen des Börsenkurses im Einzelnen: Lutter in Lutter zu § 5, RN 23a f.

863 Vgl. BVerfG, ZIP 1999, 1436, 1441.

864 Vgl. oben D.III.2.e)aa)aaa).

865 Vgl. Bula/Schlösser in Sagasser/Bula/Brünger, J, RN 44.

866 Aktien an der Gesellschaft stellen insofern nichts anderes dar als eine Investition des Aktionärs.

867 Vgl. Helbling, Unternehmensbewertung, S. 418.

Der Kapitalisierungszins setzt sich zusammen aus einem so genannten Basiszins, einem Geldentwertungsabschlag sowie einem Unternehmerrisikozuschlag[868].

Der Basiszins entspricht der Durchschnittsrendite inländischer Staatsobligationen[869], ist also unabhängig von der individuellen Renditeerwartung der betroffenen Gesellschaft. Die regelmäßig von der Rechtsprechung veranschlagte Durchschnittsrendite beläuft sich auf ca. 7,5 % bis 8 %[870].

Durch den Geldentwertungsabschlag wird der Basiszins, der allein auf eine Nominalwertsteigerung abstellt, um die voraussichtliche Geldentwertung bereinigt[871]. Dabei wird nicht die gesamtwirtschaftlich zu erwartende Geldentwertung zu Grunde gelegt, sondern die auf der in der jeweiligen Geschäftsbranche zu erwartende inflationsbedingte Erfolgssteigerung berücksichtigt[872], woraus sich regelmäßig ein Geldentwertungsabschlag zwischen 0,5 % und 3 % ergibt[873]. Dieser Wert ist niedriger als die gesamtwirtschaftliche Inflationsrate, da sich die Geldentwertung bei der Beteiligung eines Aktionärs an dem zu bewertenden Unternehmen weniger stark auswirkt, als bei einer dem Beteiligungswert entsprechenden Anlage in festverzinsliche Anleihen, denn das Unternehmen hat die Möglichkeit, die Geldentwertung durch Preiserhöhungen abzuwälzen[874].

---

868 Bula/Schlösser in Sagasser/Bula/Brünger, J, RN 49.

869 Bula/Schlösser in Sagasser/Bula/Brünger, J, RN 50; vgl. OLG Düsseldorf WM 1988, 1052, 1059; Helbling, Unternehmensbewertung, S. 422.

870 Bula/Schlösser in Sagasser/Bula/Brünger, J, RN 50.

871 Vgl. Bula/Schlösser in Sagasser/Bula/Brünger, J, RN 51; Helbling, Unternehmensbewertung, S. 428; Seetzen WM 1994, 45, 48; OLG Düsseldorf WM 1992, 986, 991.

872 Vgl. Bula/Schlösser in Sagasser/Bula/Brünger, J, RN 51; Helbling, Unternehmensbewertung, S. 429; Seetzen WM 1994, 45, 48; OLG Düsseldorf WM 1992, 986, 991.

873 Vgl.: OLG Düsseldorf WM 1992, 986, 991 sowie Bula/Schlösser in Sagasser/Bula/Brünger, J, RN 51, die von einem Wert zwischen 0,5 % und 2,5 % ausgehen.

874 Seetzen, WM 1994, 45, 48.

Schließlich wird der geldentwertungsbereinigte Basiszins um einen Zuschlag für das Unternehmerrisiko erhöht, da die Kapitalanlage in ein Unternehmen ein höheres Risiko in sich birgt, als die Kapitalanlage in öffentliche Anleihen (nach denen sich der Basiszins bemisst)[875]. Bei der Berechnung des Unternehmerrisikozuschlages sind gegebenenfalls unternehmensimmanente Risiken zu berücksichtigen, die noch nicht bei der Ermittlung des Zukunftserfolges der betroffenen Gesellschaft zu Grunde gelegt wurden[876]. Die in der Praxis üblichen Risikozuschläge bewegen sich in etwa zwischen 0,5 % und 2 %[877]. Üblicherweise belaufen sich Kapitalisierungszinssätze damit auf ca. 7,5 % bis 8,5 % p.a., häufig auch mehr[878].

ccc) Auswahl der Bewertungsmethode

Soweit die Bewertung aller an der Verschmelzung beteiligten Gesellschaften nach der gleichen Methode erfolgt, ist in der Regel unerheblich, nach welcher Bewertungsmethode der Unternehmenswert konkret ermittelt wird[879]. Die Verschmelzung führt lediglich zu einem Aktientausch, so dass bei einheitlicher Verwendung einer Bewertungsmethode sich die Unternehmenswerte zueinander in den meisten Fällen in dem Verhältnis befinden, das auch bei einheitlicher Verwendung einer anderen Methode bestünde. Entsprechend ist die Anwendung unterschiedlicher Bewertungsverfahren nur dann zulässig, wenn dies sachlich begründet ist[880].

---

875 Vgl.: Dielmann/König, AG 1984, 57, 61; Bula/Schlösser in Sagasser/Bula/Brünger, J, RN 52; Helbling, Unternehmensbewertung, S. 423; LG Dortmund, AG 1982, 257, 259.

876 Vgl. Bula/Schlösser in Sagasser/Bula/Brünger, J, RN 52.

877 Bula/Schlösser in Sagasser/Bula/Brünger, J, RN 52; vgl. auch: LG Dortmund, AG 1982, 257, 259.

878 Vgl.: Seetzen WM 1994, 45, 49; Helbling, Unternehmensbewertung, S. 429.

879 Vgl. Bula/Schlösser in Sagasser/Bula/Brünger, J, RN 29.

880 Beispielsweise können bei der Bestimmung des Wertfaktors der Kapitalisierungszinssätze unterschiedliche allgemeine Unternehmensrisiken bei

Erheblich ist die Wahl der Bewertungsmethode - auch bei einheitlicher Verwendung für alle beteiligten Gesellschaften – vor allem dann, wenn ausscheidende Anteilseigner eine Barabfindung erhalten sollen. So führt beispielsweise die Phasenmethode regelmäßig zu höheren Unternehmenswerten als die Pauschalmethode[881].

ddd) Stichtag

Das Umwandlungsgesetz enthält keine eindeutige Regelung zur Bestimmung eines Stichtages, auf den die Unternehmensbewertungen hin vorzunehmen sind.

Allgemein anerkannt ist, dass für alle an der Verschmelzung beteiligten Gesellschaften ein einheitlicher Stichtag festzusetzen ist[882]. Dieser muss jedenfalls vor dem Zeitpunkt der ersten über die Verschmelzung entscheidenden Hauptversammlung liegen, da anderenfalls keine gesicherte Basis für die Beschlussfassung gegeben wäre[883].

Teilweise wird unter Bezugnahme auf § 30 Abs. 1 S. 1 UmwG vertreten, maßgeblicher Bewertungsstichtag müsse der Tag sein, an dem die Aktionäre der übertragenden Gesellschaft dem Verschmelzungsvertrag zustimmen, da die Aktionäre in diesem Zeitpunkt eine Entscheidung zur Angemessenheit des Umtauschverhältnisses der Aktien treffen müssten[884]. Dies führt jedoch zu Schwierigkeiten bei der zeitlichen Koordination, sobald mehrere übertragende Gesellschaften an der Verschmelzung beteiligt sind. Richtigerweise ist zudem festzustellen, dass § 30 Abs. 1 S. 1 UmwG gerade keine eindeutige Regelung in dieser Hin-

---

Unternehmen, die in verschiedenen Branchen tätig sind, unterschiedliche Risikozuschläge erfordern (Bermel/Hannappel in Goutier/Knopf/Tulloch zu § 5, RN 23).

881 Bula/Schlösser in Sagasser/Bula/Brünger, J, RN 42.

882 Mayer in Widmann/Mayer zu § 5, RN 131.

883 Vgl. Lutter in Lutter zu § 5, RN 21.

884 Mayer in Widmann/Mayer zu § 5, RN 131; im Ergebnis ebenso: Hoffmann-Becking, FS Fleck 1988, 105, 116 f.

sicht trifft. Entsprechend wird überwiegend[885] davon ausgegangen, dass der Bewertungsstichtag von den an der Verschmelzung beteiligten Gesellschaften bestimmt werden kann. Allgemein wird in dieser Hinsicht empfohlen, den Verschmelzungsstichtag (§ 5 Abs. 1 Nr. 6 UmwG), der zugleich Tag der Schlussbilanzen ist (§ 17 Abs. 2 UmwG), zu wählen[886]. Um mit möglichst wenigen unterschiedlichen Stichtagen arbeiten zu müssen, werden in der Praxis, soweit möglich, in der Regel alle Stichtage auf das Ende des Geschäftsjahres der übertragenden Gesellschaften gelegt[887].

eee) Umtauschverhältnis

Die Berechnung des Umtauschverhältnisses erfolgt jeweils durch Division des bei jeder der Unternehmensbewertungen ermittelten Betrages durch den Nennbetrag des gesamten bei der betreffenden Gesellschaft gezeichneten Kapitals. Die Multiplikation des hierbei ermittelten Betrages mit dem Nennbetrag jeder an dieser Gesellschaft gehaltenen Aktie ergibt den Wert einer solchen Aktie. Aus dem Wertverhältnis der auf den gleichen Nennbetrag berechneten Aktien aller beteiligten Gesellschaften ergibt sich dann das Umtauschverhältnis[888].

Verbleibende Spitzenbeträge, also Beträge, die sich daraus ergeben, dass kein gängiges Umtauschverhältnis besteht[889], können innerhalb der 10-%-Grenze des § 68 Abs. 3 UmwG durch bare Zuzahlungen ausgeglichen werden[890]. Die Beschränkung auf 10 % des Nennbetrags der

---

885 Lutter in Lutter zu § 5, RN 21; Bula/Schlösser in Sagasser/Bula/Brünger, J, RN 30; Marsch-Barner in Kallmeyer zu § 8, RN 21; Schiedsurteil vom 29.02.1992, DB 1992, 671.

886 Lutter in Lutter zu § 5, RN 21; Bermel/Hannappel in Goutier/Knopf/Tulloch zu § 5, RN 25.

887 Vgl. Lutter in Lutter zu § 5, RN 21.

888 Lutter in Lutter zu § 5, RN 25.

889 Beispielsweise ein Umtauschverhältnis von 1,9 anstelle von 2 (vgl. Bermel/Hannappel in Goutier/Knopf/Tulloch zu § 5, RN 39).

890 Bermel/Hannappel in Goutier/Knopf/Tulloch zu § 5, RN 42.

den Aktionären aller übertragenden Gesellschaften[891] gewährten Aktien verhindert, dass die Aktionäre einer übertragenden Gesellschaft überwiegend in bar abgefunden werden[892]. Wegen § 9 Abs. 1 AktG dürfen Zuzahlungen außerdem nicht dazu führen, dass der Nennbetrag der auszugebenden Aktien insgesamt[893] nicht mehr durch den Wert des eingebrachten Vermögens gedeckt ist[894]. Die Beschränkungen bei der Zulässigkeit von baren Zuzahlungen sollen zum einen sicherstellen, dass die Verschmelzung nicht zu einem „Auskauf" der Aktionäre der übertragenden Gesellschaft führt sowie gleichrangig zum anderen die Kapitalgrundlagen und die Liquidität der übernehmenden Gesellschaft schützen[895].

Sind Aktionäre der übertragenden Gesellschaft nur geringfügig beteiligt, muss der Nennbetrag der von der übernehmenden Gesellschaft auszugebenden Aktien - soweit zumutbar - so niedrig angesetzt werden, dass auch die geringfügig Beteiligten jeweils eine Aktie erhalten[896]. Entfällt auf einen Aktionär auch bei kleinster Stückelung[897] keine volle neue Aktie, so steht ihm dennoch kein Vetorecht zu, da dies gegen die gesetzgeberische Wertung verstoßen würde, wonach gegebenenfalls selbst ein mit 24,9 % an einer sich verschmelzenden Gesellschaft beteiligter Aktionär eine Verschmelzung gegen seinen Willen hinnehmen muss[898].

---

891 M. Winter in Lutter zu § 54, RN 31 sowie Grunewald in Lutter zu § 68, RN 2.

892 Marsch-Barner in Kallmeyer zu § 36, RN 5; Grunewald in G/H/E/K zu § 353, RN 11.

893 Die Wertdeckung braucht nicht jeweils für die Aktien zu bestehen, die für das Vermögen einer übertragenden Gesellschaft ausgegeben werden. Vielmehr genügt es, wenn das Vermögen als Ganzes ausreicht (Grunewald in Lutter zu § 37, RN 3).

894 Vgl. Marsch-Barner in Kallmeyer zu § 36, RN 5.

895 Vgl. M. Winter in Lutter zu § 54, RN 31, 34 sowie Grunewald in Lutter zu § 68, RN 2.

896 Marsch-Barner in Kallmeyer zu § 5, RN 8.

897 Dies ist für den Fall, dass zur Durchführung der Verschmelzung neue Aktien ausgegeben werden, der gesetzliche Mindestbetrag von EUR 1,- nach § 8 Abs. 2 S. 1 AktG (vgl. Marsch-Barner in Kallmeyer zu § 5, RN 8).

898 Dies darf dann erst recht nicht für den mit nur EUR 1,- beteiligten Aktionär gelten (vgl. M. Winter in Kölner Umwandlungsrechtstage, S. 49). Vgl. auch Marsch-Barner in Kallmeyer zu § 5, RN 9.

Eine Ausnahme muss nur dann gelten, wenn das Umtauschverhältnis bewusst darauf angelegt sein sollte, bestimmte Kleinstaktionäre hinauszudrängen[899]. In diesem Fall ist die Klage wegen Rechtsmissbrauchs nach § 14 Abs. 1 UmwG möglich[900].

Soweit auch bei kleinster Stückelung der neu auszugebenden Aktien keine vollen Aktien entstehen können, sind zur Schaffung solcher voller Aktien mehrere Alt-Aktien zusammenzulegen[901]. An den hierdurch neu entstehenden vollen Aktien erwächst den betroffenen Aktionären ein Anteilsrecht im Sinne des § 69 AktG[902]. Die neu entstandenen vollen Aktien sind nach § 72 Abs. 2 UmwG i.V.m. §§ 73 Abs. 4, 226 Abs. 3 AktG für Rechnung der beteiligten Aktionäre zu verwerten[903] oder – sofern die entsprechenden Alt-Aktien der Gesellschaft freiwillig zur Verwertung überlassen wurden – freihändig zu veräußern[904].

Die Gegenauffassung sieht ein Ausscheiden des Kleinstaktionärs aus der Gesellschaft verbunden mit einem Anspruch auf Barzahlung vor[905]. Dies verstößt allerdings gegen die Regelung des § 68 Abs. 3 UmwG, wonach nur bare „Zuzahlungen" zulässig sind[906].

Bei der Festsetzung des Umtauschverhältnisses ist der Gleichbehandlungsgrundsatz des § 53 a AktG zu beachten. Daraus folgt zum einen, dass der Nennwert der zu gewährenden Aktien für alle Berechtigten der

---

899 Vgl. Marsch-Barner in Kallmeyer zu § 5, RN 10; M. Winter in Kölner Umwandlungsrechtstage, S. 49.

900 Marsch-Barner in Kallmeyer zu § 5, RN 10; i.Erg. ebenso: Grunewald in G/H/E/K zu § 344, RN 16; M. Winter in Kölner Umwandlungsrechtstage, S. 49.

901 Vgl. Grunewald in Lutter zu § 72, RN 3.

902 So offenbar auch Lutter in Lutter zu § 5, RN 25.

903 Marsch-Barner in Kallmeyer zu § 72, RN 4. Das Verfahren nach § 226 Abs. 3 AktG kann auch dann angewandt werden, wenn Aktien der Gesellschaft freiwillig zur Verwertung überlassen wurden (Hüffer zu § 226, RN 14; a.A. Rieger in Widmann/Mayer zu § 72, RN 33, wonach in einem solchen Fall nur die freihändige Veräußerung zulässig sein soll).

904 Vgl. Rieger in Widmann/Mayer zu § 72, RN 33.

905 M. Winter in Kölner Umwandlungsrechtstage, S. 49 f.

906 Sagasser/Ködderitzsch in Sagasser/Bula/Brünger, J, RN 55; Lutter in Lutter zu § 5, RN 25.

übertragenden Gesellschaften nach gleichen Regeln zu bestimmen ist[907]. Zum anderen muss das Verhältnis der Aktien der übertragenden und der übernehmenden Gesellschaft dem Verhältnis der jeweiligen Unternehmenswerte entsprechen[908]. Soweit der Gleichbehandlungsgrundsatz beachtet wird, können den Aktionären der übertragenden Gesellschaften Aktien jeder denkbaren Gattung gewährt werden[909]. Dabei ist nicht erforderlich, dass es sich um Aktien derselben Gattung handelt, wie sie die Aktionäre der übertragenden Gesellschaft besaßen[910]. Jedoch sind im Rahmen der Verschmelzung – wie bei jeder anderen Änderung der Anteilsrechte – die allgemeinen Grundsätze zu beachten[911]. Daher sind neben den Verschmelzungsbeschlüssen gegebenenfalls nach §§ 179 Abs. 3, 182 Abs. 2 AktG individuelle Zustimmungen von nachteilig betroffenen Aktionären einzuholen[912].

Unbedenklich ist die Ausgabe von Inhaber- statt Namensaktien oder umgekehrt, da es sich insoweit nicht um verschiedene Aktiengattungen handelt[913]. Auch vinkulierte Namensaktien können ohne Zustimmung der Aktionäre der übertragenden Gesellschaft gewährt werden, selbst wenn bei der übertragenden Gesellschaft eine vergleichbare Vinkulierungsbestimmung nicht bestand[914]. Dies folgt aus § 29 Abs. 1 S. 2 UmwG, der für diesen Fall allerdings ein Recht auf Barabfindung für die betroffenen Aktionäre vorsieht[915]. Weitere Rechte als das auf Ausscheiden aus der Gesellschaft verbunden mit dem Anspruch auf Barabfindung sollen nach der Begründung des Regierungsentwurfs nicht bestehen[916].

---

907 Marsch-Barner in Kallmeyer zu § 5, RN 7.
908 Marsch-Barner in Kallmeyer zu § 5, RN 7.
909 Mayer in Widmann/Mayer zu § 5, RN 72.
910 Vgl. Mayer in Widmann/Mayer zu § 5, RN 71.
911 Mayer in Widmann/Mayer zu § 5, RN 72.
912 Vgl. Marsch-Barner in Kallmeyer zu § 5, RN 7.
913 Mayer in Widmann/Mayer zu § 5, RN 73; Sagasser/Ködderitzsch in Sagasser/Bula/Brünger, J, RN 27; Lutter in Lutter zu § 5, RN 11.
914 Vgl. Mayer in Widmann/Mayer zu § 5, RN 73; Lutter in Lutter zu § 5 RN 10; a. A. Sagasser/Ködderitzsch in Sagasser/Bula/Brünger, J, RN 27.
915 Mayer in Widmann/Mayer zu § 5, RN 73.
916 Vgl. RegEBegr. zu § 29 UmwG, bei Ganske, S. 83.

Im Gegensatz dazu bedarf die Gewährung stimmrechtsloser Vorzugsaktien an der übernehmenden Gesellschaft grundsätzlich der Zustimmung aller betroffenen Aktionäre[917], soweit nicht den Aktionären weitestgehend die vermögens- und herrschaftsmäßige Stellung erhalten bleibt, die sie vorher innehatten[918]. § 29 Abs. 1 S. 2 UmwG kann - anders als bei den vinkulierten Namensaktien - nicht als Beleg für das Fehlen eines Zustimmungserfordernisses herangezogen werden, denn auf stimmrechtslose Vorzugsaktien wird in § 29 Abs. 1 S. 2 UmwG nicht Bezug genommen[919].

bb) Abwicklung des Aktienumtauschs

Der Aktienumtausch sowie gegebenenfalls die Ausgabe barer Zuzahlungen wird über einen Treuhänder abgewickelt. Nur wenn durch die übernehmende Gesellschaft keine Aktienurkunden ausgegeben werden und im Verschmelzungsvertrag auch keine baren Zuzahlungen vorgesehen sind, darf die Treuhänderbestellung unterbleiben[920].

aaa) Stellung des Treuhänders

Der Treuhänder ist gemäß § 71 Abs. 1 S. 1 UmwG durch jede übertragende Gesellschaft (also durch den Vorstand als ihr Vertretungsorgan) zu bestellen. Treuhänder kann jede natürliche oder juristische Per-

917 Grunewald in G/H/E/K zu § 340, RN 9; vgl. Sagasser/Ködderitzsch in Sagasser/Bula/Brünger, J, RN 27; a.A.: Kraft in Kölner Kommentar zu § 339, RN 41 f.; Mayer in Widmann/Mayer zu § 5, RN 74, wonach ein Zustimmungserfordernis lediglich dann bestehen soll, wenn gleichheitswidrig nur ein Teil der Aktionäre der übertragenden Gesellschaften stimmrechtslose Vorzugsaktien erhalten soll.

918 Lutter in Lutter zu § 5, RN 12.

919 Soweit das Zustimmungserfordernis für entbehrlich gehalten wird, wird aber dennoch § 29 Abs. 1 S. 2 UmwG entsprechend angewandt (so Mayer in Widmann/Mayer zu § 5, RN 75.1).

920 Marsch-Barner in Kallmeyer zu § 71, RN 3.

son sein. Soweit mehrere übertragende Gesellschaften vorhanden sind, kann auch jeweils dieselbe Person bestellt werden[921].

Von der Bestellung des Treuhänders ist der seine Aufgaben regelnde Geschäftsbesorgungsvertrag zu unterscheiden, der auch als echter Vertrag zugunsten Dritter ausgestaltet sein kann, indem er den Aktionären der übertragenden Gesellschaften einen direkten Anspruch auf Aushändigung der Aktien gewährt[922]. Der Geschäftsbesorgungsvertrag kann sowohl mit der übertragenden als auch mit der übernehmenden Gesellschaft geschlossen werden[923]. Die Vergütung des Treuhänders bestimmt sich nach § 71 Abs. 2 i.V.m. § 26 Abs. 4 UmwG[924].

Der Sinn und Zweck der Einschaltung eines Treuhänders besteht darin, zugunsten der Aktionäre der übertragenden Gesellschaften die Erlangung der Aktien sowie gegebenenfalls der baren Zuzahlungen von der übernehmenden Gesellschaft sicherzustellen und zu erleichtern[925]. Zudem stellt der Treuhänder im Interesse der übernehmenden Gesellschaft sicher, dass die neuen Aktien erst nach Wirksamkeit der Verschmelzung ausgehändigt werden[926].

bbb) Vornahme des Aktienumtauschs

Die übernehmende Gesellschaft hat dem Treuhänder alle Aktienurkunden sowie gegebenenfalls alle baren Zuzahlungen zu übergeben, die für die Aktionäre der übertragenden Gesellschaft bestimmt sind. Hierdurch

---

921 Grunewald in Lutter zu § 71, RN 3.

922 Vgl. Grunewald in Lutter zu § 71, RN 5.

923 Marsch-Barner in Kallmeyer zu § 71, RN 6; a.A. offenbar Kraft in Kölner Kommentar zu § 346, RN 14, wonach der Geschäftsbesorgungsvertrag mit der übertragenden Gesellschaft abzuschließen sei.

924 A.A. Marsch-Barner in Kallmeyer zu § 71, RN 14, wonach sich die Vergütung in erster Linie aus der mit dem Treuhänder getroffenen Vereinbarung ergibt und § 71 Abs. 2 i.V.m. § 26 Abs. 4 UmwG nur hilfsweise gilt.

925 Marsch-Barner in Kallmeyer zu § 71, RN 1; vgl. Bote, ZHR 118 (1955), 196, 200.

926 Stratz in Schmitt/Hörtnagl/Stratz zu § 71, RN 2.

wird der Treuhänder nicht selbst zum Aktionär[927]. Vielmehr hat der Treuhänder die Aktienurkunden und baren Zuzahlungen zu verwahren[928]. Zudem hat er ihren Erhalt unverzüglich dem Handelsregister des Sitzes der übernehmenden Gesellschaft anzuzeigen[929], da die Verschmelzung gemäß § 71 Abs. 1 S. 2 UmwG erst dann eingetragen werden darf.

Nach Eintragung[930] der Verschmelzung in das Handelsregister am Sitz der übernehmenden Gesellschaft fordert die übernehmende Gesellschaft die Aktionäre der übertragenden Gesellschaften (entsprechend § 64 Abs. 2 S. 1 i.V.m. § 73 Abs. 2 S. 2 AktG, § 72 Abs. 1 S. 1 UmwG bzw. entsprechend § 64 Abs. 2 S. 1 i.V.m. § 226 Abs. 2 S. 2 AktG, § 72 Abs. 1 S. 1 UmwG) durch Bekanntmachung in deren Gesellschaftsblättern auf, ihre Aktien innerhalb einer bestimmten Frist einzureichen. Die Aufforderung kann eine Einreichung sowohl bei der übernehmenden Gesellschaft selbst als auch bei anderen Stellen, wie etwa dem Treuhänder, vorsehen und mit der (in § 73 Abs. 2 S. 1 AktG bzw. § 226 Abs. 2 S. 1 AktG vorgeschriebenen) Androhung einer Kraftloserklärung gekoppelt werden.

Um die Sicherheit des Rechtsverkehrs zu gewährleisten, müssen nicht eingereichte Aktien (unter Beachtung des in § 73 Abs. 1 und Abs. 2 AktG bzw. des in § 226 Abs. 1 und Abs. 2 AktG geregelten Verfahrens) für kraftlos erklärt werden[931]. Nach § 72 Abs. 1 S. 2 UmwG ist hierfür entgegen § 73 Abs. 1 S. 1 AktG keine gerichtliche Genehmigung erforderlich.

Schließlich hat der Treuhänder den Aktionären der übertragenden Gesellschaft die ihm überlassenen Aktien an der übernehmenden Gesellschaft sowie die baren Zuzahlungen auszuhändigen. Scheitert die

---

927 Stratz in Schmitt/Hörtnagl/Stratz zu § 71, RN 2.
928 Bermel in Goutier/Knopf/Tulloch zu § 71, RN 5.
929 Vgl. Marsch-Barner in Kallmeyer zu § 71, RN 11.
930 Und damit gemäß § 20 Abs. 1 Nr. 3 S. 1 UmwG nach Wirksamwerden der Verschmelzung.
931 Stratz in Schmitt/Hörtnagl/Stratz zu § 72, RN 3.

Verschmelzung, so hat der Treuhänder die Aktien und baren Zuzahlungen an die übernehmende Gesellschaft zurückzugeben[932].

[932] Marsch-Barner in Kallmeyer zu § 71, RN 13.

3. Schutz der Gesellschafter durch Regelungen des englischen Rechts zu Form und Verfahren sowie zum Aktienumtausch

a) Gerichtliche Kontrolle der Verschmelzung

Kernstück des Gesellschafterschutzes nach englischem Recht ist die präventive Kontrolle der Verschmelzung durch das zuständige Gericht[933], also durch die *Chancery Division* des *High Court* oder den *County Court* des Bezirks, in dem sich die eingetragene Niederlassung der betreffenden Gesellschaft befindet[934].

Das Gericht nimmt eine umfassende Prüfung des beabsichtigten *scheme*, einschließlich des durchgeführten Verschmelzungsverfahrens[935], vor. Dabei werden zum einen die dem Gericht vorgelegten Unterlagen zu Grunde gelegt[936]. Zum anderen führt das Gericht gemäß Ziffer 7 Absatz 2 *Practice Direction 49B* zu den *Civil Procedure Rules* eine Anhörung durch, in der jeder Gesellschafter, der durch den *scheme* betroffen ist, Einwände vortragen kann[937]. Zu noch unklaren Punkten kann der Richter gegebenenfalls Beweis erheben.

Das Gericht ordnet den *scheme* auf Grundlage der ihm zugänglichen Informationen und nach eigenem Ermessen regelmäßig dann in der ihm vorgeschlagenen Fassung an, wenn die folgenden drei Voraussetzungen erfüllt sind[938]:

---

933 Dabei berücksichtigt das Gericht nicht nur die Interessen von Gesellschaftern und Gläubigern, sondern gegebenenfalls auch solche dritter Parteien (Palmer's Company Law, Band II, RN 12.031).

934 Vgl. oben C.III.1.l)bb).

935 Insbesondere betrifft dies die korrekte Einteilung der Gesellschafter in verschiedene *classes* (vgl. oben D.II.3.c)aa)).

936 Vgl. oben C.III.1.l)dd) sowie C.III.1.m).

937 Werden solche Einwände nicht erhoben, ist der betreffende Gesellschafter grundsätzlich nicht mehr berechtigt, nach einer gerichtlichen Genehmigung des *scheme* Berufung gegen eine solche Genehmigung einzulegen. Nur ausnahmsweise lässt das Gericht auch in einem solchen Fall die Berufung zu (vgl. *Re Securities Insurance Company [1894] 2 Ch 419*).

938 Vgl. Arden/Prentice: Buckley on the Companies Act, Band II, RN 425.53.

aa) Erfüllung der gesetzlichen Bestimmungen

Die gesetzlichen Bestimmungen müssen erfüllt sein.

Dies beinhaltet insbesondere, dass den Gesellschaftern alle erforderlichen Informationen in Übereinstimmung mit den gesetzlichen Regelungen zugänglich gemacht wurden[939] und dass die verschiedenen Gesellschafterbeschlüsse ordnungsgemäß zustande gekommen sind. Wenn also beispielsweise die Zustimmung einer *class* der Gesellschafter nicht in der erforderlichen Mehrheit vorliegt, darf das Gericht den *scheme* nicht genehmigen, selbst wenn das Gericht der Überzeugung sein sollte, dass sich für die betreffende *class* keine Nachteile aus dem *scheme* ergeben[940].

Soweit jedoch nur kleinere und unbedeutende Verstöße gegen die gesetzlichen Bestimmungen vorliegen, wird das Gericht den *scheme* hieran regelmäßig nicht scheitern lassen[941]. Dies gilt etwa für Fälle, in denen der erforderliche Zustimmungsbeschluss einer *class* von Gesellschaftern erst verspätet gefasst wird[942].

bb) Hinreichende Vertretung der Gesellschafter in den Gesellschafterversammlungen

Zur Überzeugung des Gerichts muss feststehen, dass die Gesellschafter, die bei der Abstimmung über den *scheme* in den verschiedenen *classes* jeweils anwesend oder vertreten waren, einen hinreichend repräsentativen Querschnitt der Gesellschafter ihrer jeweiligen *class* bil-

939 Jedoch kann das Gericht, selbst wenn den Gesellschaftern oder Gläubigern relevante Informationen vorenthalten wurden, den *scheme* genehmigen, wenn ihm die Anforderungen im Übrigen erfüllt scheinen (Boyle/Marshall, S. 65).

940 Vgl. *Re Neath and Brecon Railway Company [1892] 1 Ch 349* sowie Templeman J in *Re Hellenic & General Trust Ltd [1976] 1 WLR 123, 130.*

941 Palmer's Company Law, Band II, RN 12.027.

942 So etwa in *Re Dynevor, Duffryn and Neath Abbey Collieries Co. [1879] 11 Ch 605.*

den[943]. Dies erfordert insbesondere, dass eine hinreichende Anzahl der Gesellschafter bei den verschiedenen Gesellschafterversammlungen erschienen ist bzw. vertreten war[944].

Zudem darf nach Überzeugung des Gerichts innerhalb der verschiedenen *classes* kein Druck durch eine Mehrheit von Gesellschaftern zulasten einer Minderheit ausgeübt worden sein, um so Ziele durchzusetzen, die den Interessen der betreffenden *class* zuwiderlaufen[945]. Soweit einzelne Gesellschafter eigene Ziele haben, die den Interessen ihrer *class* widersprechen, kann das Gericht entscheiden, die Stimmen solcher Gesellschafter bei der Bewertung des betreffenden Gesellschafterbeschlusses nicht zu berücksichtigen[946].

cc) Angemessenheit des *scheme*

Schließlich wird das Gericht den *scheme* nur dann genehmigen, wenn es überzeugt ist, dass die vorgesehenen Regelungen insgesamt angemessen sind[947]. Das Gericht muss hinsichtlich des *scheme* zu dem Ergebnis gelangen, dass ein „intelligenter und ehrlicher Gesellschafter der betreffenden *class*, der auf seine Interessen bedacht ist, ihm vernünftigerweise zustimmen könnte“[948]. Hierbei handelt es sich zwar um eine Ermessensentscheidung des Gerichts[949]. Das Gericht ist jedoch gehalten, die von den Gesellschaftern bzw. Gesellschaftsgläubigern getroffenen wirtschaftlichen Entscheidungen grundsätzlich zu akzeptieren, soweit sie nicht unvernünftig sind[950]. So greifen die Gerichte – vorausgesetzt alle

---

943 Palmer's Company Law, Band II, RN 12.028.

944 Palmer's Company Law, Band II, RN 12.028.

945 Palmer's Company Law, Band II, RN 12.028.

946 *Re Wedgwood Coal and Iron Co [1877] 6 Ch 627.*

947 Dabei wird das Gericht nicht nur die Interessen von Gesellschaftern und von Gläubigern, sondern auch solche Dritter berücksichtigen (Palmer's Company Law, Band II, RN 12.031).

948 Plowman J in *Re National Bank Ltd [1966] 1 WLR 819, 829.*

949 Barc in Tolley's Company Law, R 2013.

950 Vgl. *Re Heron International NV [1994] 1 BCLC 667.*

gesetzlichen Erfordernisse wurden beachtet – generell nur sehr zurückhaltend in *schemes* ein, denen die jeweils erforderliche Mehrheit der Gesellschafter in den verschiedenen Gesellschafterversammlungen zugestimmt hat[951].

Zum Schutz der betroffenen Gesellschafter kann das Gericht dem *scheme* aber auch unter Erlass von Auflagen zustimmen[952]. So kann das Gericht etwa Vorkehrungen für dem *scheme* nicht zustimmende Gesellschafter treffen[953], indem bestimmte Auflagen – etwa die Einräumung von Sicherheiten – angeordnet werden[954]. Faktisch kann das Gericht somit den ihm vorgeschlagenen *scheme* abändern[955]. Darüber hinaus ist das Gericht aber auch befugt, beispielsweise die Wiederholung von Gesellschafterversammlungen anzuordnen, nachdem es die betreffenden Gesellschafter über die für sie möglicherweise negativen Folgen eines *scheme* belehrt hat[956].

b) Wirksamwerden der Verschmelzung

Die Genehmigung der Verschmelzung durch das zuständige Gericht wird nach Section 425 Sub-Section 3, 1. HS CA 1985 mit Einreichung einer Ausfertigung der gerichtlichen Anordnung beim *registrar of companies*

---

951 Farrar's Company Law, S. 604 f.

952 Davis-White/Butcher: Atkin's Court Forms, Band 9 (1), S. 118; Millett, The Encyclopaedia of Forms and Precedents, Band 10, RN 874. Nicht zulässig ist hingegen eine direkte Abänderung des *scheme*, da dies zur Folge hätte, dass den Gesellschaftern Regelungen aufgezwungen werden, denen sie nicht per Gesellschafterbeschluss zugestimmt haben (vgl. *Kempe v Ambassador Insurance Co [1998] 1 WLR 271, 276*).

953 Vgl. etwa *Re Canning Jarrah Timber Company (Western Australia) Limited [1900] 1 Ch 708.*

954 Vgl. Barc in Tolley's Company Law, R 2015 sowie R 2010.

955 Häufig sieht der *scheme* zudem vor, dass die betreffende Gesellschaft den vom Gericht vorgeschlagenen Änderungen des *scheme* zustimmen darf. Auf diese Weise kann eine nur unter Auflagen erfolgende Genehmigung des *scheme* vermieden werden (vgl. Barc in Tolley's Company Law, R 2013).

956 Palmer's Company Law, Band II, RN 12.030.

wirksam[957]. Erst danach treten die Verschmelzungsfolgen kraft richterlicher Anordnung zu dem vom Gericht festgesetzten Stichtag in Kraft[958]. Dies betrifft nach Ziffer 9 Absatz 2 Schedule 15B den Übergang des Aktiv- und Passivvermögens der übertragenden Gesellschaften auf die übernehmende Gesellschaft sowie das Erlöschen der übertragenden Gesellschaften.

Soweit die im Rahmen der Verschmelzung zu bewerkstelligenden Rechtsübergänge neben der richterlichen Anordnung weitere Schritte erfordern, sind solche Schritte bis spätestens zu dem weiteren vom Gericht bestimmten Stichtag abzuschließen (Ziffer 9 Absatz 3, Absatz 4 Schedule 15B)[959].

c) Offenlegung der Verschmelzung

Die Genehmigung der Verschmelzung durch das zuständige Gericht ist zur Registrierung beim *registrar of companies* einzureichen. Erst mit dieser Einreichung wird die gerichtliche Genehmigung wirksam (Section 425 Sub-Section 3, 1. HS CA 1985)[960]. Der *registrar of companies* veranlasst gemäß Section 711 Sub-Section 1 lit. (t) CA 1985 die Veröffentlichung einer Mitteilung über die Genehmigung der Verschmelzung in der *Gazette*[961].

Nach Einreichung der gerichtlichen Anordnung beim *registrar of companies* ist gemäß Section 425 Sub-Section 3, 2. HS CA 1985 jeder daraufhin ausgegebenen Abschrift der Gründungsurkunde der betreffenden Gesellschaft auch eine Ausfertigung dieser gerichtlichen Anordnung beizufügen.

---

957 S.o. C.III.2.f).
958 S.o. C.III.3.a), vgl. auch C.III.2.k).
959 Vgl. oben C.III.2.k).
960 S.o. C.III.2.f).
961 Dies ist das amtliche Veröffentlichungsorgan der englischen Regierung.

Schließlich ist auch gegebenenfalls eine Ausfertigung der Anordnung besonderer Verschmelzungsfolgen nach Section 427 CA 1985 beim *registrar of companies* einzureichen[962]. Eine Mitteilung über die Anordnung der Verschmelzungsfolgen wird gemäß Section 711 Sub-Section 1 lit. (t) CA 1985 auf Veranlassung des *registrar of companies* in der *Gazette*[963] veröffentlicht.

d) Umtausch der *shares*

Die Einzelheiten zum Umtausch der *shares* sind im Verschmelzungsplan fest zu legen[964]. Die Beurteilung des Umtauschverhältnisses steht allein im Ermessen des Gerichts, das in einer Gesamtschau über die Angemessenheit der Verschmelzung entscheidet. Weitere Regelungen sieht das englische Recht hierzu nicht vor.

962 S.o. C.III.2.I).
963 Dies ist das amtliche Veröffentlichungsorgan der englischen Regierung.
964 S.o. D.I.3.a)aa)bbb).

4. Rechtsvergleich

a) Kontrolle der Verschmelzung

Das deutsche Recht sieht zugunsten der betroffenen Aktionäre eine Kumulation von notarieller und gerichtlicher Kontrolle der Verschmelzung vor. So sind in Deutschland zum einen der Verschmelzungsvertrag und der Verschmelzungsbeschluss notariell zu beurkunden; dies soll die materielle Richtigkeit des Umwandlungsvorgangs gewährleisten. Zum anderen wird die Verschmelzung erst nach formeller und materieller Prüfung durch das Registergericht in das deutsche Handelsregister eingetragen. Darüber hinaus können die Aktionäre in Deutschland innerhalb eines Monats nach der Beschlussfassung eine gerichtliche Kontrolle des Verschmelzungsbeschlusses herbeiführen[965].

Das englische Recht setzt dagegen ausschließlich auf die gerichtliche Überwachung der Verschmelzung. Zu diesem Zweck ist das englische Gericht mit erheblich weiteren Kontroll- und Gestaltungsbefugnissen als das deutsche Registergericht ausgestattet: So nimmt das Gericht in England nicht nur eine Prüfung aller formellen und materiellen Voraussetzungen der Verschmelzung vor, sondern kann auch selbst in das Verschmelzungsverfahren eingreifen, indem es etwa die Wiederholung von Gesellschafterversammlungen oder Auflagen für den Vollzug der Verschmelzung anordnet. Schließlich entscheidet das englische Gericht nach eigenem Ermessen über die Angemessenheit der Verschmelzung[966]. Dabei legt es einen erheblich strengeren Maßstab als in der Dritten Richtlinie vorgesehen an. So hat das Gericht beispielsweise die zahlenmäßige Vertretung der Gesellschafter in den Gesellschafterversammlungen zu berücksichtigen. Verstöße gegen gesetzliche Bestimmungen darf das Gericht im Rahmen seiner Ermessensentscheidung

[965] Dies ist in Form der Nichtigkeits- oder der Anfechtungsklage möglich. Die im Hinblick auf den Verschmelzungsbeschluss erhebbare Nichtigkeitsklage ist nicht zu verwechseln mit der in Art. 22 Abs. 1 der Dritten Richtlinie vorgesehenen Möglichkeit, die gesamte Verschmelzung für nichtig erklären zu lassen.

[966] Nach der hier vertretenen Auffassung sind die deutschen Gerichte hingegen grundsätzlich nicht zu einer materiellen Überprüfung des Verschmelzungsbeschlusses befugt (vgl. oben D.II.2.c)dd)).

jedoch nur insoweit hinnehmen, als sie nicht gegen die zwingenden Vorgaben der Dritten Richtlinie verstoßen[967].

Anders als in Deutschland findet in England eine notarielle Kontrolle der Verschmelzung nicht statt. Insbesondere sieht das englische Recht keine Regelungen vor, die eine öffentliche Beurkundung des Verschmelzungsplans vorschreiben. Dies steht nicht im Widerspruch zu Art. 16 Abs. 1 S. 2 der Dritten Richtlinie, der eine öffentliche Beurkundung des Verschmelzungsplans verlangt, wenn – wie in England[968] – für den Fall des Up Stream Merger auf die Mitwirkung der Hauptversammlungen verzichtet werden darf: So greift Art. 16 Abs. 1 der Dritten Richtlinie gemäß seinem Satz 1 nur dann ein, wenn für die Verschmelzung keine vorbeugende gerichtliche Kontrolle vorgesehen ist. Eine solche gerichtliche Kontrolle ist aber in England gerade gegeben, so dass die notarielle Überprüfung nach Art. 16 Abs. 1 S. 2 der Dritten Richtlinie entbehrlich ist.

b) Wirksamwerden der Verschmelzung

Während in Deutschland die Verschmelzung und damit grundsätzlich auch die Verschmelzungsfolgen mit Eintragung in das Handelsregister am Sitz der übernehmenden Gesellschaft wirksam werden, wird der Wirksamkeitszeitpunkt in England durch das Gericht bestimmt. Dabei hat das englische Gericht die verschiedenen Rechtsfolgen der Verschmelzung zu identifizieren und einzeln zu benennen. Die in England zur Identifizierung der Verschmelzungsfolgen dienenden Regelungen der Ziffer 9 Absatz 2 Schedule 15B lassen die Gesellschafter der übertragenden Gesellschaften unerwähnt[969]. Wegen Art. 19 Abs. 1 der Dritten

[967] Anhaltspunkte dafür, dass der englische Gesetzgeber den Gerichten ein Abweichen von zwingenden Bestimmungen der Dritten Richtlinie gestatten wollte, sind nicht ersichtlich.

[968] S.o. D.II.3.c)dd).

[969] Lediglich Section 427 Abs. 3 lit. (b) CA 1985 sieht vor, dass das Gericht Anordnungen zur Ausgabe von *shares* treffen kann.

Richtlinie ist das englische Gericht allerdings gehalten, auch anzuordnen, dass die Gesellschafter der übertragenden Gesellschaften Gesellschafter der übernehmenden Gesellschaft werden[970].

c) Aktienumtausch

Anders als in England ist in Deutschland das Verfahren zur Vornahme des Aktienumtausches im Einzelnen gesetzlich festgelegt[971]. In diesem Zusammenhang schreibt das deutsche Recht ausdrücklich vor, dass das für die Aktien einer übertragenden Gesellschaft vorzusehende Umtauschverhältnis angemessen sein muss. Das englische Recht hingegen stellt die Beurteilung des Umtauschverhältnisses allein in das Ermessen des Gerichts, das in einer Gesamtschau über die Angemessenheit der Verschmelzung entscheidet.

---

970 Anhaltspunkte dafür, dass der englische Gesetzgeber die in Art. 19 Abs. 1 der Dritten Richtlinie enthaltene Regelung nicht in englisches Recht umsetzten wollte, sind nicht ersichtlich.

971 Vgl. oben D.III.2.e)bb).

IV. Nachträglicher Rechtsschutz

1. Vorgaben der Dritten Richtlinie

Die Dritte Richtlinie sieht keine nachträgliche gerichtliche Kontrolle der Verschmelzung vor, sondern stellt den a-priori-Schutz der Aktionäre in den Vordergrund. So regelt die Dritte Richtlinie lediglich eine Haftung von Organwaltern und Prüfern sowie eine Einschränkung der Möglichkeiten, die Nichtigkeit der Verschmelzung klageweise geltend zu machen:

a) Haftung der Organwalter und Berichtsprüfer

Art. 20 der Dritten Richtlinie bestimmt, dass die Rechtsvorschriften der Mitgliedstaaten zumindest die zivilrechtliche Haftung der Mitglieder des Verwaltungs- und Leitungsorgans einer übertragenden Gesellschaft gegenüber ihren Aktionären für schuldhaftes Verhalten von Mitgliedern dieses Organs bei der Vorbereitung und dem Vollzug der Verschmelzung regeln müssen. Ebenso soll die Sachverständigen, die die Verschmelzungsprüfung vornehmen, eine solche Haftung gegenüber den Aktionären einer übertragenden Gesellschaft treffen (Art. 21 der Dritten Richtlinie).

Die Einführung der Haftung von Organwaltern und Berichtsprüfern zielt vor allem auf den Fall ab, bei dem das Umtauschverhältnis zum Nachteil der Aktionäre einer übertragenden Gesellschaft berechnet worden ist[972]. Da der Gesellschaft selbst kein Schaden entstanden ist, räumt die Dritte Richtlinie den Aktionären einen Anspruch ein[973]. Dies soll zu einer Effektivierung des Schutzkonzepts der Richtlinie führen, indem Organwalter

[972] Habersack, RN 225.

[973] Vgl. hierzu auch Martens, AG 1986, 57, 63 sowie Grunewald in Lutter zu § 25, RN 14.

und Berichtsprüfer durch die ihnen drohende Haftung angehalten werden, ihre Pflichten gewissenhaft zu erfüllen[974].

Zweifelhaft ist, ob durch die Art. 20 und 21 der Dritten Richtlinie auch dann ein eigener Anspruch der Aktionäre begründet werden soll, wenn das schuldhafte Verhalten der Organwalter oder Berichtsprüfer zu einem Schaden der Gesellschaft selbst führt. Dem Wortlaut der Vorschriften könnte dies jedenfalls zu entnehmen sein. Jedoch folgt aus dem in der Zweiten Richtlinie[975] vorgesehenen Grundsatz der Kapitalerhaltung, dass eine Schädigung der Gesellschaft aus Gründen des Gläubigerschutzes nur über das Gesellschaftsvermögen abzuwickeln ist[976]. Ist also der Gesellschaft selbst ein Schaden entstanden, so scheidet ein eigener Anspruch der Aktionäre aus. Ein solcher „Reflexschaden" soll den Aktionären nicht zulasten von Gläubigern der Gesellschaft ersetzt werden.

Hinsichtlich der Ausgestaltung der Haftung sind den Mitgliedstaaten durch die Dritte Richtlinie keine Vorgaben auferlegt. Es sind lediglich die Grundsätze der Gleichwertigkeit und der Effektivität zu beachten[977]. Dies bedeutet zum einen, dass die nationale Haftungsregelung einen Kläger nicht schlechter stellen darf, als es die nationale Rechtsordnung bei ähnlichen Fällen vorsehen würde (*Grundsatz der Gleichwertigkeit*). Zum andern heißt das, dass die nationale Haftungsregelung es nicht praktisch unmöglich machen darf, eine Entschädigung zu verlangen (*Grundsatz der Effektivität*).

---

974 Habersack, RN 225.

975 Zweite Richtlinie des Rates vom 13. Dezember 1976 zur Koordinierung der Schutzbestimmungen, die in den Mitgliedstaaten den Gesellschaften im Sinne des Artikels 48 Abs. 2 des EG-Vertrages im Interesse der Gesellschafter sowie Dritter für die Gründung der Aktiengesellschaft sowie für die Erhaltung und Änderung ihres Kapitals vorgeschrieben sind, um diese Bestimmungen gleichwertig zu gestalten ((77/91/EWG), Abl. Nr. L 26/1 vom 31.01.1977).

976 So: Brandes, Fleck-FS 1988, 13 ff.; vgl. Gerd Müller, Kellermann-FS, 317, 335.

977 Vgl. Habersack, RN 37; EuGHE 1991, 1-5403, 5415 f., Tz. 41 ff. (*Francovich*).

b) Nichtigkeit der Verschmelzung

Art. 22 der Dritten Richtlinie schränkt die Möglichkeiten der nationalen Rechtsordnungen stark ein, die Nichtigkeit einer Verschmelzung anzuordnen[978]. Dies trägt dem im 9. Erwägungsgrund der Dritten Richtlinie statuierten Anliegen Rechnung, die Rechtssicherheit insbesondere in den Beziehungen unter den Aktionären zu gewährleisten.

Art. 22 der Dritten Richtlinie enthält eine Mindestregelung, so dass die Mitgliedstaaten der Verschmelzung auch in den von der Vorschrift geregelten Fällen Bestandskraft verleihen können.

---

978 S.o. C.I.3.b).

2. Nachträglicher Rechtsschutz nach deutschem Recht

In Ergänzung zum a-priori-Schutz werden den Aktionären nach deutschem Recht für den Zeitraum nach Wirksamwerden der Verschmelzung zusätzliche Rechte gewährt. So können gegebenenfalls Schadenersatzansprüche geltend gemacht werden und das Umtauschverhältnis ist im Rahmen des Spruchverfahrens überprüfbar[979].

a) Haftung der Vorstände, Aufsichtsräte und Prüfer

aa) Schadenersatzansprüche der Aktionäre gegen Vorstände und Aufsichtsräte einer übertragenden Gesellschaft

Aus den §§ 25 – 27 UmwG folgen gegebenenfalls Schadenersatzansprüche gegen die Vorstände und Aufsichtsräte der übertragenden Gesellschaften.

aaa) Ansprüche aus § 25 Abs. 1 UmwG

Vorstand und Aufsichtsrat einer übertragenden Gesellschaft sind gemäß § 25 Abs. 1 S. 1 UmwG als Gesamtschuldner zum Ersatz des Schadens verpflichtet, den ihre Aktionäre[980] durch die Verschmelzung erleiden.

Eine Haftung nach § 25 Abs. 1 UmwG tritt nur ein, wenn die Verschmelzung eingetragen und damit nach § 20 Abs. 1 UmwG wirksam ist. Unerheblich für die Haftung ist, ob die betreffenden Vorstands- und Aufsichtsratsmitglieder im Zeitpunkt des Wirksamwerdens der Verschmelzung noch im Amt oder auf sonstige Weise für die übertragende Gesellschaft

---

[979] Die Verschmelzungsbeschlüsse können nach Eintragung der Verschmelzung im Handelsregister aufgrund der einmonatigen Klagefrist des § 14 Abs. 1 UmwG nicht mehr angegriffen werden (vgl. oben D.III.2.b)cc)).

[980] Zur Haftung gegenüber den beteiligten Gesellschaften selbst s.u. D.IV.2.a)bb) und dd); zur Haftung gegenüber den Gläubigern der an der Verschmelzung beteiligten Gesellschaften s.u. E.I.2.c) und zur Haftung gegenüber den Sonderrechtsinhabern s.u. E.II.2.

tätig waren. Erforderlich und ausreichend ist insofern ihre Organstellung im Zeitpunkt des schädigenden Verhaltens[981].

Die Haftung aus § 25 Abs. 1 S. 1 UmwG ist gemäß § 25 Abs. 1 S. 2 UmwG ausgeschlossen, soweit die betreffenden Vorstands- oder Aufsichtsratsmitglieder bei der Prüfung der Vermögenslage der sich verschmelzenden Gesellschaften und beim Abschluss des Verschmelzungsvertrags ihre Sorgfaltspflicht beachtet haben. Aus dieser Entlastungsmöglichkeit folgt zugleich, dass § 25 UmwG nur dann eingreift, wenn Vorstands- oder Aufsichtsratsmitglieder Sorgfaltspflichten verletzt haben, die sich auf die Prüfung der Vermögenslage aller beteiligten Gesellschaften[982] oder auf Pflichten bei Abschluss des Verschmelzungsvertrages beziehen[983]. Hierzu gehören insbesondere die sorgfältige Auswahl der Verschmelzungsprüfer[984], eine ordnungsgemäße und wirtschaftlich vertretbare Verhandlungsführung[985] sowie eine ordnungsgemäße Unterrichtung der Aktionäre im Zusammenhang mit der Fassung des Verschmelzungsbeschlusses[986].

Die Schadenersatzverpflichtung tritt nur bei Verschulden, also Vorsatz oder Fahrlässigkeit, ein. Anders als bei § 93 Abs. 5 S. 2 AktG genügt auch leichte Fahrlässigkeit[987]. Die in § 93 Abs. 4 S. 1 AktG vorgesehene Haftungsbefreiung bei Vorliegen eines gesetzmäßigen Hauptversammlungsbeschlusses greift im Rahmen des § 25 Abs. 1 UmwG nicht ein, da die Verschmelzung einen solchen Hauptversammlungsbeschluss in Form des Verschmelzungsbeschlusses immer voraussetzt[988]. Auch befreit ein Entlastungsbeschluss der Hauptversammlung Vorstands- und

981 Vgl. Marsch-Barner in Kallmeyer zu § 25, RN 5.
982 Vgl. Grunewald in Lutter zu § 25, RN 10.
983 Grunewald in Lutter zu § 25, RN 9; Marsch-Barner in Kallmeyer zu § 25, RN 6.
984 Marsch-Barner in Kallmeyer zu § 25, RN 6.
985 Grunewald in Lutter zu § 25, RN 11.
986 Vgl. Vossius in Widmann/Mayer zu § 25, RN 21.
987 Vgl. Marsch-Barner in Kallmeyer zu § 25, RN 7.
988 Stratz in Schmitt/Hörtnagl/Stratz zu § 25, RN 23. Nach a.A. sollen aber Aktionäre, die selbst eine Maßnahme gebilligt haben, auf der ihre Ansprüche beruhen, nicht berechtigt sein, solche Ansprüche geltend zu machen (Grunewald in Lutter zu § 25, RN 21).

Aufsichtsratsmitglieder nicht von der Haftung gegenüber den Aktionären, sondern wirkt nur zulasten der Gesellschaft[989].

bbb) Geltendmachung durch besonderen Vertreter

Die Ansprüche nach § 25 Abs. 1 und Abs. 2 UmwG können gemäß § 26 Abs. 1 S. 1 UmwG nur durch einen besonderen Vertreter, dessen Bestellung nach § 26 Abs. 1 S. 2 UmwG auf Antrag eines Aktionärs durch das Amtsgericht (§ 145 Abs. 1 FGG) des Sitzes der übertragenden Gesellschaft erfolgt, geltend gemacht werden. Den Bestellungsantrag können nach § 70 UmwG nur solche Aktionäre stellen, die ihre Aktien an der übertragenden Gesellschaft bereits gegen Aktien an der übernehmenden Gesellschaft umgetauscht haben. Hierdurch sollen die Aktionäre zum Umtausch ihrer Aktien angehalten und zudem Schwierigkeiten, die sich bei noch laufendem Umtausch ergeben könnten, vermieden werden[990]. Die Antragstellung setzt die Glaubhaftmachung des Anspruchs voraus[991].

Der besondere Vertreter hat die Aufgabe, zugunsten der Aktionäre eine einheitliche Anspruchsdurchsetzung zu erreichen[992]. Er macht die Ansprüche der Aktionäre nicht in deren, sondern in eigenem Namen als Partei kraft Amtes geltend[993]. An Weisungen der Aktionäre ist der besondere Vertreter nicht gebunden[994]. Er ist jedoch gegebenenfalls analog der Haftung sonstiger gerichtlich bestellter Vermögensverwalter

---

989 Marsch-Barner in Kallmeyer zu § 25, RN 7; a.A. Grunewald in Lutter zu § 25, RN 21.

990 Marsch-Barner in Kallmeyer zu § 70, RN 1.

991 OLG Hamm, DB 1991, 2535, 2536.

992 Vgl. Stratz in Schmitt/Hörtnagl/Stratz zu § 26, RN 2.

993 Bermel in Goutier/Knopf/Tulloch zu § 26, RN 13; a.A. Vossius in Widmann/Mayer zu § 26, RN 41 f.

994 Stratz in Schmitt/Hörtnagl/Stratz zu § 26, RN 16; Vossius in Widmann/Mayer zu § 26, RN 46.

schadenersatzpflichtig, soweit er bei der Anspruchsverfolgung nicht pflichtgemäß vorgeht[995].

Gemäß § 26 Abs. 2 S. 1 UmwG hat der Vertreter unter Hinweis auf den Zweck seiner Bestellung die Aktionäre und Gläubiger der betroffenen übertragenden Gesellschaft aufzufordern, die Ansprüche nach § 25 Abs. 1 und Abs. 2 UmwG binnen einer angemessenen Frist, die mindestens einen Monat betragen soll, anzumelden. Eine unangemessen kurze Anmeldefrist macht die Aufforderung unwirksam, so dass sich die betroffenen Aktionäre und Gläubiger dann auch noch später melden können[996]. Die Aufforderung ist nach § 26 Abs. 2 S. 2 UmwG im Bundesanzeiger sowie in sonstigen Gesellschaftsblättern bekannt zu machen. Aktionäre, die sich nicht innerhalb der vorgesehenen Frist melden, verlieren im Ergebnis alle Ansprüche aus § 25 Abs. 1 und Abs. 2 UmwG, die auf demselben Lebenssachverhalt beruhen[997].

Die im Rahmen der Geltendmachung der Ansprüche erlangten Gelder sind (nach Abzug von Auslagen und Vergütung des besonderen Vertreters) direkt an die berechtigten Aktionäre abzuführen[998]. Reicht der Erlös nicht für alle berechtigten Aktionäre, so erhält, wenn die Ansprüche auf demselben Lebenssachverhalt beruhen, jeder dieselbe Quote[999].

---

995 Bermel in Goutier/Knopf/Tulloch zu § 26, RN 13; a.A.: Stratz in Schmitt/Hörtnagl/Stratz zu § 26, RN 24, wonach die Vorschriften über die Haftung der Vertretungsorgane analog heranzuziehen seien, sowie Vossius in Widmann/Mayer zu § 26, RN 46.

996 Marsch-Barner in Kallmeyer zu § 26, RN 16.

997 Grunewald in Lutter zu § 26, RN 21. Der Anspruchsverlust ist in § 26 UmwG nicht ausdrücklich als Rechtsfolge vorgesehen. Insbesondere betrifft § 26 Abs. 3 S. 3 UmwG nur den Fall, dass Ansprüche der übertragenden Gesellschaft, nicht aber der Aktionäre, geltend gemacht worden sind (vgl. Marsch-Barner in Kallmeyer zu § 26, RN 22).

998 Grunewald in Lutter zu § 26, RN 25.

999 Grunewald in Lutter zu § 26, RN 25.

ccc) Verjährung der Ansprüche

Die Ansprüche aus § 25 Abs. 1 UmwG verjähren gemäß § 25 Abs. 3 UmwG in fünf Jahren seit dem Tag, an dem die Eintragung der Verschmelzung in das Register des Sitzes der übernehmenden Gesellschaft nach § 19 Abs. 3 UmwG als bekannt gemacht gilt. Dieser Zeitpunkt des Verjährungsbeginns gilt unabhängig davon, ob der Schaden erst später erkennbar wird[1000].

bb) Schadenersatzansprüche einer übertragenden Gesellschaft gegen ihre Vorstände und Aufsichtsräte

Die Haftung von Mitgliedern des Vorstands und des Aufsichtsrats einer übertragenden Gesellschaft aus § 25 Abs. 1 UmwG besteht zudem gegenüber der übertragenden Gesellschaft selbst. Weiterhin sind Vorstands- und Aufsichtsratsmitglieder einer übertragenden Gesellschaft gegebenenfalls aus den allgemeinen Regeln, also insbesondere nach den §§ 93 Abs. 2, 116, 117 Abs. 2, 310 und 318 AktG, zum Schadenersatz verpflichtet.

Solche Schadenersatzpflichten gegenüber der übertragenden Gesellschaft selbst können im Wege der Erlösverteilung[1001] mittelbar auch den Aktionären der übertragenden Gesellschaft zugute kommen[1002]. Insgesamt sind Ansprüche der übertragenden Gesellschaft jedoch überhaupt nur in sehr seltenen Ausnahmefällen denkbar, etwa wenn mit der Verschmelzung keinerlei wirtschaftlich sinnvolle Zielsetzung verfolgt wird[1003].

[1000] Grunewald in G/H/E/K zu § 349, RN 17.

[1001] S.u.

[1002] Vgl. Grunewald in Lutter zu § 25, RN 14.

[1003] Vgl. Bermel in Goutier/Knopf/Tulloch zu § 25, RN 15. A.A. Martens, AG 1986, 57, 63, wonach bei wirksamer Verschmelzung für die übertragende Gesellschaft nie ein Anspruch bestehen soll.

Nach § 25 Abs. 2 S. 1 UmwG gilt die übertragende Gesellschaft sowohl für die Ansprüche aus § 25 Abs. 1 S. 1 UmwG als auch für weitere Ansprüche, die sich aufgrund der Verschmelzung nach den allgemeinen Vorschriften für und gegen die übertragende Gesellschaft ergeben, als fortbestehend.

Der Betrag, der aus der Geltendmachung der Ansprüche der übertragenden Gesellschaft erzielt wird, wird gemäß § 26 Abs. 3 S. 1 UmwG durch den besonderen Vertreter zunächst zur Befriedigung der Gläubiger verwendet. Ein verbleibender Rest wird an die Aktionäre der übertragenden Gesellschaft verteilt. Für die Verteilung gilt § 271 Abs. 2 und Abs. 3 AktG i.V.m. § 26 Abs. 3 S. 2 UmwG. Gläubiger und Aktionäre, die sich nicht im Sinne von § 26 Abs. 2 S. 1 UmwG fristgerecht gemeldet haben, werden nach § 26 Abs. 3 S. 3 UmwG bei der Verteilung nicht berücksichtigt.

cc) Schadenersatzansprüche der Aktionäre gegen Vorstände und Aufsichtsräte der übernehmenden Gesellschaft

Gegen Vorstands- und Aufsichtsratsmitglieder der übernehmenden Gesellschaft bestehen grundsätzlich keine unmittelbaren Ansprüche der Aktionäre[1004].

dd) Schadenersatzansprüche der übernehmenden Gesellschaft gegen ihre Vorstände und Aufsichtsräte

Vorstand und Aufsichtsrat der übernehmenden Gesellschaft haften nach den allgemeinen Regeln, also insbesondere nach den §§ 93 Abs. 2, 116, 117 Abs. 2, 310 und 318 AktG. Lediglich die Verjährungsfrist für Schadenersatzansprüche gegen Vorstand und Aufsichtsrat einer übernehmenden Gesellschaft ist im UmwG in § 27 geregelt und beläuft sich

---

[1004] Gegebenenfalls abgesehen von deliktsrechtlichen Ansprüchen.

auf 5 Jahre. Die Verjährung gilt nicht für deliktische Ansprüche, die bereits von den Vorgängernormen ausgenommen waren[1005]. Hieran wollte der Gesetzgeber durch die Neufassung des Umwandlungsrechts im UmwG nichts ändern[1006].

ee) Haftung der Prüfer

Verletzt ein Verschmelzungsprüfer schuldhaft die Pflichten aus § 323 Abs. 1 S. 1 und S. 2 HGB i.V.m. § 11 Abs. 2 S. 1 UmwG zur ordnungsgemäßen Prüfung, so führt dies entsprechend § 323 Abs. 1 S. 3 HGB i.V.m. § 11 Abs. 2 S. 1 UmwG zur Schadenersatzpflicht. Die Haftung der Verschmelzungsprüfer besteht nach § 11 Abs. 2 S. 2 UmwG sowohl gegenüber allen an der Verschmelzung beteiligten Gesellschaften als auch deren Aktionären und kann nach § 323 Abs. 4 HGB i.V.m. § 11 Abs. 2 S. 1 UmwG vertraglich nicht abbedungen oder beschränkt werden. Sie verjährt gemäß § 323 Abs. 5 HGB i.V.m. § 11 Abs. 2 S. 1 UmwG i.V.m. § 200 S. 1 BGB in fünf Jahren ab Bestehen des Anspruchs.

Bei fahrlässiger Pflichtverletzung ist die Haftung gemäß § 323 Abs. 2 S. 1 HGB i.V.m. § 11 Abs. 2 S. 1 UmwG auf € 1 Mio. beschränkt. Bei börsennotierten Aktiengesellschaften beläuft sich die Haftungshöchstgrenze nach § 323 Abs. 2 S. 2 HGB i.V.m. § 11 Abs. 2 S. 1 UmwG auf € 4 Mio.

b) Sonstige Schadenersatzansprüche der Aktionäre

Sonstige Schadenersatzansprüche können sich für die Aktionäre aus den allgemeinen Regeln ergeben. In Betracht kommen insbesondere Schadenersatzansprüche gegen die an der Verschmelzung beteiligten

---

[1005] Stratz in Schmitt/Hörtnagl/Stratz zu § 27, RN 12.

[1006] BegrRegE BR-Drucks. 75/94 zu § 27 UmwG.

Gesellschaften oder auch Amtshaftungsansprüche wegen Verletzung der Registergerichtspflichten bei der Eintragung der Verschmelzung in das Handelsregister[1007].

Schadenersatzansprüche stehen einem Aktionär schließlich auch gegen die übernehmende Gesellschaft[1008] zu, wenn er wirksam Klage gegen die Wirksamkeit eines Verschmelzungsbeschlusses erhoben hatte, die Verschmelzung aber dennoch unter Überwindung der Registersperre gemäß § 16 Abs. 3 S. 1 UmwG im Handelsregister eingetragen wurde und sich seine Klage im Nachhinein als begründet erweist (§ 16 Abs. 3 S. 6, 1. HS UmwG). Als Ersatz des Schadens kann jedoch auch in einem solchen Fall nicht die Beseitigung der Wirkungen der Verschmelzungseintragung im Handelsregister der übernehmenden Gesellschaft verlangt werden (§ 16 Abs. 3 S. 6, 2. HS UmwG).

c) Spruchverfahren

Der Aktionärsschutz im Wege des nachträglichen Rechtsschutzes wird auch durch das den §§ 304 ff. AktG entlehnte[1009] Spruchverfahren gemäß §§ 305 – 312 UmwG gewährleistet[1010].

1007 Vgl. oben C.II.4.d)bb)aaa).

1008 Marsch-Barner in Kallmeyer zu § 16, RN 51.

1009 Sagasser in Sagasser/Bula/Brünger, C, RN 24.

1010 Der Gesetzesentwurf der Bundesregierung über ein Gesetz zur Neuordnung des gesellschaftsrechtlichen Spruchverfahrens (Spruchverfahrensneuordnungsgesetz) vom 6. November 2002 sieht eine Neuordnung der Regelungen des Spruchverfahrens vor. Dies soll die durchschnittlich fünfjährige Dauer eines Spruchverfahrens spürbar verkürzen (vgl. Begründung des Regierungsentwurfes des Spruchverfahrensneuordnungsgesetzes, S. 19). Im Einzelnen bezweckt der Entwurf eine generelle Einführung der gerichtlichen Auswahl und Bestellung der sachverständigen Prüfer bei Umstrukturierungsmaßnahmen, eine Veränderung der Rolle des Sachverständigen im Spruchverfahren (hin zu einer gezielten Beurteilung von Einzelfragen), die Einführung von Verfahrensförderungspflichten der Beteiligten bei gleichzeitiger Rückführung des Amtsermittlungsgrundsatzes und eine Neugestaltung der Kostenvorschriften durch Einführung eines Mindestwertes und einer Obergrenze für die Gerichtskosten (vgl.

aa) Anwendungsbereich und Regelungsgehalt

Das Spruchverfahren ermöglicht es den Aktionären einer übertragenden Gesellschaft, sowohl nach § 15 Abs. 1 UmwG die Angemessenheit des Umtauschverhältnisses der Aktien[1011] als auch nach § 34 UmwG die Angemessenheit einer nach § 29 UmwG angebotenen Barabfindung gerichtlich überprüfen zu lassen.

Den Aktionären der übernehmenden Gesellschaft steht das Spruchverfahren nicht offen[1012]. Sie sind auf die allgemeinen Klagemöglichkeiten gegen die Wirksamkeit des Verschmelzungsbeschlusses verwiesen[1013], dürfen aber eine solche Klage darauf stützen, dass das Umtauschverhältnis für sie unangemessen ist. Dies ist hingegen den Aktionären einer übertragenden Gesellschaft gemäß § 14 Abs. 2 UmwG verwehrt, die zudem nach § 32 UmwG eine Klage gegen die Wirksamkeit des Verschmelzungsbeschlusses auch nicht darauf stützen dürfen, dass das Angebot nach § 29 UmwG zu niedrig bemessen oder im Verschmelzungsvertrag nicht ordnungsgemäß enthalten war. In solchen Fällen bleibt den Aktionären einer übertragenden Gesellschaft allein die Möglichkeit des Vorgehens im Wege des Spruchverfahrens.

Mit der Verweisung der Aktionäre einer übertragenden Gesellschaft auf das Spruchverfahren hat der Gesetzgeber ein beträchtliches Störpotential von beabsichtigten Verschmelzungen genommen, denn dieses Verfahren hat keinen Einfluss auf die Verschmelzung und kann sie somit auch nicht behindern.

Stellt sich die Unangemessenheit des Umtauschverhältnisses der Aktien oder der angebotenen Barabfindung nach § 29 UmwG heraus, so ist den antragstellenden Aktionären nach § 15 Abs. 1 UmwG bzw. nach § 34

Begründung des Regierungsentwurfes des Spruchverfahrensneuordnungsgesetzes, S. 21 f.).

1011 Vgl. hierzu oben D.III.2.e)aa).

1012 Zur Kritik am Ausschluss der Aktionäre der übernehmenden Gesellschaft vgl. Baums, F 120.

1013 Dies sind die Anfechtungs- oder Nichtigkeitsklage (vgl. oben D.III.2.b)).

UmwG eine angemessene Barzahlung zu gewähren. Dabei brauchen bare Zuzahlungen im Falle der Unangemessenheit des Umtauschverhältnisses nicht – wie in § 68 Abs. 3 UmwG vorgesehen – auf 10 % des Nennbetrags der gewährten Aktien beschränkt zu werden (§ 15 Abs. 1, 2. HS UmwG). Nicht verlangt werden kann ein Ausgleich durch Gewährung weiterer Aktien der übernehmenden Gesellschaft, denn dies würde schon wegen der gesetzlichen Nennbeträge auf Schwierigkeiten stoßen[1014].

Nach § 15 Abs. 2 S. 1 UmwG ist die bare Zuzahlung für den Fall der Unangemessenheit des Umtauschverhältnisses ab dem Tag der Bekanntmachung der Verschmelzung nach § 19 Abs. 3 UmwG mit 2 % über dem jeweiligen Diskontsatz der Deutschen Bundesbank zu verzinsen. Dies soll verhindern, dass die übernehmende Gesellschaft das Spruchverfahren verzögert[1015] und damit ihre Zahlungspflicht hinausschiebt.

Mit der Verzinsung ist nach § 15 Abs. 2 S. 2 UmwG die Geltendmachung eines weitergehenden (Verzögerungs-) Schadens nicht ausgeschlossen. Ein solcher weitergehender Schaden kann jedoch nicht im Spruchverfahren, sondern nur durch eine normale Leistungsklage geltend gemacht werden[1016].

bb) Verfahren

Das gerichtliche Verfahren ist in den §§ 305 – 312 UmwG geregelt.

Die Antragsbefugnis eines Aktionärs ist nicht dadurch ausgeschlossen, dass er gegen den Verschmelzungsbeschluss keinen Widerspruch erhoben hat. Eine solche Regelung war zwar noch in der Vorgängerregelung des § 15 UmwG, dem § 352 c AktG, enthalten. Sie wurde

---

[1014] Vgl. Bork in Lutter zu § 15, RN 5.
[1015] RegEBegr. zu § 15 UmwG, bei Ganske, S. 66.
[1016] Bork in Lutter zu § 15, RN 8.

jedoch nicht übernommen, um zu vermeiden, dass notwendige Fusionen verhindert werden, indem Aktionäre, die an sich die Verschmelzung befürworten, gegen sie stimmen und Widerspruch einlegen, um sich einen Nachbesserungsanspruch zu sichern[1017].

Ein Antrag auf gerichtliche Entscheidung im Rahmen des Spruchverfahrens kann nach § 305 UmwG binnen zwei Monaten nach dem Tag gestellt werden, an dem gemäß § 19 Abs. 3 S. 2 UmwG die Eintragung der Verschmelzung als bekannt gemacht gilt. Zuständig ist nach § 306 Abs. 1 UmwG grundsätzlich das Landgericht, in dessen Bezirk die betroffene übertragende[1018] Gesellschaft ihren Sitz hat. Der Antrag ist gemäß § 307 Abs. 2 UmwG gegen die übernehmende bzw. neue Gesellschaft zu richten.

Nach § 307 Abs. 3 S. 1 UmwG hat das Landgericht den Antrag im Bundesanzeiger sowie in den Gesellschaftsblättern aller übertragenden Gesellschaften bekannt zu machen. Binnen zwei Monaten nach dieser Bekanntmachung können andere Antragsberechtigte noch selbst eigene Anträge stellen (§ 307 Abs. 3 S. 2 und S. 4 UmwG).

Das Landgericht hat nach § 308 Abs. 1 S. 1 UmwG den außenstehenden Aktionären, die nicht selbst Antragsteller sind, zur Wahrung ihrer Interessen grundsätzlich einen gemeinsamen Vertreter zu bestellen, dem die Stellung eines gesetzlichen Vertreters zukommt (§ 308 Abs. 1 S. 2 UmwG).

Das Landgericht entscheidet gemäß § 307 Abs. 5 UmwG durch einen mit Gründen versehenen Beschluss, der den Beteiligten zuzustellen ist. Gegen die Entscheidung kann nach § 309 Abs. 1 S. 1 UmwG die sofortige Beschwerde eingelegt werden. Der Vorstand der übernehmenden Gesellschaft hat die rechtskräftige Entscheidung ohne Gründe im Bundesanzeiger sowie in den Gesellschaftsblättern aller übertragenden Gesellschaften bekannt zu machen (§§ 310, 307 Abs. 3 S. 1 UmwG).

[1017] RegEBegr. zu § 15 UmwG, bei Ganske, S. 66.
[1018] Stratz in Schmitt/Hörtnagl/Stratz zu § 306, RN 2.

Die rechtskräftige Entscheidung wirkt für und gegen alle (§ 311 UmwG). Dies bedeutet insbesondere, dass jeder Aktionär einer übertragenden Gesellschaft, für deren Aktien zur Verbesserung des Umtauschverhältnisses eine bare Zuzahlung zugesprochen wurde, diese Zuzahlung beanspruchen kann, selbst wenn er gar nicht am Spruchverfahren beteiligt war[1019].

Umstritten ist, ob auch Aktionäre, die ein Barabfindungsangebot nach § 29 UmwG ohne Vorbehalt angenommen haben, aufgrund der rechtskräftigen Entscheidung berechtigt sind, eine Ergänzung zur angebotenen Zahlung zu erhalten[1020]. Im Ergebnis wird dies zu bejahen sein, um zu verhindern, dass die Gesellschaft aus der Unangemessenheit ihres Abfindungsangebots einen Vorteil zieht[1021].

Hinsichtlich der anfallenden Gerichtskosten gilt nach § 312 Abs. 4 S. 1 UmwG die Besonderheit, dass regelmäßig nur die übernehmende oder neu gegründete Gesellschaft Schuldnerin ist. Die Aktionäre trifft im Grundsatz keine Kostentragungspflicht. Einer Kostenentscheidung bedarf es hierzu nicht[1022]. Die Kosten können jedoch nach § 312 Abs. 4 S. 2 UmwG ausnahmsweise auch einem Aktionär ganz oder zum Teil auferlegt werden, wenn dies der Billigkeit entspricht. Dies ist nur der Fall, wenn es sich um offensichtlich unbegründete oder rechtsmissbräuchliche Anträge oder Beschwerden handelt[1023].

1019 Krieger in Lutter, Kölner Umwandlungsrechtstage, S. 275, 293.

1020 Dafür etwa: Meister/Klöckler in Kallmeyer zu § 311, RN 4; differenzierend: Stratz in Schmitt/Hörtnagl/Stratz zu § 311, RN 8.

1021 Vgl. zur parallelen Problematik bei §§ 306 Abs. 2, 99 Abs. 5 AktG: Hüffer zu § 305, RN 32.

1022 Stratz in Schmitt/Hörtnagl/Stratz zu § 312, RN 11.

1023 Stratz in Schmitt/Hörtnagl/Stratz zu § 312, RN 10. Es ist dann allerdings eine Kostenentscheidung des Gerichts erforderlich (Meister/Klöckler in Kallmeyer zu § 312, RN 8).

3. Nachträglicher Rechtsschutz nach englischem Recht

Das englische Recht gewährt im Wege des nachträglichen Rechtsschutzes zum einen die Möglichkeit, gegebenenfalls aufgrund der Verschmelzung Schadenersatz gegen die *directors* der beteiligten Gesellschaften sowie gegen die Berichtsprüfer geltend zu machen. Zum anderen können Aktionäre aber auch eine Aussetzung der Verschmelzung beantragen oder im Wege der Berufung gegen die Verschmelzung vorgehen.

a) Haftung der *directors* und Berichtsprüfer

aa) Schadenersatzansprüche gegen die *directors*

aaa) Schadenersatzansprüche der Gesellschafter

Ansprüche der Gesellschafter gegen die *directors* der an der Verschmelzung beteiligten Gesellschaften können sich zum einen aus dem statuarischen Rechtsbehelf der Section 459 CA 1985 sowie zum anderen aus Richterrecht ergeben.

Nach Section 459 Sub-Section 1 CA 1985 kann ein Gesellschafter wegen unbilliger Führung[1024] der Gesellschaft einen Antrag an das zuständige Gericht stellen. Die mit dem Antrag angestrebte Rechtsfolge muss sich in dem sehr weiten Rahmen der Section 461 Sub-Section 1 CA 1985 halten[1025], der gegebenenfalls auch die Leistung von Schadenersatz an den Gesellschafter umfasst[1026]. Damit ist es einem Gesellschafter möglich, gerichtlich direkt gegen einen *director* der betreffenden Gesellschaft vorzugehen und von diesem Ersatz eines aufgrund des Fehlverhaltens des *directors* durch die Verschmelzung entstandenen Schadens zu verlangen.

Zudem ergibt sich für Gesellschafter gegebenenfalls aus dem Richterrecht ein Schadenersatzanspruch gegen die *directors* ihrer Gesellschaft.

1024 "Unfair Prejudice".
1025 Vgl. Lübking, S. 163.
1026 Vgl. Farrar's Company Law, S. 455, FN 18.

Voraussetzung hierfür ist zum einen der Nachweis, dass dem betreffenden Gesellschafter aufgrund des Verhaltens oder Unterlassens der betreffenden *directors* ein Schaden entstanden ist, der nicht mit einem der Gesellschaft entstandenen Schaden identisch sein darf (so genannter *personal claim*)[1027]. Zum anderen muss das Verhalten oder Unterlassen dieser *directors* bewusst auf den geschädigten Gesellschafter abzielen[1028]. Damit kommt im Hinblick auf die Verschmelzung insbesondere eine Haftung der *directors* wegen falscher oder unterlassener Information der Gesellschafter in Betracht. Häufig wird jedoch ein richterrechtlicher Schadenersatzanspruch der Gesellschafter auszuschließen sein, weil bereits der betreffenden Gesellschaft ein solcher Anspruch gegen den *director* zusteht[1029].

Gemäß Section 21 Sub-Section 3 *Limitation Act 1980* verjähren die Ansprüche gegen *directors* grundsätzlich spätestens sechs Jahre nach Entstehung des Anspruchs. Keine Verjährung tritt jedoch ein in Fällen, in denen die Pflichtverletzung des *director* in einer Täuschung[1030] besteht (Section 21 Sub-Section 1 (a) *Limitation Act 1980*).

bbb) Schadenersatzansprüche der Gesellschaften

Schadenersatzansprüche einer Gesellschaft gegen ihre *directors* können sich aus Richterrecht ergeben.

Solche Schadenersatzansprüche können insbesondere bei Verstößen von *directors* gegen die ihnen der betreffenden Gesellschaft und den

---

1027 Hollington, Minority Shareholders' Rights, RN 5-027; vgl. *Caparo Industries PLC v Dickman [1990] 2 AC 605.*

1028 Vgl. Hollington, Minority Shareholders' Rights, RN 5-027 sowie *Caparo Industries PLC v Dickman [1990] 2 AC 605.*

1029 Hollington, Minority Shareholders' Rights, RN 5-027; vgl. auch Birds/Boyle/Ferran/Villiers: Boyle & Birds' Company Law, RN 17.2

1030 "Fraud".

Gesellschaftern gegenüber obliegenden Pflichten entstehen[1031]. Dabei kommt im Rahmen der Verschmelzung vor allem ein Verstoß gegen die Pflicht zur wahrheitsgemäßen und nicht irreführenden Information der Gesellschafter in Betracht[1032].

Soweit der Gesellschaft aufgrund des Pflichtenverstoßes ein Schaden entsteht, ist dieser durch die *directors* zu ersetzen. Die gerichtliche Geltendmachung des Anspruchs kann dabei entweder unmittelbar durch die Gesellschaft selbst oder mittelbar für die Gesellschaft durch einen oder mehrere Gesellschafter[1033] erfolgen[1034].

Die Ansprüche gegen die *directors* verjähren gemäß Section 21 Sub-Section 3 *Limitation Act 1980* grundsätzlich spätestens sechs Jahre nach Entstehung des Anspruchs. Dies gilt nicht, wenn die Pflichtverletzung des *director* in einer Täuschung[1035] besteht. In einem solchen Fall tritt keine Verjährung ein (Section 21 Sub-Section 1 (a) *Limitation Act 1980*).

bb) Schadenersatzansprüche gegen die Verschmelzungsprüfer

aaa) Schadenersatzansprüche der Gesellschafter

Ansprüche der Gesellschafter gegen die Verschmelzungsprüfer sind nicht gesetzlich geregelt, sondern ergeben sich aus dem Richterrecht[1036].

1031 Vgl. Birds/Boyle/Ferran/Villiers: Boyle & Birds' Company Law, RN 16.1 und 16.3 ff.

1032 Vgl. etwa Brightman J. in *Gething v Kilner [1972] 1 WLR 337, 341*.

1033 So genannter *derivative claim* (vgl. Hollington, Minority Shareholders' Rights, RN 2-013). Gesellschafter dürfen hingegen gemäß Richterrecht grundsätzlich nicht in eigenem Namen gegen die *directors* vorgehen, soweit der Gesellschaft ein Schaden entstanden ist (vgl. *Foss v Harbottle (1843) 2 Hare 461, 492 ff.*).

1034 Vgl. Birds/Boyle/Ferran/Villiers: Boyle & Birds' Company Law, RN 16.1 und 16.25.

1035 "Fraud".

1036 Lediglich für den Fall der Liquidation einer Gesellschaft sind in Section 212 *Insolvency Act 1986* Ansprüche wegen Fehlverhaltens gegen die *auditors* der Gesellschaft vorgesehen. In diesem Zusammenhang werden die *auditors* als *officers* der Gesellschaft im Sinne von Section 212 Abs. 1 lit. (a) *Insolvency Act*

So kann ein Gesellschafter gegebenenfalls geltend machen, dass ihm aufgrund einer fehlerhaften Verschmelzungsprüfung bzw. eines fehlerhaften Verschmelzungsprüfungsberichts ein Schaden entstanden ist. Ersatz für diesen Schaden kann der Gesellschafter dann direkt von dem Verschmelzungsprüfer verlangen, wenn dieser die ihm gegenüber dem Gesellschafter zukommenden Sorgfaltspflichten verletzt hat[1037]. Voraussetzung ist jedoch – ebenso wie bei dem gegen die *directors* gerichteten richterrechtlichen Anspruch[1038] –, dass dem Gesellschafter ein Schaden entstanden ist, der nicht mit einem der Gesellschaft entstandenen Anspruch identisch ist[1039].

Die Haftung des Verschmelzungsprüfers darf gemäß Section 310 Sub-Section 1 und Sub-Section 2 CA 1985 nicht im Vorhinein vertraglich ausgeschlossen werden.

Ansprüche gegen die Verschmelzungsprüfer verjähren regelmäßig gemäß Section 14A Sub-Section 3, Sub-Section 4 (a) *Limitation Act 1980* spätestens 6 Jahre nach Anspruchsentstehung.

bbb) Schadenersatzansprüche der Gesellschaften

Auch Schadenersatzansprüche der Gesellschaft gegen die Verschmelzungsprüfer können sich aus Richterrecht ergeben, wenn der Gesellschaft aufgrund einer fehlerhaften Verschmelzungsprüfung oder eines fehlerhaften Verschmelzungsprüfungsberichts ein Schaden entstanden ist.

1986 behandelt (Palmer's Company Law, Band II, RN 9.607 sowie RN 9.518 und 9.518.1).

1037 Vgl. *Caparo Industries plc v Dickman [1990] 2 A.C. 605, 626* sowie *Hedley Byrne & Co Ltd v Heller & Partners Ltd [1964] AC 465.*

1038 S.o. D.IV.3.a)aa)aaa).

1039 Vgl. *R P Howard Ltd. & Richard Alan Witchell v Woodman Matthews and Co. [1983] BCLC 117, 122* und Hollington, Minority Shareholders' Rights, RN 5-029.

Voraussetzung ist jedenfalls, dass ein Vestoß der Verschmelzungsprüfer gegen die ihnen gegenüber der Gesellschaft obliegenden Pflichten vorliegt[1040]. Zwischen Pflichtenverstoß und eingetretenem Schaden muss zudem Kausalität gegeben sein[1041].

Die gerichtliche Geltendmachung des Anspruchs kann entweder unmittelbar durch die Gesellschaft selbst oder mittelbar für die Gesellschaft durch einen oder mehrere Gesellschafter[1042] erfolgen[1043].

Ansprüche gegen die Verschmelzungsprüfer verjähren regelmäßig gemäß Section 14A Sub-Section 3, Sub-Section 4 (a) *Limitation Act 1980* spätestens 6 Jahre nach Anspruchsentstehung.

b) Aussetzung der Verschmelzung

Soweit die gerichtliche Genehmigung der Verschmelzung durch Täuschung[1044] erlangt wurde, kann in einem weiteren Verfahren vor dem Gericht, das die Verschmelzung angeordnet hat, die Aussetzung der Verschmelzung beantragt werden[1045]. Das Gericht entscheidet dann unter Abwägung der verschiedenen Interessen der Beteiligten sowie des Rechtsverkehrs gegebenenfalls auch über die Rückgängigmachung der bereits eingetretenen Verschmelzungsfolgen.

1040 Vgl. Farrar's Company Law, S. 486.
1041 Vgl. *Galoo Ltd v Bright Grahame Murray [1995] 1 All ER 16, 17.*
1042 So genannter *derivative claim* (s.o. FN 1033).
1043 Vgl. Birds/Boyle/Ferran/Villiers: Boyle & Birds' Company Law, RN 16.1 und 16.25.
1044 "Fraud".
1045 S.o. C.III.3.d).

c) Berufung gegen die Anordnung der Verschmelzung

Gegen die gerichtliche Anordnung der Verschmelzung kann Berufung[1046] eingelegt werden.

aa) Berufungsgegenstand

Die Berufung kann gegen die Verschmelzung insgesamt oder auch nur gegen Teile der gerichtlichen Anordnung gerichtet sein.

So kann im Wege der Berufung insbesondere beantragt werden, die Verschmelzung – etwa aufgrund von schwerwiegenden Mängeln des Verschmelzungsverfahrens – rückabzuwickeln. Zudem kann beispielsweise geltend gemacht werden, dass das für die Geschäftsanteile der übertragenden Gesellschaften vorgesehene Umtauschverhältnis oder auch die darüber hinaus gewährten Zuzahlungen unangemessen seien.

bb) Berufungsverfahren

aaa) Zuständiges Berufungsgericht

Die Berufung ist nach Ziffer 2A.2 (b) der Practice Direction 52 zum Access to Justice Act 1999 – unabhängig davon, ob die Anordnung der Verschmelzung durch den *County Court* oder den *High Court* erfolgte[1047] – zum *Court of Appeal* einzulegen.

bbb) Zulassung zur Berufung

Berufung gegen die Anordnung der Verschmelzung ist gemäß Regel 52.3 (1) der 1998 in Kraft getretenen Civil Procedure Rules nur dann zulässig, wenn die Sache zuvor zur Berufung zugelassen wurde.

[1046] "Appeal".
[1047] Vgl. oben C.III.1.I)bb).

Der Antrag auf Zulassung zur Berufung kann zum einen bei der gerichtlichen Anhörung über die Zulässigkeit der Verschmelzung[1048] vor dem Gericht, das die Verschmelzung anordnet, gestellt werden (Regel 52.3 (2) (a) der Civil Procedure Rules). Zum anderen kann die Berufungszulassung auch beim *Court of Appeal* als dem Berufungsgericht beantragt werden (Regel 52.3 (2) (b) der Civil Procedure Rules). Der Zulassungsantrag beim *Court of Appeal* muss nach Regel 52.4 (2) der Civil Procedure Rules – soweit nichts anderes durch das erstinstanzliche Gericht bestimmt wurde – innerhalb von 14 Tagen nach der gerichtlichen Genehmigung der Verschmelzung erfolgen.

Die Sache wird gemäß Regel 52.3 (6) der Civil Procedure Rules nur dann zur Berufung zugelassen, wenn entweder die Berufung eine realistische[1049] Aussicht auf Erfolg hat oder es einen anderen zwingenden Grund für die Zulassung gibt. Zudem wird die Zulassung zur Berufung regelmäßig nur dann gewährt, wenn die antragstellende Partei sowohl bei der betreffenden Gesellschafterversammlung[1050] als auch bei der gerichtlichen Anhörung über die Genehmigung des *scheme*[1051] ihren Widerstand gegen den *scheme* geäußert hat[1052].

ccc) Berufungsfrist

Soweit das erstinstanzliche Gericht nichts anderes bestimmt, ist die Berufung gemäß Regel 52.4 (2) (b) der Civil Procedure Rules innerhalb von 14 Tagen nach der gerichtlichen Genehmigung der Verschmelzung einzulegen. Das Berufungsgericht kann gegebenenfalls die Berufungsfrist nach Regel 3.1 (2) (a) i.V.m. Regel 52.6 (1) der Civil Procedure Rules verlängern.

1048 Vgl. oben C.III.2.e).
1049 So: Woolf MR wie zitiert in *Swain v Hillman [2001] 1 AllER 91.*
1050 Vgl. oben C.III.2.c).
1051 Vgl. oben C.III.2e).
1052 *Re Securities Insurance Company [1894] 2 Ch 410.*

4. Rechtsvergleich

a) Schadenersatzansprüche der Aktionäre

Sowohl das deutsche als auch das englische Recht sehen Schadenersatzansprüche der Aktionäre aller beteiligten Gesellschaften gegen die Verschmelzungsprüfer sowie der Aktionäre der übertragenden Gesellschaften gegen die Organwalter ihrer jeweiligen Gesellschaft wegen schuldhaften Fehlverhaltens vor.

Die deutsche Regelung geht insoweit über die Vorgaben der Dritten Richtlinie hinaus, als sie auch Schadenersatzansprüche der Aktionäre gegen Aufsichtsratsmitglieder der übertragenden Gesellschaften behandelt. Die Vorschrift des § 26 UmwG, wonach der Anspruch gegen die Organwalter einer übertragenden Gesellschaft nur durch einen besonderen Vertreter geltend gemacht werden kann, ist im Hinblick auf die Vorgaben der Dritten Richtlinie unbedenklich, denn sie bezweckt nur eine einheitliche Anspruchsdurchsetzung für alle betroffenen Aktionäre. Die Verjährungsregeln des § 25 Abs. 3 UmwG entsprechen dem Standard des deutschen Aktiengesetzes und sind damit richlinienkonform. Problematisch im Hinblick auf Vereinbarkeit mit der Dritten Richtlinie erscheinen die vom deutschen Recht zugunsten der Verschmelzungsprüfer vorgesehenen Haftungshöchstbeträge. Zwar überlässt die Dritte Richtlinie den Mitgliedstaaten die konkrete Ausgestaltung der Haftung; Haftungsbegrenzungen sind ihr allerdings unbekannt. Insgesamt sind damit erhebliche Zweifel an der Richtlinienkonformität der Haftungsbegrenzungen des deutschen Rechts angebracht. Eine abschließende Entscheidung hierzu ist jedoch dem EuGH vorbehalten.

Im Unterschied zum deutschen Recht – und über die Vorgaben der Dritten Richtlinie hinaus – ist im englischen Recht auch die Haftung von Organwaltern der übernehmenden Gesellschaft gegenüber den Gesellschaftern geregelt. Schadenersatzansprüche der Gesellschafter gegen Organwalter können sich in England sowohl aus Gesetz als auch aus Richterrecht ergeben.

Die Haftung der Verschmelzungsprüfer folgt dagegen in England allein aus Richterrecht. Zweifelhaft ist, ob solche allein im englischen Richterrecht begründeten Ansprüche den Anforderungen der Dritten Richtlinie genügen. Die Dritte Richtlinie verlangt in ihrem Art. 21, dass die „Rechtsvorschriften"[1053] der Mitgliedstaaten die zivilrechtliche Haftung der Verschmelzungsprüfer regeln müssen. Danach wäre erforderlich, dass die die Haftung begründende Regelung des englischen Richterrechts eine „Rechtsvorschrift" im Sinne von Art. 21 der Dritten Richtlinie ist. Dafür spricht zunächst, dass die englische Fassung der Dritten Richtlinie anstelle der „Rechtsvorschriften" das Wort „*laws*" benutzt. Dem Wortsinn nach könnte der Begriff *laws* auch das englische Richterrecht, das *case law*, umfassen. Allerdings scheinen die durch die bisherige EuGH-Rechtsprechung festgesetzten Standards zur Bestimmtheit und Publizität richtlinienumsetzender Rechtsvorschriften einer Anerkennung von englischem Richterrecht als „Rechtsvorschrift" entgegenzustehen: So ist es nach der Rechtsprechung des EuGH zwar nicht erforderlich, dass die Bestimmungen der Richtlinie förmlich und wörtlich in einer ausdrücklichen Gesetzesbestimmung wiedergegeben werden[1054]. Die Vorgaben der Richtlinie müssen aber in verbindlichen innerstaatlichen Vorschriften enthalten sein[1055], die den Erfordernissen der Rechtssicherheit und Rechtsklarheit genügen[1056]. Richterrecht wird diese Anforderung jedoch

---

[1053] In der englischen Fassung der Dritten Richtlinie wird hier von den „laws" gesprochen.

[1054] Vgl.: EuGH – Kommission ./. Italien, 363/85 – Slg. 1987, 1733 ff.; EuGH – Kommission ./. Niederlande, 339/87 – Slg. 1990, I-851 ff.

[1055] Spezielle Umsetzungsmaßnahmen sind entbehrlich, wenn die mitgliedstaatliche Rechtslage die Erreichung des Ziels der Richtlinie bereits gewährleistet (Müller-Graff, NJW 1993, 13, 20). In diesem Fall braucht in der die Ziele der Richtlinie verwirklichenden Regelung nicht ausdrücklich auf die Richtlinie Bezug genommen zu werden (vgl. Wölk, S. 73 f.).

[1056] So kann eine Richtlinie beispielsweise nicht wirksam durch Erlass eines Rundschreibens (EuGH – Kommission ./. Belgien, 239/85 – Slg. 1986, 3645 ff.) oder durch Anpassung der Verwaltungspraxis (EuGH – Kommission ./. Niederlande, 160/82 – Slg. 1982, 4637 ff., Leitsatz 2; EuGH – Kommission ./. Italien, 300/81 – Slg. 1983, 449ff.; EuGH – Kommission ./. Italien, 116/86 – Slg. 1988, 1334, 1338; EuGH – Kommission ./. Niederlande, 339/87 – Slg. 1990, I-851 ff.; EuGH – Kommission ./. Belgien, C-167/90 – Slg. 1991, I-2535 ff.; EuGH – Kommission ./. Luxemburg, C-168/90 – Slg. 1991, I-2539 ff.) umgesetzt werden, da sowohl

nur schwerlich erfüllen können, da es sich kaum zur Allgemeingültigkeit verdichten lässt, sondern immer nur einen bestimmten Fall regelt. Zudem ist die Art der Umsetzung einer Richtlinie nur dann hinreichend bestimmt und klar, wenn – soweit die Richtlinie dem Einzelnen bestimmte Rechte gewährt[1057] – dieser von seinen Rechten Kenntnis erlangen und sie vor den Gerichten durchsetzen kann[1058]. Es ist also eine Publizität der mitgliedstaatlichen Regelungen erforderlich. An einer solchen Publizität, die dem Einzelnen ermöglicht, Kenntnis von den ihm zustehenden Rechten zu erlangen, wird es dem Richterrecht aber wohl regelmäßig mangeln. Etwas anderes ergibt sich auch nicht daraus, dass die Rechtstradition des englischen *common law* dem Richterrecht gegenüber kodifiziertem Recht einen höheren Stellenwert einräumt, als dies in anderen Mitgliedstaaten der Fall ist[1059]. Im Ergebnis sind damit erhebliche Zweifel angebracht, ob die im englischen Richterrecht vorgesehene Regelung zur Haftung der Verschmelzungsprüfer den Vorgaben des Art. 21 der Dritten Richtlinie gerecht wird. Die Entscheidung hierzu bleibt allerdings dem EuGH vorbehalten.

Im Übrigen sind Umsetzungsdefizite des englischen Rechts nicht ersichtlich. Dies betrifft insbesondere die Verjährungsregeln der Section 14A sowie der Section 21 *Limitation Act 1980*, die dem Standard des englischen Rechts entsprechen.

Rundschreiben als auch Verwaltungspraxis jederzeit durch die Verwaltung geändert werden können und keine ausreichende Publizität genießen (Gudrun Schmidt in Groeben/Thiesing/Ehlermann zu Art. 189, RN 39; vgl. auch Streinz, RN 391).

1057 Eine genaue Bestimmung des Begriffs der Rechte Einzelner ist kaum möglich, da der Gerichtshof bislang keine weiteren Angaben hierzu gemacht hat (Lubitz, S. 84).

1058 Gudrun Schmidt in Groeben/Thiesing/Ehlermann zu Art. 189, RN 39; vgl. Kommission ./. Französische Republik, 197/96, Slg. 1997, I-1489, RN 15.

1059 So im Ergebnis auch Wölk, S. 229, der allerdings aus Section 2 Sub-Section 2 *European Communities Act 1972*, wonach die Richtlinienumsetzung durch Rechtsverordnung zulässig ist, den Schluss zieht, dass andere Formen der Umsetzung unzulässig seien. Einen solchen Rückschluss lässt Section 2 Sub-Section 2 *Euopean Communities Act 1972* aber nicht zu.

b) Schadenersatzansprüche der Gesellschaften

Schadenersatzansprüche der beteiligten Gesellschaften gegen ihre Organwalter sowie gegen die Verschmelzungsprüfer sieht das deutsche Recht auf gesetzlicher, das englische Recht auf richterrechtlicher Grundlage vor.

c) Nachbesserungsansprüche der Aktionäre

Über die Regelungen der Dritten Richtlinie hinausgehend wird der Aktionärsschutz im Wege des nachträglichen Rechtsschutzes in Deutschland ebenso wie in England auch dadurch gewährleistet, dass Aktionären im Hinblick auf das für die Aktien der übertragenden Gesellschaften vorgesehene Umtauschverhältnis gegebenenfalls Nachbesserungsansprüche zustehen.

So können in Deutschland die Aktionäre einer übertragenden Gesellschaft die Angemessenheit sowohl des Umtauschverhältnisses der Aktien als auch einer ihnen angebotenen baren Zuzahlung im Wege des Spruchverfahrens überprüfen lassen und so gegebenenfalls eine weitere Barabfindung erhalten.

Das englische Recht sieht hingegen für die Gesellschafter aller an der Verschmelzung beteiligten Gesellschaften grundsätzlich die Möglichkeit vor, Berufung gegen das vorgesehene Umtauschverhältnis oder die darüber hinaus gewährten Zuzahlungen einzulegen. Im Unterschied zur deutschen Regelung ist das gerichtliche Vorgehen eines Gesellschafters aber in der Regel nur dann erfolgversprechend, wenn er sowohl bei der betreffenden Gesellschafterversammlung als auch bei den gerichtlichen Anhörungen über die Verschmelzung seinen Widerstand gegen die Verschmelzung geäußert hat.

d) Rückabwicklung der Verschmelzung

Im Unterschied zu den Regelungen des deutschen Rechts lässt das englische Recht eine Entschmelzung zu, die jedoch wegen der Regelung des Art. 22 der Dritten Richtlinie zur Nichtigerklärung nur mit ex nunc-Wirkung angeordnet werden darf[1060]. Die Entschmelzung kann auf Antrag eines Gesellschafters entweder im Wege einer Aussetzungs- oder einer Berufungsentscheidung gerichtlich angeordnet werden. Berufung darf durch einen Gesellschafter aber in der Regel nur dann eingelegt werden, wenn er zuvor bei der betreffenden Gesellschafterversammlung und bei den betreffenden gerichtlichen Anhörungen Widerspruch gegen die Verschmelzung eingelegt hat.

Eine Nichtigkeitsklage, wie in Art. 22 der Dritten Richtlinie optional vorgegeben, sehen weder das deutsche noch das englische Recht vor.

[1060] S.o. C.IV.2.c).

V. Möglichkeiten der Umgehung der Schutzbestimmungen zugunsten von Aktionären

1. Umgehungsmöglichkeiten in Deutschland

In Deutschland bestehen grundsätzlich keine Möglichkeiten, die zum Schutz der Aktionäre in deutsches Recht umgesetzten Bestimmungen der Dritten Richtlinie zu umgehen. Insbesondere können die auf die Aktiengesellschaft anwendbaren Regelungen nicht dadurch vermieden werden, dass eine betroffene Gesellschaft ihre Rechtsform ändert: So wurde in Deutschland ein für nahezu alle dem deutschen Recht bekannte Unternehmensformen geltendes Verschmelzungsrecht erlassen, das die Vorgaben der Dritten Richtlinie nicht nur für die Aktiengesellschaft, sondern im Wesentlichen auch für alle übrigen Rechtsformen berücksichtigt[1061]. Damit weicht das Verschmelzungsrecht für die verschiedenen Gesellschaftstypen nur an wenigen Stellen voneinander ab[1062]. Ein Ausweichen auf eine andere Rechtsform ergäbe für eine Aktiengesellschaft deshalb von Vornherein keinen Sinn.

2. Umgehungsmöglichkeiten in England

In England werden die engen Voraussetzungen der Section 427A CA 1985 sowie des Schedule 15B regelmäßig umgangen, indem eine der beteiligten Gesellschaften zuvor von einer *public company* in eine *private company* umgewandelt wird[1063]. Die in englisches Recht umgesetzten Bestimmungen der Dritten Richtlinie sind dann nicht mehr anwendbar. Die Umwandlung von einer *public company* zur *private company* ist problemlos und ohne großen Aufwand möglich[1064]. Derartige Umgehungsmöglichkeiten werden in der juristischen Literatur häufig

---

1061 Vgl.: Lutter in Lutter, Einleitung, RN 37 sowie dazugehöriges Schaubild 3; Stratz in Schmitt/Hörtnagl/Stratz, Einführung, RN 17.
1062 Vgl. Lutter in Lutter, Einleitung, RN 30.
1063 Vgl. Davies/Prentice: Gower's Principles of Modern Company Law, S. 766.
1064 Boyle/Potts/Sealy: Gore-Browne on Companies, RN 30.11B.

empfohlen[1065]. Damit werden Verschmelzungen in der Praxis nahezu gar nicht nach den strengen Regeln der Section 427A CA 1985 durchgeführt[1066].

3. Vergleich

Im Unterschied zu Deutschland ist in England eine Umgehung der auf der Dritten Richtlinie basierenden strengen Verschmelzungsregelungen sehr leicht möglich. Verschmelzungen werden daher in England nur äußerst selten nach diesen strengen Regelungen durchgeführt. Dies bewirkt für das englische Recht eine Aushöhlung des von der Dritten Richtlinie bezweckten, für alle Mitgliedstaaten einheitlichen Aktionärsschutzes. Anders als den deutschen Aktionären, stehen damit in der Praxis den englischen Gesellschaftern die von der Dritten Richtlinie vorgesehenen Schutzmechanismen nicht zu Verfügung.

1065 Vgl. nur Boyle/Potts/Sealy: Gore-Browne on Companies, RN 30.11B und 30.11C, wonach eine „sorgsam geplante“ Verschmelzung nie die strengen Voraussetzungen der Section 427A CA 1985 sowie des Schedule 15B erfüllen müsse. Zudem schlägt die zur Reform des englischen Gesellschaftsrechts eingesetzte Expertenkommission die Aufnahme weiterer Umgehungsmöglichkeiten in das Gesetz vor (s.o. B.I.2.d)).

1066 Vgl. Farrar's Company Law, S. 31. Nach Auskunft des *Companies House* werden keine Statistiken über die Zahl der tatsächlich durchgeführten Verschmelzungen geführt. Damit liegen auch keine statistischen Angaben dazu vor, ob bzw. wieviele Verschmelzungen nach Section 427A CA 1985 bisher durchgeführt wurden.

E. Schutz der Gläubiger sowie der Inhaber von Sonderrechten

Grundsätzlich können weder die Gläubiger der sich verschmelzenden Gesellschaften noch die Inhaber von Sonderrechten an einer dieser Gesellschaften die Verschmelzung verhindern. Dies gilt selbst dann, wenn die betreffenden Gläubiger bzw. Sonderrechtsinhaber der Verschmelzung nicht zugestimmt oder ihr sogar ausdrücklich widersprochen haben. Im Folgenden wird untersucht werden, ob und in welcher Weise das hieraus entstehende Schutzbedürfnis von Gläubigern und Sonderrechtsinhabern durch die Dritte Richtlinie und die nationalen Bestimmungen gewahrt wird.

I. Gläubigerschutz

1. Vorgaben der Verschmelzungsrichtlinie

Die Interessen der Gläubiger der sich verschmelzenden Gesellschaften sind gemäß Art. 13 Abs. 1 der Dritten Richtlinie in den einzelnen Mitgliedstaaten durch ein angemessenes Schutzsystem zu sichern, sofern ihre Forderungen vor der Bekanntmachung des Verschmelzungsplans entstanden und zum Zeitpunkt dieser Bekanntmachung noch nicht erloschen sind. Dabei kann nach Art. 13 Abs. 3 der Dritten Richtlinie der Schutz für die Gläubiger der übernehmenden Gesellschaft und für die Gläubiger einer übertragenden Gesellschaft unterschiedlich sein.

Das Mindestmaß des Schutzes ist in Art. 13 Abs. 2 der Dritten Richtlinie umschrieben. Danach ist den Gläubigern aller beteiligten Gesellschaften durch die Rechtsvorschriften der Mitgliedstaaten zumindest ein Anspruch auf angemessene Garantien einzuräumen, sofern die finanzielle Lage der sich verschmelzenden Gesellschaften dies erfordert und die Gläubiger nicht schon anderweitig gesichert sind.

Der in Art. 13 der Dritten Richtlinie vorgesehene Mindestschutz der Gläubiger gilt nach Art. 14 der Dritten Richtlinie auch für Anleihegläubiger der sich verschmelzenden Gesellschaften, es sei denn, jeder einzelne Anleihegläubiger hat der Verschmelzung zugestimmt.

2. Gläubigerschutz nach deutschem Recht

a) Anspruch auf Sicherheitsleistung

Nach § 347 AktG 1965 konnten die Gläubiger der übertragenden Gesellschaft für ihre noch nicht fälligen Forderungen Sicherheitsleistung verlangen, wenn sie sich innerhalb einer bestimmten Frist nach Eintragung der Verschmelzung meldeten. Mit Umsetzung der Dritten Richtlinie wurde dieser Anspruch grundsätzlich auch auf die Gläubiger der übernehmenden Gesellschaft ausgedehnt. Die Regelung ist nunmehr in § 22 Abs. 1 S. 1 UmwG[1067] enthalten.

Im Einzelnen sieht § 22 Abs. 1 S. 1 UmwG vor, dass gegebenenfalls Gläubigern aller an der Verschmelzung beteiligten Gesellschaften Sicherheit zu leisten ist.

Voraussetzung für jeden der Gläubiger ist, dass ihm jeweils ein Anspruch gegen eine der Gesellschaften zusteht, der im Zeitpunkt des Wirksamwerdens der Verschmelzung, also bei Eintragung im Handelsregister des Sitzes der übernehmenden Gesellschaft (§ 20 Abs. 1 UmwG)[1068], begründet war und noch nicht fällig ist. Dabei darf sich der Anspruch nicht bloß aus einer dinglichen Sicherheit ergeben, denn in einem solchen Fall besteht kein weitergehendes Sicherungsbedürfnis[1069]. Zum Teil wird vertreten, dass auch aufschiebend bedingte Forderungen keinen Anspruch auf Sicherheitsleis-

---

1067 Die Regelung war mit Umsetzung der Dritten Richtlinie zunächst in § 347 Abs. 1 AktG 1965 in der Fassung vom 25.10.1982 enthalten, wonach aber den Gläubigern der übernehmenden Gesellschaft im Unterschied zu den Gläubigern einer übertragenden Gesellschaft, die immer einen Anspruch auf Sicherheitsleistung hatten, nur dann ein solcher Anspruch zukam, wenn sie eine Gefährdung ihrer Forderungen nachwiesen. Eine solche Unterscheidung zwischen Gläubigern der übernehmenden und Gläubigern einer übertragenden Gesellschaft ist in § 22 UmwG nicht mehr vorgesehen.

1068 Bermel in Goutier/Knopf/Tulloch zu § 22, RN 11; nach a.A. soll es (zumindest bei der übernehmenden Gesellschaft) auf den Zeitpunkt der Bekanntmachung der Verschmelzung nach § 19 Abs. 3 UmwG ankommen (so: Vossius in Widmann/Mayer zu § 22, RN 19 sowie Marsch-Barner in Kallmeyer zu § 22, RN 3).

1069 Grunewald in Lutter zu § 22, RN 24.

tung begründen könnten[1070]. Diese Auffassung wird jedoch überwiegend abgelehnt unter Verweis darauf, dass bei Vorliegen einer aufschiebenden Bedingung der Entstehungsgrund der Forderung schon gelegt sei[1071].

Weiterhin ist gemäß § 22 Abs. 1 S. 1 UmwG Voraussetzung, dass der zu sichernde Anspruch schriftlich nach Grund und Höhe bei der übernehmenden Gesellschaft[1072] angemeldet wird, und zwar innerhalb von sechs Monaten, nachdem die Eintragung der Verschmelzung in das Handelsregister des Sitzes der Gesellschaft, gegen die der Anspruch ursprünglich gerichtet war, gemäß § 19 Abs. 3 UmwG als bekannt gemacht gilt. Bei dieser Frist handelt es sich um eine materielle Ausschlussfrist[1073], so dass eine Sicherheit, die trotz Nichteinhaltung der Frist geleistet wurde, nach § 812 Abs. 1 S. 1, 1. Alt. BGB grundsätzlich kondiziert werden kann.

Die Gläubiger müssen nach § 22 Abs. 1 S. 2 UmwG glaubhaft machen, dass durch die Verschmelzung die Erfüllung ihrer Forderung gefährdet wird. Dies bedeutet zum einen, dass die Existenz der betroffenen Forderung zu beweisen ist[1074]. Zum anderen sind Gründe für die konkrete Gefährdung der Erfüllung, die im Wege präsenter Beweismittel[1075] gemäß § 294 Abs. 1, Abs. 2 ZPO glaubhaft zu machen sind, aufzuzeigen. Dabei führt allein die Tatsache, dass die Gläubiger anstelle ihres alten Schuldners einen neuen erhalten haben, den sie sich nicht ausgesucht haben, noch nicht zu einer Gefährdung ihres Anspruchs[1076].

1070 So Stratz in Schmitt/Hörtnagl/Stratz zu § 22, RN 7.

1071 Grunewald in Lutter zu § 22, RN 6; Marsch-Barner in Kallmeyer zu § 22, RN 3; differenzierend: Bermel in Goutier/Knopf/Tulloch zu § 22, RN 12.

1072 Marsch-Barner in Kallmeyer zu § 22, RN 4; vgl. auch Grunewald in Lutter zu § 22, RN 16.

1073 Marsch-Barner in Kallmeyer zu § 22, RN 5.

1074 Grunewald in Lutter zu § 22, RN 11.

1075 Alle in der ZPO vorgesehenen Beweismittel sind hierbei nach § 294 Abs. 1 ZPO gestattet. Auch eine Versicherung an Eides Statt ist zulässig. Da eine Beweisaufnahme, die nicht sofort erfolgen kann, gemäß § 294 Abs. 2 ZPO unstatthaft ist, muss es sich aber stets um präsente Beweismittel handeln.

1076 Grunewald in Lutter zu § 22, RN 13.

Vielmehr ist erforderlich, dass sich die Kapitalausstattung oder Liquiditätslage der Gesellschaft infolge der Verschmelzung wesentlich verschlechtert[1077]. Auszuschließen ist eine Gefährdungslage von Gläubigern aber immer dann, wenn die Forderungen bereits in der Art des § 232 BGB[1078] gesichert sind[1079]. Die Stellung einer (weiteren) Sicherheit kommt in einem solchen Fall nicht in Betracht[1080].

Das Recht, Sicherheitsleistung zu verlangen, steht zudem gemäß § 22 Abs. 2 UmwG den Gläubigern nicht zu, die im Falle der Insolvenz der Gesellschaft bereits anderweitig ausreichend gesichert sind[1081], weil sie ein Recht auf vorzugsweise Befriedigung aus einer Deckungsmasse haben, die nach gesetzlicher Vorschrift zu ihrem Schutz errichtet und staatlich überwacht ist. Betroffen hiervon sind insbesondere Inhaber von Pfandbriefen einer Hypothekenbank (§ 25 Hypothekenbankgesetz), von Schiffspfandbriefen (§ 36 SchiffsBG) oder Gläubiger von Ansprüchen aus Lebens-, Unfall- und Krankenversicherungen gegen Versicherungsgesellschaften (§§ 77, 79 VAG)[1082].

Die in Betracht kommenden Sicherungsmittel sowie die Weise, in der die Sicherheit gegebenenfalls zu erbringen ist, bestimmt sich nach den §§ 232 ff. BGB[1083]. Hinsichtlich der Art der zu leistenden Sicherheit hat die verpflichtete Gesellschaft als Schuldnerin nach § 262 BGB ein Wahlrecht, das gemäß § 264 Abs. 1 BGB zum Zwecke der Zwangsvollstreckung auf den Gläubiger übergeht, wenn die Gesellschaft die ihr

---

1077 Vgl. Marsch-Barner in Kallmeyer zu § 22, RN 7.

1078 D.h. durch Hinterlegung von Geld oder Wertpapieren, durch Verpfändung von Forderungen, die in das Staatsschuldbuch eingetragen sind, durch Verpfändung beweglicher Sachen, durch Bestellung von Schiffshypotheken an Schiffen oder Schiffsbauwerken, die in einem deutschen Schiffsregister oder Schiffsbauregister eingetragen sind, durch Bestellung von Hypotheken an inländischen Grundstücken, durch Verpfändung von Forderungen, für die eine Hypothek an einem inländischen Grundstück besteht, oder durch Verpfändung von Grundschulden oder Rentenschulden an inländischen Grundstücken.

1079 Grunewald in Lutter zu § 22, RN 24.

1080 Krieger, Nirk-FS, 551, 558; Rittner, Oppenhoff-FS, 317, 322.

1081 So RegEBegr. zu § 22 UmwG, bei Ganske, S. 77.

1082 Stratz in Schmitt/Hörtnagl/Stratz zu § 22, RN 18.

1083 Grunewald in Lutter zu § 22, RN 22.

obliegende Verpflichtung zur Leistung der Sicherheit nicht erfüllt[1084]. Für den Umfang der Sicherheit ist das Sicherungsinteresse des Gläubigers maßgebend, das sich primär aus dem Wert des zu sichernden Rechts oder Anspruchs einschließlich eventueller Nebenansprüche (z.B. Zinsen) ergibt[1085].

b) Sicherung der Kapitalaufbringung der sich verschmelzenden Gesellschaften

aa) Anwendung der Regelungen zur Nachgründung

Nach § 27 Abs. 1 AktG muss bei Gründung einer Aktiengesellschaft deren Satzung, soweit Sacheinlagen erbracht werden sollen, festlegen, zu welchem Nennbetrag den Aktionären Aktien als Gegenleistung für diese Sacheinlage gewährt werden. Diese Information der Beteiligten im Wege der Satzungspublizität hat (neben dem Schutz der Aktionäre) insbesondere den Schutz der Gläubiger der Gesellschaft vor einer unzureichenden Kapitalaufbringung zum Ziel[1086].

Die Umgehung dieses Schutzzwecks soll durch die Regelungen zur Nachgründung verhindert werden[1087], die auch bei einer Verschmelzung über die Verweisung des § 67 S. 1 UmwG grundsätzlich Anwendung finden, wenn der Verschmelzungsvertrag in den ersten zwei Jahren seit Eintragung der übernehmenden Gesellschaft in das Register geschlossen wird[1088]. Dies bedeutet im einzelnen[1089],

- dass der Aufsichtsrat der übernehmenden Gesellschaft den Verschmelzungsvertrag zu prüfen und einen schriftlichen Nachgründungsbericht zu erstatten hat,

---

1084 Vgl. Vossius in Widmann/Mayer zu § 22, RN 49.
1085 Vgl. Marsch-Barner in Kallmeyer zu § 22, RN 12 sowie Grunewald in Lutter zu § 22, RN 22.
1086 Vgl. Hüffer zu § 27, RN 1.
1087 Vgl. Grunewald in Lutter zu § 67, RN 2.
1088 S.o. C.II.1.d).
1089 S.o. C.II.1.d)bb) und cc) sowie C.II.3.b)aa).

- dass Nachgründungsprüfer zu bestellen sind, die eine Prüfung der gesamten Umstände der Verschmelzung vorzunehmen und einen schriftlichen Nachgründungsprüfungsbericht vorzulegen haben und
- dass der Verschmelzungsvertrag in das Handelsregister der übernehmenden Gesellschaft einzutragen ist.

Der Nachgründungsvorgang ist damit einer Regelung unterworfen, die den für auf die Sachgründung anwendbaren Schutzbestimmungen ähnelt[1090]. Hierdurch soll gewährleistet werden, dass im Interesse der Gläubiger einer übernehmenden Gesellschaft die vollständige Aufbringung des Grundkapitals der Gesellschaft sichergestellt wird[1091]. An einer solchen vollständigen Kapitalaufbringung mangelt es insbesondere dann, wenn die Aktionäre der übertragenden Gesellschaft im Wege der Kapitalerhöhung eine Beteiligung an der übernehmenden Gesellschaft erhalten, die den Wert des Vermögens der übertragenden Gesellschaft übersteigt[1092].

Für Verstöße gegen § 67 UmwG gilt, dass sie, sofern eine Nachgründungsprüfung gar nicht stattfand, gemäß § 241 Nr. 3 AktG zur Nichtigkeit des Verschmelzungsbeschlusses führen[1093], denn es wurde eine dem Gläubigerschutz dienende Vorschrift verletzt[1094]. Sonstige Verstöße gegen § 67 UmwG führen hingegen nach § 243 Abs. 1 AktG zur Anfechtbarkeit des Verschmelzungsbeschlusses[1095]. Sowohl Nichtigkeits- als auch Anfechtungsklage können nur innerhalb der Ein-Monats-Frist des § 14 Abs. 1 UmwG eingelegt werden. Folglich kann auch gegen die ein-

---

1090 Vgl. Eckardt in G/H/E/K zu § 52, RN 2.
1091 Rieger in Widmann/Mayer zu § 67, RN 3.
1092 Vgl. Grunewald in Lutter zu § 67, RN 2.
1093 Marsch-Barner in Kallmeyer zu § 67, RN 10; vgl. auch Diekmann, ZIP 1996, 2149, 2152.
1094 Stratz in Schmitt/Hörtnagl/Stratz zu § 67, RN 16.
1095 Stratz in Schmitt/Hörtnagl/Stratz zu § 67, RN 16; Marsch-Barner in Kallmeyer zu § 67, RN 10.

mal im Handelsregister der übernehmenden Gesellschaft eingetragene Verschmelzung nicht mehr vorgegangen werden[1096].

bb) Besonderheiten der Verschmelzung durch Neugründung

Bei der Verschmelzung durch Neugründung darf eine übertragende Gesellschaft den Verschmelzungsbeschluss nach § 76 Abs. 1 UmwG erst treffen, wenn sie und jede andere übertragende Gesellschaft bereits zwei Jahre im Handelsregister eingetragen sind. Dies hat zum Ziel, eine verdeckte Nachgründung unter Umgehung der Nachgründungsregeln zu verhindern[1097]. Damit soll § 76 Abs. 1 UmwG der Kapitalerhaltung der übernehmenden Gesellschaft dienen[1098].

Soweit sich bei einer Verschmelzung durch Neugründung übertragende Gesellschaften über dieses Verschmelzungsverbot hinwegsetzen, ist der gleichwohl gefasste Verschmelzungsbeschluss anfechtbar[1099]. Dies gilt auch für die Verschmelzungsbeschlüsse der anderen an der Neugründung beteiligten Gesellschaften[1100].

c) Schadenersatzansprüche

aa) Schadenersatzanspruch gemäß § 25 Abs. 1 UmwG

Wie auch den Aktionären einer übertragenden Gesellschaft[1101] steht deren Gläubigern aus § 25 Abs. 1 S. 1 UmwG gegen den Vorstand und

---

[1096] Vgl. oben D.III.2.b)cc).

[1097] Stratz in Schmitt/Hörtnagl/Stratz zu § 73, RN 17.

[1098] In der Literatur wird vielfach bezweifelt, dass dieses Ziel durch das in § 76 Abs. 1 UmwG vorgesehene Mittel des Verschmelzungsverbots erreichbar ist (so: Grunewald in Lutter zu § 76, RN 2; Rieger in Widmann/Mayer zu § 76, RN 6).

[1099] Grunewald in Lutter zu § 76, RN 5.

[1100] Grunewald in Lutter zu § 76, RN 5; a.A. Zimmermann in Kallmeyer zu § 76, RN 4.

[1101] S.o. D.IV.2.a)aa)aaa).

den Aufsichtsrat einer übertragenden Gesellschaft als Gesamtschuldner gegebenenfalls ein Anspruch auf Ersatz des Schadens zu, den sie durch die Verschmelzung erleiden[1102]. Dabei haben die Gläubiger zu beachten, dass die ihnen zukommende Schadenminderungspflicht gebietet, von ihrem Recht auf Sicherheitengewährung nach § 22 UmwG Gebrauch zu machen. Anderenfalls kann ihnen im Rahmen der Geltendmachung des Schadenersatzes Mitverschulden im Sinne von § 254 BGB entgegengehalten werden[1103].

Im Ergebnis kommt der Schadenersatz nach § 25 Abs. 1 UmwG für die Gläubiger nur in Betracht, soweit durch Vorstand oder Aufsichtsrat der übertragenden Gesellschaft eine ungenügende Überprüfung der Vermögenslage der übernehmenden Gesellschaft erfolgte und es bei ordnungsgemäßer Überprüfung nicht zur Verschmelzung gekommen wäre[1104].

Der Schadenersatzanspruch kann nach § 26 Abs. 1 S. 1 UmwG ausschließlich durch einen besonderen Vertreter geltend gemacht werden[1105]. Gläubiger sind jedoch gemäß § 26 Abs. 1 S. 3 UmwG nur dann berechtigt, einen Antrag auf Bestellung eines solchen besonderen Vertreters zu stellen, wenn sie von der übernehmenden Gesellschaft keine Befriedigung erlangen können. Ist ihnen nach § 22 UmwG Sicherheit geleistet worden, so müssen sie zunächst daraus Befriedigung suchen[1106].

Der Schadenersatzanspruch aus § 25 Abs. 1 UmwG verjährt gemäß § 25 Abs. 3 UmwG in fünf Jahren seit dem Tag, an dem die Eintragung

---

1102 Zu den Einzelheiten dieses Schadenersatzanspruches vgl. oben D.IV.2.a)aa)aaa).

1103 Stratz in Schmitt/Hörtnagl/Stratz zu § 25, RN 16.

1104 Grunewald in Lutter zu § 25, RN 16.

1105 Vgl. oben D.IV.2.a)aa)bbb).

1106 Marsch-Barner in Kallmeyer zu § 26, RN 8. Der Versuch eines vorhergehenden gerichtlichen Vorgehens (z.B. im Wege der Zwangsvollstreckung) ist aber nicht erforderlich (vgl. Grunewald in Lutter zu § 26, RN 8).

der Verschmelzung in das Register des Sitzes der übernehmenden Gesellschaft nach § 19 Abs. 3 UmwG als bekannt gemacht gilt[1107].

bb) Schadenersatzanspruch wegen Verletzung des § 22 UmwG

§ 22 UmwG, der einen Anspruch von Gläubigern der sich verschmelzenden Gesellschaften auf Gewährung einer Sicherheit begründet[1108], ist Schutzgesetz im Sinne von § 823 Abs. 2 BGB[1109]. Damit führt ein schuldhafter Verstoß gegen § 22 UmwG durch den Vorstand der zur Sicherheitsleistung verpflichteten Gesellschaft gegebenenfalls zu einer Schadenersatzpflicht des Vorstands, die nach § 31 BGB der Gesellschaft zuzurechnen ist[1110].

1107 S.o. D.IV.2.a)aa)ccc).

1108 Vgl. oben E.I.2.a).

1109 Marsch-Barner in Kallmeyer zu § 22, RN 13; Stratz in Schmitt/Hörtnagl/Stratz zu § 22, RN 22; Vossius in Widmann/Mayer zu § 22, RN 4; a.A. Grunewald in Lutter zu § 22, RN 25.

1110 Marsch-Barner in Kallmeyer zu § 22, RN 13. Zum Teil wird auch allein darauf abgestellt, dass den Gläubigern in einem solchen Fall ein direkter Anspruch gegen die handelnden Organmitglieder der Gesellschaft (also die Mitglieder des Vorstands) zustehe (so Stratz in Schmitt/Hörtnagl/Stratz zu § 22, RN 22 und wohl auch Vossius in Widmann/Mayer zu § 22, RN 6).

3. Schutz der Gläubiger nach englischem Recht

Der Gläubigerschutz wird zum einen dadurch erzielt, dass unter bestimmten Voraussetzungen die Zustimmung einer Mehrheit der Gläubiger zur Verschmelzung erforderlich ist. Im wesentlichen wird aber der Schutz der Gläubiger – wie auch der Gesellschafterschutz – durch die gerichtliche Überwachung des Verschmelzungsvorgangs gewährleistet.

a) Gläubigerbeschlüsse der übertragenden Gesellschaften

Gemäß Section 425 Sub-Section 2 CA 1985 sind grundsätzlich für jede der übertragenden Gesellschaften Beschlüsse der Gesellschaftsgläubiger, durch die der Verschmelzung zugestimmt wird, erforderlich. Gesellschaftsgläubiger in diesem Sinne sind alle diejenigen, denen ein geldwerter Anspruch gegen die Gesellschaft zusteht[1111].

aa) Entbehrlichkeit von Gläubigerbeschlüssen

Das über die Anordnung der Verschmelzung entscheidende Gericht wird regelmäßig keine Zustimmung der Gesellschaftsgläubiger zur Verschmelzung verlangen, soweit weder eine Insolvenz der betreffenden Gesellschaft droht noch eine sonstige Gefährdung von Gläubigerinteressen nach Überzeugung des Gerichts zu befürchten ist[1112]. Eine solche Gefährdung von Gläubigerinteressen wird dann auszuschließen sein, wenn der *scheme* Regelungen vorsieht, die eine hinreichende Sicherung der Interessen aller Gläubiger gewährleisten, wie etwa die Gewährung

---

[1111] Arden/Prentice: Buckley on the Companies Act, Band II, RN 425.19; vgl.: *Re Empire Mining Co [1890] 44 Ch 402; Re Alabama, New Orleans, Texas and Pacific Junction Railway Company [1891] 1 Ch 213, 228; Slater v Darlaston Steel and Iron Co. [1877] WN 139.*

[1112] Farrar's Company Law, S. 605.

von Garantien, Freistellungserklärungen oder auch die Bildung besonderer Kapitalreserven[1113].

Schließlich ist die Einberufung von Gläubigerversammlungen auch dann nicht erforderlich, wenn feststeht, dass die von der Einberufung jeweils betroffene *class* im Falle der Auflösung der Gesellschaft nichts erhalten würde[1114].

bb) Einteilung in *classes*

Gläubigerbeschlüsse werden nach Section 425 Sub-Section 2 CA 1985 für jede *class* der Gesellschaftsgläubiger gesondert gefasst.

Wie schon beim Beschluss der Gesellschafter zur Verschmelzung bedeutet die Einteilung der Gläubiger in verschiedene *classes* eine Erschwerung der Zustimmung[1115].

Ebenso wie bei der Einteilung der verschiedenen Gesellschafter[1116] werden auch im Hinblick auf die Gläubiger solche Personen einer gemeinsamen *class* zugerechnet, deren Rechte "nicht so unterschiedlich sind, dass es ihnen verwehrt wäre, einander im Hinblick auf ihre gemeinsamen Interessen zu beraten"[1117]. Grundsätzlich bedeutet dies, dass jedenfalls die ungesicherten Gläubiger sowie die im gleichen Rang gesicherten Gläubiger jeweils eine eigene *class* bilden[1118].

1113 Barc in Tolley's Company Law, R 2019.
1114 Vgl. *Re Tea Corporation Limited [1904] 1 Ch 12.*
1115 Vgl. oben D.II.3.c)aa).
1116 Vgl. oben D.II.3.c)aa).
1117 Bowen LJ in *Sovereign Life Assurance Company v Dodd [1892] 2 QB 573, 583.* Diese Definition gilt grundsätzlich gleichermaßen sowohl für Gesellschafter als auch für Gläubiger der Gesellschaft (Palmer's Company Law, Band II, RN 12.018.1).
1118 Palmer's Company Law, Band II, RN 12.018 f.

Wie schon im Hinblick auf die Einteilung der Gesellschafter[1119] ist der Antragsteller auch für die korrekte Einteilung der Gläubiger in die verschiedenen *classes* verantwortlich[1120]. Soweit die im Antrag enthaltene Zusammensetzung der *classes* unzutreffend ist, darf das Gericht den *scheme* nicht genehmigen[1121]. Allein im Fall der Insolvenz einer Gesellschaft ist es einem antragstellenden *administrator* möglich, gemäß Section 14 Sub-Section 3 *Insolvency Act 1986* das Gericht um eine Entscheidung zur Einteilung der *classes* zu ersuchen[1122].

cc) Information der Gläubiger

Jeder Gläubiger, der zu einer Gläubigerversammlung geladen werden soll, hat gemäß Section 426 Sub-Section 2 CA 1985 mit der Mitteilung über die Einberufung der Gläubigerversammlung zu seiner Information eine Abschrift des *explanatory statement* zu erhalten. Erfolgt die Einberufung der Gläubigerversammlung im Wege einer öffentlichen Anzeige, so hat diese gemäß Section 426 Sub-Section 3 CA 1985 jedenfalls anzugeben, wie und wo Abschriften des *explanatory statement* zu erhalten sind. Insofern gilt nichts anderes als bei der Einberufung von Gesellschafterversammlungen der übertragenden Gesellschaften[1123].

Entscheidend ist, dass die zur Abstimmung berufenen Gesellschaftsgläubiger die Möglichkeit der umfassenden Information erhalten. Dabei ist insbesondere der Inhalt des *explanatory statement* von Belang. Selbst für den Fall, dass bei einer unterbliebenen Information der Gläubiger keine Bösgläubigkeit vorhanden war, wird das Gericht den *scheme* regelmäßig nicht genehmigen, wenn das Gericht annimmt, dass die

1119 Vgl. oben D.II.3.c)aa).
1120 Scott/Lewis, PLC 1992, Vol. III, S. 26.
1121 *Re Hellenic and General Trust Ltd [1976] 1 WLR 123, 125.*
1122 Vgl. *Re British & Commonwealth Holdings PLC (No. 3) [1992] 1 WLR 672, 673.*
1123 Vgl. oben D.II.3.a).

betreffende Information die Stimmabgabe von Gläubigern im Rahmen der Gläubigerversammlungen berührt hätte[1124].

Besondere Regelungen enthält das Gesetz zur Information der *debenture*[1125]-Gläubiger einer Gesellschaft[1126]: Soweit die betreffende Gesellschaft *debentures* ausgegeben hat, werden die sich hieraus für die Berechtigten ergebenden Ansprüche und Rechte regelmäßig durch zu diesem Zweck bestellte *trustees*[1127] wahrgenommen. Gemäß Section 426 Sub-Section 4 CA 1985 i.V.m. Ziffer 4 Absatz 1 (a) Schedule 15B sind alle wesentlichen Interessen solcher *trustees* an der Durchführung der Verschmelzung im Verschmelzungsbericht aufzuführen. Dabei sind nach dem Gesetzeswortlaut insbesondere alle Auswirkungen anzugeben, die eine Durchführung der Verschmelzung auf die Belange der *trustees* hätte, soweit sich solche Auswirkungen von denen auf vergleichbare Belange anderer Personen unterscheiden (Section 426 Sub-Section 2, Sub-Section 4 CA 1985 i.V.m. Ziffer 4 Absatz 1 (a) Schedule 15B). Jeder der *trustees* ist nach Section 426 Sub-Section 7, 1. HS CA 1985 i.V.m. Ziffer 4 Absatz 1 (a) Schedule 15B verpflichtet, der Gesellschaft alle Umstände mitzuteilen, die im Zusammenhang mit der Erstellung des Verschmelzungsberichts relevant sein könnten. Bei Verstoß gegen diese Mitteilungspflicht kann gemäß Section 426 Sub-Section 7, 2. HS CA 1985 i.V.m. Ziffer 4 Absatz 1 (a) Schedule 15B ein Bußgeld (in Höhe von maximal Pfund 1.000,-[1128]) verhängt werden.

1124 *Re Jessel Trust Limited [1985] BCLC 119;* Barc in Tolley's Company Law, R 2013. Eine unterbliebene Information von Gläubigern steht der Genehmigung des *scheme* jedoch dann nicht entgegen, wenn das Gericht zu der Überzeugung gelangt, dass kein vernünftiger Gläubiger seine Entscheidung im Hinblick auf den *scheme* geändert hätte, wäre die betreffende Information offen gelegt worden (so etwa Harman J in *Re Minster Assets PLC [1985] BCLC 200*).

1125 Die *debenture* entspricht der deutschen Schuldverschreibung.

1126 Die aus einer *debenture* Berechtigten werden den Gesellschaftsgläubigern zugerechnet (Arden/Prentice: Buckley on the Companies Act, Band II, RN 425.20).

1127 Hierbei handelt es sich um Treuhänder.

1128 Barc in Tolley's Company Law, R 2020.

dd) Gegenstand der Gläubigerbeschlüsse

Die Gläubiger entscheiden in den verschiedenen Versammlungen jeweils per Beschluss über die Verschmelzung, wie sie sich nach den ihnen zugänglich gemachten Informationen darstellt.

ee) Erforderliche Mehrheit

Wie dies bereits bei den Verschmelzungsbeschlüssen der Gesellschafter der Fall ist, wird auch der Schutz der Gläubiger insbesondere durch ein zweistufiges Mehrheitserfordernis für die verschiedenen Gläubigerbeschlüsse gewährleistet[1129]:

So ist das Gericht nach Section 425 Sub-Section 2 CA 1985 nur dann zur Genehmigung des *scheme* befugt, wenn zum einen jede *class* der Gläubiger mit einer Mehrheit der Anzahl der bei der jeweiligen Versammlung vertretenen Gläubiger zustimmt. Zum anderen muss diese zahlenmäßige Mehrheit jeweils mindestens drei Viertel des bei der Versammlung vertretenen „Wertes" repräsentieren.

Der Begriff „Wert" ist dabei so zu verstehen, dass er sich auf den gegenwärtigen Wert sofort oder auch erst später fälliger Verbindlichkeiten bezieht[1130].

b) Gerichtliche Überwachung der Verschmelzung

Ebenso wie der Schutz der Gesellschafter[1131] wird auch der Gläubigerschutz im Wesentlichen durch die gerichtliche Kontrolle der Verschmelzung gewährleistet. Zuständig hierfür ist die *Chancery Division* des *High Court* oder gegebenenfalls alternativ der *County Court* des Bezirks, in

---

1129 Farrar's Company Law, S. 604.
1130 Millett, The Encyclopaedia of Forms and Precedents, Band 10, RN 869, FN 6.
1131 Vgl. oben D.III.3.a).

dem sich die eingetragene Niederlassung der betreffenden Gesellschaft befindet[1132].

Ob eine hinreichende Berücksichtigung der Gläubigerinteressen gegeben ist, wird im Rahmen der durch das Gericht vorgenommenen umfassenden Prüfung des *scheme* geklärt[1133]. Die gerichtliche Prüfung erfasst die Gläubiger sowohl der übertragenden als auch der übernehmenden Gesellschaften[1134].

Darüber hinaus führt das Gericht gemäß Ziffer (ii) der Practice Direction (Companies Court: Schemes and Reductions) 1996[1135] eine Anhörung durch, in der jeder Gläubiger, der durch den *scheme* betroffen ist, Einwände vortragen kann[1136].

Grundsätzlich ordnet das Gericht den *scheme* in der ihm vorgeschlagenen Fassung nur dann an, wenn die folgenden drei Voraussetzungen erfüllt sind[1137]:

aa) Erfüllung der gesetzlichen Bestimmungen

Die gesetzlichen Bestimmungen müssen erfüllt sein. Dies bedeutet insbesondere, dass den Gläubigern alle erforderlichen Informationen in Übereinstimmung mit den gesetzlichen Regelungen zugänglich gemacht wurden und dass die verschiedenen Gläubigerbeschlüsse ordnungsgemäß zustande gekommen sind. Soweit das Gericht Gläubigerver-

---

1132 Vgl. oben C.III.1.I)bb).

1133 Vgl. auch oben D.III.3.a).

1134 Anders ist dies bei der Abhaltung von Gläubigerversammlungen. Diese sind grundsätzlich nur für die übertragenden Gesellschaften vorgesehen (vgl. oben E.I.3.a)).

1135 [1997] 1 WLR 1.

1136 Werden solche Einwände nicht erhoben, ist der betreffende Gläubiger grundsätzlich nicht mehr berechtigt, nach einer gerichtlichen Genehmigung des *scheme* Berufung gegen eine solche Genehmigung einzulegen. Nur ausnahmsweise erteilt das Gericht auch in einem solchen Fall die Erlaubnis zur Berufungseinlegung (*Re Securities Insurance Company [1894] 2 Ch 419*).

1137 Vgl. auch oben D.III.3.a).

sammlungen für erforderlich hält[1138], wird es daher regelmäßig zunächst sämtliche Gesellschaftsgläubiger ermitteln[1139]. Hierdurch kann die Prüfung im Einzelfall sehr aufwendig werden.

Im Übrigen gilt hier für die Überprüfung der Erfüllung von gesetzlichen Bestimmungen nichts anderes als bei der Frage nach der hinreichenden Berücksichtigung von Gesellschafterinteressen[1140].

bb) Hinreichende Vertretung der Gläubiger in den Gläubigerversammlungen

Zur Überzeugung des Gerichts muss feststehen, dass die Gläubiger, die bei der Abstimmung über den *scheme* in den verschiedenen *classes* jeweils anwesend oder vertreten waren, einen hinreichend repräsentativen Querschnitt der Gläubiger ihrer jeweiligen *class* bilden[1141].

Weiterhin darf nach Überzeugung des Gerichts innerhalb der verschiedenen *classes* kein Druck durch eine Mehrheit von Gläubigern zulasten einer Minderheit ausgeübt worden sein, um so Ziele durchzusetzen, die den Interessen der betreffenden *class* zuwiderlaufen[1142].

Auch insofern gelten die gleichen Grundsätze wie bei der Frage nach der Berücksichtigung von Gesellschafterinteressen[1143].

cc) Angemessenheit des *scheme*

Das Gericht wird den *scheme* nur dann genehmigen, wenn es zu der Überzeugung gelangt, dass die vorgesehenen Regelungen nicht nur für

---

1138 Vgl. oben E.I.3.a)aa).
1139 Barc in Tolley's Company Law, R 2019.
1140 Vgl. oben D.III.3.a)aa).
1141 Palmer's Company Law, Band II, RN 12.028.
1142 Palmer's Company Law, Band II, RN 12.028.
1143 Vgl. oben D.III.3.a)bb).

die Gesellschafter[1144], sondern auch für die Gesellschaftsgläubiger insgesamt angemessen sind.

Die Interessen der Gläubiger müssen also durch den *scheme* hinreichend berücksichtigt werden[1145]. Eine starke Indizwirkung kommt dabei gegebenenfalls den Mehrheitsbeschlüssen der verschiedenen Gläubigerversammlungen zu, an die sich das Gericht in der Regel halten wird[1146]. Dies setzt aber zum einen voraus, dass die Gläubigerbeschlüsse nicht unvernünftig sind[1147]. Zum anderen ist erforderlich, dass die Gläubiger durch hinreichende und korrekte Informationen auf den Gläubigerbeschluss vorbereitet wurden. Allerdings steht auch eine unterbliebene Information von Gläubigern der Genehmigung des *scheme* nicht entgegen, wenn das Gericht zu der Überzeugung gelangt, dass kein vernünftiger Gläubiger seine Entscheidung im Hinblick auf den *scheme* geändert hätte, wäre die betreffende Information offen gelegt worden[1148].

Gelangt das Gericht zu der Überzeugung, dass es dem *scheme* an einer hinreichenden Berücksichtigung von Gläubigerinteressen mangelt, so wird eine gerichtliche Genehmigung des *scheme* nicht allein daran scheitern. Vielmehr werden die Gläubigerinteressen regelmäßig bei der Entscheidung des Gerichts über die Anordnung der besonderen Verschmelzungsfolgen nach Section 427 CA 1985 Beachtung finden. Das Gericht wird dann solche Maßnahmen anordnen, die einen Schutz von berechtigten Gläubigerinteressen gewährleisten[1149]. So kann das Gericht beispielsweise anordnen, dass die Verschmelzung erst nach vollständiger Befriedigung ungesicherter Gläubiger[1150], nach Gewährung von

---

1144 Vgl. hierzu oben D.III.3.a)cc).
1145 Nourse J in *Re Bramall & Ogden Limited,* Ch. 22. Mai 1981 (nicht veröffentlicht).
1146 Farrar's Company Law, S. 604 f.
1147 Vgl. *Re Heron International NV [1994] 1 BCLC 667.*
1148 So etwa Harman J in *Re Minster Assets PLC [1985] BCLC 200.*
1149 Barc in Tolley's Company Law, R 2013.
1150 Barc in Tolley's Company Law, R 2013.

Garantien bzw. Freistellungserklärungen oder auch nach der Bildung besonderer Kapitalreserven vollzogen werden darf[1151].

Damit steht dem Gericht also faktisch ein Recht zur Abänderung des ihm vorgeschlagenen *scheme* zu[1152].

Neben der Abänderung des *scheme* kann das mit der Anordnung der Verschmelzungsfolgen befasste Gericht zudem gegebenenfalls gemäß Sections 238 Sub-Section 1 – Sub-Section 3, 423 Sub-Section 1, Sub-Section 2 *Insolvency Act 1986* von der Auflösung einer übertragenden Gesellschaft absehen und die Verschmelzung insgesamt aussetzen. Voraussetzung hierfür ist, dass die übertragende Gesellschaft den *scheme* zu einem Zeitpunkt eingegangen ist, zu dem sie entweder insolvent war oder Insolvenz drohte[1153]. Eine solche Aussetzung der Verschmelzung wird jedoch in der Praxis kaum vorkommen, da das für die Anordnung der Aussetzung zuständige Gericht bereits im Rahmen der Genehmigung der Verschmelzung[1154] eine umfassende Prüfung und Regelung vorgenommen hat[1155].

c) Nachträglicher Rechtsschutz

Wie schon den Gesellschaftern[1156] wird auch den Gesellschaftsgläubigern noch nach Genehmigung der Verschmelzung gegebenenfalls nachträglicher Rechtsschutz gewährt.

[1151] Vgl. Barc in Tolley's Company Law, R 2019.
[1152] Barc in Tolley's Company Law, R 2013; vgl. auch oben D.III.3.a)cc).
[1153] Vgl. Millett, The Encyclopaedia of Forms and Precedents, Band 10, RN 935
[1154] S.o. C.III.2.e).
[1155] Millett, The Encyclopaedia of Forms and Precedents, Band 10, RN 940 f.
[1156] Vgl. oben D.IV.3.

aa) Nachträgliche Aussetzung der Verschmelzung

So kann für den Fall, dass die gerichtliche Genehmigung der Verschmelzung durch Täuschung erlangt wurde, eine Aussetzung der Verschmelzung sowie eine Rückgängigmachung bereits eingetretener Verschmelzungsfolgen bei dem Gericht, das die Verschmelzung angeordnet hat, beantragt werden[1157].

bb) Berufung gegen die Anordnung der Verschmelzung

Zudem sind die Gläubiger befugt, innerhalb der vierzehntägigen Berufungsfrist und soweit Berufung zugelassen wurde, Berufung gegen die Verschmelzung zum *Court of Appeal* einzulegen[1158]. Damit besteht für die Gläubiger die Möglichkeit, gegebenenfalls zu ihren Gunsten eine Nachbesserung der Verschmelzungsregelungen zu erreichen.

1157 Vgl. auch oben D.IV.3.b).

1158 Vgl. auch oben D.IV.3.c).

4. Rechtsvergleich

a) Gläubigerbeschlüsse

Anders als das deutsche Recht – und über die Vorgaben der Dritten Richtlinie hinaus – sieht das englische Recht vor, dass gegebenenfalls auch die Zustimmung der Gläubiger übertragender Gesellschaften zur Verschmelzung erforderlich ist. Gefordert werden insofern grundsätzlich Zustimmungsbeschlüsse jeder *class* der Gläubiger[1159].

b) Anspruch auf Gewährung von Sicherheiten

Im Unterschied zu den englischen Bestimmungen sehen die gesetzlichen Regelungen in Deutschland ausdrücklich einen Anspruch der Gläubiger aller beteiligten Gesellschaften vor, von den Gesellschaften gegebenenfalls Sicherheitsleistung zu verlangen. Im englischen Recht können solche Sicherheitsleistungen zwar im Rahmen der gerichtlichen Überwachung der Verschmelzung und der Überprüfung auf deren Angemessenheit vom zuständigen Gericht angeordnet werden. Anders als in Deutschland ist ein hierauf gerichteter Anspruch der Gläubiger aber nicht gesetzlich geregelt. So ergibt sich insbesondere die Pflicht des englischen Gerichts zur Prüfung der Angemessenheit der Verschmelzung allein aus Richterrecht. Damit wird die englische Regelung der von Art. 13 Abs. 2 der Dritten Richtlinie gestellten Anforderung, wonach die Rechtsvorschriften der Mitgliedstaaten zumindest einen Anspruch auf angemessene Garantien einzuräumen haben, nicht genügen können[1160]. Eine richtlinienkonforme Auslegung des englischen Richterrechts vermag an diesem Ergebnis nichts zu ändern, denn das Institut der richtlinienkonformen Auslegung soll nicht von der Verpflichtung des Mitgliedstaates zur Umsetzung durch Normativakt entbin-

[1159] S.o. E.I.3.a)bb).
[1160] Vgl. zur Problematik der Tauglichkeit von Richterrecht zur Umsetzung von Richtlinienvorgaben bereits oben D.IV.4.a).

den[1161]. Eine abschließende Klärung dieser Frage bleibt freilich dem EuGH vorbehalten.

In Deutschland sind Umsetzungsdefizite nicht ersichtlich. Insbesondere begegnet die in § 22 Abs. 1 UmwG vorgesehene materielle Ausschlussfrist zur Geltendmachung des Anspruchs auf Sicherheitsleistung keinen Bedenken, da diese sechsmonatige Frist keine unbillige Benachteiligung von Gläubigern zulässt.

c) Anderweitiger nachträglicher Rechtsschutz

Während in England alle Gesellschaftsgläubiger unter bestimmten Voraussetzungen berechtigt sind, beim zuständigen Gericht die Aussetzung von Verschmelzungsfolgen sowie zu ihren Gunsten eine Nachbesserung der Verschmelzungsregelungen zu beantragen, gesteht das deutsche Recht nach Wirksamwerden der Verschmelzung den Gläubigern der übertragenden Gesellschaften gegebenenfalls Schadenersatzansprüche gegen die Organwalter der betreffenden Gesellschaft zu. Zudem kann in Deutschland jedem Gläubiger einer der beteiligten Gesellschaften ein Schadenersatzanspruch gegen diese Gesellschaft zustehen, soweit die betreffenden Gesellschaftsvorstände schuldhaft die ihnen obliegende Pflicht zur Sicherheitengewährung unterlassen haben.

d) Regelungen zur Sicherung der Kapitalaufbringung der sich verschmelzenden Gesellschaften

Allein das deutsche Recht enthält für die Verschmelzung besondere gesetzliche Bestimmungen zur Sicherung der Kapitalaufbringung der sich verschmelzenden Gesellschaften. So sind für den Fall, dass bei der Verschmelzung durch Aufnahme der Verschmelzungsvertrag in den ersten zwei Jahren seit Eintragung der übernehmenden Gesellschaft in

---

[1161] Vgl. Wölk, S. 230.

das Handelsregister geschlossen wird, die deutschen Nachgründungsregelungen zu beachten. Bei der Verschmelzung durch Neugründung darf in Deutschland für jede übertragende Gesellschaft erst dann ein Verschmelzungsbeschluss gefasst werden, wenn alle beteiligten übertragenden Gesellschaften bereits seit mindestens zwei Jahren im Handelsregister eingetragen sind.

II. Der Schutz der Inhaber von Sonderrechten

1. Vorgaben der Richtlinie

Gemäß Art. 15 der Dritten Richtlinie müssen die Inhaber von Wertpapieren[1162], bei denen es sich nicht um Aktien handelt, die aber mit Sonderrechten verbunden sind, in der übernehmenden Gesellschaft Rechte erhalten, die mindestens denen gleichwertig sind, die sie in der übertragenden Gesellschaft hatten. Dies ist nur dann entbehrlich, wenn eine Versammlung der Inhaber bzw. jeder einzelne Inhaber der Änderung seines Rechts zugestimmt hat oder wenn die Inhaber einen Anspruch auf Rückkauf ihrer Wertpapiere durch die übernehmende Gesellschaft haben.

[1162] Die englische Fassung der Dritten Richtlinie enthält hier den Begriff *securities*.

2. Schutz der Sonderrechtsinhaber nach deutschem Recht

§ 23 UmwG[1163] bestimmt, dass den Inhabern von Rechten in einer übertragenden Gesellschaft, die kein Stimmrecht gewähren, gleichwertige Rechte in der übernehmenden Gesellschaft zukommen müssen. Beispielhaft werden vom Gesetz die Inhaber von Anteilen ohne Stimmrechte, von Wandelschuldverschreibungen, von Gewinnschuldverschreibungen und von Genussrechten aufgezählt.

Die Norm soll einen Verwässerungsschutz gewährleisten[1164]. Damit sind nur Vermögensrechte, nicht aber Vorzugs- oder Zustimmungsrechte von § 23 UmwG erfasst[1165].

Den Sonderrechtsinhabern sind nach dem Gesetzeswortlaut „gleichwertige Rechte" an der übernehmenden Gesellschaft einzuräumen. Gemeint sind hierbei in erster Linie gleichartige Rechte, denn die Rechtsinhaber sollen ja gerade vor einer Veränderung ihrer Rechtsposition geschützt werden[1166]. Aber auch gleichartige Rechte müssen den Rechten, die an der übertragenden Gesellschaft bestanden, wirtschaftlich zumindest gleichwertig sein[1167].

§ 23 UmwG ist für die Sonderrechtsinhaber Schutzgesetz im Sinne von § 823 Abs. 2 BGB[1168]. Seine schuldhafte Verletzung löst somit Schadenersatzansprüche gegen die an der Verschmelzung beteiligten Handelnden aus, d.h. gegen Vorstände und Aufsichtsräte der beteiligten Gesell-

---

1163 Mit Umsetzung der Dritten Richtlinie war eine entsprechende Regelung zunächst in § 347 a AktG enthalten.

1164 RegEBegr. zu § 23 UmwG, bei Ganske, S. 77.

1165 Grunewald in Lutter zu § 23, RN 2; Bermel in Goutier/Knopf/Tulloch zu § 23, RN 7 f.

1166 Grunewald in Lutter zu § 23, RN 6; a.A. Kiem, ZIP 1997, 1627, 1632, der allein auf eine wirtschaftliche Betrachtungsweise abstellt.

1167 Vgl. Stratz in Schmitt/Hörtnagl/Stratz zu § 23, RN 9.

1168 Vossius in Widmann/Mayer zu § 23, RN 3; a.A. Grunewald in Lutter zu § 23, RN 22.

schaften, die Verschmelzungsprüfer sowie unter Umständen weitere Rechts- und Wirtschaftsberater der beteiligten Gesellschaften[1169].

[1169] Vgl. Vossius in Widmann/Mayer zu § 23, RN 3; vgl. auch: Müller in Kallmeyer zu § 23, RN 13.

3. Schutz der Sonderrechtsinhaber nach englischem Recht

Nach Ziffer 8 Absatz 1 Schedule 15B sind dem Inhaber eines Wertpapiers[1170], das mit besonderen Rechten an einer übertragenden Gesellschaft verknüpft ist, das aber keine Gesellschafter- oder Gläubigerstellung ihres Inhabers begründet, Rechte von entsprechendem Wert an der übernehmenden Gesellschaft zu gewähren. Dies betrifft beispielsweise Wandelschuldverschreibungen, Gewinnschuldverschreibungen oder auch Genussrechte.

Hinsichtlich der an der übernehmenden Gesellschaft einzuräumenden Rechte stellt der Gesetzeswortlaut allein auf die Gleichwertigkeit des wirtschaftlichen Werts mit dem zuvor an den übertragenden Gesellschaften bestehenden Sonderrecht ab.

Die Einräumung gleichwertiger Rechte an der übernehmenden Gesellschaft ist nur dann entbehrlich, wenn der Sonderrechtsinhaber eine entsprechende Zustimmung gibt (Ziffer 8 Absatz 2 (a) Schedule 15B) oder wenn der *scheme* dem Sonderrechtsinhaber das Recht einräumt, das betreffende Wertpapier zu angemessenen Konditionen an die übernehmende Gesellschaft zu veräußern (Ziffer 8 Absatz 2 (b) Schedule 15B). Die Angemessenheit der für eine Veräußerung vorgesehenen Konditionen wird durch das Gericht überprüft.

Bei Verstoß gegen diese zum Schutz der Sonderrechtsinhaber vorgesehenen Regelungen, darf das Gericht den *scheme* nicht genehmigen (Ziffer 8 Absatz 1 Schedule 15B).

[1170] Die englische Vorschrift enthält hier – entsprechend der Regelung der Dritten Richtlinie – den Begriff *security*.

4. Rechtsvergleich

Im Unterschied zur deutschen Regelung sieht das englische Recht ausdrücklich die Möglichkeit vor, dass die Sonderrechtsinhaber auf die Einräumung gleichwertiger Rechte an der übernehmenden Gesellschaft verzichten oder dass die Sonderrechte zu einem angemessenen Preis von der übernehmenden Gesellschaft aufzukaufen sind.

Umsetzungsdefizite sind weder in Deutschland noch in England ersichtlich.

III. Möglichkeiten der Umgehung des Schutzes von Gläubigern und Sonderrechtsinhabern

1. Umgehungsmöglichkeiten in Deutschland

In Deutschland bestehen grundsätzlich keine Möglichkeiten, die zum Schutz von Gläubigern und Sonderrechtsinhabern in deutsches Recht umgesetzten Bestimmungen der Dritten Richtlinie zu umgehen. Insofern gilt hier nichts anderes als im Hinblick auf den Schutz der Aktionäre[1171].

2. Umgehungsmöglichkeiten in England

Grundsätzlich bestehen keine Möglichkeiten, die im englischen Recht verankerten Regelungen zum Schutz der Gläubiger zu umgehen. Wie bereits dargelegt ist jedoch sehr zweifelhaft, ob diese Regelungen den Anforderungen der Dritten Richtlinie genügen[1172].

Die englischen Bestimmungen zum Schutz der Sonderrechtsinhaber sind hingegen sehr leicht zu umgehen, indem eine der beteiligten Gesellschaften von einer *public company* in eine *private company* umgewandelt wird. Die Regelungen der Section 427A CA 1985 und des Schedule 15B finden in diesem Fall gar keine Anwendung mehr[1173].

3. Vergleich

Im Unterschied zur Situation in Deutschland ist der von der Dritten Richtlinie bezweckte Schutz von Gläubigern und Sonderrechtsinhabern in England vollständig ausgehöhlt. So werden zum einen die englischen Gläubigerschutzregelungen kaum den Vorgaben der Dritten Richtlinie gerecht. Zum anderen stehen den englischen Sonderrechtsinhabern die von der Dritten Richtlinie vorgesehenen Schutzmechanismen in der

---

[1171] S.o. D.V.1.
[1172] S.o. E.I.4.b).
[1173] S.o. D.V.2.

Regel nicht zur Verfügung, da Verschmelzungen meist unter Umgehung der hierzu im englischen Recht verankerten Bestimmungen durchgeführt werden.

F. Zusammenfassung und Ausblick

Die Umsetzung der Dritten Richtlinie hat in Deutschland und in England grundsätzlich zu einer gewissen Parallelität der gesetzlichen Verschmelzungsregelungen geführt[1174]. So weisen nunmehr sowohl das deutsche als auch das englische Recht die gleichen Elemente des Verschmelzungsverfahrens auf: Es ist ein Verschmelzungsplan/Verschmelzungsvertrag[1175] zu erstellen. Ein schriftlicher Verschmelzungsbericht[1176] ist zu verfassen. Für jede der sich verschmelzenden Gesellschaften hat eine Verschmelzungsprüfung[1177] zu erfolgen, über die jeweils ein Verschmelzungsprüfungsbericht[1178] zu erstatten ist. Die Aktionäre der sich verschmelzenden Gesellschaften haben Verschmelzungsbeschlüsse[1179] zu fassen. Auch die zum Schutz der Aktionäre vom deutschen und vom englischen Recht vorgesehenen Pflichten der Organwalter und Prüfer sind nahezu identisch[1180].

Erhebliche Unterschiede zwischen der deutschen und der englischen Regelung ergeben sich aber in den Einzelheiten des Verschmelzungsverfahrens. Das englische Recht sieht zwar eine größere Zahl von Verfahrensschritten und eine umfassende präventive materielle Prüfung der Verschmelzung durch die Gerichte vor[1181]. Dies führt jedoch nicht

1174 Dabei unterschied sich vor Umsetzung der Dritten Richtlinie die Behandlung einer Verschmelzung in England erheblich von den Bestimmungen des deutschen Rechts. Einheitlich sahen das deutsche und das englische Recht lediglich die Möglichkeiten der Verschmelzung durch Aufnahme sowie der Verschmelzung durch Neugründung vor (vgl. oben C.IV.). Die Mehrfachverschmelzung wurde in Deutschland hingegen erst mit Umsetzung der Dritten Richtlinie zugelassen (vgl. oben C.IV.).

1175 Vgl. oben C.IV.1.c).

1176 Vgl. oben C.IV.1.e).

1177 Vgl. oben C.IV.1.f).

1178 Vgl. oben C.IV.1.f).

1179 Vgl. oben C.IV.1.k).

1180 Vgl. oben D.I.4. Diese Pflichten sind im deutschen ebenso wie im englischen Recht sehr detailliert ausgestaltet und verlangen den Organwaltern und Prüfern in beiden Staaten die Beachtung einer Vielzahl von Regelungen ab.

1181 Das Verschmelzungsverfahren ist in England einer umfassenden gerichtlichen Kontrolle unterstellt (vgl. oben C.IV.1.l)); dem englischen Gericht kommt damit im gesamten Verfahren eine herausragende Bedeutung zu.

zwangsläufig zu einem höheren Schutz der an der Verschmelzung Beteiligten als in Deutschland, denn das Verschmelzungsverfahren ist für diese in England mit größeren Unwägbarkeiten behaftet. So trifft das nach englischem Recht über die Verschmelzung entscheidende Gericht sämtliche Entscheidungen – angefangen von der Einberufung der Gesellschafter- bzw. Gläubigerversammlungen[1182] bis zur Verschmelzungsgenehmigung und Anordnung der besonderen Verschmelzungsfolgen[1183] – nach eigenem Ermessen[1184]. Zudem ist das englische Gericht mit erheblich weiteren Kontroll- und Gestaltungsbefugnissen als das deutsche Registergericht ausgestattet[1185]. In Deutschland sind die meisten Regelungsbereiche durch gesetzliche Normierung entschieden. Damit besteht im Hinblick auf den Ausgang des Verschmelzungsverfahrens in Deutschland größere Rechtssicherheit als in England.

Auch in den Regelungen für die Zeit nach Wirksamwerden der Verschmelzung zeigt sich das englische Recht flexibler, aber auch weniger vorhersehbar[1186]. So ist der Bestand der einmal eingetretenen Verschmelzung nach englischem Recht, welches – anders als das deutsche Recht – eine Entschmelzung (mit ex nunc-Wirkung) zulässt, nicht unter allen Umständen gesichert[1187].

Bei einem Vergleich zwischen den englischen und den deutschen Regelungen zum Schutz der Aktionäre ergibt sich ein gespaltenes Bild:

Einerseits sieht das englische Recht eine größere Bandbreite an Regelungen zum Schutz der Gesellschafter vor. So stellt etwa das englische Recht strengere Anforderungen an Gesellschafterbeschlüsse,

1182 Vgl. oben C.IV.1.j).
1183 Vgl. oben C.IV.1.l).
1184 Vgl. oben C.IV.1.l) sowie C.IV.1.j)aa).
1185 Vgl. oben D.III.4.a). Während das englische Recht aber ausschließlich auf gerichtliche Überwachung setzt, sieht das deutsche Recht eine Kumulation von gerichtlicher und notarieller Kontrolle vor (vgl. oben D.III.4.a)).
1186 Die Wirksamkeit der Verschmelzung tritt sowohl in England als auch in Deutschland unabhängig von etwaigen Mängeln der Verschmelzung ein (vgl. oben C.IV.2.c)).
1187 Vgl. oben C.IV.2.c) sowie D.IV.4.d).

durch die der Verschmelzung zugestimmt wird, als das deutsche Recht: Insbesondere sehen die englischen Bestimmungen für Gesellschafterbeschlüsse ein zweistufiges Zustimmungserfordernis vor, das über eine (auch in Deutschland erforderliche) Dreiviertelmehrheit des bei der Versammlung vertretenen Nominalwertes der Anteile hinaus eine zahlenmäßige Mehrheit der zustimmenden Gesellschafter verlangt[1188].

Andererseits werden die im englischen Recht verankerten Schutzregelungen relativiert, indem die Umsetzung dieser Regelungen in das Ermessen des zuständigen Gerichts gestellt wird und die sich aus einer Schutznormverletzung ergebenden Rechtsfolgen ungewiss sind.

Diese Zweischneidigkeit zeigt sich beispielhaft an den Bestimmungen zur Anzahl der erforderlichen Gesellschafterbeschlüsse. So sind nach englischem Recht zwar gegebenenfalls eine größere Zahl von Gesellschafterbeschlüssen als in Deutschland erforderlich. Das Risiko der korrekten Einteilung der *classes* der über die Verschmelzung abstimmenden Gesellschafter tragen jedoch die an der Verschmelzung Beteiligten; das zuständige Gericht gibt im Vorfeld der Abstimmungen keine Hinweise zur Einteilung der *classes*. Befindet das Gericht im Nachhinein die Einteilung der *classes* für falsch, so ist die Verschmelzung nicht genehmigungsfähig[1189].

Im Übrigen können über den von der Dritten Richtlinie vorgesehenen a-priori-Schutz der Aktionäre hinaus in beiden Rechtsordnungen nach Wirksamwerden der Verschmelzung den Aktionären von übertragenden Gesellschaften – in England sogar den Gesellschaftern aller beteiligten Gesellschaften – gegebenenfalls Nachbesserungsansprüche im Hinblick auf das Umtauschverhältnis für die Anteile an den übertragenden Gesellschaft zustehen[1190]. Austrittsrechte der Aktionäre übertragender Gesellschaften sind in Deutschland – im Unterschied zum englischen Recht – ausdrücklich für den Fall im Gesetz vorgesehen, dass die im Zuge der

---

[1188] Vgl. oben D.II.4.c).
[1189] Vgl. oben D.II.3.c)aa) sowie E.I.3.a)bb).
[1190] Vgl. oben D.IV.4.c).

Verschmelzung auszugebenden Aktien an der übernehmenden Gesellschaft Verfügungsbeschränkungen unterliegen[1191]. Gesellschafter einer englischen Gesellschaft dürfen dagegen nur dann aus der Gesellschaft austreten, wenn ihnen dies durch eine (Einzelfall-) Entscheidung des zuständigen Gerichts gestattet wurde[1192].

Schließlich sehen sowohl das deutsche als auch das englische Recht für die Zeit nach Wirksamwerden der Verschmelzung gegebenenfalls Schadenersatzansprüche der Aktionäre und Gesellschafter aller beteiligten Gesellschaften gegen die Verschmelzungsprüfer sowie der Aktionäre und Gesellschafter der übertragenden Gesellschaften gegen die Organwalter ihrer jeweiligen Gesellschaft wegen schuldhaften Fehlverhaltens vor[1193]. Erhebliche Zweifel bestehen im Hinblick auf die Richtlinienkonformität der vom deutschen Recht zugunsten der Verschmelzungsprüfer vorgesehenen Haftungshöchstbeträge[1194]. Eine abschließende Entscheidung dieser Frage ist aber dem EuGH vorbehalten. Äußerst zweifelhaft erscheint zudem, ob die in England allein im Richterrecht begründete Haftung der Verschmelzungsprüfer den Vorgaben der Dritten Richtlinie gerecht wird. Auch diese Frage kann abschließend nur durch den EuGH geklärt werden[1195].

Ob die englischen Gläubigerschutzregelungen den Anforderungen der Dritten Richtlinie genügen, erscheint – anders als bei den entsprechenden deutschen Bestimmungen – sehr zweifelhaft. So wird den Gesellschaftsgläubigern in England kein durch Gesetz geregelter Anspruch auf Gewährung von Sicherheiten eingeräumt[1196]; Sicherheiten können den Gläubigern allenfalls im Rahmen der gerichtlichen Ermessensentscheidung zugesprochen werden. Eine abschließende Entscheidung

---

1191 Vgl. oben D.II.4.d).
1192 Vgl. oben D.II.4.d).
1193 Vgl. oben D.IV.4.a).
1194 Vgl. oben D.IV.4.a).
1195 Vgl. oben D.IV.4.a).
1196 Vgl. oben E.I.4.b).

über die Richtlinienkonformität dieser englischen Regelung kommt jedoch allein dem EuGH zu.

Da die Dritte Richtlinie insofern keine Vorgaben enthält, ist der Gläubigerschutz im Übrigen auf jeweils sehr unterschiedliche Weise im deutschen und im englischen Recht verankert. So werden den Gläubigern in England grundsätzich weitergehende Rechte als in Deutschland eingeräumt. Das englische – anders als das deutsche – Verschmelzungsrecht verlangt etwa regelmäßig auch Beschlüsse der Gläubiger, durch die der Verschmelzung zugestimmt wird. Während Gesellschaftsgläubiger in England nach Wirksamwerden der Verschmelzung gegebenenfalls berechtigt sind, die Aussetzung von Verschmelzungsfolgen sowie Nachbesserungen der Verschmelzungsregelungen zu verlangen, stehen den Gläubigern in Deutschland allenfalls Schadenersatzansprüche gegen die beteiligten Gesellschaften zu[1197].

Weitergehend als das englische sieht das deutsche Verschmelzungsrecht Regelungen vor, die zum Schutz von Gläubigern bezwecken, die Sicherung der Kapitalaufbringung der sich verschmelzenden Gesellschaften besonders zu gewährleisten. So schreibt das deutsche Gesetz unter bestimmten Voraussetzungen die Beachtung der Nachgründungsregelungen vor[1198]. Darüber hinaus darf in Deutschland bei der Verschmelzung durch Neugründung nur dann für jede übertragende Gesellschaft ein Verschmelzungsbeschluss gefasst werden, wenn alle beteiligten übertragenden Gesellschaften bereits seit mindestens zwei Jahren im Handelsregister eingetragen sind[1199].

Insgesamt bestehen damit einige wesentliche Unterschiede zwischen den Verschmelzungsrechten in Deutschland und England. In der Praxis müssen diese Unterschiede für die an der Verschmelzung Beteiligten nicht zwingend zu unterschiedlichen Resultaten führen. Hinzu kommt jedoch folgendes: Im Unterschied zur Situation in Deutschland ist der

---

1197 Vgl. oben E.I.4.c).
1198 Vgl. oben E.I.4.d).
1199 Vgl. oben E.I.4.d).

von der Dritten Richtlinie bezweckte Schutz von Aktionären, Gläubigern und Sonderrechtsinhabern in England nahezu vollständig ausgehöhlt. Für die Gläubiger folgt dies schon daraus, dass äußerst zweifelhaft ist, ob die in England zum Schutz der Gläubiger bestehenden Regelungen den Anforderungen der Dritten Richtlinie entsprechen[1200]. Für die Sonderrechtsinhaber und Aktionäre gilt, dass die zu ihren Gunsten prinzipiell in englisches Recht umgesetzten und in Section 427A CA 1985 enthaltenen Schutzmechanismen der Dritten Richtlinie in der Praxis nahezu gar nicht zur Anwendung gelangen[1201]. So kann die Anwendbarkeit der Section 427A CA 1985 umgangen werden, indem eine der beteiligten Gesellschaften vor Durchführung der Verschmelzung von einer *public company* in eine *private company* umgewandelt wird[1202]. Von dieser Möglichkeit wird regelmäßig Gebrauch gemacht[1203]. Damit gelangen die zum Schutz von Gesellschaftern und Sonderrechtsinhabern in englisches Recht umgesetzen Schutzregelungen der Dritten Richtlinie in der Verschmelzungspraxis nicht zur Anwendung. Wohl auch aufgrund dieser geringen Praxisrelevanz findet in der juristischen Literatur Englands – anders als in Deutschland – eine Auseinandersetzung mit diesen Schutzregelungen nahezu gar nicht statt[1204].

Die im englischen Recht bestehende Möglichkeit, die auf der Dritten Richtlinie beruhenden Regelungen zum Schutz von Gesellschaftern, Gläubigern und Sonderrechtsinhabern zu umgehen, wäre durch einfache Maßnahmen des englischen Gesetzgebers einschränkbar. So könnte beispielsweise eine einheitliche gesetzliche Regelung für alle Fälle der Verschmelzung vorgesehen werden, unabhängig davon, ob es sich bei den beteiligten Gesellschaften um *public companies* oder *private companies* handelt. Eine solche Einschränkung der Umgehungsmöglichkeit ist aber zur Zeit nicht beabsichtigt. So lehnt die zur Reform des englischen Gesellschaftsrechts eingesetzte *Steering Group* eine einheitliche

---

1200 Vgl. oben E.I.4.b).
1201 Vgl. oben D.V.3. und E.III.3.
1202 Vgl. oben D.V.2.
1203 Vgl. Barc in Tolley's Company Law, R 2018.
1204 Vgl. oben C.III.

Regelung für alle Fälle der Zusammenführung von Gesellschaften unter Einschluss der in Section 427A CA 1985 enthaltenen Bestimmungen gerade ab[1205]. Darüber hinaus erwägt die *Steering Group* die Einführung weiterer Umgehungsmöglichkeiten[1206].

Damit ist das von der Dritten Richtlinie bezweckte Ziel der Harmonisierung des Rechts der Verschmelzung im Hinblick auf die (vom englischen Gesetzgeber tolerierte) englische Verschmelzungspraxis nicht erreicht. Insbesondere hat die Umsetzung der Dritten Richtlinie in Deutschland und in England nicht zu einer Koordinierung des Schutzes von Gesellschaftern und Dritten in der Verschmelzungspraxis beider Staaten geführt.

Erfolgreich stellt sich die Umsetzung der Dritten Richtlinie im Hinblick auf Deutschland und England nur insoweit dar, als sie die von Art. 293, 3. Spiegelstrich EGV n.F.[1207] bezweckte[1208] Vorbereitung des Erlasses einer Richtlinie zur grenzüberschreitenden Verschmelzung von Gesellschaften betrifft. Eine solche grenzüberschreitende Verschmelzung ist mit Umsetzung der Dritten Richtlinie nunmehr in England und in Deutschland leichter möglich als zuvor: In beiden Staaten ist jetzt ein vergleichbares Regelwerk zur Durchführung von Verschmelzungen vorhanden. Dies dürfte grenzüberschreitende Verschmelzungen zwischen englischen und deutschen Gesellschaften praktikabel werden lassen und den Erlass einer entsprechenden europäischen Richtlinie erleichtern[1209].

Die mit Umsetzung der Dritten Richtlinie in deutsches und englisches Recht eingeführten Regelungen stellen zudem das Fundament dar, auf

---

[1205] Vgl. oben B.I.2.d).

[1206] Vgl. oben B.I.2.d).

[1207] Art. 220 EGV a.F.

[1208] Vgl. oben B.II.2.

[1209] Ein Entwurf der Zehnten Gesellschaftsrechtlichen Richtlinie (ABlEG 1985 C 23) zur grenzüberschreitenden Verschmelzung wurde zwar am 8. Januar 1985 von der Kommission verabschiedet. Jedoch bestehen zwischen den Mitgliedstaaten erhebliche Differenzen im Bereich der unternehmerischen Mitbestimmung der Arbeitnehmer. Die Zehnte Gesellschaftsrechtliche Richtlinie erscheint daher zurzeit nicht konsensfähig.

das die zum 8. Oktober 2004 wirksamwerdende[1210] Verordnung (EG) Nr. 2157/2001 des Rates vom 8. Oktober 2001 über das Statut der Europäischen Gesellschaft (SE)[1211] aufbaut. Damit wird das Wirksamwerden der SE-Verordnung auch Auswirkungen auf die Bedeutung haben, die den in nationales Recht umgesetzen Verschmelzungsregelungen der Dritten Richtlinie zukommt. Insbesondere gestatten die in der SE-Verordnung vorgesehenen Regelungen nur dann einer englischen Gesellschaft die grenzüberschreitende Verschmelzung zu einer SE, wenn es sich bei dieser englischen Gesellschaft um eine *public company* handelt. Die Verschmelzung zur SE wird einer englischen Gesellschaft also nur dann möglich sein, wenn die auf der Dritten Richtlinie beruhenden Regelungen des englischen Verschmelzungsrechts angewandt, und nicht umgangen, werden. Somit wird den mit Umsetzung der Dritten Richtlinie in das englische Recht eingeführten Bestimmungen voraussichtlich durch das Wirksamwerden der SE-Verordnung zu größerer Bedeutung verholfen werden.

[1210] Die SE-Verordnung wird jedenfalls dann in Kraft treten, wenn das Europäische Parlament nicht zwischenzeitlich Klage gegen die Verordnung vor dem Europäischen Gerichtshof erhebt (s.o. FN 21). Der derzeitige Präsident des Europäischen Parlaments Cox hat angekündigt, eine solche Klage nicht einreichen zu wollen (vgl. Pressebericht in NvWR 2002, 22).

[1211] Verordnung (EG) Nr. 2157/2001 des Rates vom 8. Oktober 2001 über das Statut der Europäischen Gesellschaft (SE), ABIEG L 294 aus 2001, S. 1.

Literaturverzeichnis

Arden, Dame Mary/Prentice, Dan — Buckley on the Companies Act, Band II, Stand: 2001.

Baumbach, Adolf/Hopt, Klaus/Duden, Konrad — Handelsgesetzbuch mit GmbH & Co., Handelsklauseln, Bank- und Börsenrecht, Transportrecht (ohne Seerecht), 30. Auflage, 2000.

Baums, Theodor — Empfiehlt sich eine Neuregelung des aktienrechtlichen Anfechtungs- und Organhaftungsrechts, insbesondere der Klagemöglichkeiten von Aktionären, Gutachten zu den Verhandlungen des dreiundsechzigsten Deutschen Juristentages, Leipzig 2000, Band I, F1 ff.

Bayer, Walter — Informationsrechte bei der Verschmelzung von Aktiengesellschaften, AG 1988, 323 ff.

ders. — 1000 Tage neues Umwandlungsrecht – eine Zwischenbilanz, ZIP 1997, 1613 ff.

Becker, Robert — Die gerichtliche Kontrolle von Maßnahmen bei der Verschmelzung von Aktiengesellschaften, AG 1988, 223 ff.

Beutler, Bengt/Bieber, Roland/Pipkorn, Jörn/Streil, Jochen — Die Europäische Union, Rechtsordnung und Politik, 5. Auflage, 2001.

Birds, John/Boyle, A. J./Ferran, Eilis/Villiers, Charlotte Boyle & Birds' Company Law, 4. Auflage, 2000.

Birkett, Kirsten Inside the Glaxo Wellcome and SmithKlein Merger, Practical Law for Companies, 2001, VI (4), 43 ff.

Bischoff, Thomas Sachliche Voraussetzungen von Mehrheitsbeschlüssen in Kapitalgesellschaften, BB 1987, 1055 ff.

Bleckmann, Albert Europarecht – Das Recht der Europäischen Union und der Europäischen Gemeinschaften, 6. Auflage, 1997.

Boecken, Winfried Unternehmensumwandlungen und Arbeitsrecht, 1996.

Bokelmann, Gunther GmbH-Gesellschafterversammlungen im Ausland und Beurkundung durch ausländische Notare, NJW 1972, 1729 ff.

ders. Eintragung eines Beschlusses: Prüfungskompetenz des Registerrichters bei Nichtanfechtung, rechtsmißbräuchlicher Anfechtungsklage und bei Verschmelzung, DB 1994, 1341.

Bork, Reinhard Beschlußverfahren und Beschlußkontrolle nach dem Referentenentwurf eines Gesetzes zur Bereinigung des Umwandlungsrechts, ZGR 1993, 343 ff.

ders. Doppelsitz und Zuständigkeit im aktienrechtlichen Anfechtungsprozeß, ZIP 1995, 609 ff.

Bote, Hans Peter Der Eigentumserwerb bei der Ausgabe von Aktienurkunden nach der Verschmelzung zweier Aktiengesellschaften, ZHR 118 (1955), 196 ff.

Boujong, Karlheinz	Rechtsmißbräuchliche Aktionärsklagen vor dem Bundesgerichtshof, in: Kellermann-FS, 1991, 1 ff.
Boyle, A. J./Potts, Robin/Sealy, Leonard	Gore Brown on Companies, 44. Auflage, 1986, 38. Ergänzungslieferung, Stand: 2001.
Boyle, Alan/Marshall, Philip	Practice and Procedure of the Companies Court, 1997.
Brandes, Helmut	Ersatz von Gesellschafts- und Gesellschafterschaden, in: Hans-Joachim Fleck-FS, 1988, S. 13 ff.
Brazier, Rodney	The Constitution of the United Kingdom, CLJ 1999, 96 ff.
Bredthauer, Jürgen	Zur Wirksamkeit gesellschaftsrechtlicher Beurkundungen im Kanton Zürich, BB 1986, 1864 ff.
Buchan, Nina	Cancellation and Reissue, The Tax Journal, 16. März 1998, 19 f.
Bungert, Hartwin	Zuständigkeit des Landgerichts bei Bestellung des Verschmelzungsprüfers im neuen Umwandlungsrecht, BB 1995, 1399 ff.
Clay, Owen/Godden, Richard	Allied Domecq and Tarmac: A novel structuring solution, Practical Law for Companies, 1999, X (10), 23 ff.
Davies, Paul L./Prentice, D. D.	Gower's Principles of Modern Company Law, 6. Auflage, 1997.
Davis, James/Holmes, Nicholas	Granada and Compass: Structuring the transaction, Practical Law for Companies, 2000, XI (9), 25.

Davis-White, Malcolm/Butcher, Brian	Atkin's Court Forms, Band 9 (1), 2. Auflage, 2000.
Diekmann, Hans	Die Nachgründung der Aktiengesellschaft, ZIP 1996, 2149 ff.
Dielmann, Heinz/König, Andreas	Der Anspruch ausscheidender Minderheitsaktionäre auf angemessene Abfindung, AG 1984, 57 ff.
Dörrie, Robin	Das neue Umwandlungsgesetz, WiB 1995, 1 ff.
Engelmeyer, Cäcilie	Die Spaltung von Aktiengesellschaften nach dem neuen Umwandlungsrecht, 1995.
Farrar, John	Farrar's Company Law, 4. Auflage, 1998.
Feddersen, Dieter/Kiem, Roger	Die Ausgliederung zwischen „Holzmüller" und neuem Umwandlungsrecht, ZIP 1994, 1078 ff.
Ganske, Joachim	Reform des Umwandlungsrechts – ein Bericht -, WM 1993, 1117 ff.
ders.	Umwandlungsrecht, Textausgabe des Umwandlungsgesetzes vom 28. Oktober 1994 (Bundesgesetzblatt I S. 3267) und des Umwandlungssteuergesetzes vom 28. Oktober 1994 (Bundesgesetzblatt I S. 3267) mit Begründungen der Regierungsentwürfe, Stellungnahmen des Bundesrates mit Gegenäußerungen der Bundesregierung, Berichten des Rechtsausschusses und des Finanzausschusses des Deutschen Bundestages, 2. Auflage, 1995.

Geßler, Ernst/ Hefermehl, Wolfgang/Eckardt, Ulrich/Kropff, Bruno	Aktiengesetz, Band VI, §§ 291 – 410, 1994.
Godin, Reinhard v./Wilhelmi, Hans	Gesetz über Aktiengesellschaften und Kommanditgesellschaften (Aktiengesetz) vom 30. Januar 1937, 2. Auflage, 1950.
Goette, Wulf	Auslandsbeurkundungen im Kapitalgesellschaftsrecht, in: Festschrift für Karlheinz Boujong, 1996, S. 131 ff.
Goldenberg, Philip	Guide to Company Law, 5. Auflage, 1999.
Götz, Hans Norbert	Entschädigung von Aktionären abseits der Kapitalmarktbewertung, DB 1996, 259 ff.
Goutier, Klaus/Knopf, Rüdiger/Tulloch, Anthony	Kommentar zum Umwandlungsrecht, 1996.
Groeben, Hans von der/Thiesing, Jochen/Ehlermann, Claus-Dieter	Kommentar zum EU-/EG-Vertrag, Band 4, Artikel 137 – 209a EGV, 5. Auflage, 1997.
Großkommentar Aktiengesetz, Band 4, §§ 291 – 410, Einführungsgesetz zum Aktiengesetz	3. Auflage, 1975.

Grunewald, Barbara Austrittsrechte als Folge von Mischverschmelzungen und Verfügungsbeschränkungen (§ 29 UmwG), Boujong-FS, 1996, 175 ff.

dies. Das Recht zum Austritt aus der Aktiengesellschaft, Carsten Peter Claussen-FS, 1997, S. 103 ff.

Grunewald, Barbara/Winter, Martin Die Verschmelzung von Kapitalgesellschaften, in: Marcus Lutter (Hrsg.), Kölner Umwandlungsrechtstage, Verschmelzung Spaltung Formwechsel nach neuem Umwandlungsrecht und neuem Umwandlungssteuerrecht, S. 19 ff., 1995.

Habersack, Mathias Europäisches Gesellschaftsrecht, 2. Auflage, 2003.

Hale, Chris/Summerfield, Spencer From public to private: Management buyouts of listed companies, Practical Law for Companies, 1998, IX (5), 21 ff.

Heckschen, Heribert Verschmelzung von Kapitalgesellschaften unter Berücksichtigung des Entwurfs zum Umwandlungsgesetz, Mitteilungen der Rheinischen Notarkammer 1989, S. 69 ff.

ders. Verschmelzung von Kapitalgesellschaften, 1989

ders. Auslandsbeurkundung und Richtigkeitsgewähr, DB 1990, 161 ff.

ders. Die Entwicklung des Umwandlungsrechts aus Sicht der Rechtsprechung und Praxis, DB 1998, 1385 ff.

Helbling, Carl Unternehmensbewertung und Steuern, 9. Auflage, 1998

Henze, Hartwig Die „zweistufige" Konzernverschmelzung, AG 1993, 341 ff.

Hicks, Andrew/Goo, S. H.	Company Law, 3. Auflage, 1999.
Hirte, Heribert	Bezugsrechtsausschluß und Konzernbildung, 1985.
Hoffmann-Becking, Michael	Das neue Verschmelzungsrecht in der Praxis, Fleck-FS 1988, 105 ff.
ders.	Der materielle Gesellschafterschutz: Abfindung und Spruchverfahren, ZGR 1990, 482 ff.
Hollington, Robin	Minority Shareholders' Rights, 3. Auflage, 1999.
Hommelhoff, Peter	Zur Kontrolle strukturändernder Gesellschafterbeschlüsse, ZGR 1990, 447 ff.
ders.	Minderheitenschutz bei Umstrukturierungen, ZGR 1993, 452 ff.
ders.	Ein einheitliches Bilanzrecht für Europa, RabelsZ 62 (1998), 381 ff.
ders.	Konturen eines gemeinschaftsrechtlichen Unternehmensrechts, in: Müller-Graff, Peter-Christian, Gemeinsames Privatrecht in der Europäischen Gemeinschaft, 2. Auflage, 1999.
Hüffer, Uwe	Aktiengesetz, 5. Auflage, 2002.
Hulle, Karel van	Die Reform des europäischen Bilanzrechts: Stand, Ziele und Perspektiven, ZGR 2000, 537 ff.
Immenga, Ulrich/Mestmäcker, Ernst-Joachim	GWB, Kommentar zum Kartellgesetz, 3. Auflage, 2001.

Kallmeyer, Harald	Umwandlungsgesetz – Verschmelzung, Spaltung und Formwechsel bei Handelsgesellschaften, 2. Auflage, 2001.
Keidel, Theodor/Kuntze, Joachim/Winkler, Karl	Kommentar über die Angelegenheiten der freiwilligen Gerichtsbarkeit, 14. Auflage, 1999.
Keil, Tilo	Der Verschmelzungsbericht nach § 340 a AktG, 1990.
Kiem, Roger	Die Eintragung der angefochtenen Verschmelzung, 1991.
ders.	Die Stellung der Vorzugsaktionäre bei Umwandlungsmaßnahmen, ZIP 1997, 1627 ff.
Kiem, Roger/Feddersen, Dieter	Die Ausgliederung zwischen „Holzmüller" und neuem Umwandlungsrecht, ZIP 1994, 1078 ff.
Klausing, Friedrich	Gesetz über Aktiengesellschaften und Kommanditgesellschaften auf Aktien nebst Einführungsgesetz und amtlicher Begründung, 1937.
Kölner Kommentar zum Aktiengesetz (Hrsg.: Zöllner, Wolfgang)	Einleitungs-Band, 1. Auflage, 1984.
Kölner Kommentar zum Aktiengesetz (Hrsg.: Zöllner, Wolfgang)	Band 1, §§ 1 – 147, 1985.

Kölner Kommentar zum Aktiengesetz (Hrsg.: Zöllner, Wolfgang) Band 3, §§ 291 – 410, 1985.

Kölner Kommentar zum Aktiengesetz (Hrsg.: Zöllner, Wolfgang) Band 7, §§ 339-361, 2. Auflage, 1990.

Kort, Michael Bestandsschutz fehlerhafter Strukturänderungen im Kapitalgesellschaftsrecht, 1998.

Krieger, Gerd Sicherheitsleistung für Versorgungsrechte?, Rudolf Nirk-FS, 1992.

ders. Spruchverfahren (§§ 305-312 UmwG), in: Marcus Lutter (Hrsg.), Kölner Umwandlungsrechtstage, Verschmelzung Spaltung Formwechsel nach neuem Umwandlungsrecht und neuem Umwandlungssteuerrecht, 1995, S. 275 ff.

Kropholler, Jan Auslandsbeurkundungen im Gesellschaftsrecht, ZHR 140 (1976), 394 ff.

Langen, Eugen/Bunte, Hermann-Josef Kommentar zum deutschen und europäischen Kartellrecht, Band 1, 8. Auflage, 1998.

Lehmann, Jürgen Kummer mit dem Verschmelzungsrichtlinie-Gesetz, DB 1984, 333 ff.

Lerch, Klaus Beurkundung durch ausländischen Notar?, DB 1992, 670 f.

Lichtenberger, Peter Zum Gesetz zur Neuregelung des Internationalen Privatrechts, DNotZ 1986, 644 ff.

Lubitz, Sandra M. Die Angleichung des Privatrechts in den Mitgliedstaaten durch die europäische Richtlinie und Verordnung – Durchsetzung einheitlicher Wirkung und Anwendung der europäischen Richtlinie und Verordnung in den Mitgliedstaaten unter Berücksichtigung der indirekten Kollision, 2000.

Lübking, Johannes Ein einheitliches Konzernrecht für Europa, 2000.

Luder, Sara Cancellation Schemes, The Tax Journal, 25. Januar 1999, 18 ff.

Lüke, Wolfgang Das Verhältnis von Auskunfts-, Anfechtungs- und Registerverfahren im Aktienrecht, ZGR 1990, 657 ff.

Lutter, Marcus Zur Vorbereitung und Durchführung von Grundlagenbeschlüssen in Aktiengesellschaften, Hans-Joachim Fleck-FS, 1988, 169 ff.

ders. Umwandlungsgesetz Kommentar, Band I, §§ 1-151, 2. Auflage, 2000.

ders. Europäische Aktiengesellschaft – Rechtsfigur mit Zukunft?, BB 2002, 1 ff.

Luttermann, Claus Zum Börsenkurs als gesellschaftsrechtlicher Bewertungsgrundlage, ZIP 1999, 45 ff.

Martens, Klaus-Peter Kontinuität und Diskontinuität im Verschmelzungsrecht der Aktiengesellschaft, AG 1986, 57 ff.

ders. Das Bundesverfassungsgericht und das Gesellschaftsrecht, ZGR 1979, 493 ff.

McIsaac, Ian Merger changes inspired by EC, The Accountant, April 1988, 23.

Mecke, Friedrich/Lerch, Klaus Beurkundungsgesetz, 2. Auflage, 1991.

Mertens, Hans-Joachim Zur Geltung des Stand-alone-Prinzips für die Unternehmensbewertung bei der Zusammenführung von Unternehmen, AG 1992, 321 ff.

ders. Die Gestaltung von Verschmelzungs- und Verschmelzungsprüfungsbericht, AG 1990, 20 ff.

ders. Organstreit in der Aktiengesellschaft?, ZHR 154 (1990), 24 ff.

Mertens, Kai Umwandlung und Universalsukzession, 1993

Messer, Herbert Die Kausalität von Mängeln des Verschmelzungsberichts als Voraussetzung für die Anfechtbarkeit des Verschmelzungsbeschlusses, in: Quack-FS, 1991, 321 ff.

Miersch, Michael Kommentar zur EG-Verordnung Nr. 4064/89 über die Kontrolle von Unternehmenszusammenschlüssen, 1991.

Millet, Peter The Encyclopaedia of Forms and Precedents, Band 10, 5. Auflage, 1992.

Möller, Thomas Der aktienrechtliche Verschmelzungsbeschluss, 1990.

Müller, Gerd Gesellschafts- und Gesellschafterschaden, in: Kellermann-FS, 1991, 317 ff.

Müller-Graff, Peter-Christian Perspektiven des Rechts in der Europäischen Union, 1998.

ders. Europäisches Gemeinschaftsrecht und Privatrecht, NJW 1993, 13 ff.

Münchener Handbuch des Gesellschaftsrechts, (herausgegeben von Hoffmann-Becking, Michael) Band 4, Aktiengesellschaft, 2. Auflage, 1999.

Münchener Kommentar, Bürgerliches Gesetzbuch Band 4, Schuldrecht, Besonderer Teil II, §§ 607-704, 3. Auflage, 1997.

Münchener Kommentar zum Bürgerlichen Gesetzbuch Band 5, Schuldrecht, Besonderer Teil III, §§ 705-853, 3. Auflage, 1997.

Münchener Vertragshandbuch (herausgegeben von Heidenhain, Martin/Meister, Burkhardt) Band 1. Gesellschaftsrecht, 4. Auflage, 1996.

Nagel, Bernhard Deutsches und europäisches Gesellschaftsrecht – eine Einführung, 2000.

Palmer's Company Law (herausgegeben von Morse, Geoffrey K.) 67. Ergänzungslieferung, 1998.

Priester, Hans-Joachim Strukturveränderungen – Beschlussvorbereitung und Beschlussfassung, ZGR 1990, 420 ff.

ders. Das neue Verschmelzungsrecht, NJW 1983, 1459 ff.

Raiser, Thomas Recht der Kapitalgesellschaften, 3. Auflage, 2001.

Reichert, Jochem Folgen der Anteilsvinkulierung für Umstrukturierungen von Gesellschaften mit beschränkter Haftung und Aktiengesellschaften nach dem Umwandlungsgesetz 1995, GmbHR 1995, 176 ff.

Renaud, Achilles Das Recht der Actiengesellschaften, 1863.

Rittner, Fritz Die Sicherheitsleistung bei der ordentlichen Kapitalherhabsetzung, Walter Oppenhoff-FS, 1985.

Sagasser, Bernd/Bula, Thomas/Brünger, Thomas R. Umwandlungen: Verschmelzung – Spaltung – Formwechsel – Vermögensübertragung, 3. Auflage, 2002.

Schaub, Bernhard Das Abfindungsangebot nach § 29 UmwG, NZG 1998, 626 ff.

Schaub, Günter Der arbeitsrechtliche Betriebsübergang im Recht der Gesamtrechtsnachfolge, in: Otfried Wlotzke-FS, 1996, 103 ff.

Schmid, Christoph Das umwandlungsrechtliche Unbedenklichkeitsverfahren und die Reversibilität registrierter Verschmelzungsbeschlüsse, ZGR 1997, 493.

Schmidt, Harry	Verschmelzung von Personengesellschaften, in: Marcus Lutter (Hrsg.), Kölner Umwandlungsrechtstage, Verschmelzung Spaltung Formwechsel nach neuem Umwandlungsrecht und neuem Umwandlungssteuerrecht, S. 59 ff., 1995.
Schmidt, Karsten	Fehlerhafte Verschmelzung und allgemeines Verbandsrecht, ZGR 1991, 373 ff.
ders.	Die fehlerhafte Verschmelzung nach dem Aktiengesetz, AG 1991, 131 ff.
ders.	Gläubigerschutz bei Umstrukturierungen, ZGR 1993, 366 ff.
ders.	Haftungsrisiken bei „steckengebliebenen" Verschmelzungen?, DB 1996, 1859 ff.
ders.	Einschränkung der umwandlungsrechtlichen Eintragungswirkungen durch den umwandlungsrechtlichen numerus clausus, ZIP 1998, 181 ff.
ders.	Gesellschaftsrecht, 4. Auflage, 2002.
Schmidt-Steinhauser, Burkhard	Geltung und Anwendung von Europäischem Gemeinschaftsrecht im Vereinigten Königreich, 1993.
Schmidt-Troschke, Gerhard	Rechtsbehelfe bei fehlerhafter Verschmelzung zweier GmbH – Zur Passivlegitimation bei Anfechtung des Versammlungsbeschlusses, GmbHR 1992, 505 ff.
Schmitt, Joachim/Hörtnagel, Robert/Stratz, Rolf-Christian	Umwandlungsgesetz, Umwandlungssteuergesetz, 3. Auflage, 2001

Schön, Wolfgang Gesellschafter-, Gläubiger- und Anlegerschutz im Europäischen Bilanzrecht, ZGR 2000, 706 ff.

Schöne, Torsten Die Klagefrist des § 14 Abs. 1 UmwG: Teils Rechtsfortschritt, teils „Aufforderung" zu sanktionslosen Geheimbeschlüssen?, DB 1995, 1317 ff.

Schwarz, Hansjürgen Umwandlung mittelständischer Unternehmen im Handels- und Steuerrecht: Erläuterungen zum neuen UmwG und UmwStG mit Hinweisen zur Wahl der optimalen Rechtsform, 1995

Scott, Martin/Lewis, David Schemes of arrangement – using them in a recommended takeover, Practical Law for Companies, 1992, III, 17 ff.

Seetzen, Uwe Die Bestimmung des Verschmelzungswertverhältnisses im Spruchstellenverfahren; WM 1994, 45 ff.

Stodolkowitz, Heinz Dieter Gerichtliche Durchsetzung von Organpflichten in der Aktiengesellschaft, ZHR 154 (1990), 1 ff.

Streinz, Rudolf Europarecht, 5. Auflage, 2001.

Tauchert-Nosko, Martina Verschmelzung und Spaltung von Kapitalgesellschaften in Deutschland und Frankreich, 1999.

Timm, Wolfram Der Mißbrauch des Auflösungsbeschlusses durch den Mehrheitsgesellschafter, JZ 1980, 665 ff.

ders. Zur Sachkontrolle von Mehrheitsentscheidungen im Kapitalgesellschaftsrecht – dargestellt am Beispiel „strukturverändernder Entscheidungen" –, ZGR 1987, 403 ff.

Tolley's Company Law (herausgegeben von Barc, Stephen) 57. Ergänzungslieferung, Stand: Juni 2001.

Tomsett, Eric G. The International Guide to Mergers and Acquisitions, Band III, United Kingdom, 1992.

Treptow, Harald Die Wertermittlung im Umwandlungsfall, in: IDW (Hrsg.) Reform des Umwandlungsrechts 1993 (Vorträge und Diskussionen am 8./9. Oktober 1992), S. 155 ff.

Westermann, H. P. Die Zweckmäßigkeit der Verschmelzung als Gegenstand des Verschmelzungsberichts, der Aktionärsentscheidung und der Anfechtungsklage, in: Joh. Semler-FS, 1993, 651 ff.

Widmann, Siegfried/Mayer, Dieter Umwandlungsrecht, Stand: 64. Ergänzungslieferung, März 2002.

Wiedemann, Herbert Rechtsethische Maßstäbe im Unternehmens- und Gesellschaftsrecht, ZGR 1980, 147 ff.

Willemsen, Heinz Josef Arbeitsrecht im Umwandlungsgesetz – Zehn Fragen aus der Sicht der Praxis, NZA 1996, 791 ff.

Winter, Martin Mitgliedschaftliche Treuebindungen im GmbH-Recht, 1988.

Wölk, Jonas Die Umsetzung von Richtlinien der Europäischen Gemeinschaft – Eine rechtsvergleichende Untersuchung zum Recht der Bundesrepublik Deutschland, der französischen Republik und des Vereinigten Königreichs, 2001.

Zimmermann, Klaus — Verschmelzungsprüfung bei der GmbH-Verschmelzung, Brandner-FS, 1996, S. 167 ff.

Zimmermann, Reinhard — Historische Verbindungen zwischen civil law und common law, in: Müller-Graff, Peter-Christian, Geimeinsames Privatrecht in der Europäischen Gemeinschaft, 2. Auflage, 1999.

Zweigert, Konrad/Kötz, Hein — Einführung in die Rechtsvergleichung, 3. Auflage, 1996.

FSC
www.fsc.org
MIX
Papier | Fördert gute Waldnutzung
FSC® C083411

Kolibri 360 GmbH
Ferdinand-Jühlke-Straße 7
99095 Erfurt, Deutschland
produktsicherheit@kolibri360.de

Druck:
CPI Druckdienstleistungen GmbH
im Auftrag der
Kolibri 360 GmbH
Ferdinand-Jühlke-Str. 7
99095 Erfurt